高等院校教师教育公共课教材

教育学基础（第2版）

主　编　傅建明

中国教育出版传媒集团
高等教育出版社·北京

内容简介

本书为高等院校教师教育公共课教材。本书依据《教师教育课程标准(试行)》的精神，注重理论知识和教学实践能力的整合，旨在提高教师教育教学水平和人才培养质量。本书由十章组成：前四章讨论教育是什么、教育为什么、教育应该做什么等问题；第五、六、七章讨论与教育发生的场所、教育者、教育对象有关的问题；后三章讨论课程、教学的内容与方法，以及品德教育的原理与技术。

本书以实践运用为指引，案例分析为技术，突出基础性与操作性；体例上强调文本的学材性，设计边白(讨论、提示、考点提示及练习)、资料夹、案例分析等帮助学生自主学习；表述上突出可读性，文字通俗、案例丰富、图文并茂。

本书可以作为高等院校教育学课程教材，也可以作为教师资格考试参考用书，还可以作为在职教师继续教育的参考书。

图书在版编目(CIP)数据

教育学基础 / 傅建明主编. -- 2版. -- 北京 : 高等教育出版社, 2023.12 (2025.8重印)
ISBN 978-7-04-057757-0

Ⅰ. ①教… Ⅱ. ①傅… Ⅲ. ①教育学-高等学校-教材 Ⅳ. ①G40

中国版本图书馆CIP数据核字(2022)第019080号

教育学基础(第2版)
JIAOYUXUE JICHU

策划编辑 路秋丽 责任编辑 路秋丽 封面设计 李小璐 版式设计 李彩丽
插图绘制 马天驰 责任校对 吕红颖 责任印制 刘思涵

出版发行 高等教育出版社
社 址 北京市西城区德外大街4号
邮政编码 100120
印 刷 高教社(天津)印务有限公司
开 本 787mm×1092mm 1/16
印 张 19.25
字 数 430千字
购书热线 010-58581118
咨询电话 400-810-0598

网 址 http://www.hep.edu.cn
http://www.hep.com.cn
网上订购 http://www.hepmall.com.cn
http://www.hepmall.com
http://www.hepmall.cn
版 次 2011年2月第1版
2023年12月第2版
印 次 2025年8月第2次印刷
定 价 43.80元

物 料 号 57757-00

前言

党的二十大报告指出："实践没有止境，理论创新也没有止境"，强调"继续推进实践基础上的理论创新。"与之对应，教育学教材大抵存在两种编写取向：理论取向和实践取向。前者关注对教育学理论体系的建构，侧重理性探讨，从理论角度解释教育现象与教育问题，具有形而上的性质；后者关注教育操作体系的形成，侧重现实问题的解决，从实践角度寻找教育问题的解决方法，具有形而下的特点。两种取向各具千秋，并逐渐走向融合，众多的学者对此进行了创造性的努力，而且成果斐然。《教育学基础》(第2版)一书是实践导向型教师教育教材，试图在前人劳动成果的基础上进行理论与实践融合的尝试：追求在新形势下教育学理论知识与教育实践操作之间的联结。

基于上述取向，《教育学基础》(第2版)的编写遵循下列基本原则：

1. 以课程思政为指导思想

2020年5月28日，为了贯彻落实中共中央办公厅、国务院办公厅《关于深化新时代学校思想政治理论课改革创新的若干意见》，把思想政治教育贯穿人才培养体系，全面推进高校课程思政建设，发挥好每门课程的育人作用，提高高校人才培养质量，教育部印发了《高等学校课程思政建设指导纲要》。纲要明确规定：课程思政建设内容要紧紧围绕坚定学生理想信念，以爱党、爱国、爱社会主义、爱人民、爱集体为主线，围绕政治认同、家国情怀、文化素养、宪法法治意识、道德修养等重点优化课程思政内容供给，系统进行中国特色社会主义和中国梦教育、社会主义核心价值观教育、法治教育、劳动教育、心理健康教育、中华优秀传统文化教育。因此，本教材在修订时重点注意将上述要求落实到相应的知识点设计之中，特别强调教师的立德树人意识以及新时代"四有好教师"等内容，并在相应的知识点中融合"五爱"教育和社会主义核心价值观教育、中华优秀传统文化教育等内容。

2. 强调内容的社会适切性

党的二十大报告指出，理论创新"必须坚持人民至上""必须坚持自信自立""必须坚持守正创新""必须坚持胸怀天下"。因此，本教材在内容的选择上，强调新形势下的新需要。具体表现如下：一是反映最新的教育理论研究成果。注意将最新的研究成果体现在文本中，剔除并更换一些与我国现行国家意识形态不太一致的案例与研究成果，并替换成最新的研究结论；同时将国家的最新政策与相关法规的要求融入相关章节，保证与国家政策的一致性。二是课证融合。本教材追求系统地介绍教育的基本原理，使学生能够理解并运用教育的基本规律与原则，获得从事基础教育工作的基本技能与技巧，为成为一名优秀的人民教师奠定理论与技能基础。同时,也追求在学习的过程中能够获取教师资格证书,所以在编写时既注意学科知识与原理的系统介绍,也重视教师资格证考试知识点的梳理与解释,更加关注教育教学能力的培养与问题解决能力的形成,使本教材既能用于正规的课堂教学,又适用于学生应对国家教师资格证考试。

3. 基础知识诠释与理论思维训练相统一

党的二十大报告指出,理论创新"必须坚持问题导向""必须坚持系统观念"。因此,本教材修订时特别注意教材的基础性,即保证将构成教育学体系的知识点囊括在文本中。知识点的来源大致有三:一是我国师范院校普遍使用的教育学教科书中出现的知识点;二是国家政策文件规定的知识点,如《教师教育课程标准(试行)》《全国教师资格证考试大纲》(中、小学)等文件中规定的知识点;三是历年国家教师资格证和全国研究生入学考试中出现过的知识点。对这些知识点尽可能详细地加以诠释,保证基础知识的系统性和全面性,为后续的学习奠定基础。组织和呈现这些知识时,特别注意教育学思维的培养,强调教育基本逻辑与基本范式的学习,达到运用教育学的思维阐释教育现实问题,进而形成自己的教育思想。

编写体例上,本教材由导学系统、正文系统和练习系统三部分组成。

导学系统由学习目标、知识导图两部分组成。学习目标说明本章的学习任务与重点,知识导图列出本章知识的逻辑结构。目的在于激发学生学习兴趣,明确学习目标与学习重点,并明晰本章的知识逻辑构成思路与应该思考的问题。

正文系统,全面呈现相关知识。由引子、知识体系、资料夹、二维码、讨论和本章小结六部分构成。引子,提供一个简短的案例,从中导出本章的学习主题,激发学生思考与探索的兴趣,实现理论与实践的联结。知识体系,系统地呈现相关知识的逻辑体系,使学生掌握教育学的基础知识。资料夹,列出一些与本主题相关的资料,拓宽学生的知识面;二维码,针对相关的知识点提供相应的练习题与解析,让学生明白可能的命题方式,解题思路和技巧,答题模式与要求,同时加深对相关知识点的理解、巩固与运用;讨论,提醒学生在学习本段时应该思考的问题,培养学生的教育学思维;本章小结则是对本章的一个逻辑概括,让学生明白本章的思维过程。

练习系统,目的在于强化学习效果,提高运用知识解决问题的能力,并为深入学习提供资源,具体包括案例分析、反思与探究、推荐阅读三部分。案例分析,提供一个教育案例,并要求回答相应问题,培养学生将理论运用于教育现实的能力,实现理论与实践的联结;反思与探究,提供部分深入思考的问题,巩固所学的知识,培养分析问题的能力;推荐阅读,提供若干经典名著和部分具有代表性的论文,供学生深入学习之用。

本教材是团队合作的结果。各章修订者如下:第一章,教育与教育学(傅建明);第二章,教育与社会发展(傅建明);第三章,教育与人的发展(项建英,金婷);第四章,教育目的与培养目标(虞伟庚,张晶晶);第五章,学校的产生与发展(胡锋吉,顾窗含);第六章,教师及其专业发展(林一钢,杨晨曦);第七章,学生及其成长(傅建明,柳钰洁);第八章,课程与课程改革(王丽华);第九章,教学理论与模式(王丽华);第十章,德育理论与实践(叶亚林)。

本教材建议以讲授与讨论为主。教师在讲授时注意:(1)讲清学科逻辑结构,给学生一个完整的理论框架;(2)梳理每章的知识逻辑,特别注意根据知识的内在逻辑讲授各知识点,教给学生特定的教育学思维;(3)讲授过程中注意方法论的引导,讲清各种题型的答题技巧;(4)每次课后进行同步练习,并即时分析与评价,让学生在实战中理解与运用解决问题的技巧。

第1版前言

本教材的修订,首先要感谢高等教育出版社的路秋丽老师,她的指导与督促使本教材修订能够走在正确的路上,并顺利完成。其次感谢我的研究生们在搜集资料与核对文献方面付出的劳动。最后感谢浙江师范大学给我提供的宽松的研究环境。

傅建明

2023年10月1日

目　录

第一章
教育与教育学

【学习目标】

- 了解“教育”一词的基本语义、教育起源的三种理论和教育发展的基本阶段。
- 了解教育学的发生演变史，熟记一些著名教育家及其代表作。
- 理解教育的不同层次的含义，教育学各种流派的基本观点。
- 理解人为什么要进行教育，历史上的教育家是如何理解教育的。
- 掌握教育本质的不同观点，并能根据史实进行分析。
- 应用相关的教育理论解释现实中的教育现象与问题。

【知识导图】

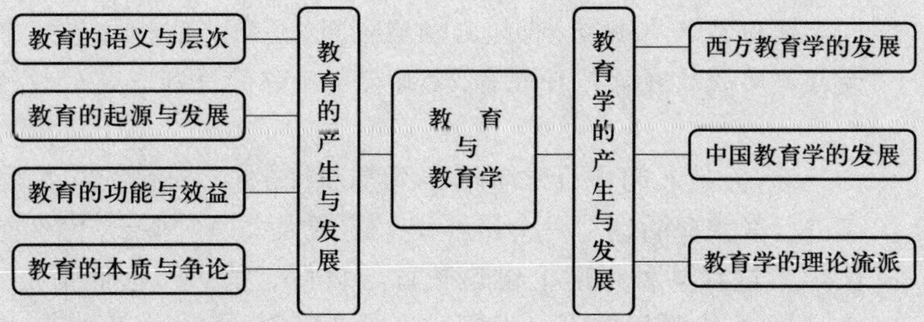

【引子】

真正的教育在于唤醒①

《中国诗词大会》《见字如面》《朗读者》……这些被称为“清流”的文化类综艺节目,给了观众耳目一新的感觉,豆瓣网也分别为其打出了高分。但也有人在评价这类节目时比较谨慎:“现在的几档文化类节目,更多的是在拼情怀和新鲜感,这样的形式能有多长久的电视生命力,并不是很看好。”

其实,对于任何新生事物,时间长了,新鲜感总会消退。电视节目不管多贴近生活,观众也都会有审美疲劳的那一天。想当年电视直播春节文艺晚会,全国收视率很高,但现在的收视率却大大下降。人们肯定《中国诗词大会》《见字如面》《朗读者》,除了因为这些节目给电视荧屏带来了一阵清风和盎然春意以外,更是因为它们唤醒了人们心灵深处的某些沉睡的美好记忆。“唤醒”是电视节目成功的原因所在,更是我们教育的最高宗旨。

各学校认真落实中共中央办公厅、国务院办公厅印发的《关于实施中华优秀传统文化传承发展工程的意见》,其目标不是让学生回到过去的“之乎者也”,而是以汲取优秀传统文化精神为抓手,唤醒学生的民族意识。

“学生扰乱教学秩序,教师可对其进行适当惩戒。”近日,青岛市在全国率先发布了教师可以对学生惩戒的地方性政府规章,其目的很明确:在一些“熊孩子”因惩戒缺失而变得肆无忌惮的时候,通过出台教育规章唤醒违纪的孩子。至于教师敢不敢用,能不能用,怎么用,那是后话。惩戒不是目的,唤醒才是根本。

中央电视台还播出过“在书中,不仅有眼前,更有诗和远方”“在书中可以和优秀的人物为伴,思想共舞”等关于读书的公益广告,就是希望通过一而再再而三的宣讲和仪式感的刺激,唤醒学生和国人的读书意识。

电视节目有创新,能起到唤醒作用,我们就要为它们鼓掌。同样地,能起到唤醒作用的教育就是好教育,没有忘却唤醒的教师就是好教师。

教育,是人们在日常生活中耳熟能详的一个概念,在某种程度上,任何人都在进行着教育活动。一个目不识丁的老太太说:“孩子,你不能这样做,应该尊敬长辈。”这在某种程度上也是教育。教育是什么?这似乎是一个极为简单的问题,却又令人难以回答。人们讨论了几千年,仍然没有达成一致的意见。每个人对教育都有不同的理解。雅斯贝尔斯坚信:教育就是一棵树摇动一棵树,一朵云推动一朵云,一个灵魂唤醒一个灵魂。卢梭认为:最好的教育就是无所作为的教育——学生看不到教育的发生,却实实在在地影响着他们的心灵,帮助他们发挥了潜能。钱理群认为:教育就是一群爱读书的校长和爱读书的老师,带领学生一起读书。有人认为教育就是唤醒。那么,你心目中的教育是什么呢?下面让我们顺着教育的逻辑进入博大精深的教育学世界吧!

讨论:
房子+老师+学生=教育?

① 邓文圣.真正的教育在于唤醒.来自中国教育新闻网.

第一节　教育的产生与发展

任何人，只要他愿意且诚心讨论教育问题，并力图使他的谈论进入一种专业的境界，那么，他必须面对着一个最基本的问题，即教育是什么。本节将对教育到底是什么进行探讨。

一、教育的语义与层次

（一）“教育”的词源

我国的甲骨文中就有“教”与“育”两个单字，那么，“教”是什么含义呢？“教”是指儿童在成人执鞭监督下习文之事，《说文解字》的解释为“教，上所施，下所效也。从孝，从攴。”“从孝，从攴”是造“教”字时的本意，那么“孝”和“攴”又是什么意思呢？“孝”在《说文解字》中释为“善事父母者”。《尚书》中说“继先祖之志为孝”。“攴”则是“小击也，从又。”“又”是古手字。“攴”是形容手持木棍状，像打人的样子。“教”字出现后，其意义不断发展，特别是春秋战国后，它的含义有了扩展和增加，出现了教授、教诲、教化、教训、告诫、令使等意思。“子以四教，文、行、忠、信。”（《论语·述而》）这里“教”的意思是教授或传授，其中自然有上施下效之意。“所谓治国必先齐家者，其家不可教而能教人者，无之。故君子不出家而成教于国。”（《大学》）这里的三个“教”字，第一个可以解释为“家教不成功”，第二个可以解释为“教诲”，第三个则可解释为“教化”（榜样或感化的作用）。“寡人愿安承教”（《孟子·梁惠王上》）中的“教”可解释为“告诫”“训告”。“姑舍女所学而从我，则何异于教玉人雕琢玉哉？”（《孟子》）中的“教”字就是“告诫”的意思。不管“教”字有多少含义，但“上”“下”两个相对的概念，则始终保留在一切“教”字的含义之下。[1] 就是说“教”字在汉语中始终具有“上所施，下所效”之义。

“育”，是指妇女养育儿童之事。“育”：“养子使作善也。从𠫓，肉声。《虞书》曰：教育子。”（《说文解字》）“从𠫓，肉声。”意思是说育子的含义与𠫓同。那么“𠫓”是什么意思呢？“𠫓，不顺，忽出也，从到子。《易》曰：‘突如其来，如不孝子突出不容于内也’。”（《说文解字》）这里的“𠫓”字是“子”字的倒写，造字人特意用小儿头冲下的形象来表示妇女的分娩。除生育之外，育还有“养”与“长”的含义。前者与饮食有关。“养，供养也，从食，羊声。”（《说文解字》）“长”是指位尊者和年高者。

综上所述，“教育”一词，在汉语中的意思是上一代对下一代的培养，包括精神上的和肌体上的（如图 1-1 所示）。

西文的“教育”，英文为“education”，法文为“éducation”，意大利文为“educazione”，西班牙文为“educacion”，德文为“Erziehung”，俄文为“ВоспИТаНИе”。这些词全源于拉丁文“educare”，具有“养育”“培养”“饲养”之意。“educare”

考点提示及练习 1-1

讨论：你是如何理解“教育”的？

讨论：从词源分析，中西文教育含义的本质区别在哪儿？两者又有什么关联？

① 王静．试论《说文解字》中的“教育”二字［J］．教育研究，1995（3）：48-52.

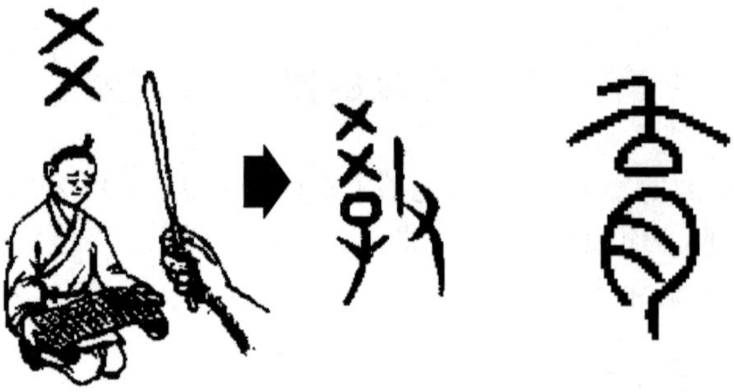

图 1–1 “教”和“育”的形成

又源于拉丁语“educere”，其意是“引出”“使其显出”“使发挥出”。可见，西文中的“教育”含有“内发”之意，强调顺其自然，把自然人身上所固有的或潜在的素质引发出来，成为现实的发展状态，具有“启发”之意。

提示：
从词源分析，中文中“教育”一词的意思是上一代对下一代的培养，强调外塑。西文中的“教育”一词含有“内发”“启发”之意。

从词源看，中文的“教育”指上一代对下一代的有目的的灌输，是一种积极的活动或者说是外塑的行为，如塑造、陶冶、训练、宣传、灌输、说教、规劝、训示、改造、教化、感化、濡化等，通常可以一概被称为“教育”。西文的“教育”则强调人生来就有特定的潜能，教育的过程就如助产的过程，视教育为一种展开的、内发的、自然的消极活动。①

（二）“教育”的语义

在我国，一些早期的教育家就使用了“教育”一词。最早使用“教育”一词的是孟子，他曾说：“君子有三乐，而王天下不与存焉。父母俱存，兄弟无故，一乐也；仰不愧于天，俯不怍于人，二乐也；得天下英才而教育之，三乐也。”② 程颢说：“师道不立，儒者之学几近于废熄，惟朝廷崇尚教育之，则不日而复。”③ 范仲淹曾写道：“如得其诚，愿预教育，然后天下之道可得而明，阿衡之心可得而传。”④ 王夫之则认为：“善教育者必有善学者，然后其教之益大。”⑤ 清代陈芳生的《训蒙条例》中则有：“儒者不为农工商贾，惟出仕与训蒙而已。出仕不可必得，训蒙则为分内事。果尽其道，则教育人材，亦大益于天下，已藉此代耕，诚兼善之本务也。”⑥ 在古代虽有“教育”一词，但在 20 世纪前，很少把“教育”作为一个完整的词来使用。中国古代教育家在论及教育问题时，大都使用“教”“学”两字。

讨论：
我国古代一般将“教”与“育”分开使用，而且常用“教”“学”两字来讨论教育。那么，“教育”等于“教学”吗？

“教育”成为常用词，在我国是 20 世纪初的事。⑦1901 年 5 月，罗振玉在上海创办的《教育世界》是最早以“教育”命名的杂志。在创刊号上王国维先生提

① 在有关教育的语言中东西方的用词可以解释这一点。如我国最常用的两个教育隐喻是“塑造”与“雕琢”，诸如：“玉不琢，不成器；人不学，不知道。”（《学记》）；“朽木不可雕也，粪土之墙不可杇也，于予与何诛。”（《论语·公冶长》）；“常玉不琢，不成文章；君子不学，不成其德。”（董仲舒）；等等。而西文则较多地用“助产”“生长”作为教育的基本隐喻，如苏格拉底的产婆术、杜威的教育即生长说等。

② 孟子．孟子·尽心上［M］// 四书五经（上）. 陈戍国点校．长沙：岳麓书院，1991：128.

③ 程颢．请修学校尊师儒取士札子［M］// 二程集（二）. 北京：中华书局，1981：448.

④ 范仲淹．范仲淹全集［M］. 李勇先，刘琳，王蓉贵，点校．北京：中华书局，2020：176.

⑤ 王夫之．四书训义：卷五［M］. 长沙：岳麓书社，2011：275.

⑥ 陈芳生．训蒙条例．载徐梓．蒙学要义［M］. 太原：山西教育出版社，1991：172.

⑦ 黄向阳．“教育”一词的由来、用法和含义［M］// 瞿葆奎．元教育学研究．杭州：浙江教育出版社，1999：110.

到了“教育学”这门新学问，因而“教育”一词一跃成为理论术语。此后，译界翻译了大量西方和日本的教育著作，使教育一词迅速走入中国知识界，走入师范学校，也使其具有了现代“教育”的含义。

“教育”一词的用法存在着明显的国别差异：中文的“教育”有外烁的意向；西文的“教育”则有内发的意向。德文和俄文中把传授知识和技能的活动称为“教养”，不称为“教育”。中文“教育”，英文“education”，法文“éducation”通常包括文化知识和技能授受之意；英文中的“education”可能是“教育”，也可能是“教育学”。

资料夹 1–1

对于教育的不同见解

《大学》：大学之道，在明明德，在亲民，在止于至善。

陶行知：教育是依据生活、为了生活的“生活教育”，培养有行动能力、思考能力和创造力的人。

苏格拉底：教育就是传授知识。

柏拉图：教育就是“训练”，就是使心灵“转向”。

亚里士多德：教育就是体、德、智和谐发展。

福禄贝尔：教育就是激发和教导“生物”的人的“自我觉醒”，以成为一个有理智和思想的人。

蒙台梭利：教育就是激发生命，充实生命，协助孩子们用自己的力量生存下去，并帮助他们发展这种精神。

裴斯泰洛齐：教育意味着完整的人的发展。

爱因斯坦：当你把在学校里所学的一切都忘记了，剩下的就是教育。

（三）“教育”的层次

无论是学富五车的知识分子还是目不识丁的山野村夫，不管是行政长官还是平民百姓，都能对教育说长道短，但不同的人在使用“教育”这个词时，其逻辑层次并不一样。下面进行简要的分析。

> 讨论：
> 教师从事的“教育”与其他人理解的“教育”是一回事吗？教师职业意义上的“教育”有哪些规定？

1. 广义的教育

“从广义上，教育指的是对一个人的身心和性格产生塑造性的影响的任何行动或经验。”① 这里，将教育视为一种影响活动，问题是所有的影响都能被称为教育吗？对人的影响可能来自动物界、自然界。例如，天气变化、自然风光、家中宠物等都会对人产生影响，这些影响都能称作教育吗？一个人到北京旅游，参观了雄伟壮阔的长城、游览了万园之园圆明园……身心得到了极大的感染，而后说：“这次旅行对我教育很大。”这里的旅行是教育吗？不是！除非有目的地安排一次旅行，对人进行某些方面的培养才可以称为教育，自然界对人的影响、动

① 陈友松. 当代西方教育哲学[M]. 北京：教育科学出版社，1982：26.

物界的训练都不能被称为教育。教育是发生在人与人之间的,可以是一个人或一群人对另一个人或一群人的影响,而不应该把动物界、自然界对人的影响也包括在内。教育是人类特有的社会现象,是一种永恒的社会活动,有了人就有了教育,而且是一种具有社会性影响的活动,但在阶级社会中教育具有阶级性。

2. 狭义的教育

讨论:"教育""学校教育""思想品德教育"三者的区别与联系是什么?

讨论:学校教育与家庭教育、社会教育有什么区别?

家庭教育、社会教育、自然教育等都属于教育,但从狭义上说,教育一般是指学校教育。学校教育是教育的下位概念,当然含有上位概念的一切属性,但学校教育的施教者和受教者都是人,即教师与学生,一般是教师对学生产生影响。所以这与大自然对学生的影响、社会对学生的影响有区别,也与人对动物的训练有区别。在学校里,学生接受自然与社会的影响是经过教师有目的地选择和组织的,这体现了学校的可控性的特点。与家庭、工厂、社会对人的影响相比,学校教育有更明确的目的或目标,而且这个目的或目标一般是预先规定好的。此外,学校教育具有严密的计划性,并以教与学为基本的表达形式进行影响活动。概括而言,学校教育是指在学校中,由教师组织实施的有组织、有目的、有计划地对学生的身心施加积极影响的活动。

3. 特指的教育

在学校教育中,我们为了表现对德育工作的重视,或者强化学校的道德教育功能,往往从最狭义的角度限定"教育",认为"教育"特指思想品德教育,一般包括三个方面的内容:政治教育、思想教育、品德教育。

资料夹 1–2

教育概念的三种界定方式:谢弗勒的分类 ①

分析教育哲学的代表人物谢弗勒(I. Scheffler)在其《教育的语言》(*The Language of Education*)一书中,把教育的定义分为三种:规定性定义、描述性定义和纲领性定义。

规定性定义是作者所下的定义,要求这个被界说的术语在后面的讨论中始终表示这种规定的意义。不管其他人所用的"教育"一词是什么意思,我所用的"教育"一词就是这个意思。

描述性定义的实质,不是"我将用这个术语表示什么"这样的规定性主张,而是适当地描述被界说的对象或使用该术语的方法。实际上,词典就是试图罗列描述性定义。词典给我们提供了在不同语境中某个词的不同用法。

纲领性定义明确或隐含地告诉我们,事物应该怎样,与说某种事物实际上怎样完全不同,也与只说"我暂且用这表示它的意思"迥异。教育一词的纲领性定义,往往包含"是"和"应当"两种成分,是描述性定义与规定性定义的混合。

---

① 瞿葆奎 . 教育学文集:第 1 卷 教育与教育学[M]. 北京:人民教育出版社,1993 :31–37.

二、教育的起源与发展

● 求知·模仿·老师

很久很久以前，这个世界上没有学校，孩子们不需要每天上学。他们每天吃饱了饭以后，就跑出去玩，又快乐又自由。很快，他们就发现有一个孩子特别聪明。大家一起讨论事情的时候，每次都是他说得更有道理，大家都要听他的。每次辩论的时候也都是他赢。每个孩子都羡慕他，大家一打听，才知道他的名字叫求知。

有一天，求知不在，孩子们聚在一起讨论：为什么求知会比我们更聪明？为什么很多事情他都知道，而我们不知道？他是不是吃了什么可以使人变聪明的补药？……

有一个孩子说："如果我也能像他那么聪明就好了！"

很多孩子都附和："是啊是啊，我们要是能那么聪明就好了！"

其中有一个名叫模仿的孩子比较有心计，就出主意："我们能不能把求知请出来，请他讲讲他所知道的那些东西是怎么得到的。这样是不是我们也可以得到了？"

孩子们一听，都说："嗯，真是个好主意！"

等求知来了以后，孩子们都问他为什么会知道那么多别人不知道的东西。

求知回答说："除了跟你们一起玩，我还会经常去找一位老爷爷听他讲故事，他住在一个叫学校的地方。很多东西都是从他讲的故事里得到的。"

孩子们一听，都来了兴趣，就问求知："学校在哪里？我们能不能去听他讲故事？"

求知说："可以啊！"

于是，每个孩子都跟着求知来学校了。

老爷爷的故事果然有趣，孩子们都听得入了迷。听完后，孩子们都要求经常过来听，但老爷爷说自己太忙没有时间。孩子们只好求老爷爷，老爷爷实在拗不过他们的请求，于是就答应他们，每天给他们讲故事。

过了一段时间，孩子们果然都大有长进，孩子们的父母听说了都来感谢老爷爷。他们问起老爷爷的姓氏，老爷爷说："我姓师，你们就叫我老师好了！"从此人们就都尊敬地称他为老师。①

范泰用故事的形式叙述了学校、老师、教育的产生过程，尽管是一个文学作品，却能引发我们诸多思考：教育起源于什么？教育能干什么？为什么要有学校？老师一词又是如何来的？教育是怎样产生与演变的？等等。下面我们重点讨论教育的起源与发展问题。

> 讨论：教育是否是人类社会特有的现象？

（一）教育起源的几种观点

教育起源是教育学研究中的一个重要问题，古今中外诸多学者的见解各不相同。综合而言，有下述几种观点：

---

① 范泰．老师的故事．标题为本书编者所加．

1. 生物起源论

教育的生物起源论的主要代表人物是法国社会学家、哲学家利托尔诺(C. Letourneau,又译勒图尔诺)和英国教育家沛西·能(T. P. Nunn)。利托尔诺认为动物生存竞争的本能是教育的基础。他在考察了动物的教育后得出结论:兽类教育和人类教育在根本上有同样的基础……人类教育的进行与动物的教育差别不大,在低等人种中进行的教育,与许多动物对其幼崽进行的教育甚至相差无几。① 沛西·能认为"教育从它的起源来说,是一个生物学过程","生物的冲动是教育的主要力量"。② 也就是说,教育完全来自动物的本能,是种族发展的本能需要。20 世纪 50 年代,苏联沙巴诺夫、维但洛夫等认为动物界也存在着教育现象。"他们把人类社会的教育过程和动物界的生活过程类比,把教育现象生物学化。"③ 教育的生物起源论混淆了人类社会和动物界的本质区别,将动物的本能与人类的教育进行类比,忽视了人类教育活动的社会性和目的性。但利托尔诺是教育史上第一个将教育起源问题作为一个学术问题进行研究的学者。

讨论:
动物需要教育吗?

2. 心理起源论

一般认为,教育心理起源论的代表是美国心理学者孟禄(P. Monroe)。他在《教育史教科书》(*A Textbook in the History of Education*,1923)中讨论了原始教育问题。他认为:"原始人从来没有达到有意识的教育过程。即使就给予的训练而言,至多仅仅指明要做的事情和做事情的过程,而没有试图作解释或阐明,绝大部分纯粹是无意识的模仿。儿童仅仅是通过观察和使用'尝试—成功'的方法学习……"④ 同时,他又认为,原始社会中的"儿童必需的知识是通过模仿而获得的。在幼年时,其模仿是无意识的"⑤。据此,有人推断教育起源于人类的无意识模仿,这就是教育的心理起源论。但孟禄本人并没有直接讨论教育起源问题,而是在说明原始社会中的教育方法时提出了上述观点。

讨论:
无意识的模仿能不能被称为教育?

3. 劳动起源论

教育的劳动起源论是在批判和否定生物起源论和心理起源论的基础上,在马克思主义理论的指导下形成的。苏联的教育学者(如康斯坦丁诺夫、凯洛夫等)与我国的教育学者(如曹孚、王天一等)大多持这种观点。劳动起源论认为,教育起源于人类开始制造工具,是在劳动过程中形成的。具体地说,它是在人类的群体劳动生产过程中,为了把个体和群体逐步积累起来的劳动生产知识、经验和技能,有意识、有目的、随时随地地传授给下一代,使人类自身和社会不断延续和发展下去,而逐渐形成的。

讨论:
教育起源于劳动。那么,劳动又起源于什么呢?

除上述几种学说之外,在教育起源问题上还有人生发展说、交往起源说等不同观点。

---

① 瞿葆奎 . 教育学文集:第 1 卷 教育与教育学[M]. 北京:人民教育出版社,1993 :177.
② 沛西·能 . 教育原理[M]. 王承绪,译 . 北京:人民教育出版社,1992 :38.
③ 苏维埃教育学杂志编辑部 . 关于作为社会现象的教育的特点与争论总结[N]. 新华日报,1952(5):183–185.
④ 瞿葆奎 . 教育学文集:第 1 卷 教育与教育学[M]. 北京:人民教育出版社,1993 :186.
⑤ 瞿葆奎 . 教育学文集:第 1 卷 教育与教育学[M]. 北京:人民教育出版社,1993 :193.

资料夹 1-3

国内学者关于教育起源的各种观点[①]

(1) 前身说:孔智华、陈晓菲认为人类教育起源于古猿的教育。

(2) 需要说:沙毓英、董畹倩持“生产劳动需要说”,认为教育起源于生产劳动的需要;毛礼锐等持“社会生产和生活需要说”,认为教育起源于社会生产和生活的需要;厉以贤、胡德海、孙培青等持“社会生活和人类自身发展的需要说”,认为教育起源于社会生活和人类自身身心发展的需要。

(3) 人生发展说:程大虎认为教育起源于以劳动为核心的人生发展。

(4) 社会化影响说:马兆掌认为教育起源于产生了语言后人类对年幼一代所施加的社会化影响。

(5) 超生物经验的传递和交流说:桑新民认为教育起源于人类在劳动过程中形成的超生物经验的传递与交流。

(6) 交往起源说:叶澜认为教育的形态起源于人与人之间的交往。

(7) 文化起源活动说:毕诚认为文化活动产生教育。

(8) 知识传递起源说:郑金洲认为知识传授是教育的最初形态;沈剑平持知识授受起源说,认为知识授受是教育的最初形态。

(9) 前提—条件说:田玉敏认为类人猿传递经验的活动是教育起源的前提,生活需要、语言等是条件。

(10) 军事训练说:罗世烈认为教育起源于军事训练。

讨论:
你认为教育起源于什么?

(二) 教育的发展阶段与特点

● 每天遇到的学习机会

在原始社会,人是通过共同生活的过程来教育自己的,而“不是被别人所教育的”,家庭生活或氏族生活、工作或游戏、仪式或典礼等都是“每天遇到的学习机会”。“这种自然的、非制度化的学习方式在世界广大地区一直流行到今天。这种学习方式仍是为千百万人提供教育的唯一形式。”[②]

有了人就有了教育,但最初的教育是在人类的“家庭生活或氏族生活、工作或游戏、仪式或典礼”中进行的,这是一种非制度化的教育形式。尽管这种方式至今仍然“流行”,但随着社会的发展,教育已经发生了翻天覆地的变化。从形式上看,教育经过了从非形式化教育到形式化教育再到制度化教育的发展过程。

① 瞿葆奎.教育基本理论之研究[M].福州:福建教育出版社,1998:138-139.

② 联合国教科文组织国际教育发展委员会.学会生存:教育世界的今天和明天[M].华东师范大学比较教育研究所,译.北京:教育科学出版社,1996:26-27.

讨论：
在社会实践和生活中学习属于非形式化教育吗？

1. 非形式化教育阶段

非形式化教育是指与生活过程、生产过程浑然一体的教育，没有固定的教育者，也没有固定的受教育者。这种教育方式自从有了人类就产生了，一直延续到原始社会解体。

远古人类出于生存的需要必须把一些生存技能传递给下一代（见图1–2）。在原始社会初期，主要由老年人教给儿童一些看管所获猎物和设置隐蔽所的操作方法；到了母系氏族时期，出现了男女分工，因此男女儿童分别由成年男女指导做一些男女应该做的事；到了父系氏族公社阶段，以父权维系的大家庭产生了，教育青少年的职责自然地由大家庭来承担。总之，这一阶段的教育是一种各自独立、散乱的教育活动形式，还没有形成固定的教育组织系统。非形式化教育的特点如下：

图1–2 我国古代的教育场景

(1) 教育主体与教育对象具有不稳定性。

(2) 没有专设的教育机构，教育与社会生活融为一体。

(3) 教育只是为了满足社会生活和劳动生产的需要，教育内容包括行为规范、习俗经验、原始的宗教艺术、劳动的技能、体格锻炼等。

(4) 教育传播媒介主要是语言和形体示范。

(5) 儿童在模仿成人的活动过程中学习。

2. 形式化教育阶段

教育的发生，经历了从不定型到定型的过程，这就是教育的形式化过程。随着生产力的发展，社会进入了奴隶制和封建制时期，教育的发展也步入了第二个阶段：形式化教育阶段。此时，教师开始成为一种职业，教育活动形成系统的借助文字与书籍来进行的文化传播活动，出现了以个别教育形式为主，以教书、读书活动为主的学校，教育成为社会分工的一部分。然而，这时的学校虽然基本上是独立的专门教育机构，但这些机构内部职能是不分化的，不同教育实体间并无系统的、有序的联系。所以，只能说是一种"初步"的"形式化"。形式化教育与非形式化教育相比具有以下特点：

讨论：
我国古代的私塾、宋代的书院是一种什么性质的教育？

(1) 教育主体确定，以至产生以教育活动为专门职业的教师。

(2) 教育对象相对稳定。

(3) 形成系列的文化传播活动，所传播的文化逐步规范化。

(4) 大抵有固定的活动场所和或多或少的设备。

(5) 由以上种种因素结合而形成独立的社会活动形态。①

3. 制度化教育阶段

大约在19世纪下半期，严格意义上的教育系统已经基本形成，教育越来越制度化，从此进入制度化教育阶段。学校教育制度（简称学制）的建立是制度化教育的典型表征。

讨论：制度化教育有什么优点，又有哪些缺陷？

制度化教育的主要实施机构是学校，瑞典教育家胡森给学校制定了严格的标准：它是一种全日制学习机构；入学和毕业都要经过严格的考试，而且有一定的年龄限制；教学模式是教师"面对"学生的讲授式；课程是分年级的。尽管这个阶段有很多非教育机构也承担教育职责，如多种形式的远程教育等，但都以正规的学校制度为参考系来设置，从而使整个社会的教育形式以制度化教育为主干状态。制度化教育具有下列特点：

(1) 学校化。把教育等同于上学。

(2) 制度化。明确规定各种制度，如入学制度、教学制度、考试制度、学籍管理制度等。

(3) 封闭化。它按自身特有的标准，以自身特有的规则、规范构筑壁垒，形成对其他系统、其他实体、其他过程的排斥性，导致正规教育"十分狭隘"。②

(4) 标准化。用划一的标准与规格来管理，保持教育系统的一致性。

资料夹 1–4

制度化教育与终身教育的比较（见表 1-1）

表 1–1　制度化教育与终身教育的比较③

制度化教育		终身教育	
学龄期教育	1. 一次性教育——终身的生活准备	1. 终身的教育——终身的生活准备	终身的教育
	2. 以现成知识作为准备	2. 作为"继续教育"准备的教育	
	3. 被动接受学习	3. 主动学习	
英才教育	4. 偏重知识传授	4. "全人的"教育	全面教育
	5. 重在培养与选拔杰出人才	5. "普遍的"教育	
以学历社会——学校教育为背景	6. 封闭的学校 7. 专门的教育机构与教育人员	6. 开放的教育机构 7. 专门的与非专门的教育机构与教育人员	以"学习化社会"为背景

① 陈桂生．教育原理［M］．上海：华东师范大学出版社，1993：45.

② 陈桂生．学校教育原理［M］．长沙：湖南教育出版社，2000：56.

③ 陈桂生．学校教育原理［M］．长沙：湖南教育出版社，2000：71–72.

讨论：
你认为学校会消亡吗？未来的教育将是一个怎样的图景？

4. 未来的教育

人类的教育发展到现代，形成了制度化教育。制度化教育有其成功之处，也存在着诸多缺陷，因而许多学者建议对教育作重大而又非正统的矫正。美国教育家伊里奇的观点更是走向极端。他相信："学校的废除已不可避免，并且，这样一种幻想的结局使我们充满希望。"① 联合国教科文组织在《学会生存》中提到："未来的学校必须把教育的对象变成自己教育自己的主体。受教育的人必须成为教育他自己的人，别人的教育必须成为这个人自己的教育。"② 也就是说，未来将是一个学习型社会，在对制度化教育进行改造的同时，人们将在学校之外寻找种种非制度化教育的方式为越来越多的人提供越来越充分的学习机会，使教育成为一个终身连续的过程。总之，未来的教育应该是教育的社会化和社会的教育化与制度化教育相互补充、共同繁荣的局面。

讨论：
"教育的社会化"与"社会的教育化"这对概念你如何理解？

三、教育的功能与效益

● 创业者的受教育程度与就业乘数效应（以受教育年限衡量）

北京大学丁小浩和伍银多在2015年对北京市海淀区青年创业者（2008个样本）调查发现，在农、林、牧、渔业中，创业者每多获得1年教育，可额外提供近3个工作岗位；在建筑业、住宿和餐饮业，以及金融业中，创业者的受教育程度对企业就业规模的作用并不是正向的；在其他几类行业中，创业者受教育程度的净效应约等于1，意味着创业者每多获得1年教育，企业规模大约能扩大1人。据此，他们得出结论：(1) 自主创业者的受教育程度与创业就业乘数呈现正向的相关性，自主创业者受教育程度越高，企业规模更可能扩大，从而带动更多社会就业；(2) 自主创业者的受教育程度对于就业乘数的作用，在不同行业上差别较为明显，其中尤以在农、林、牧、渔业中的作用最为积极，但是在不同行业中创业者受教育程度作用的异质性表现得非常明显；(3) 没有充分证据说明，在对从业人员智力需求较高的行业里，创业者的受教育程度对就业乘数起着更为积极的作用。③

上述研究从一个角度证明了教育与就业规模的关系。那么，教育对个体和社会到底具有怎样的功能？下面我们讨论教育的功能与效益问题。

（一）教育功能

1. 教育功能的内涵

要理解"教育功能"这个概念，首先要明确"功能"一词的含义。对于"功能"的理解目前有两种分歧：第一种是主观论与客观论的分歧。前者与"目的""愿望""动机""期待"等主观范畴同义，后者则指实际产生的作用、后果、影响等

---

① 瞿葆奎．教育学文集：第3卷 教育与社会发展[M]．北京：人民教育出版社，1989：651.

② 联合国教科文组织国际教育发展委员会．学会生存：教育世界的今天和明天[M]．华东师范大学比较教育研究所，译．北京：教育科学出版社，1996：200.

③ 丁小浩，伍银多．创业者的受教育程度与就业乘数效应：基于北京市海淀区青年创业者调查的实证研究[J]．教育研究，2017，38(1)：39–51.

客观范畴。第二种是结果论与能力论的分歧。前者把功能看成事情运作后产生的结果,后者将功能视为事物潜在的能力。

“功能”在日常生活中,一般与“作用”同义,但“作用”有积极与消极之分,它是根据作用所产生的结果来判断的。而“功能”指的是客观结果,不管这种结果是否为特定的阶层、团体或个人所接受。学校教育并非抽象的、理想化的,而是具体的、实际存在的。据此,我们可以把“教育功能”限定为教育本身所特有的对个人或社会所产生的实际的功用或价值。

讨论:
学校教育是万能的还是无能的?教育功能、教育价值、教育职能是否同义?

2. 教育功能的类型

根据不同的标准可以将教育功能划分为不同的类型,如期望功能与实际功能,个人功能与社会功能,正向功能与负向功能,显性功能与隐性功能等。这里介绍默顿、柴野昌山和吴康宁对教育功能的分类。

(1) 默顿的分类

美国社会学家默顿(R. K. Merton,见图 1-3)认为:“社会功能系指可见的客观结果,而不是主观意向(目标、动机、目的),若不能区分客观社会后果与主观意向,则必然导致功能分析上的混乱。”① 默顿批评了传统结构功能主义者的“社会功能一体假设”(postulate functional unity of society)和“泛功能假设”(postulate of universal of function)。前者认为凡社会系统都有某种统一性,其所有部分都以极为和谐一致的方式共同运转;后者认为任何社会因素都具有积极功能或正向功能。默顿认为社会功能一体假设导致分析者忽视了一个特定的社会或文化事项对不同社会团体以及这些团体的成员可能有不同结果。② 而泛功能假设则过于武断,虽然文化或社会结构的任何事项都可能有功能,但未必都有积极功能。③ 因此,他强调应避免将功能分析集中于正面功能,必须同时注意其他后果。④ 所以,他提出了所谓价值中立的功能分析模式。

图 1-3　罗伯特·金·默顿

讨论:
教育的功能一定是正向的吗?应该如何准确理解教育的功能?

首先,默顿对“功能”概念作了新的解释,认为“功能”是一个中性概念,是指功能事项对功能承受单位产生的“可观察到的客观后果”。这种结果依其对社会协调所起作用的性质可分为“正向功能”(eufunction)和“负向功能”(dysfunction)。“正向功能有助于一个体系的适应或顺应,负向功能则削弱体系的适应或顺应。”⑤ 一个功能归属事项对同一个功能承受单位或不同的功能承受单位可能兼有正向功能和负向功能的后果,因此在评估这一事项的功能属性时,

① 默顿. 论理论社会学[M]. 何兴凡,等译. 北京:华夏出版社,1990:104-105.
② 默顿. 论理论社会学[M]. 何兴凡,等译. 北京:华夏出版社,1990:109.
③ 默顿. 论理论社会学[M]. 何兴凡,等译. 北京:华夏出版社,1990:114.
④ 默顿. 论理论社会学[M]. 何兴凡,等译. 北京:华夏出版社,1990:115.
⑤ 默顿. 论理论社会学[M]. 何兴凡,等译. 北京:华夏出版社,1990:138.

应以“后果之净均值”（净均值指正向功能和负向功能相互抵消后的剩余值）为准则。也就是说一个事项在发生正向功能的同时，通常也存在发生负向功能的可能性；一个事项对某个人或群体具有正向功能，而对另一个人或群体则可能产生负向功能。据此，教育功能也可以分成正向教育功能与负向教育功能。前者对个体发展与社会进步产生积极的结果，后者则对个体发展与社会进步产生不良的结果。

其次，默顿认为传统功能主义混淆了“主观动机”和“客观后果”，并提出了“显性功能”（manifest function）和“隐性功能”（latent function）的概念。“显性功能是有助于体系之适应或顺应的客观后果，这种后果为此体系之参与者所预期并认可。隐性功能与显性功能相对应，这种后果既非预期的，亦未被认可。”① 就是说显性功能是有目的实现的功能，而隐性功能则是主观愿望之外产生的意外结果。根据这一思想，教育功能也可以分成显性与隐性两类。显性教育功能是指教育系统的参与者所筹划并觉察到的客观结果，如教育目的的实现等；隐性教育功能是指既非事先筹划，也未被觉察到的客观结果，一般是伴随显性教育功能出现的，如学校教育复制了社会的分层，再现了社会的不平等，都属于隐性教育功能。

讨论：学校的负向显性功能是如何产生的？应该由谁承担责任？

(2) 柴野昌山的分类

日本教育社会学家柴野昌山首先运用默顿的功能理论对教育功能进行分析。他以默顿的两对概念（正向功能与负向功能、显性功能与隐性功能）为基轴将学校教育的功能分成四大类：A类，正向显性功能；B类，正向隐性功能；C类，负向隐性功能；D类，负向显性功能。（见表1–2）②

表1–2 柴野昌山的教育功能分析表

客观结果	主观意向	
	显性	隐性
正向	A	B
负向	D	C

柴野昌山认为这四种功能在学校中确实存在。如考试作为教师评价学生学习效果、强化学生学习欲望的工具具有正向显性功能（A）；但如果教师仅凭考试成绩来评定学生，便可能导致学生的呆板型成就中心偏向，这是考试的负向隐性功能（C）；学校中的表扬制度以及晨会之类的仪式性活动，其本来的目的是帮助学生辨别正误，但也可能产生诸如学生增强了对学校的归属感、促进了群体整合等作用，这些作用属于正向隐性功能（B）；而学生群体的反学校、反教师的亚文化导致的各种不良行为或越轨行为属于负向显性功能（D）。

(3) 吴康宁的分类

默顿认为教育功能具有双向性，并提出“建立评估诸种后果之净均值的准

① 默顿．论理论社会学[M]．何兴凡，等译．北京：华夏出版社，1990：138–139.

② 吴康宁．教育的社会功能诸论述评[J]．华中师范大学学报（哲学社会科学版），1996(3)：77–84.

则”，但并没有进行具体的研究。我国学者吴康宁延伸了这个研究，认为应增加“强度”这一标准，并建立了一个分析模型（见表1–3）。

表1–3 吴康宁的教育功能分析表

负向	正向	
	强⊕	弱＋
强⊖	A	D
弱－	B	C

这个区分既适用于对某一种教育事项的社会功能分析，也适用于教育社会功能的总体现状分析。如在教育变革期，教育系统的改革会产生诸多较强的正向社会功能，同时也会出现不可低估的负向社会功能；在教育兴盛期，教育开始真正享受改革的成果，因而仍会产生较强的正向社会功能，此外由于运行的相对科学性，负向社会功能则会大大降低；在教育平淡期，由于失去了上述两个时期的热情，教育的正向与负向功能都相对较弱；在教育危机期，各种教育问题层出不穷，因而教育总是显示出更多的负向功能，而正向功能则相对较弱。

（二）教育效益

● 不同学历与月薪情况

四川大学2021年1月8日发布的《四川大学2020年毕业生就业质量报告》显示：2020届毕业生的薪酬水平与其学历层次呈正相关，博士毕业生月均收入为12876.49元、硕士毕业生月均收入为8259.76元、本科毕业生月均收入7661.23元。从薪酬区间来看，低收入区间段本科毕业生占比较高，高收入区间段硕士毕业生和博士毕业生占比较高。

可见，教育的经济效益是比较明显的，当然除了经济效益外，教育还有其他效益，下面我们简要讨论教育的效益问题。

讨论：父母为什么花那么多的钱供你读书？国家为什么要实施免费的义务教育？

1. 教育效益的内涵

教育效益，即人们通过教育过程而获得的成果或收益。教育效益与教育本质、教育功能有着本质区别。教育本质，是教育所固有的属性。教育功能，是由教育本质所决定的，蕴藏在教育所能发挥的实际作用中。教育效益，是通过教育过程使教育功能得到发挥而获得的成果。由此可见，教育本质与教育功能是教育所固有的属性和性能，而教育效益则是教育发挥其功能的表现和结果，三者是辩证统一的。教育本质决定教育功能，教育功能决定教育效益；教育功能体现教育本质，教育效益体现教育功能。教育有什么样的本质和功能，就会通过教育过程获得什么样的效益。

2. 教育效益的类型

教育效益从范畴上来划分，可以分为育人效益和社会效益两大类。

培养人才是教育的最原始的功能，因而从狭义上来说，教育效益是指育人效益，是教育发挥其育人功能在教育领域本身所获得的效益。教育具有育人功能，通过教育过程就会获得培养人才的教育效益。

从广义上来说，教育效益是指教育的社会效益，主要是教育发挥其社会功能在整个社会领域所获得的效益、教育具有经济功能、政治功能和思想文化功能等社会功能，因而通过教育过程能够获得社会效益，包括促进经济发展的经济效益、为政治经济制度服务的政治效益、传播社会意识形态的思想文化效益。

四、教育的本质与争论

● 教育应给学生什么?

教育应该增进受教育者的幸福，这种观念可能比那种认为教育应该追求知识本身为目的的观点更有市场。……我们不必因相信知识本身的价值而坚信教育应首当其冲地以学生为目标。许多家长、教师和教育理论家们都持这种看法。的确，他们中很少有人把着重点全部放在学生利益之上。毕竟也需要考虑到其他人的利益：道德教育是重要的，教育对广泛的经济繁荣所作的贡献也同样是重要的。①

教育到底是实现社会理想的工具，还是促进个人发展的手段？教育是实现社会平等的入口，还是社会成层的路径？教育是为了个体的社会化，还是为了个体的个性化？这些都是历史上争论不休的问题，这里不想对这些问题作出是非判断，而只是对其进行客观描述，阐明各自的观点、论据与结论。

（一）工具论与本体论

讨论：教育是一种培养人的活动。那么，人的活动方式、活动能力在哪里体现？

1. 工具论

工具论认为教育是作为人类生存的一种工具而存在的，具体而言，教育是政治斗争的工具，教育是经济发展的工具，教育是文化传承的工具。

将教育视为政治斗争的工具的有柏拉图、凯兴斯坦纳、孔子、康有为、梁启超等人。柏拉图认为教育与政治是密不可分的，教育是实现其政治理想的工具，也是维护其政权的手段。他认为理想国的公民有统治者、军人、农夫和手艺人等。如果他们在国家里各做各的事而不相互干扰，便有了正义，从而也使国家成为正义的国家了。反之，他们互相干涉互相代替对于国家是有最大的害处的。只有通过教育才能使他们安于自己的本分（亦即“正义”），专注办自己的事情而不去干涉别人的事情。为此他设计了一个逐级淘汰的金字塔式的教育体系，对各类人进行不同的教育。德国的凯兴斯坦纳把教育看成国家经济发展和政治安定的工具。“我以为国家公立学校的目的——也是一切教育的目的——是教育有用的公民。”② 也就是说，教育要培养公民为国家服务，形成学生的“道德性格”，使学生“情愿奉行一切公众权利”。③

孔子认为教育是立国、治国的三大要素之一。《论语》记载：“子适卫，冉有

① 怀特. 再论教育目的[M]. 李永宏，等译. 北京：教育科学出版社，1992：27.

② 凯兴斯坦纳. 工作学校要义[M]. 刘钧，译. 北京：商务印书馆，1935：12.

③ 凯兴斯坦纳. 工作学校要义[M]. 刘钧，译. 北京：商务印书馆，1935：88–89.

仆。子曰:‘庶矣哉’。冉有曰:‘既庶矣,又何加焉?’曰:‘富之。’曰:‘既富矣,又何加焉?’曰:‘教之。’”这里孔子论及了治国的三大要素:“庶”,要有较多的劳动力;“富”,要有足够的物质财富;“教”,接受政治伦理教育,知道安分守己。我国资产阶级改良派的主要代表康有为、梁启超、严复都把教育看成进行政治改良、救亡图存、振兴中华的重要工具。康有为认为欧美诸国之所以富强,“不在炮械军器,而在穷理劝学”①,所以,他提出:“欲任天下之事,开中国之新世界,莫亟于教育。”② 梁启超认为国家的强弱是由教育决定的,“世界之运,由乱而进入平,胜败之原,由力而趋智,故言自强于今日,以开民智为第一义”③。他认为,如能做到民力、民智、民德真正优良,就各能自治,都能获得自由,所以富国的根本问题在于对民众进行全面的教育。

将教育视为经济发展的工具的有舒尔茨、斯宾斯等,其主要观点请见第二章。

将教育视为文化传承工具的有美国的巴格莱(W. C. Bagley)、赫钦斯(R. M. Hutchins)、艾德勒(M. J. Adler)、布坎南(S. Buchanan)、巴尔(S. F. Barr)等。巴格莱认为教育是为了社会的“进步”,而进步的获得则在于消除人的本性。具体地说,要促进社会进步,就必须通过理智和道德的训练来保存文化遗产。所以,学校应该成为传授“文化遗产”的机构,要通过学校教育使这些遗产在新生一代中再生出来。赫钦斯等人认为教育就是为了传授体现在名著之中的西方伟大传统和智慧,所以,那些具有理智训练价值的“永恒学科”,即经历了许多世纪而达到古典著作水平的书籍(百部名著),是学校教育内容的中心。教育的本质就在于将这些具有永恒价值的文化传递给下一代。

2. 本体论

本体论认为教育的本质在于焕发人的天性,培养人的智慧,完善人的个性,使之成为完人。这种思想最初可追溯到亚里士多德,在他那里已经有了本体主义教育观的萌芽。文艺复兴时期的人文主义思想家、资产阶级启蒙思想家继承和发扬了这种思想,并形成了相对完整的思想体系。而当代的存在主义哲学流派则是本体主义教育观的最杰出代表。

在亚里士多德看来,国家的目的就是要使国家成为幸福的国家,使人民成为幸福的人民。而要实现这个目的,除了应有良好的政体之外,就要靠教育的杠杆,使每一个人都成为“善人”。文艺复兴时期的人文主义泛指资产阶级的新文化,这种文化的基本特征是提倡以人为中心,反对以神为中心。在教育上,人文主义者继承和丰富了古希腊和谐发展的教育理想,提出了培养全人(all-side man)的教育目标,提出培养社会、政治、商业、文化等方面的积极活动家,以及具有探索精神的开创性人物。在教育领域,比较著名的有维多里诺、韦杰里乌斯、瓜里诺、伊拉斯谟、拉伯雷、蒙田、莫尔等。卢梭认为教育首先是为了培养人。在卢梭那里,教育是从人出发的,是以人的充分自由发展为前提的。在美国将

① 康有为. 公车上书[M]// 戊戌变法(二). 上海:上海人民出版社,1953:148.
② 梁启超. 康有为传[M]// 戊戌变法(四). 上海:上海人民出版社,1953:9.
③ 梁启超. 学校总论[M]// 陈学恂. 中国近代教育文选. 北京:人民教育出版社,1983:125-126.

存在主义哲学用于教育的人主要有贝恩(K. Benne)、奈勒(G. F. Knellor)、佛立柯(A. Fallico)、摩里斯(V. C. Morris)、哈贝尔(R. Haper)、布劳迪(H. S. Broudy)、伯内特(J. R. Burnett)、巴特勒(J. D. Butler)、特劳特纳(L. Troutner)、史密斯(H. Smith)、邓通(D. E. Denton)等。在存在主义者的眼中,教育的目的就是使每一个人都认识到自己的存在,并形成一套与众不同的生活方式。因此,教育要做的是维护个人的自由,帮助个人进行自我选择,并对自己的选择负责。"让教育为个人而存在。让教育教会个人像他自己的本性要求他那样的自发而真诚地生活。"[①]教育就是要培养学生正确对待生活的态度,主要是真诚、选择和决定、责任感等。

(二) 平等论与成层论

讨论:
教育是通向平等的入口,还是社会成层的路径?通过教育真的能"跳龙门"吗?

1. 平等论

平等论认为教育是走向社会平等的一个比较现实的途径,通过一定的教育必将导致人们取得经济或社会地位的平等。法国的卢梭、"美国公共教育之父"霍瑞斯·曼(H. Mann)是社会平等论的主要代表。

卢梭认为"各种等级的人都是一样的"[②],"各种身份的人都是一样的……自然的需要人人都是一样的,满足需要的方法人人都是相同的"[③]。他相信人人都是自由的、平等的,但出现了私有制后就有了不平等。这种不平等可以通过"社会契约"来消灭,而能订立这种契约的人必须是"自然人"——具有自爱、自主、自立、自制特点的人。自然人只有通过教育才能养成,"我们生来是软弱的,所以我们需要力量;我们生来是一无所有的,所以需要帮助;我们生来是愚昧的,所以需要判断的能力。我们在出生的时候所没有的东西,我们在长大的时候所需要的东西,全都要由教育赐与(予,编者注)我们"[④]。卢梭就是希望通过教育来培养"自然人"——一种有能力签订合约的自食其力的独立自主的人,来达到社会平等的目的。

霍瑞斯·曼认为"普及知识是共和政府继续存在的必不可少的条件"[⑤]。在一个共和国里,愚昧无知是一种犯罪。"如果一个阶级占有全部财富和教育,而社会的其余部分是无知的、贫穷的,那么不管用什么名称来称呼它们之间的关系,情况都是一样,真正的事实是:后者是前者奴隶般的附庸和臣民。"[⑥]怎样才能消除这种社会不平等呢?霍瑞斯·曼认为"不是靠驱逐,而是靠提高",靠良好的普及教育去"扩大有教养的阶级和阶层……它将比任何别的事情更能清除人为的社会鸿沟"[⑦]。总之,在霍瑞斯·曼看来教育是"社会机器的平衡轮"。

---

① 陆有铨.躁动的百年:20世纪的教育历程[M].济南:山东教育出版社,1997:129.
② 卢梭.爱弥儿:论教育[M].李平沤,译.北京:商务印书馆,1978:310.
③ 卢梭.爱弥儿:论教育[M].李平沤,译.北京:商务印书馆,1978:260.
④ 卢梭.爱弥儿:论教育[M].李平沤,译.北京:商务印书馆,1978:7.
⑤ 滕大春.外国教育通史[M].济南:山东教育出版社,1990:393.
⑥ 滕大春.外国教育通史[M].济南:山东教育出版社,1990:394.
⑦ 滕大春.外国教育通史[M].济南:山东教育出版社,1990:394.

2. 成层论

与平等论者相反，成层论者认为教育不仅不能实现社会平等，反而为不同社会背景的人提供了一架梯子，维护了固有的社会阶层并使之适度合法化。以鲍尔斯（S. Bowles）和金蒂斯（H. Gintis）为代表的经济再生产理论认为，教育不能给社会带来平等，反而使已有的社会不平等合法化。鲍尔斯认为随着有技能的、受过良好教育的劳动力在经济上的地位日趋重要，学校制度中的种种不平等现象一代一代地再生产，原有的阶级结构也变得越来越重要。① 在他看来教育本身是不平等的，不平等的教育当然不可能成为人们通向平等的入口。柯林斯（R. Collins）认为，学校是不同身份团体间利益争夺的一个场所，教育就是教授特殊身份文化的过程。日本教育社会学家天野郁夫认为，在现代产业社会里，人们社会地位的高低，取决于他拥有多少"社会资源"，即财富、权力、威望、知识和技能。人们对这些资源的拥有量越大，其社会地位就越高。因为学历与其他社会资源的分配具有很高的相关性，这意味着，学历本身是一种稀少的资源，同时，获得学历是获得其他社会资源的路径。从社会方面来看，个人社会地位的获得与分配过程，也可以说是竞争和选拔过程。而教育同这种竞争和选拔过程密切关系。因此，现代社会的学校常被称为"筛选装置"，或被叫作"社会选拔和分配机构"。

资料夹 1–5

夏山学校：使学校适合儿童 ②

夏山学校创建于1921年，校址在英格兰的雷斯敦。夏山学校起初是一所实验学校，但今日的它已不是实验学校，而是一所革新的学校，充满了自由的活力。夏山学校是让孩子们能真正自由生活的场所，它完全舍弃了训练、命令、要求、道德与宗教教育。

(1) 教育目标：适应个别儿童的需要以培养其自主学习能力。

(2) 课程与教材：教师设置学习情境，儿童的学习以个人的经验为基础，是一种个别化而富有弹性的学习方式。

(3) 教与学的方法：采用弹性课表与混龄编组的组织方式，学习的基本原则是自由、责任与信任。除了知识学习外，强调情感教育，学生有机会决定自己的学习课程，并安排与完成学习任务。

(4) 学习的空间：学习的空间不限于传统的教室，可以走到教室之外，甚至学校之外。

(5) 课堂管理：课堂管理以学生是否指向有意义学习为原则，因此学生可以在不妨碍他人学习的前提下自由走动或工作，教师有权选择课程与教材。

---

① 鲍尔斯．不平等的教育和社会分工的再生产[M]// 张人杰．国外教育社会学基本文选．上海：华东师范大学出版社，1989：218–219.

② 尼尔．夏山学校[M]．王克难，译．海口：南海出版社，2006. 引用时有修改。

(6) 师生关系：教师所扮演的角色，由传统权威向辅导者转变。

夏山学校具有以下特点：(1) 学生年龄不拘，入学年龄从 5~15 岁均有，通常 16 岁左右离校；(2) 上课自由，儿童可以凭自己的意愿出入课堂，不论缺课多久也不会受到责罚，但选课后不去上课就会被除名；(3) 建立学生的自信，在现实社会中，学问并非最主要的，自信才是重要的；(4) 无正式的考试，而是以轻松谈话的方式测验学生，问题一点也不难，可以让孩子自由地写出答案。

第二节　教育学的产生与发展

● 从 pedagogy 到 education

几百年来，对教育过程的研究被称为“教育学”(pedagogy)。哲学家康德就把他关于教育的讲义称为《教育论》(Über Pädagogik)。康德的讲义非常注意习惯的形成、品德的训练以及教学。因为“教育学”是从“教仆”(pedagogue)这个词派生出来的，同时它作为一种应用的艺术，很少受到尊重，所以，教育学这个词从一开始就没有“深奥的科学”这种含义；然而，由于存在着这样一门学科的理想，以及一些改革家执着的努力，才使教育学有了更丰富的内容，获得了更高的地位。起初，教育学对实践的影响主要在小学，但是教育科学的研究不应该只限于小学里出现的问题，这种观念促使学院或大学设立了教育学系。把教育学这门学科引入高等院校后，“教育学”(pedagogy)这个词也产生了一些新问题，引发了许多批判。为了确保教育学有持久的立足之地，为了使教育学获得平等的学科地位，有必要修正和扩充教育学的内容。因此，出现了用 education 一词代替 pedagogy 的倾向，并用 education 作为系科和教授职位的名称。新的“教育学”(education)与旧的“教育学”(pedagogy)有两点不同：首先，education 的含义更广一些，远不止教学方法与学校管理这两个方面；其次，education 更科学。①

讨论：
如何判断一门学科已经确立？

考点提示及练习 1–2

教育学(pedagogy)源于希腊语中的教仆(pedagogue)，原指照料年幼男孩的奴隶，其工作包括送孩子上学，接孩子回家，替他携带学习用品等，并没有其他太多的含义。经过夸美纽斯、康德、赫尔巴特等一大批教育家的努力，终于完成了从 pedagogy 到 education 的过渡，使教育学获得了应有的学科地位。从 pedagogy 到 education 不仅是词的变化，其中隐含着教育学的产生与不断成熟的过程。本节将对这个演变过程进行简要的探讨。

一、西方教育学的发展

教育学是以教育现象、教育问题为研究对象，探索教育规律的社会科学。古代先哲们早在几千年前就开始讨论教育问题，但教育学作为一门规范的学科却

① 瞿葆奎. 教育学文集：第 1 卷　教育与教育学[M]. 北京：人民教育出版社，1993：295–297. 引用时进行了改编。

只有200年左右的历史。

（一）孕育期

任何事物都有一个孕育、诞生和成长的过程。教育学也不例外，古代哲人对教育的认识为教育学的诞生奠定了坚实的基础。苏格拉底（Socrates）的产婆术，柏拉图（Plato，见图1–4）的《理想国》，亚里士多德（Aristotle）的《政治学》，昆体良（M. F. Quintilianus）的《雄辩术原理》（又译《论演说家的教育》，是西方最早的教育学著作），奥古斯丁（A. Augustinus）的《忏悔录》，伊拉斯谟（D. Erasmas）的《一个基督教王子的教育》和《愚人颂》，拉伯雷（F. Rabelais）的《巨人传》，蒙田（M. D. Montaigne）的《论儿童的教育》等著作从不同角度对教育问题进行了探讨，提出了一些精辟的见解，其中包含着大量的科学的成分，为教育科学的诞生奠定了深厚的基础。

图1–4　柏拉图

讨论：在西方教育学的发展过程中，夸美纽斯、康德、赫尔巴特、杜威各自作出了什么贡献？

（二）诞生期

英国哲学家培根（F. Bacon）批判了亚里士多德的经院哲学，提出了实验的归纳法，为教育学的诞生提供了方法论基础。1623年他在《论科学的价值和发展》中首次将教学的艺术作为一个独立的研究领域提出，并把它理解为“讲述与传授的艺术”。[①] 捷克教育家夸美纽斯（J. A. Comenius，见图1–5）的《大教学论》（1632）探讨了“把一切事物教给一切人类的全部艺术”。从此，人们开始了教育学的独立探索时期，后人称他为“教育学之父”。如英国哲学家洛克（J. Locke）的《教育漫话》（1693）提出了“白板说”和完整的绅士教育体系，法国思想家卢梭（J. J. Rousseau）的《爱弥儿》（1762）阐述了自然教育理论，瑞士教育家裴斯泰洛齐（J. H. Pestalozzi）的《林哈德与葛笃德》明确提出要“使人类教育心理学化”，这些都对教育学的诞生起了重要的作用。

图1–5　夸美纽斯

在教育学的创立阶段，康德（I. Kant）作出了重要贡献。在哥尼斯堡大学任教期间，他先后四次讲授教育学，其讲稿由其学生们编纂后以《康德论教育》

① 培根将科学分为历史、诗歌、哲学；其中哲学又分为自然神学、自然哲学、人类哲学；人类哲学又分为人类群体哲学、人类个体哲学；人类个体哲学又分为人体学、灵魂学；灵魂学又分为伦理学、逻辑学；逻辑学又分为研究和发明的艺术、检验和判断的艺术、保存和记忆的艺术、讲述和传授的艺术。讲述和传授的艺术就是现在的教育学。

为书名在1803年出版。康德认为“教育一定要成为一种学业”①。接任康德哲学教席的是赫尔巴特(J. F. Herbart,见图1-6),1806年他出版的《普通教育学》为教育学的创立作出了最重要的贡献。他认为“教育学作为一门科学,是以实践哲学和心理学为基础的。前者说明教育的目的;后者说明教育的途径、手段与障碍”②。赫尔巴特将教学理论建立在心理学基础上,将道德教育理论建立在伦理学基础上,提出了“教师中心、教材中心、课堂中心”的教学体系,奠定了科学教育学的基础,赫尔巴特本人也被誉为“科学教育学的奠基人”。

图1-6　赫尔巴特

资料夹1-6

独立形态教育学创立的标志③

(1) 从对象方面而言,教育问题成为一个专门的研究领域。

(2) 从概念和范畴方面而言,形成了专门反映教育本质和规律的教育概念与范畴以及概念与范畴体系。

(3) 从方法方面而言,有了科学的研究方法。

(4) 从结果方面而言,产生了一些重要的教育家,出现了一系列专门的、系统的教育学著作。

(5) 从组织方面而言,出现了专门的教育研究机构。

(三) 发展期

19世纪末以来教育学得到了迅速的发展。梅伊曼(E. Meuman)和拉伊(W. A. Lay)将自然科学的实验法用于研究儿童发展与教育的关系;狄尔泰(W. Dilthey)等将精神科学方法运用于教育学研究,采用理解与解释的方法讨论教育问题;杜威强调教育与生活的联系;马克思主义教育家则运用唯物辩证法研究教育问题;还有对教育诸多问题的研究、批判都产生了比较广泛影响的批判教育学;等等。总之,这个时期的教育学流派纷呈、争鸣不断,出现了多元化发展的态势,从而使教育学逐步趋向成熟。

(四) 分化(反思)期

第二次世界大战以后,教育学科迅速分化并成为一门相对独立的学科。这表现在两个方面:一是从教育学中分化出一些新的学科,如教学论、德育论等;二是借鉴其他学科的方法论与研究成果形成了一些新学科,如技术学与教育学结合的教育技术学、人类学与教育结合的教育人类学等。教育学科的细密分化,使

① 康德.康德论教育[M].瞿菊农,译.北京:商务印书馆,1930:10.

② 赫尔巴特.普通教育学[M].李其龙,译.北京:人民教育出版社,1989:190.

③ 全国十二所重点师范大学.教育学基础[M].北京:教育科学出版社,2002:16.

教育学科体系得以初步形成。

同时,研究者们开始对教育学本身进行反思,这种反思是对教育研究的研究,其目的不是要形成教育理论,而是检视教育研究活动本身的目的、性质、价值等,形成教育学观。有关教育学自身的研究结果形成了教育学的元理论。教育学元理论的出现极大地提高了教育研究者的理论自觉性,推动了教育学的发展。

二、中国教育学的发展

我国古代的思想家对于教育的问题有许多精辟的论述。如《学记》是世界上最早的成体系的教育学著作,先哲孔子、朱熹、韩愈等对于教育的论述为我们提供了丰富的教育思想来源。但教育学的来源不等于教育学的产生。就教育学本身而言,它并非我国所固有,在其发展中走过了以下六个阶段。

(一)译介和引入阶段(1901—1915)

以日文为媒介,以介绍赫尔巴特教育理论为主。1901 年《教育世界》第 9、10、11 期连载了王国维翻译的日本文学士立花铣三郎讲述的《教育学》,这是引进国外教育学的开始。此期间引进的教育作品计讲义类 12 种,报刊连载类 14 种,出版社出版物 21 种,国人据日文原本译编、改编或自编的 16 种。[①] 这是近代教育学在中国的初建阶段,也是中国传统教育思想研究与教育学科建设结合的开始。

(二)积聚和建设阶段(1915—1949)

这个阶段中国教育学界开始由向日本学习转为向欧美学习,中国教育学无论从数量上还是质量上都有较大的提高。据不完全统计,我国学者出版发行的教育学著作共有 78 种,译著 15 种。[②] 这些作品中以美国为取向的较多,如庄泽宣的《教育概论》、吴俊升与王西征的《教育概论》、余家菊的《教育原理》等;以德国为取向的有石联星的《教育学概论》;以苏联为取向的有钱亦石的《现代教育原理》和杨贤江的《新教育大纲》。杨贤江是我国运用马克思主义的方法论研究教育的第一人。除了学习国外先进经验之外,这一阶段出现了结合中国教育实际与问题展开的独立研究。这个时期,中国教育学界开始形成教育学研究的专门队伍和代表人物。

(三)改造和苏化阶段(1949—1957)

这个时期可以分成两个阶段:1950 年前后是对旧教育学的改造阶段,20 世纪 50 年代初到 1957 年是全面苏化阶段。中华人民共和国成立初期,教育学界开始批判杜威、批判国内"资产阶级教育思潮",力图以马列主义为指导建构新的教育学体系。其中胡守棻的《新教育概论:马列主义教育原理》和程今吾的《新教育体系》最为典型。但很快就转入全面苏化时期。这时翻译出版的苏联教育学教材有 6 种,[③] 如凯洛夫的《教育学》、叶希波夫和冈查洛夫的《教育学》、奥戈罗德尼科夫和史姆比辽夫的《教育学》、申比廖夫和奥哥洛德尼柯夫的《教育学》

① 周谷平. 近代西方教育学在中国的传播及其影响[J]. 华东师范大学学报(教育科学版),1991(3):77-96.
② 瞿葆奎. 教育学文集:第 1 卷 教育与教育学[M]. 北京:人民教育出版社,1993 :406-409.
③ 瞿葆奎. 教育学文集:第 1 卷 教育与教育学[M]. 北京:人民教育出版社,1993 :423.

等，其中凯洛夫的《教育学》影响最大。

（四）革命和中国化阶段（1957—1966）

随着中国教育的发展，苏联的某些经验已不适合中国教育的实际需要，因而在1957年，有研究者提出了“教育学中国化”问题，开始了教育学中国化的探索。1958年国内开展了教育大革命，出现了把教育学作为对党的教育方针、政策的解释和毛泽东有关教育语录的诠释的独特的意识形态化现象。

（五）灾难和语录化阶段（1966—1976）

“文化大革命”使教育学领域遭受了毁灭性的打击，教育学教材不多，大致有：上海师范大学教育系的《凯洛夫修正主义教育思想批判》（讲稿，1972）、广西师范学院教育革命理论教研组的《教育学讲义》（代用稿，1973）、广东师范学院教育学教研组的《教育学讲义》（讨论稿，1974）。这些教材大多用语录代替说理。

（六）恢复和独立阶段（1976至今）

这一阶段教育学科建设不断加强，学术观点趋向多元，学术视野日渐拓展，国际交流日益加强，且形成了教育学科的当代体系。中国教育学科建设因“元研究”的出现而开始进入“自为时期”。21世纪初，叶澜及其研究团队开始建构“生命·实践”教育学，2007—2009年出版了“生命·实践”教育学论丛，标志着“生命·实践”教育学的诞生。

讨论：
中国教育学的发展有什么特点？受哪些因素制约？

三、教育学的理论流派

● 建立一门教育科学的设想

一门批判的教育科学和一门经验主义的教育科学的区别在于：一门批判的教育科学的总目的在于它所产生的知识的种类，以及它所使用的方法。一门经验主义的教育科学的目的是通过这门教育所产生的知识的实际应用来改进教育的合理性。一门批判的教育科学的目的可能是使得教育工作者自己改善他们工作的合理性，进而改进教育的合理性。一门经验主义的教育科学力求以科学之理论的“客观”知识代替教育工作者的实用性知识，而一门批判的教育科学则力求鼓励教育工作者把他们的实用知识当作批判的再评价的主题来处理。所以，一门批判的教育科学不会运用经验科学的方法来评价教育工作的合理性，它却会用批判的方法。①

诚如上文所言，不同的研究目的、研究方法会产生不同的教育理论。教育学在其漫长的发展过程中形成了形形色色的教育流派。下面简要介绍赫尔巴特以后的教育学派别。

讨论：
教育的所有问题都能用量化的方法来研究吗？量化＝科学？

（一）实验教育学

实验教育学是在实验生理学与实验心理学的基础上形成的一种以教育实验为标志的教育流派，以德国教育家梅伊曼和拉伊为代表，代表作为梅伊曼的《实验教育学纲要》和拉伊的《实验教育学》。1901年，梅伊曼首先提出了“实验

① 瞿葆奎．教育学文集：第1卷 教育与教育学［M］．北京：人民教育出版社，1993：732.

教育学”的名称，强调以实验的方式研究教育问题，并把心理实验的方法应用到教育研究中，首开“实验教育学”之先河。不久，拉伊出版了《实验教育学》，认为实验教育学的目标是根据生物学、社会学以及道德和伦理学的规律和规范，通过实验、统计和系统的观察，来解决教学和教育中的问题①。拉伊认为教育实验包括三个阶段：假设的确立，实验的计划与执行，在实践中证明所得结果的准确性。

（二）文化教育学

文化教育学，亦称精神科学教育学，是作为科学主义的实验教育学和理性主义的赫尔巴特式教育学的对立面而出现的，代表人物主要有狄尔泰、斯普朗格（E. Spranger）、李特（T. Litt）等，代表作主要有狄尔泰的《关于普遍妥当的教育学的可能》、斯普朗格的《教育与文化》、李特的《职业陶冶、专业教育、人的陶冶》等。狄尔泰提出：“要把人当作人，不是把人当作物，或者显微镜下的一只昆虫，要把人看作完整的人，完整的人不是认识机器，不仅是理智的动物，而且是具有喜怒哀乐和七情六欲的活生生的社会—历史现实。”② 因此，人必须找回失落的精神世界，回归生命的完整。基于此，狄尔泰的学生斯普朗格认为教育是一个文化过程，通过这个过程促进人格的生成与生命的唤醒。既然教育是一种历史文化过程，所以既不能采用赫尔巴特的纯粹的概念思辨，也不能依靠实验教育学的数量统计来进行，而必须采用文化科学的方法，亦即“理解”与“唤醒”的方法进行。所谓理解就是一个人与另一个人（包括一个人对自我的理解）的交流过程。在理解的过程中才能实现陶冶自己的人格与灵魂，唤醒人的精神与生命活力。

（三）实用主义教育学

实用主义教育学也是在批判以赫尔巴特为代表的传统教育学的基础上提出来的，以美国的杜威（J. Dewey）、克伯屈（W. H. Kilpatrick）为代表，代表著作主要有杜威的《民主主义与教育》、克伯屈的《设计教学法》。实用主义教育学认为教育即生活；教育即学生个体经验持续不断的增长，除此之外教育不应该有其他目的；学校即社会；以学生的经验而不是学科知识体系组织教学；教师是学生成长的帮助者而非领导者；重视学生的表现和体验，尊重学生发展的差异性，即“儿童中心，经验中心，活动中心”。

（四）马克思主义教育学

马克思主义教育学包括马克思主义经典作家的教育思想和学者们根据马克思主义基本原理对教育问题的研究结果。如苏联教育家马卡连柯（1888—1939），代表作有《教育诗》《塔上旗》《父母必读》等，他提出的集体教育理论至今仍为全世界所推崇。

（五）批判教育学

20 世纪 60 年代，巴西的流亡者保罗·弗莱雷（P. Freire）出版了《被压迫者教育学》一书，他认为教育应该激励学生成为具有批判精神的公民，能够在一个民主社会中发挥领导作用的政治主体。这是学界公认的批判教育学的直接起源。

讨论：
批判 = 建构？

① 拉伊．实验教育学［M］．沈剑平，瞿葆奎，译．北京：人民教育出版社，1996：2.

② 李超杰．理解生命：狄尔泰哲学引论［M］．北京：中央编译出版社，1994：3–4.

时至今日，批判教育学已成为在西方教育理论界占主导地位的教育思潮。批判教育学的主要人物有美国的鲍尔斯、金蒂斯、阿普尔(M. Apple)、吉鲁(H. Grioux)、法国的布厄迪尔(P. Boudieu)等，代表著作主要有鲍尔斯与金蒂斯的《资本主义美国的学校教育》、布厄迪尔的《教育、社会和文化再生产》、阿普尔的《教育与权力》、吉鲁的《批判教育学、国家与文化斗争》等。批判教育学流派思想复杂，基于不同的思想基础与社会背景，不同流派有着各自不同的特点。但他们有一点是共同的，即追求对传统教育的批判与解放，强调运用批判理论通过批判的方法进行教育研究与分析。批判教育学强调教育目标的多元性与差异性；反对教育等级制度，主张发展大众的教育制度；反对唯科学主义的课程，主张解放的课程；反对教学的封闭结构，主张开放教学。总之，教育要培养学生的批判精神，塑造能动的政治主体。

（六）元教育学

元教育学(meta-pedagogy)的概念最早由德国教育学家布雷岑卡(W. Brezinka)在其1971年所著的《从教育学到教育科学：元教育学理论导论》中提出。元教育学是以教育学本身作为研究对象的理论。关于教育学本身的探讨历史上一直都没有停止过。时至今日，元教育学已经成为一个相当有影响的理论，而且出现了不同的流派，主要有分析教育哲学、元课程论、教育的元分析和布雷岑卡的元教育理论。下面重点介绍布雷岑卡的理论。

> 讨论：
> 教育科学、教育哲学、实践教育学的适用范围有什么不同？

布雷岑卡的元教育学是一种关于那些论述教育的陈述体系的描述性、批判性和规范性理论，即关于教育理论的认识论。他的元教育学以教育学知识的分析–批判哲学为核心，旨在澄清各种教育理论的认识论基础。具体包括：一是关于教育学基本概念的语言分析、逻辑分析、经验分析和意识形态分析；二是关于教育学的学科性质以及教育理论或教育知识的基本成分的分析。布雷岑卡试图建立一种元教育理论框架，以澄清各种教育理论的认识论基础，缓解不同教育学观支持者之间的争论。他将教育学命题体系分为三类：描述性命题体系——教育科学；规范性命题体系——教育哲学；规范性—描述性命题体系——实践教育学。这是一种目前得到较多认可的分类体系。

资料夹 1–7

科学理论的基本标志 [①]

德国教育学家布雷岑卡认为，科学理论必须满足下述条件：

(1) 它的所有命题的真假都可以通过人们的经验来判断。

(2) 它的所有命题在逻辑上相互一致。

(3) 它的所有命题都是暂定的结论，具有可证伪性。

(4) 它是帮助我们认识世界的工具。

---

① 崔录，镜流 .20 世纪教育事典：名人名著 100 篇[M]. 天津：天津教育出版社，1989：103–105.

本章小结

教育作为一个日常用语任何人都能进行讨论。作为一个专业术语，则有其独特的含义。以教书育人为己任的人民教师应该从自己的职业出发去解读教育、理解教育、实践教育。尽管关于教育的起源有多种解释，而且每一种都有一定的道理，但教育是人类所特有的现象，因而其起源也只能从人类自身的角度去寻找。教育的产生与发展有其自身的规律，每一个阶段都是对上一个阶段的超越，但并不是对前一个阶段的否定。对教育活动进行学术性研究并将其综合成一个理论体系，这就是教育学。由于研究对象、研究目的、研究方法的不同产生的各种各样的教育学流派，都有其独特之处，如果能取长补短，那么教育科学自然会繁荣。

案例分析

在中国，教育哲学思想的发端比西方更为久远，两千多年前就有“大学之道，在明明德，在亲民，在止于至善”（《大学》）等精彩论述，认为“天命之谓性，率性之谓道，修道之谓教”（《礼记·中庸》）。孟子是中国最早使用“教育”一词的人，对教育本质和作用进行过多层面的阐述，认为教育目标在“尽性”或发展本性，在个人方面为“存心”和“立命”，在社会方面为“亲亲”和“仁民”。《说文解字》综合各种论述，为“教育”一词释意：“教，上所施下所效也；育，养子使作善也。”中国近代教育家从救国救民的需要出发，重新审视教育本质，作出了类似西方资产阶级教育家的概括。如梁启超说：“教育是什么？教育是教人学做人——学做现代的人。”“教育的目的，总是使受教育的人各尽其性，发挥各人最优长的本能，替社会做最有效率的事业。”

根据上述材料回答下列问题：

(1) 上述材料中的思想家如何理解“教育”？

(2) 简述这些思想家的基本观点。

(3) 你对这些观点有何评价？

反思与探究

1. 爱因斯坦说：“当你把在学校里所学的一切都忘记了，剩下的就是教育。”如何理解这句话？
2. 根据词源比较分析“教育”与“education”的区别与联系。
3. 你认为教育起源于什么？
4. 运用功能分析的相关理论分析一至两个教育事实。
5. 分析制度化教育的利弊。
6. 如何建设中国化的教育学？

推荐阅读

1. 夸美纽斯. 大教学论[M]. 傅任敢,译. 北京:教育科学出版社,1989.

2. 赫尔巴特. 普通教育学[M]. 李其龙,译. 北京:人民教育出版社,1989.

3. 杜威. 民主主义与教育[M]. 王承绪,译. 北京:人民教育出版社,1989.

4. 瞿葆奎. 教育学文集:第1卷 教育与教育学[M]. 北京:人民教育出版社,1993.

5. 凯洛夫. 教育学[M]. 陈侠,等译. 北京:人民教育出版社,1957.

6. 袁振国. 实证研究是教育学走向科学的必要途径[J]. 华东师范大学学报(教育科学版),2017,35(3):4-17,168.

7. 项贤明. 论教育学的边界[J]. 教育研究,2017,38(6),12-19,31.

第二章

教育与社会发展

【学习目标】

- 准确识记教育与社会发展的五大理论，包括名称、代表人物和主要观点。
- 理解五大理论的本质，并能运用于社会现实的解释。
- 识记与理解制约教育发展的具体因素，并能运用于现实问题的解决。
- 熟记教育的社会功能及其具体内容。

【知识导图】

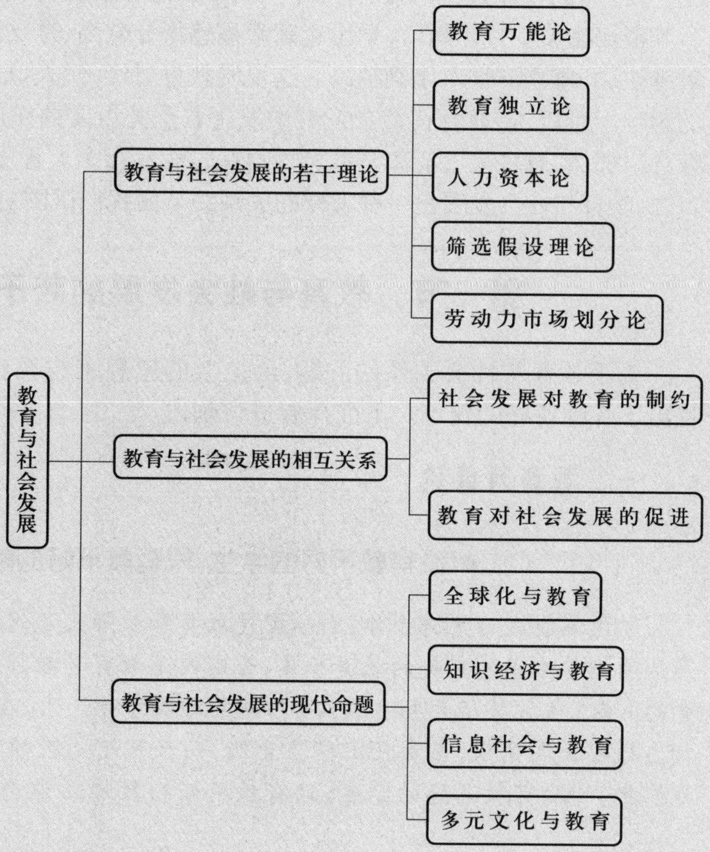

【引子】

有关80后的调查

复旦大学社会科学数据研究中心于2014年发布了历时近半年对上海地区1980—1989年出生的一代人(即“80后”)进行的“学历与婚姻、后代、收入的关系”的调查。结论如表2–1所示。

表2–1 对上海地区80后的调查结果

受教育程度	幸福感得分(取值范围1—4)	透支消费意愿(取值范围1—5)	生育意愿(女生)	高经济收入(年薪12万以上)比例
小学毕业	3.17	1.84	50%以上在27岁时已经生育; 78%以上在30岁前生育	9%
初中毕业	3.22	1.99		11%
高中毕业	3.29	2.08		12%
专科毕业	3.30	2.27		28%
本科毕业	3.34	2.41	18%以上在27岁时生育; 40%以上在30岁前生育	42%
研究生毕业	3.42	2.62		79%

讨论:
教育是万能的还是无能的?没有教育社会能发展吗?

复旦大学的调查表明教育与个人的幸福感、透支消费意愿、生育意愿、经济收入等密切相关。整体而言,学历越高幸福感得分越高、透支消费意愿越强、生育年龄越往后、高经济收入比例越高。这说明教育对经济、人口、精神生活等都有极大的影响。可以说,教育在社会发展中发挥着至关重要的作用,社会的发展离不开教育。那么,教育能不能离开社会而存在?教育在多大程度上促进社会发展?换言之,教育与社会发展是一种怎样的关系?下面我们试图对这些问题进行回答。

第一节 教育与社会发展的若干理论

关于教育与社会关系的问题,历史上的思想家与教育家有过诸多的论述,提出了各种各样的观点。下面择要进行阐述。

考点提示及练习2–1

一、教育万能论

● 没有教不好的学生,只有教不好的教师

学生不能成为优秀个体,则一定是教育和教师出了问题。在学校教育中,教师必须使学生成为完美的教育个体,否则就是教育和教师能力不够的原因,即教育的失败;在教育行为和方式上,完美主义教育观认为,在教育过程中无论什么行为只要出现错误,在责任上学生无错,而只可能是教师有错,即一切责任由教师承担。“没有教不好的学生,只有教不好的教师。”这句话实际上概括了这种

教育观的主要特点，认为学生是教师培养的结果，而在这一过程中，如果学生没有发展好，一切原因都是教师不够优秀。简单地说，教育完美主义教育观就是在培养学生个体方面的教育万能论。①

“没有教不好的学生，只有教不好的教师”，旗帜鲜明地将学生视为教师培养的结果，这种观点从某种程度上说就是一种教育万能论。教育万能论的思想可以追溯到古希腊的柏拉图。在他的《理想国》里，柏拉图认为一个理想与正义的国家只有通过教育才能建立。他认为，假如国家建设合宜，必定有好的教育，好教育一定产生好国民，好国民得到的教育一定更好。所以教育是增进国家福利的唯一方法，教育是国家的基础。② 而且，人也只有通过教育才能成为人。

讨论：
教育是社会发展的第一要务吗？许多发达国家为什么要强制实行义务教育？

英国思想家、教育家洛克将他的教育万能论建立在感觉主义的认识论基础上，提出了著名的白板论。“一切观念都是由感觉或反省来的——我们可以假定人心如白板似的，没有一切标记，没有一切观念。那么它如何会又有了那些观念呢？人的匆促而无限的想象既然能在人心上描绘出几乎无限的花样来，则人心究竟如何能得到那么多的材料呢？它在理性和知识方面所有的一些材料，都是从哪里来的呢？我可以一句话答复说，它们都是从经验来的，我们的一切知识都是建立在经验上的，而且最后是导源于经验的。”③ 就是说，教育可以给人以经验，在人心中画出无限的花样来。所以，“我敢说我们日常所见的人中，他们之所以或好或坏，或有用或无用，十分之九都是他们的教育所决定的。人类之所以千差万别，便是由于教育之故”④。可见，洛克将人性看成一卷白纸，环境或者教育就是颜料，可以给它画上最新、最美的图画。

对教育万能论进行精辟论述并对思想界产生最大影响的是法国 18 世纪的唯物论者爱尔维修。他吸收并发展了洛克的唯物主义思想，把教育看作外在环境对个人的影响的总和。爱尔维修的教育万能论思想包括两个方面的内容：第一，教育是改造社会的最重要的手段。“如果真的是一个民族的才能和美德既保证它强大又保证它幸福，那就没有一个问题比这种问题更重要，这就是——每个人身上的才能和美德，究竟是他的机体结构的结果，还是他所受教育的结果？”他认为，人“只是他们教育的产物”，因此，人们“自己手里掌握着强大和幸福的工具，要使自己幸福和强大，问题只在于改善教育的科学”。⑤ 第二，教育是人成长的决定性因素。爱尔维修认为，“不同的人的教育必然不同，也许就是精神不等的原因”。但这种“精神的不等是一种已知原因的结果，这个原因就是教育的不同”。⑥ 在爱尔维修看来，社会的发展与人的成长都依赖于教育，教育是万能的。

讨论：
柏拉图、洛克、爱尔维修的教育万能论有什么联系与区别？

综上所述，柏拉图的教育万能论是基于理想国的建立而提出的，其哲学基础是主观唯心主义；洛克的教育万能论是基于人性的完善提出的，其哲学基础是

① 冉亚辉，易连云．教育的万能与无能：对完美主义教育观的批判［J］．教育学报，2007（6）：22-27.
② 柏拉图．理想国［M］．郭斌和，张竹明，译．北京：商务印书馆，1997：44-81.
③ 洛克．人类理解论：上册［M］．关文运，译．北京：商务印书馆，2017：73-74.
④ 洛克．教育漫话［M］．傅任敢，译．北京：教育科学出版社，1999：1.
⑤ 任钟印．西方近代教育论著选［M］．北京：人民教育出版社，2001：189.
⑥ 任钟印．西方近代教育论著选［M］．北京：人民教育出版社，2001：189-195.

感觉主义的认识论；而爱尔维修则在唯物主义基础上提出了教育万能论。

二、教育独立论

教育独立论的思潮萌发于清末（如康有为的教育独立思想），发展兴盛于20世纪20年代，民国时期在教育界特别是在自由主义知识分子中间比较流行。教育独立论以谋求教育从制度上、思想上摆脱政治行为或政治信仰的干预为主要诉求，在我国以蔡元培和胡适为主要代表。

（一）蔡元培的教育独立思想

● 教育独立议

教育是帮助被教育的人，给他能发展自己的能力，完成他的人格，于人类文化尽一份责任。而不是把被教育的人，造成一种特别器具，给抱有他种目的的人去应用的。所以，教育事业应当完全交给教育家，保持独立的资格，毫不受各派政党或各派教会的影响。①

讨论：教育能独立于政党与宗教而存在吗？

讨论：蔡元培教育独立思想的现实意义何在？

1. 教育的目的是“养成完全之人格”

蔡元培（见图2-1）在1922年3月发表在《新教育》杂志上的《教育独立议》一文全面阐述了他的教育独立思想。他认为教育的目的是“养成完全之人格”，“不是把被教育的人，造成一种特别的器具，给抱有他种目的的人去应用的”。②他提出“大学者，研究高深学问者也”，不是“升官发财之阶梯”，“诸君须抱定宗旨，为求学而来。入法科者，非为做官，入商科者，非为致富”。③

图2-1 蔡元培

2. 教育由教育家主办

蔡元培主张大学应有自治权和学术自由，提倡“教授治校”。教育要脱离政党、教会而独立，把教育事业完全交给教育家办理。换言之，大学要脱离政党和宗教的控制而达到学术自由和自治，从而实现培养人的目标。因为教育家比任何政党旗下的其他官僚、比任何宗教人士更清楚教育本质，更懂得教育科学，能更科学地遵循教育规律来发展教育事业，这是教育能超越政党和教会的各种直接或间接干预和控制的重要前提。

3. 教育要摆脱政党控制

讨论：教育真的能独立于政党吗？

教育行政腐败、经费匮乏，特别是政党对学生运动的暴力镇压，迫使蔡元培愤怒地发出“我绝对不能再作那政府任命的校长”④（《不肯再任北大校长的宣言》，1919年6月15日）的呼声。他要求学生专心研究学术，不参加政治运动，

① 蔡元培．蔡元培教育文选［M］．高平叔，编．北京：人民教育出版社，1980：145.
② 蔡元培．蔡元培教育论著选［M］．高平叔，编．北京：人民教育出版社，1991：75.
③ 蔡元培．蔡元培教育文选［M］．高平叔，编．北京：人民教育出版社，1980：22.
④ 蔡元培．蔡元培教育论著选［M］．高平叔，编．北京：人民教育出版社，1991：220.

提倡“教育救国”，主张教育超然于政党之外，不受政治干涉。因为教育要均衡地发展人的个性和群性，而政党则是要制造一种特殊的群性，为其服务，抹杀受教育者的个性；教育是求远效的，即所谓“百年树人”，而政党是求近功的，往往只考虑眼前的利益；政党掌握的政权，经常更迭，若由政党掌握教育权，必然影响教育方针政策的稳定，影响教育的成效。① 所以教育要超脱于各派政党。

4. 教育要超越教会影响

教育摆脱教会的影响，主要是因为：教育是进步的，学术文化的发展总是一代胜过一代，教育内容在不断更新，而教会是保守的，一遇到《圣经》的训条，便绝对不许批评；教育是共同的，而教会之间有宗派之争。各国宪法规定“信仰自由”，若由教会掌握教育权，就不能绝对自由。②

总之，蔡元培教育独立的思想反映了资产阶级教育家要求摆脱军阀政府对教育的控制，反对教会文化“参入教育”的思想。

（二）胡适的教育独立思想

胡适（见图 2–2）认为教育是社会生产力的源泉，是接受人类遗产的关键③，又是创造新文化、新思想和提高学术水平的重要途径，简言之，社会的发展离不开教育。因此，他认为教育具有崇高的、独立的地位。胡适的教育独立论的基本观点如下。

图 2–2　胡适

讨论：
胡适与蔡元培的教育独立思想有什么关系？

1. 独立的教育经费来源

胡适在考察了中外教育实践后得出结论：教育如果没有充足的经费作支撑，不要说持续发展，就连正常的维系都难以做到。他认为欧洲大学能够持续发展的一个重要因素是它们有独立的财团。他十分推崇它们的董事会制，因为董事会是专门保管学校财产的，这样学校发展就有了充足的经费作保障。中国古代太学由于在经费来源、行政管理和学术研究方面均无法取得真正的独立，并且还时常受到朝代更替和政局动荡影响，因而不能继续下来。民国时期的教育同样也是因政局不稳、经费无着落而步履维艰。教育独立思潮就是由争取教育经费独立而引发的。胡适注重独立的经费来源在教育发展中的重要作用，强烈呼吁有钱人多投资兴办教育事业。他主张钱多的可以改造一个大学，次多的可以改造某大学的某一学系，钱少的可以补助某一校的某一个部分。④

2. 教育相对独立于政治和宗教

胡适同蔡元培一样极力主张教育相对独立于政治，认为学校应置身政治

① 蔡元培．蔡元培教育论著选［M］．高平叔，编．北京：人民教育出版社，1991：377.

② 蔡元培．蔡元培教育论著选［M］．高平叔，编．北京：人民教育出版社，1991：377–378.

③ 耿云志．耿云志文集［M］．上海：上海辞书出版社，2005：399.

④ 欧阳哲生．胡适与北京大学［J］．北京大学学报（哲学社会科学版），1997（3）：48–55.

之外，努力向学问的路上走，为国家留一个研究学术的机关。[①] 学校作为教学机关，不应该自己滚到政治漩涡里去，尤其不应该自己滚到党派政治的漩涡里去。[②]1937 年 7 月 20 日，胡适提出了自己的教育独立建议：(1) 现任官吏不得做公私立大学校长、董事长；(2) 政治的势力（党的势力）不得侵入教育，中小学校长的选择与中小学教员的任聘皆不得受党的势力的影响；(3) 中央应禁止无知疆吏用他的偏见干涉教育，如提倡小学读经之类。[③] 在宗教与教育问题上，胡适指出学校是培养人才的地方，不是为一宗一派收徒弟的地方。用学校传教，利用幼稚男女的简单头脑来传教，实行传教的事业，这种行为等于诈欺取利，是不道德的行为。[④] 为此，他提出如下建议：(1) 禁止小学校中之宗教教育；(2) 废止一切学校中之强迫的宗教仪节；(3) 与其教授神学，不如鼓励宗教史与比较宗教；(4) 传教的热心不当为用人之标准，当以才能学问为标准。[⑤]

3. 教育应有独立自由的学术研究之风

独立的教育经费来源以及教育相对独立于政治宗教只是为教育的持续发展创造良好的外部因素，而教育如要有高价值的创造，还必须在其自身内部营造出一种独立自由的学术研究氛围。独立自由的学术研究可谓胡适的教育独立思想的真正意义所在。他拟订的《争取学术独立的十年计划》，呼吁修正大学制度，多多减除行政衙门的干涉，多多增加学术机关的自由和责任。[⑥]

胡适一生讲求独立自由，他相信，凡思想可以自由发表，言论不受限制的时候，学术就能进步，社会就能向上，反之，则学术必要晦塞，社会必要退化。[⑦]

三、人力资本论

讨论：
人力资本发挥功效的前提是什么？

人力资本概念最早在 1906 年费雪（I. Fisher）所著的《资本的性质和收入》一书中提出，但未得到主流经济学的认可。真正将这一概念纳入经济理论分析的是美国经济学家沃尔什（J. R. Walsh），他于 1935 年在《人力资本观》中首次对人力资本的概念做出正式阐释。1960 年舒尔茨（T. W. Schultz，见图 2-3）在美国经济学年会上以大会主席的身份发表了题为《人力资本投资》的演讲，轰动了西方经济学界，人力资本逐渐形成了理论体系并成为一种学说。后来由丹尼逊（E. Denison）等人发展并运用。

图 2-3 舒尔茨

① 胡适．胡适全集：第 20 卷［M］．合肥：安徽教育出版社，2003：121.
② 胡适．胡适全集：第 20 卷［M］．合肥：安徽教育出版社，2003：120.
③ 胡适．胡适全集：第 32 卷［M］．合肥：安徽教育出版社，2003：662.
④ 胡适．胡适全集：第 3 卷［M］．合肥：安徽教育出版社，2003：834.
⑤ 胡适．胡适全集：第 29 卷［M］．合肥：安徽教育出版社，2003：630.
⑥ 胡适．胡适全集：第 20 卷［M］．合肥：安徽教育出版社，2003：236.
⑦ 胡适．胡适全集：第 21 卷［M］．合肥：安徽教育出版社，2003：456.

人力资本理论认为，教育不单是一种消费活动，也是一种投资活动，能提高劳动生产率，促进生产的经济效益。因为教育可以提高一个人的认知技能，相应地其劳动生产率也会随之提高。为了准确地理解人力资本理论，必须首先了解什么是人力资本。

在舒尔茨等人的眼中，人是具有前瞻性的动物，任何人决定将自己的资源，如金钱、时间等，投入到某种活动或某个项目中，并不仅仅是为了今天的享受，更多的是为了将来在金钱或非金钱上的收获。由于这些活动都涉及成本与收益，因而可以用经济的方法来分析。一个人可以把自己的金钱和时间花在学校教育上，可以花在改善自己的健康状况上，也可以花在购买信息上，等等。以上这些活动，虽然是不同的活动，但它们均表现出一种前瞻性，即希望通过这些活动将来能够获得收益，在经济学上这种行为可以称作"人力投资"。同时舒尔茨等人指出，在所有的人力投资活动中，学校教育的投资是最为重要的。而一个人在各种投资活动中获得的知识、技能及其所表现出来的种种能力，便是"人力资本"(human capital)。舒尔茨认为，人力资本主要是指凝聚在劳动者身上的知识、技能及其所表现出来的劳动能力，这是现代经济增长的主要因素。舒尔茨的人力资本概念包括四层意思：(1) 人力资本体现在人的身上，表现为人的知识、技能、资历、经验和熟练程度等；(2) 在既定的情况下，人力资本表现为从事工作的总人数及劳动市场上的总的工作时间；(3) 人力资本是对人力的投资而形成的资本，是投资的结果；(4) 对人力的投资会产生投资收益，人力资本是劳动者收入提高的最主要源泉。①

人力资本理论的主要观点如下：(1) 人口质量胜于人口数量，提高人口质量、提升人口素质是人力资本理论的基本出发点，也是人力资本理论的核心。(2) 教育投资是人力投资的主要部分，教育投资的收益率高于物力投资的收益率。(3) 在经济增长中，人力资本的作用大于物质资本的作用。② 人力资源是一切资源中最主要的资源，人力资本理论是经济学的核心问题。(4) 教育投资应以市场供求关系为依据，以人力价格的浮动为衡量标准。

讨论：
增加人力资本一定能够实现收入水平的提高吗？

人力资本理论在 20 世纪 60 年代可谓风靡一时，但到了 20 世纪 70 年代，由于人力资本理论无法解释文凭膨胀、过分教育、高失业率等问题，因而出现了一些新的理论。

资料夹 2-1

图 2-4 为复旦大学社会科学数据研究中心胡安宁等人于 2014 年调研的长三角地区 80 后的收入与受教育程度关系的情况。

① 舒尔茨．人力投资[M]．贾湛，施炜，等译．北京：华夏出版社，1990：2.

② 舒尔茨．报酬递增的源泉[M]．姚志勇，刘群艺，译校．北京：北京大学出版社，2001：241.

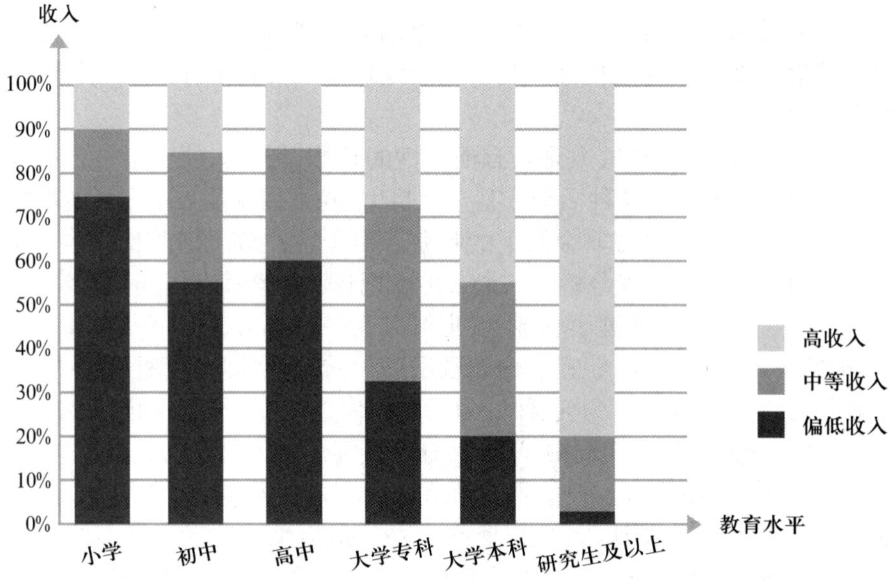

图 2-4 长三角地区 80 后的收入与受教育程度的关系

四、筛选假设理论

> 讨论：
> 文凭的本质是什么？文凭与知识、能力等同吗？

为什么低文凭的人在求职时连连遭拒，以文凭取人的例子很多。其实，文凭是一种特殊的符号，隐含着某种特殊的信息。那么，文凭代表什么？筛选假设理论有它自己的解释。

筛选假设理论、劳动力市场划分理论和社会化理论，并称为第二代人力资本理论。筛选假设理论（screening hypothesis），或称文凭理论（credentialism），是 20 世纪 70 年代初美国经济学家提出的视教育为一种筛选装置，以帮助雇主识别不同能力的求职者，将他们安置到不同职业岗位上的理论。其创始人是迈克尔·斯宾塞（M. Spence）和罗伯特·索洛（R. M. Solow）等。他们认为，20 世纪 50 年代和 60 年代发展中国家的教育扩展并未加速这些国家的经济发展，反而使受教育者大量失业，这说明人力资本理论关于教育能提高人的认知能力，从而提高劳动生产率、促进经济增长的论断是不正确的；教育的作用主要不在于提高人的认知水平，而是对具有不同能力的人进行筛选。

人力资本理论是从“教育—劳动生产率—工资”的观点去解释教育与工资的关系，而筛选假设理论则从“教育—筛选—工资”的角度来分析两者的关系。由于求职者的能力在聘用前是不能直接观察到的，雇主只能通过求职者所透出的信息来加以选择。这种信息一般有两个来源：一是标识，泛指求职者与生俱来的不可改变的特点，如性别、年龄、家庭背景等；二是信号，泛指不是与生俱来的，可以改变的特点，如教育水平、婚姻状况等。但标识是不可改变的，因而筛选假设理论便主要分析信号的信息作用，尤其是求职者的受教育水平的信息作用。

受教育水平是个人表达自己能力的信号，也是雇主鉴定求职者能力、筛选求职者的装置。教育的主要经济价值就是其筛选作用。筛选假设理论认为，能力较高的人在职训练成本较低，劳动生产率较高，因而雇主给他们较高的工资，而受教育水平反映了求职者的能力，因而雇主给高学历的人高工资。但这种根据学历确定的工资等级并不是一成不变的，而是通过现场的工作情况而不断调整的。如果雇主观察到某雇员的能力不能与他的工资相适应，那么他就会对原有的"受教育程度—工资等级表"进行调整，并根据新的"受教育程度—工资等级表"去进行下一次的选聘工作。这样一个周期一个周期地进行调整，直到工资能够反映工人的工作能力。

讨论：教育能否改变个体的命运？

总体说来，筛选假设理论强调教育的信号本质，强调筛选作用为教育的主要经济价值。它承认教育与工资的正向关系，但指出此关系是通过筛选而建立的。教育只反映个人已有的能力，并没有增加个人的能力。由于这种假设强调教育文凭的重要性，因而又叫作文凭理论。

五、劳动力市场划分论

● 教育程度与就业岗位①

根据国家统计局公布的《中国人口和就业统计年鉴2020》，教育程度与就业岗位密切相关，如表2–2所示。未上过学的人口中仅有0.1%是单位负责人，而且随着学历的增高比例逐步增大，大专及以上学历的人口中则达到47.7%；专业技术人员中，文盲占0.1%，小学占1.0%，中学占25.6%，大专及以上占73.4%；办事人员和有关人员中，文盲占0.2%，小学占2.9%，中学占40.3%，大专及以上占56.6%；商业服务业人员中，文盲占0.7%，小学占9.1%，中学占70.6%，大专及以上占19.6%；农林牧渔水利业生产人员中，文盲占7.5%，小学占39.1%，中学占52.6%，大专及以上占0.9%；生产运输设备操作人员及有关人员中，文盲占1.0%，小学占15.7%，中学占76.1%，大专及以上占7.2%。可见，高学历者从事的职业更多的是单位负责人、专业技术人员和办事员等岗位，而低学历者则更多地从事商业服务人员、农林牧渔水利业生产人员和生产运输设备操作人员等岗位。

表2–2 教育程度与就业岗位

受教育程度	单位负责人	专业技术人员	办事人员和有关人员	商业服务业人员	农林牧渔水利业生产人员	生产运输设备操作人员及有关人员	其他
未上过学	0.1	0.1	0.2	0.7	7.5	1.0	3.0
小学	3.1	1.0	2.9	9.1	39.1	15.7	21.3
初中	23.1	9.3	17.3	44.4	46.0	57.7	47.0

① 国家统计局人口和就业统计司．中国人口和就业统计年鉴2020［Z］．北京：中国统计出版社，2020：175.

续表

受教育程度	单位负责人	专业技术人员	办事人员和有关人员	商业服务业人员	农林牧渔水利业生产人员	生产运输设备操作人员及有关人员	其他
高中	26.0	16.3	23.0	26.2	6.6	18.4	18.2
大学专科	23.0	29.5	27.7	12.6	0.7	5.4	7.1
大学本科及以上	24.7	43.9	28.9	7.0	0.2	1.8	3.4

(注:单位:%。)

劳动力市场划分理论(labour market segmentation theory)出现在20世纪70年代初期,其主要代表人物有皮奥里(M. Piore)、多林格(P. Doeringer)、戈登(R. Gordon)、爱德华兹(Edwards)、卡诺伊(M. Carnoy)等。1954年,克拉克·科尔(C. Kerr)在《劳动力市场的分割》一文中首次提出内部劳动力市场和外部劳动力市场的概念,但并未引起经济学界的重视。1971年,多林格和皮奥里合作出版的《内部劳动力市场及人力政策》一书标志着劳动力市场理论的正式确立。他们把劳动力市场划分为一级劳动力市场和二级劳动力市场。一级劳动力市场具有工资高、工作条件好、就业稳定、安全性好、管理过程规范、升迁机会多等特征;二级劳动力市场工资低、工作条件较差、就业不稳定、管理粗暴、没有升迁机会。一级劳动力市场的岗位主要由内部劳动力市场组成,工资的确定、劳动力资源的配置由管理制度等规则来调控,市场力量基本不发挥作用,内部劳动力市场解决供求失衡的措施主要有招聘、培训、工作重新设计、分包、调整产出量等;二级劳动力市场的就业者多为穷人。

20世纪70年代中期后,戈登、爱德华兹、卡诺伊等进一步发展了皮奥里和多林格的理论。他们采用西方制度主义经济学的分析方法,说明不同种类或不同阶级的劳动者在劳动力市场上会受到不同的待遇。一级劳动力市场为劳动者提供大公司、大企业、大机构的工作,工资待遇是由劳资双方谈判决定的,雇员有工伤保险、明确的晋升程序及较高的工资;二级劳动力市场为劳动者提供小企业、小公司、小机构的工作,这种工作在各个方面的待遇都明显低于一级劳动力市场。而且,两种劳动力市场之间的流动率不大。在一级劳动力市场上,受教育程度与工资有显著的正相关,而在二级劳动力市场上,受教育程度与工资的相关程度微弱。因此教育的作用不在于提高个人的知识技能,而在于它决定个人是在一级劳动力市场还是二级劳动力市场上工作。

劳动力市场划分理论的基本观点如下:

(1) 工资决定机制:一级劳动力市场的雇主都是一些大公司,主要生产资本密集型产品,较易形成内部劳动力市场,工人的工资不是由边际生产力决定,而是由内部劳动力市场中劳动者所处阶梯地位决定的,工人能得到较高的工资;二级劳动力市场的雇主由众多中小企业组成,产品需求变动频繁,企业对发展内部劳动力市场不感兴趣,工资由市场上的劳动力供求关系决定,趋向一个固定水平。

(2) 人力资本投资作用：传统理论认为，人力资本在工资决定中起重要作用，人力资本投资量不同，其边际产量不同，工资也不同。劳动力市场理论认为人力资本投资只是一种信号，具有筛选功能，劳动力接受教育只是为进入一级劳动力市场给雇主一个培训潜力大的信号，而那些接受教育少的人被认为培训潜力小，只能占据劳动力阶梯的末端或留在二级劳动力市场上。

(3) 劳动力本身素质和偏好：二级劳动力市场的劳动者会养成懒散、无时间观念、不易合作、不尊重人等行为，而这与一级劳动力市场的要求格格不入。因此在二级劳动力市场就业的人，即使想办法提高受教育程度，还是很难进入一级劳动力市场。

第二节　教育与社会发展的相互关系

● 撤点并校后……

湖泽镇位于江西省新余市分宜县东部，距县城 7 km，到县城的班车每 20 min 一趟。镇上和村里的住家越来越少是这几年湖泽镇居民最直观的感受。

湖泽镇上一条曾经繁华的街道上回荡着某杂货铺店主的叫卖声，由于街上几乎看不到行人，叫卖声的回音就更衬托了这里的空寂冷落。店主说："现在还多几个人，学生放暑假回来了，一开学更加没有人，就剩几个做生意的，你看他，他看你，就是没有人。"杂货铺开在市场的旁边，货品从柴米油盐到锅碗瓢盆，涵盖了日常生活的所有必需品。尽管这样，店铺门前也只有一只流浪狗逛来逛去。

为什么人越来越少了呢？村民罗玉花(化名)道出了原因："到了 8 岁，就要去分宜念书了，以前有小学有中学，现在都没了。这么小的小孩子怎么放心让他一个人去读书呢？家长都跟着去县里了，导致我们现在这空荡荡的，你看那么好的门面都关掉了，都要去分宜。"没有了年轻人，村镇就没了魂。在湖泽镇的长街上走一圈，能碰见的人超不过 10 个。罗玉花坦言，镇里的人都希望以前撤掉的学校能够再建起来，这样才能把丢掉的人气重新聚集起来，更重要的是孩子和家长都能够省心。

江西省分宜县六中，全县原来 13 个乡村中学的 4 000 多名学生都集中来到这里读书，校园里建有一栋栋教学楼和公寓，还有几十个篮球场，是一个名副其实的"巨无霸"。湖泽镇村民口中所说的到县里面念书，指的就是到这里念书。从硬件条件来看，相对于乡村中学，这所学校确实条件很好。2010 年，分宜县六中从乡村中学选调了 180 名教师并面向社会招聘了 44 名教师进校任教。目前，分宜县六中有教职工 230 人，其中有本科学历的教职工占 73.4%。

对于家长来说，他们不太放心孩子到县里念书。家长最不放心的就是孩子在学校的安全问题。由于各种不放心，家长们纷纷选择陪读，他们或者在县城里面打工，或者全职照顾孩子，举家从乡镇涌入县城。①

---

① 资料来自中国农村之声网站。引用时有修改。

讨论：
经济实力雄厚＝教育发展迅速？是什么因素决定教育发展？

考点提示及练习 2-2

2001 年，《国务院关于基础教育改革与发展的决定》指出：“应因地制宜调整农村义务教育学校布局。按照小学就近入学、初中相对集中、优化教育资源配置的原则，合理规划和调整学校布局。”自此，席卷全国的农村中小学“撤点并校”运动拉开了帷幕。这项政策的实施在某种程度上确实整合了农村教育资源，降低了生均教育成本，但是随之而来的校车安全、上学难、辍学率高、教育资源浪费等问题，使人们不得不重新审视农村中小学撤点并校的必要性和合理性。江西省湖泽镇原来一个繁华的乡镇由于撤点并校而人口大量外流，不仅给孩子上学带来了影响，而且影响到了整个乡镇的生存状态。可见，政策对教育的影响之大。除此之外，还有哪些因素制约着教育的发展，他们又是如何影响教育发展的？本节对这些问题进行简要的回答。

一、社会发展对教育的制约

讨论：
教育能否脱离政治而存在？学术与政治是什么关系？

教育本身的变化和发展以社会的变化和发展为条件，这是教育的根本特性之一。一般而言，教育的发展受社会的政治、经济、文化、人口等因素的制约。

（一）政治对教育的制约

政治是阶级利益的集中表现，决定着教育的社会性质。在阶级社会中，统治阶级通过政治组织机构、法律和意识形态等来对教育进行控制。具体表现在下述四个方面。

1. 制约教育目的的制定

教育目的蕴含教育所培养的人的社会价值与身心素质两个方面。其中，人的社会价值是一定社会政治的反映，每一个社会形态，居于统治地位的阶级都会利用其拥有的立法权，借助一系列的教育法律、政策和规章来影响教育目的的制定，使教育目的与社会政治取向相一致。在实施过程中，统治阶级利用其拥有的组织人事权控制教育工作者的教育行为，使之符合教育目的要求，有时还利用经济手段、政策引导等来控制教育的方向。

2. 决定教育的领导权和教育制度

教育领导权是国家政权的有机组成部分，在任何国家中，某一个阶级、阶层或集团掌握了政权，就必然会对教育权进行控制。一般而言，国家可以通过组织手段和体制对教育部门直接行使领导职能，可以通过任免教育部门的领导者和教育者来实施控制，也可以通过方针、政策、法规的制定来实现对教育领导权的控制。

从行政结构和管理权限的角度来看，一国的教育制度往往就是该国政治制度的翻版，有什么形式的政治制度必然会有什么形式的教育制度。此外，政治对教育制度的改革起着定向、驱动和支持的作用。

3. 制约受教育的机会与权利

什么人能受教育，受什么样的教育，都与社会政治直接相关。在奴隶社会，受教育是奴隶主子弟的专利；在封建社会，劳动者的子女极少有受教育的机会，上流社会的子女其受教育的机会与权利也是不平等的，具有浓厚的等级色彩；在资本主义社会，由于工业生产的要求，每个人都有受教育的权利，但享受教育的程度与机会仍然有差别，因为政治直接决定了教育资源在不同社会阶层、集团之间的分布，决定了特定阶层的受教育机会和受教育权利。受教育机会与受教育权利是否平等以及平等的程度如何，与国家的政治制度与政治开明程度具有直接的联系。

资料夹 2-2

关于教育机会均等的几种观点

1. 霍瑞斯·曼的观点

"美国公共教育之父"霍瑞斯·曼(H. Mann)认为教育是实现国家民主理想和社会平等的重要手段，是"社会机器的平衡轮"，同时教育也能使人们在财富上取得一种平衡。他深信"有智慧、有实际经验的人竟会永远贫穷，这样的事从来没有过，也绝不会发生"。反之，如果不进行普及教育，那么，社会上的穷人就会越来越多，贫富差异就会越来越大。可见，教育是"人们境况的伟大均衡阀"，至少可以使人们以平等的机会去谋生。①

2. 科尔曼报告

1966年科尔曼教授发表了《教育机会均等的观念》，俗称"科尔曼报告"，这个报告被人们称为当代关于教育机会均等的最重要的三项研究报告之一。科尔曼认为，在前工业化社会，教育机会均等的观念根本不存在。到了工业社会，由于人们需要在家庭外进行流动，于是产生了公共教育制度，同时也产生了教育机会均等的概念。最初的教育机会均等包括如下一些要素：

(1) 向人们提供达到某一规定水平的免费教育，它构成了劳动力的主要输入口。

(2) 为所有的儿童，不论其社会背景如何，提供普通课程。

(3) 部分出于一定的目的，部分由于人口密度低，为不同的儿童提供进入同样学校的机会。

(4) 由于地方税收提供了创办学校的资源，故而在给定地区范围内提供均等机会。②

3. 胡森的平等观

瑞典教育家胡森(T. Husén)认为，就个体而言，平等可以有以下三个含义：第一，平等首先可能指个体的起点；第二，平等也可以指中介性的阶段；第三，平等还可以指最后的目标，或者是指这三个方面的综合。具体地说，首先，平等是指每个人都有不受任何歧视地开始其学习生涯的机会，至少是在政府所办的教育中开始其学习生涯的机会。其次，平等一词还可以用于对待，也就是说，可以用不同的但都以平等为基础的方式来对待每一个人，而不论其人种和社会出身如何。最后，在制订和施行教育政策时应列入一些措施，以使

讨论：如何才能真正实现教育公平？教育公平与教育平等是一回事吗？

讨论：如何理解"教育公平"？

① 滕大春．外国教育通史[M]．济南：山东教育出版社，1990：393-394.

② 张人杰．国外教育社会学基本文选[M]．上海：华东师范大学出版社，1989：179.

入学机会更加平等，进而使学业成就的机会更加平等。在这一意义上，教育面前机会平等可以看成一组目标，或者是一组指导性原则。①

4. 制约教育内容

“任何社会，为了能存在下去……必须紧密围绕保持其制度完整这个中心，成功地把思想方式灌输进每个社会成员的脑子里。”② 教育内容，特别是思想品德教育的内容直接与政治相连。任何国家都需要将主流意识形态、政治理念、伦理道德等方面的内容传递给下一代，而这些内容直接受制于国家的政治制度。一般而言，学校通过学科教学与学校管理来实现政治社会化。具体而言，一是统治者可以通过特定的形式将政治内容和要求渗入学校课程，学生通过课程学习来形成国家认可的政治思想品德；二是通过学校管理，学生在一定的伦理道德、行为规范的要求下形成符合社会政治规范的道德行为习惯。

（二）经济对教育的制约

经济是教育发展的物质基础，教育能否发展，以多快的速度发展等都取决于经济发展的水平。经济对教育的制约主要表现在下述四个方面：

1. 经济水平制约教育发展的规模和速度

讨论：如何解释经济发达与文化沙漠共存现象？

教育发展需要人力、物力、财力和时间，一个国家能为教育投入多少，不是由社会制度和人们的主观愿望决定的，其本质上是由社会的经济水平决定的。有多少人能够接受教育、接受什么类型的教育以及学科和专业的设置等都是由经济发展的速度和水平决定的。一般而言，经济发展水平与教育发展的规模和速度成正比，经济发展水平越高，教育发展的速度越快，规模越大，受教育的人则越多，受教育的时间也越长。

2. 经济结构制约教育结构

从农业经济到工业经济再到知识经济，必然导致产业结构、职业结构、就业结构、技术结构、消费结构与分配结构的变化。与之相应的是，社会对各级各类人才的需求结构也会产生变化，进而引起各级各类教育比例关系的变化。例如，随着我国经济结构的变化，我国的高等教育结构已经发生了重大的变化：从数量上讲，已经从大众化教育阶段迈入普及化阶段；从层次上讲，研究生层次的教育迅速扩展；从结构上讲，高职高专类应用型专业得到长足发展。

3. 经济发展制约人才培养的规格

不同的经济结构对人才的基本规格的要求也各不相同。在农业经济状况下，劳动的技术含量较低，因而对人才的规格要求也较低。进入工业社会后，由于大机器生产的需要，社会对人才提出了新的要求：掌握一定的科学技术，适应生产技术基础的变化和由社会结构变化所引起的产业结构变化、职业结构变化和就业结构变化。在知识经济背景下，社会更强调人才的宽专业口径、基础知识、创造能力等。

① 张人杰．国外教育社会学基本文选［M］．上海：华东师范大学出版社，1989：193.

② 国家教委思想政治教育工作司．比较思想政治教育学［M］．北京：高等教育出版社，1995：12.

4. 经济发展制约教育内容与手段

经济发展也对教育的内容、手段和组织形式等产生了影响。在现代背景下，外语、计算机等已成为基本的教育内容。在 20 世纪前，教学手段基本上是口语加板书，随着科学技术的发展，幻灯、投影、录音、录像等现代教育技术广泛地用于教育教学，而今互联网、人工智能等都已广泛应用于教学，有利于教育的普及和提高。

（三）文化对教育的制约

文化是一个众说纷纭的概念。一般而言，广义的文化是指人类在社会生产实践过程中创造的物质财富和精神财富的总和，包括价值观、规范准则、意义与符号、物质文化。狭义的文化主要是指社会的精神文化，即社会的思想道德、科技、教育、文学、艺术、宗教、社会习俗及制度规章等的复合体。这里所说的文化指一般意义上的狭义文化。文化与教育密不可分，互为前提。

讨论：如何理解文化类型决定教育模式？

1. 文化观念制约教育观念

文化观念是指在特定的文化环境中逐步形成的对自然、社会和人本身的比较一致的观点和信念。教育观念是对教育现象、教育问题的认识、观点和看法。不同的文化观念制约和影响人们对教育的态度与行为。例如，日本和德国具有大工业意识，因而对教育十分重视，教育经费占国内生产总值的比例比较高；而英国则更多地把社会的发展归功于政治制度的作用，因而不是非常重视教育对社会发展的作用；中国自古便有读书求仕、望子成龙的文化传统，因此，“万般皆下品，唯有读书高”的教育观在我国历史上普遍流行。

2. 文化类型影响教育目标

社会的主流文化在某种程度上影响教育目标的制定。如在我国漫长的封建社会中，以儒学为核心的伦理型文化一直占主流地位，因而在教育目标上强调“在明明德，在亲民，在止于至善”，通过修己正人，达到“明人伦”。欧美文化基本上是一种知识型文化，认为“知识就是力量”，注重通过知识学习达到对真理的认识。另外，不同的政治文化类型也会导致教育目标的不同。官本位文化在我国具有悠久的历史，“建国君民”“学而优则仕”等成为教育目标也就不足为奇了。

3. 文化本体影响教育内容

教育内容特别是学校教育的内容，一般都是从特定的文化中精选而来的。因此，文化本体越丰富，教育内容选择的广度与深度就越大。如我国具有五千年的文明史，文化底蕴深厚，因而在人文教育的内容方面就有很大的选择空间。另外，不同的民族文化也会影响教育内容。例如，各民族都把本民族语言作为教育内容中必不可少的部分；我国古代重农抑商、追求仕途的传统文化导致教育内容主要以社会典章制度为主，很少有自然科学和生产知识；英国比较崇尚人文精神，所以古典人文课程一直占有极高的比例。

4. 文化传统制约教育活动的方式

文化传统大体由价值体系、知识经验、思维方式、语言符号四个部分组成。这四部分的协调、配合，造就了不同的教育体系，而教育体系又是每个民族的民族意识、文化与传统的最高体系，它重复地把上一代从祖先那里继承下来的知识传给下一代。因而，不同的文化传统就有不同的教育活动方式。诚如美国教育人类学家斯宾德勒（G. D. Spindler）所说："一定社会特有的文化传统渗透于社会生活的各个方面，强烈地制约着教育过程的进行和人们养育子女的方式。"①

资料夹 2-3

文化类型与教育 ②

美国人类学家玛格丽特·米德（M. Mead）在1970年出版的《文化与承诺：一项有关代沟问题的研究》一书中将人类的文化划分为三种基本类型：前喻文化（profigurative culture）、并喻文化（configurative culture）、后喻文化（post figurative culture）。前喻文化是指晚辈主要向长辈学习；并喻文化是指晚辈和长辈的学习都发生在同辈人之间；而后喻文化则是指长辈反过来向晚辈学习。

前喻文化，即所谓"老年文化"，是数千年以前原始社会的基本特征，事实上也是一切传统社会的基本特征。其基本特点是：尽管有可能发生这样或那样的微弱变化，但人们的生活道路是无从改变的。这种无从改变的文化之传递则依赖与生物学有关的世代接替。在这种以前喻方式进行的文化传递过程中，老一代传递给年轻一代的不仅是基本的生存技能，还包括他们对生活的理解、公认的生活方式以及简拙的是非观念。为了维系整个文化的传承，每一代长者都会将把自己的生活原封不动地传递给下一代看成自己最神圣的职责。如此，年轻一代的全部社会化都是在老一代的严格控制下进行的，并且完全沿袭着长辈的生活道路，他们当然也就"只能是长辈的肉体和精神的延续，只能是他们赖以生息的土地和传统的产儿"。孩子们在成长的过程中就能够毫无疑问地接受父辈和祖辈视之为毫无疑问的一切，因而代沟是不可能发生的。

讨论：
三种文化类型是如何影响教育的？

并喻文化，从根本上来说是一种过渡性质的文化，它肇始于前喻文化的崩溃之际，如战争失败、移民运动、科学发展等。先前文化的中断使年轻一代丧失了现成的行为楷模。既然前辈无法再向他们提供符合时代要求的生活模式，他们只能根据自己切身的经历创造之，只能以在新的环境中捷足先登的同伴为自己仿效的楷模，这就产生了文化传递的并喻方式。并喻文化在形成过程中酿就了最初的代际冲突。对于年轻一代来说，在新的环境中，他们所经历的一切不完全等同于甚至完全不同于他们的父辈、祖辈和其他年长者所经历的一切；而对于老一代来说，他们抚育后代的方式已经无法适应孩子们在新世界中的成长需要。这就使老一代和年轻一代产生抵触。

① SPINDLER G D.Education and Culture Process［M］.NY：Holt，Rinehart and Winston，1974：279.

② 玛格丽特·米德．文化与承诺：一项有关代沟问题的研究［M］．周晓虹，周怡，译．石家庄：河北人民出版社，1987：译者序．引用时有修改。

后喻文化，即人们所称的“青年文化”，这是一种和前喻文化相反的文化传递过程，即由年轻一代将知识文化传递给他们的前辈的过程。如果说在前喻文化（即传统社会）中，社会化的对象是社会中尚未成年的个人，那么，后喻文化则是一种不折不扣的“反向社会化”。在这一文化中，代表着未来的是晚辈，而不再是他们的父辈和祖辈。

（四）人口对教育的制约

人口是构成人类社会的基本要素，教育是延续人类的基本活动，因而人口的变化会直接制约教育的发展，这种制约主要体现在如下五个方面。

1. 人口数量对教育的制约

教育活动的开展需要有教师和学生，人口数量的多寡直接影响教育的规模、师生比、教育投入和教育质量等。人口数量直接制约社会的教育需求量，直接制约教育发展的可能规模。社会的教育需求量表现为求学者的规模，即“需要接受教育”和“要求接受教育”的人的数量。“需要接受教育”是指国家对全体社会成员要求的最低教育程度和国家所必须拥有的维持社会机构运行的人才数量及相应教育水平。“要求接受教育”是指个体出于其种需要所提出的“个人需要”性质的教育要求。这两种教育需求的数量均随着人口数量的变化而变化，整体而言，教育的总体规模（如职工数量、在校学生数量等）随着人口数量的增大而扩大，人口数量的减少而收缩，两者之间呈现出高度的正比关系（详见表2-3）。另外，人口数量直接影响社会的教育供给，制约教育的现实水平。这表现为两个方面：一是影响可能的财力来源；二是制约着教育财力供给的人均份额。

讨论：人口控制对教育发展有什么影响？

表 2-3　人口与教育规模的统计[①]

年份	人口（亿）	职工数量（万人）			在校学生数量（万人）			
		大学	中学	小学	大学	中学	小学	幼儿园
1952	5.75	7.2	26.0	152.8	19.1	314.5	5 110.0	42.4
1965	7.25	33.3	110.5	407.5	67.4	1 431.8	11 620.9	171.3
1980	10.08	63.2	423.6	605.4	114.4	5 677.8	14 627.0	1 150.8
1990	11.34	100.6	482.6	624.0	206.3	5 105.4	12 241.4	1 972.2
2000	12.95	111.3	611.8	645.5	657	8 830.7	13 013.3	2 244.2
2010	13.71	502.5	709.4	621.8	3 198	10 019.7	10 135.4	2 976.7
2020	14.12	553.9	853.9	586.9	4 744.8	9 082.0	10 750.8	4 818.3

2. 人口波动对教育的制约

人口数量的波动会导致教育的连锁反应：当人口快速增长时，学龄儿童数量迅速增加，这就需要更多的学校、更多的教室、更多的教师等，进而引发教育经费的投入、学校布局的调整、教师教育制度的改革、招生政策的调适等问题；而

① 所有数据根据历年国家统计局发布的《中国统计年鉴》整理而成。

当人口增长减缓时，学龄儿童数量就会减少，会引发生源不足、教师过剩等问题，进而导致教育资源的重新分配，如撤校并校等。在中华人民共和国建立以后，出现几次人口波动：第一波为1949—1957年，1949年全国人口出生率为36‰，死亡率为20‰，自然增长率上升到23.2‰，总人口达到6.47亿。8年间，人口净增1.56亿。第二波为1962—1970年，这个时期，人口出生率最高达到43.6‰，人口年平均自然增长率达到27.5‰，出生人口达到2.4亿，8年人口净增1.57亿。第三波为1981—1990年，由于1962—1970年出生的人口陆续进入生育年龄，新生人口约2.27亿，人口出生率由1980年的18.2‰、1981年的20.9‰，达到1987年23.3‰的峰值。1981—1990年，人口净增1.43亿，平均年增长人口1 584万，1990年总人口达到11.34亿。1991年以后，新生人口逐渐下降，从1991年的2 250万下降到2003年的1 594万。从2003年开始，每年人口出生数基本稳定，每年约为1 600万以下。尽管国家放开生育政策，并在2016年1月1日正式施行全面二孩政策，但新生人口仍然不容乐观，2020年为1 200万，2021年为1 062万(具体数据见表2-4)。2021年的人口总数比上年末增加48万人，人口自然增长率仅为0.34‰。

表2-4 1949—2021年新生人口统计①

年份	新生人口(万)	年份	新生人口(万)	年份	新生人口(万)	年份	新生人口(万)	年份	新生人口(万)
1949	1 275	1964	2 721	1979	1 715	1994	2 098	2009	1 587
1950	1 419	1965	2 679	1980	1 776	1995	2 052	2010	1 588
1951	1 349	1966	2 554	1981	2 064	1996	2 057	2011	1 600
1952	1 622	1967	2 543	1982	2 230	1997	2 028	2012	1 635
1953	1 637	1968	2 731	1983	2 052	1998	1 934	2013	1 640
1954	2 232	1969	2 690	1984	2 050	1999	1 827	2014	1 687
1955	1 965	1970	2 710	1985	2 196	2000	1 765	2015	1 655
1956	1 961	1971	2 551	1986	2 374	2001	1 696	2016	1 786
1957	2 138	1972	2 550	1987	2 508	2002	1 641	2017	1 723
1958	1 889	1973	2 447	1988	2 445	2003	1 594	2018	1 523
1959	1 635	1974	2 226	1989	2 396	2004	1 588	2019	1 465
1960	1 402	1975	2 102	1990	2 374	2005	1 612	2020	1 200
1961	949	1976	1 849	1991	2 250	2006	1 581	2021	1 062
1962	2 451	1977	1 783	1992	2 113	2007	1 591		
1963	2 934	1978	1 733	1993	2 120	2008	1 604		

3. 人口结构对教育的制约

人口结构是指人口在年龄、性别、文化、技术、职业、阶级、地域、民族等方面

① 根据历年国家统计局发布的《中国统计年鉴》整理而成。

的构成状况。人口结构任何方面的变化都会直接或间接地影响教育。例如，年龄结构的变化会影响各级各类教育的发展规模，性别结构的变化会直接关系到教育管理方式方法的变化，文化结构的状况会影响不同时期的教育任务，职业结构的变化会影响教育结构的调整方向等。

4. 人口流动对教育的制约

人口流动对教育政策的制定、教育制度的改革、教育工作的开展等都会产生这样那样的影响。例如，城市化进程必然导致大量农村人口向城市流动，这样就给教育带来两个问题：一是流动人口本身的教育问题，二是流动人口子女（学龄期子女）的教育问题。自农村流入城市的民工，文化技术水平相对较低，因而需要接受各种各样的培训，但城乡二元化的格局使他们很难享受到城市居民能够得到的教育。更严重的是流动人口子女的教育问题，父母工作地点的不确定性、社会地位的不稳定性等，使得流动人口子女的教育很难有效地开展，入学难、失学率高、违纪率高等问题已经影响到社会的和谐与安定。为此，政府制定了相关政策来解决流动人口子女的教育问题。

讨论：如何公平地解决“流动人口”的义务教育问题？

5. 人口分布对教育的制约

根据第五次人口普查资料，按各省（区）人口平均密度可以把我国分成四类地区：(1) 非常稠密区：每平方公里人口在400人以上；(2) 稠密区：每平方公里人口为200—400人；(3) 较稠密区：每平方公里人口为100—200人；(4) 稀少区：每平方公里人口在100人以下。整体而言，我国人口地区分布的特点是：东部多，西部少；平原、盆地多，山地、高原少；农业地区多，林牧业地区少；温湿地区多，干寒地区少；开发早的地区多，开发迟的地区少；沿江、海、交通线的地区多，交通不便的地区少。人口分布过密或过稀都会制约教育的发展。人口过密的地方，容易造成教育拥挤现象：学额过满、教学资源紧张、大班上课等。如有些发达地区的班级学生都达到70—80人，最多的超过100人，由此引起教学秩序混乱，学生质量下降。人口过稀的地方，则会造成教育人口分散，学生上学困难，给义务教育的普及造成一定的困难。此外，容易造成学额不足，不得不采用复式教学、巡回教学等方式，这既不利于学生的身心发展，也制约着教育质量的提高。

教育尽管受上述各种因素的制约，但教育具有相对独立性。教育的相对独立性是指教育具有自身的规律，对政治经济制度和生产力具有能动作用。因为：(1) 教育是一个转化活动的过程。它要解决的问题是把人类积累的生产斗争经验和社会生活经验转化为受教育者个体的精神财富，形成受教育者的个性，这是教育所独有的特点。(2) 教育具有历史继承性。任何时代的教育都是基于历史的成就建立的。(3) 教育具有与政治经济制度和生产力发展的不平衡性。教育与政治经济制度和生产力发展并非完全同步，或者超前或者落后。

二、教育对社会发展的促进

● 教育功能的释放

20世纪50年代，在某些经济学家的著作的启发下，人们蓦然发现教育是经济增长的一个有利因素。在高涨的热情之中,人们看到第三世界各国,继国际组织之后,纷纷制定了雄心勃勃的教育发展计划,比如非洲的亚的斯亚贝巴计划和东南亚的卡拉奇计划。教育预算在每一个国家都膨胀起来,不断地扩大它在国民收入中所占的份额。而今陶醉的时代已经过去,某些计划已被证明是实现不了的,教育的迅速发展并没有使人们的生活水平随之提高,反而使持有文凭的青年失业和就业不足更加严重。

讨论:
教育功能发挥应具备什么条件?

教育对社会发展具有促进作用,这是不言而喻的。但并不是所有的教育投资都能产生良好的社会效益与经济效益。亚的斯亚贝巴计划投入了大量的经费,但并没有获得相应的社会效益与经济效益。相反,手持文凭出了中等学校的青年,拒绝农业工作,涌向城市,寻找他们认为比较现代的职业,但是社会并不能为他们提供足够数量的职位。可见,教育对社会发展具有促进作用,但这种作用的发挥需要相应的条件。教育只有在特定的条件下才能发挥其社会功能。那么,教育具有哪些社会功能?大致而言,教育具有政治功能、经济功能、文化功能、人口功能。

(一) 教育的政治功能

讨论:
教育在多大程度上促进政治发展?

教育的政治功能是指教育具有维系国家和社会政治稳定、促进社会政治发展的功能。政治功能是教育功能的重要组成部分,教育不可能超越政治。范斯科德认为,教育不会超越政治以外。政治对教育具有制约作用,教育对政治又具有促进作用。教育的政治功能具体表现在如下两个方面:

1. 维系社会政治稳定

在任何国家、任何社会,教育都是维护社会统治、维系政治稳定的基本途径之一。当然法治是实施社会政治控制的重要手段,但法治本质上也是通过法治思想的教化而实现的。教育维系社会政治稳定主要通过两个路径:一是为社会培养各种政治人才。政治人才一般是指社会各个部门、各个领域的领导者与管理者,这些政治人才都需要通过教育才能培养出来。二是培养具有一定政治素质的社会公民,即完成政治社会化。从个体的角度来看,政治社会化是个体获得各种政治倾向所经历的过程,是个体通过政治文化的学习,形成和发展“政治自我”的过程。从社会的角度来看,政治社会化是政治文化(政治态度、信仰、情感、价值、信息)形成、维持和改变的过程,是一代人把政治标准和信仰传给下一代人的过程。

2. 促进社会政治变革

从总体上看,社会政治变革是不断趋于前进与进步的,教育则是促进社会政治变革的主要因素之一。教育促进社会政治变革的途径有三种:(1) 通过教育普及促进社会政治变革。教育的普及,作为一种社会教育意识,表明社会政治的平等与开放。教育的普及蕴藏着一种变革社会、促进社会发展的力量。教育普及化水平的不断提高将更有力地推动社会政治的变革与进步。(2) 通过传播先进的思想促进社会政治的变革。在现代社会,教育通过传播科学真理、弘扬优良道德来形成正确的舆论,同时产生进步的政治观念,以促进社会的进步与革新。教育的作用在于它能张扬社会政治、思想、道德领域中的正面因素,抑制与抵制腐朽、落后的消极因素，从而为推进社会政治的先进化服务。(3) 促进社会政治民主化。政治民主化是现代社会政治发展的必然趋势，并依赖于教育的推动。民主意识、观念的养成，非教育不能达到。民主意识又与科学意识紧密相关，缺乏科学知识素养也就无法提高民主素养。所以国家教育事业的发展和全体国民科学文化水平的不断提高是实现社会政治民主化的重要前提和保证。

资料夹 2-4

政治社会化①

政治社会化包括社会和个体两个方面。从社会方面来看，政治社会化是指政治共同体内传播政治文化的过程，即社会培养、教育、训练社会成员接受社会现存的政治规范和政治意识形态，肯定现实政治制度，服从政治统治并参与政治生活的过程。在这个意义上，它是任何统治阶级有效传播主体政治文化、维护政治统治、稳定政治秩序的手段。从个体方面来看，政治社会化是一个人从"自然人"转变为"社会人"，从而获得"政治人格"的过程。这实质上是个体获得政治文化的过程，或者说是"政治文化化"的过程，是个体社会化过程的一个组成部分。

（二）教育的经济功能

教育的经济功能是指教育对一国经济增长和经济发展所起的促进作用。长期以来人们较为注意教育的政治功能与文化功能，而不太重视教育的经济功能。一直到了 1776 年，亚当·斯密在《国富论》中首先把人们在学校中学到的"有用才能"看成一种"固定资本"，人们才开始注意到教育的经济价值。后来由于科学技术在生产中的广泛运用，教育的经济作用开始明朗起来。舒尔茨提出了人力资本理论，认为教育投资的经济价值超过物力投资。从此以后，教育具有经济功能就成为人们的共识。在我国一直到党的十一届三中全会以后才开始注意教育的经济价值，到了 1982 年，在理论与实践上全面确认教育的经济功能。教育的经济功能具体表现为以下三个方面：

1. 教育具有完成劳动力的社会再生产的功能

劳动力是指具有一定的科学知识与劳动技能的人，而这种知识与技能需要通过教育才能获得。一般地说，教育要完成劳动力的再生产需要做到三点：一是为社会提供一支研究与设计队伍；二是为社会提供一支能掌握与运用先进生产工具和生产方式的技术队伍；三是向社会提供与现代工业化水平相适应的生产和技术管理人才。

2. 教育具有知识再生产的功能

科学技术是第一生产力，但当科学技术还处于知识状态，还没有物化为生产工具，还没有为劳动者所掌握时，它只能是一种"潜在的生产力"。要使科学

① 顾明远．教育大辞典[M]．增订合编本．上海：上海教育出版社，1998：2013.

技术为劳动者所掌握，并转化为直接的、现实的生产力，必须凭借教育的传递。

3. 教育具有更新知识与社会生产技术的功能

在古代社会，生产技术的更新主要依靠劳动者在生产劳动中进行的传播与创造；在近代社会，科研对生产技术的更新起着关键性的作用，但学校直接介入科研的情况并不多；在现代社会，尤其是20世纪50年代后，教育与科研、生产的关系日益密切，教育成为科技更新的重要因素。

（三）教育的文化功能

教育与文化是相辅相成的，教育以传播、继承与发展文化为己任，文化通过教育得以世代相传，不断地得到继承和创新，从而推动文化的发展与社会的进步。教育的文化功能具体表现在以下四个方面：

1. 传递—保存文化

讨论：
教育是文化传承的唯一路径吗？

教育传递着文化，它使人能迅捷、经济、高效地获得前人所创造的精神文化的精华，迅速成长为具有摄取、鉴赏、创造文化能力的“文化人”。与此同时，教育将人类的精神文化财富内化为个体的精神财富，这样，人类的精神文化财富便找到了最安全且具有再生功能的“保险库”，教育也就具有了保存文化的功能。传递—保存，是教育最基本的文化功能。社会通过教育将前人所积累的生产生活经验、伦理道德规范、科学技术知识，有计划地传递给下一代。正是由于教育活动，人类的文化才能一代又一代地延续下去而不至中断。

2. 传播—丰富文化

文化的传播，一般是指某一社会文化共同体的文化向另一社会文化共同体的传输过程，是单向的；而文化的交流，则是两个或两个以上社会文化共同体的相互影响，是双向的或多向的。文化的交流，对双方来说都是自我超越的过程，都是向自身灌注生命力和新鲜血液的过程。教育作为传播—交流文化的重要手段和途径，也就具有了丰富文化的功能。教育使人学会更好地进行交流，并从人与人之间的交流中吸取益处。在文化交流与教育之间存在着一种日益发展的相互补充的关系。

3. 选择—提升文化

所谓文化选择，是对某种或某部分文化的撷取或舍弃。教育对文化的选择是按照一定的社会需求及教育本身的特性进行的。在这两方面价值取向的指引下，合理的文化选择将大大加速教育与文化的发展，使受教育者迅速而有效地吸收文化营养，并内化为个人的财富；相反，不负责任、草率的文化选择，其结果将适得其反。文化选择是文化进步的一个重要的内在机制，因而教育对文化也具有提升的功能。教育对文化的选择意味着价值的取舍与认知意向的改变，并且是为了文化自身的发展与进步。学校教育在本质上就是一种文化价值的引导工作，它撷取文化的精华作为教育的内容，提供适应社会发展需要的观念、态度与知识、技能，并通过一整套价值标准和评价手段进一步保证和强化这种选择的方向性。

4. 创造—更新文化

不断地创造和更新，是文化的生命力的体现。任何文化，只有不断推陈出新，才能源远流长、生生不息，才能充满活力、历久弥新、发展壮大。文化可以分为物质、制度、心理意识三个层面，它们分别构成文化的表层、中层和深层结构。文化诸层面的发展变化与教育密不可分，而尤以对深层结构的影响为甚。我国近代史的发展表明，如果不伴以必须由教育而形成的人的心理素质及各种观念的现代化，文化的发展、社会的进步就只能是一个发育不全的畸胎，并不免流产。[①]

（四）教育的人口功能

人口一般是指居住在一定区域内的人的群体。教育的人口功能是指教育对诸如减少人口数量、提高人口素质、改善人口结构、促进人口流动等方面的作用。

1. 减少人口数量

1982 年到 2015 年的全国人口普查、1% 人口抽样调查和年度人口变动抽样调查表明：在总和生育率方面，受教育程度较高的育龄妇女始终要低于受教育程度较低的育龄妇女；受教育程度越高的妇女终身平均生育子女数越少（见资料夹 2–5）。从 40—49 岁不同受教育程度育龄妇女的平均生育子女数看，受教育程度较低的妇女终身平均生育子女数远远大于受高等教育妇女的终身生育水平；受教育程度较低人群生育多孩的可能性更大，受教育程度较高的育龄妇女生育多孩的比例大幅度减少（见资料夹 2–5）[②]。

2. 提高人口素质

人口素质是由人口的身体素质、科学文化素质和思想品德素质三个方面构成的，它们都与教育息息相关。首先，人口质量的量化指标是以受教育程度来体现的，如每万人中的大学生数、普及教育程度、青壮年文盲率等；其次，人口质量是靠教育来提高的，不管是身体素质、文化素质还是道德素质都需要通过教育来实现。

> 讨论：
> 教育如何提高人口素质？

3. 改善人口结构

人口结构包括人口的自然结构与社会结构。人口的自然结构指人口的年龄、性别等方面的比例。人口的社会结构指人口的阶级、文化、职业、地域、民族等方面的构成比例。教育可以使人口结构合理化，即使人口结构有利于社会生产和人口的自然平衡。教育可以改变人们的“重男轻女”的传统意识，从而降低女胎的流产率，进而调整新生儿的性别结构。调查表明，教育与死亡率成反比例关系[③]，生育率与死亡率的改变，不可避免地要改变人口的年龄结构。教育可以改变城镇人口的比例，使其中一部分受过良好教育的人可以进入城市，另外，通过普及农村教育，提高农村人口素质，从而为农业人口就地完成城镇化提供了可能。至于教育对人口的职业结构的影响则更为明显，因为教育是人们实现职业变动的主要手段。

4. 促进人口流动

人口流动一般有三种类型：一是城乡之间的流动；二是国内贫困地区向发达地区的流动；三是不发达国家向发达国家流动。人口有计划的合理流动，对适应生产力发展和资源开发，促进地区间文化技术的交流、合作与发展都具有积极

---

① 张应强．现代化的忧思与高等教育的使命［J］．高等教育研究，1999（6）：12–16.

② 张丽萍，王广州．女性受教育程度对生育水平变动影响研究［J］．人口学刊，2020（6）：17–34.

③ 刘铮．人口现代化与优先发展教育［J］．人口研究，1992（2）：5–7.

意义。受过教育的人口更容易流动,因为发达地区或国家一般需要的是具有一定专业知识与技术的人才,而且受过教育的人不易受本土观念的束缚,他们更希望到适合发挥自己才能的地方去工作。另外,文化教育发达的城市和地区更吸引迁移人口,因为发达的经济、先进的科技是吸引迁移人口的重要因素。其实,教育本身就是一种人口流动,因为教育特别是高等教育如同一个人才集散地,先聚集各地的人才并加以培养,然后根据社会发展的需要、学习者的意愿和特长,再把他们输送出去,从而实现跨区域的人才流动。

资料夹 2-5

受教育程度与生育率①

1982 年到 2015 年的全国人口普查、1% 人口抽样调查和年度人口变动抽样调查表明:在总和生育率方面,受教育程度较高的育龄妇女始终要低于受教育程度较低的育龄妇女;受教育程度越高的妇女终身平均生育子女数越少(见表 2-5)。从 40—49 岁不同受教育程度育龄妇女的平均生育子女数来看,受教育程度较低的妇女终身平均生育子女数远远大于受高等教育妇女的终身生育水平;受教育程度较低人群生育多孩的可能性更大,受教育程度较高的育龄妇女生育多孩的比例大幅度减少(见表 2-6)。

表 2-5 育龄妇女总和生育率变化

年份	初中及以下	高中	大专及以上	总计
1982	2.81	1.96	1.40	2.64
1990	2.39	1.48	1.25	2.25
2000	1.33	0.96	0.82	1.22
2010	1.38	0.93	0.81	1.16
2015	1.36	1.00	0.92	1.09

表 2-6 40—49 岁育龄妇女生育状况

年份	平均生育子女数(个)				多孩生育比例(%)			
	合计	初中及以下	高中	大专及以上	合计	初中及以下	高中	大专及以上
1982	5.00	5.09	2.90	2.30	96.19	96.40	92.36	86.53
1990	3.54	3.63	2.28	1.77	74.43	77.37	32.87	12.83
2000	2.23	2.36	1.49	1.14	33.29	37.55	9.23	1.18
2010	1.77	1.89	1.31	1.07	15.31	18.01	4.53	0.54
2015	1.46	1.59	1.09	0.84	11.08	13.47	3.65	0.91

① 张丽萍,王广州. 女性受教育程度对生育水平变动影响研究[J]. 人口学刊,2020(6):17-34.

第三节　教育与社会发展的现代命题

● 现代性命题

历史的证据表明，如果一个国家的国民仍然按古老时代的方式生活，那它就不可能进入 20 世纪。一个现代国家需要参与的公民，他们要十分热心于公共事务，能超越家属关系网络和直接的地理区域而作为一个社区成员来行使他们的权利并履行他们的义务。现代社会需要这样的人：遵守时间，奉行抽象的原则，依据客观证据做出判断和服从由技术能力而不是传统或宗教规范所确立的权威。作为现代社会制度基础的工业秩序中的复杂生产任务，也提出了它们的要求。工人必须既能够接受劳动的精细分工，又能够使他们的活动与劳动力中的其他许多人协调一致。①

教育与社会发展是一种相辅相成的关系，社会发展离不开教育，但社会在持续不断地发展，教育必须作出相应的变革，这样才能更好地促进社会的发展。现代社会的发展对人提出了一些新要求，诸如“遵守时间，奉行抽象的原则”等，这成为现代人的基本素质，因而，教育要适应这种变化，培养国民的这种新素质，否则就不能适应现代社会的需要。那么现代社会发生了哪些变化？教育应如何进行变革以适应这种变化？这是本节重点讨论的话题。

讨论：现代社会变化快，教育应该如何应对？

考点提示及练习 2–3

一、全球化与教育

全球化是发生在当今世界的客观历史进程，它使一系列的力量开始发挥作用。如经济全球化使国家教育体系的功能发生改变；政治全球化将各国制定教育政策的语境扩展到了全球，并赋予教育更多社会功能；文化和社会生活的全球化改变了个人生长发展的环境，也改变着制度化的学校教育与非制度化的生活教育的关系。简言之，全球化对教育提出了这种那种要求，那么教育如何在全球化的背景下生存与发展呢？下面对此进行简要的讨论。

全球化（globalization）恐怕是当今世界最难界定的概念之一。全球化的概念最早在 1983 年由莱维特（T. Levitt）提出，如今早已成为学界和大众媒体中最流行的话语之一，但是中外学者对这个概念的理解各有不同，甚至大相径庭。有人甚至认为所谓全球化，实际上不过是全球主义（globalism）的一种想象。全球化问题专家罗兰·罗伯森（R. Roberston）教授认为：“作为一个概念，全球化既指世界的压缩（compression），又指认为世界是一个整体的意识的增强。”② 压缩是指由发达的现代交通技术和以信息高速公路为载体的国际网络所形成的物理时空乃至心理距离的空前缩小。整体意识的增强是指由生产要素跨国流动的自由化、全球经贸的市场化和国际网络化所引发的各国政治、文化和教育联动互补的综合效应和整合趋势。换言之，全球化意蕴丰富，完全不局限于由生产和资本国际

① 瞿葆奎．教育学文集：第 3 卷　教育与社会发展［M］．北京：人民教育出版社，1989：611.

② 罗兰·罗伯森．全球化社会理论和全球文化［M］．梁光严，译．上海：上海人民出版社，2000：11.

讨论：全球化背景下的教育有什么变化？

化程度加深所产生的单纯的全球化。可见，全球化的概念是互相渗透的，包括经济、文化、意识形态等。[①] 它几乎不承认有边界，包括地理的、社会的或经济的边界，它影响人们努力的各个方面。

全球化既是经济发展的过程，也是政治和社会文化发展的过程。著名比较教育学家马丁·卡诺伊（M. Carnoy）在《全球化与教育改革》一书中写道：如果说知识是全球化的基本要素，那么全球化对知识的传播也应有着深远的影响。全球化深刻地影响着教育实施和实践的方式。

1. 全球化与教育价值观

全球化要求各国教育在相互尊重文化和语言的基础上为"民主和社会团结"而发挥作用。因此，教育要体现"以人为本"的发展价值，以及为整个人类的生存与发展而服务的理念。教育既要培养"个体"的人，也要培养"国家"的人，更要培养"国际"的人。教育的对象是人，人的发展是教育的第一要务，教育要实现个体的自我价值，充分地表现个性。但任何体系的教育都是基于特定的国家制度、政治体制、文化背景和历史传统而形成的，所以培养的人首先必须是"国家"的人（或者说"民族"的人）。在全球化背景下，教育必须培养具有国际意识的人，以促进国际理解与合作，包容各国某些共同的积极向上的道德观念，提高人们所共同拥有的东西及其无可比拟的多样性，将人们更紧密地连到一起。

2. 全球化与教育内容

在全球化背景下，态度、精神与能力的形成都将是学校教育更重要的内容。各级学校的任务是为人的个体生命的可持续发展、个体可持续性学习奠定基础。学校不仅仅是一个教与学的场所，更应是教师为学生学而教和学生为未来生存而学的场所。终身学习的价值取向，需要我们从整体上重构各级各类教育及其相互关系，形成教育的可持续发展，为个体提供可持续学习与发展的制度。在基础教育成为"走向生活的通行证"的同时，处于"人生的十字路口"的中等教育必须具有多样性，高等教育则必须在实现"传统使命和新使命"上对其功能进行重新思考。例如，高等教育要培养学生从事研究和教学工作；提供适合于经济生活和社会生活需要的高度专业化的培训；向全民开放，以满足最广义的终身教育各个方面的需要。

3. 全球化与教育体制

改革开放以来，我国逐步实行"分级办学，分级管理"的教育体制。但由于不同地区的教育供给能力与管理水平存在差异，不同地区间的教育发展显示出较大的不平衡。因此，要真正实现全球化背景下的教育权力下放，中央部门必须加强国家资源的合理分配能力，运用多种手段优先关注重点领域和重点地区的发展，如基础教育发展要优先和重点援助不发达地区等。地方部门尤其需要增强筹资及有效使用资源的能力，实现权利与义务的对等。至于各级各类学校，则必须增强自主办学和不断发展的内在能力。全球化要求政府越来越少地成为产品和服务的直接生产者和提供者，而更多的是成为经济活动的促进者和管理者。

---

① 米特尔曼. 全球化的挑战：在边际上的生存[J]. 第三世界季刊，1994(3)：8-11.

可以预见,在全球化的背景下,办学主体多元化将是一种必然。当然,在初等教育和中等教育的财政供给上,政府仍将扮演领导角色,但其他机构介入教育的可能日益增加,私有化办学已经成为目前国际教育的一个热门话题。总之,全球化对教育体制及其政策提出了多方面的挑战,包括国家教育资源的分配、教育决策权力的分解、多元办学体制的架构以及教育机构的能力建设等。

资料夹 2-6

全球化的主要影响层面 ①

美国夏威夷大学曼欧亚分校名誉教授,UHM全球化研究中心高级研究员迪恩·纽鲍尔认为,全球化的主要影响有:

1. 社会财富的不平等。
2. 工作方式的变化。
3. 知识经济对工作的意义。
4. 用户至上主义和在消费中的学习。
5. 媒体影响力加强。

二、知识经济与教育

经济学家古兹内特(S. Kuznets)在1966年指出:“近代经济成长可视为人类科技与社会知识累积的过程。当这些知识被利用时,它就成为产出增加与经济结构调整的原动力。”②1993年杜拉克(P. Drucker)出版《后资本主义社会》一书,认为知识的运用与创造,才是经济成长的原动力。于是知识经济的概念慢慢形成。1996年经济合作与发展组织出版的《知识经济》一书明确提出了“知识经济”的概念,认为凡是直接以知识和信息为生产、分配和利用为本的经济,皆被称为知识经济。这是一个被普遍认可的定义。一般而言,知识经济有三大特征:(1)以知识为核心。知识经济的核心是从实物生产的经济转为知识生产的经济,知识成为与土地、劳力与资金同样重要的生产要素。(2)以科技为手段。知识经济主要运用现代科技手段使知识发挥其应有的功效。(3)以成长为目的。知识经济鼓励学习与创新,建构新的知识网络,扩展知识的流通,其目的在于促进组织的成长,展现竞争优势,确保领先地位。

知识经济对教育发展的影响主要有如下五个方面:

(1)教育目标。知识经济社会所需要的是具有知识生产力的人,学位高低并不能代表知识和能力的高低。因此,教育目标要从学历观转向学力观,从单一知识导向转为全人教育,使学生具有人文涵养与关怀社会的素养。

(2)课程与教学。分科编制的教学内容与单一教材化,容易使习得的知识

① 迪恩·纽鲍尔. 全球化和教育:特征、动力与意义[J]. 任友群,刘娟娟,译. 教育研究,2009(7):45-51.

② 薛琦. 新世纪产业发展趋势与策略[J]. 国家政策论坛,2001(6):1-10.

零碎并与实际生活经验相脱节。因此，具有知识融合性质的综合课程与以问题为导向或主题统整的教材将是知识经济社会中重要的学习素材。这样，可以使学生进行有意义学习并将它应用于现实生活。教学要强调主动探索和脑力开发，因此教师必须改变满堂灌的教学方式，激发学生主动学习和积极思考，并鼓励学生多元化和富有创意的思想。

(3) 考核与评价。以往考核学生学习效果的方式一般以单一的笔试为主，内容限于教材范围，题目缺乏灵活性，学生只要熟记教师传授的内容就可以获得高分，很难测出学生的基本能力。在知识经济时代，能力比学科知识更为重要，客观地评价学生的学习能力、通过评价促进学生全面发展和个性化发展、坚持多种评价方式相结合是学生学业评价的改革方向。

(4) 师资能力。"师者，传道、受业、解惑也。"教好书曾是教师的第一要务。在知识经济社会中，教师最重要的职责就是要育好人，使学生成为社会有用之人和幸福之人，是"经师"与"人师"的结合。为此，在强调教师的学科知识和教学基本能力之外，信息能力、通识能力、沟通表达能力和专业伦理道德涵养都成为基本要求。

(5) 教育制度。政府为了方便对教育事业的管理，在教育制度上一般要求结构化和单一化，在教育行政体制上偏向中央集权，呈现出固定式和一元化倾向，学校及其他教育机构很难发挥各自的特色。这种单一固定的教育制度不适应多元社会的需求，因此学校制度或教育行政体制都应朝多元和弹性的方向发展。

面对知识经济对教育的冲击，教育应该如何应对呢？我国学者厉以宁、林毅夫、赵承福、顾明远、张志勇、吴敏生等提出如下建议：

(1) 明确教育与知识经济的关系。随着知识经济年代的到来，教育与生产之间的关系变得越来越密切，教育是知识经济不可或缺的重要组成部分。发展知识经济必须具有工业经济充分发展、社会知识水平较高、知识和技术创新能力比较强的必要条件。在知识经济时代，学习将成为人们的第一需要，教育将成为知识经济的基础。此外，教育在国家创新体系中占有极其重要的地位，承担着知识的创新、传播和运用的重要任务，是知识的生产、传播和运用的巨大产业。

(2) 注重基础素质和适应能力的培养。知识经济年代需要的是具有知识生产力的人才，这就要求教育要重视基础素质的培养。基础教育尤其是打基础，要以提高国民素质为主要目标；中等职业教育不能太窄，不仅是职业技能教育，更重要的是职业意识教育、社会责任感等方面的教育；高等教育的专业结构要调整，办学的结构要调整，不能追求学历主义，而要追求社会适应性，采用多元化的培养模式，满足不同层次的人才需求，这样才能有效地适应知识经济年代的挑战。

(3) 建立以创造型人才为指向的课程与教学体系。知识经济是一种高度智力化的形态，知识创新就显得格外重要，创新是知识经济的源头。创新人才的培养需要一个完整的课程与教学体系为支撑。例如，小学一至三年级可设置创造活动课以培养儿童的创造思维能力；小学四至五年级开设创造发明技法课，教给学生创造发明的技巧与方法；初中一至二年级开设科学史话选修课，重点激发学生的创造兴趣，培养学生的创造意向及创新意识；初中三年级始开设发明创造原理，在更高层次上教给学生创造发明的原理与方法；到大学二至三年级，可开设“星期日发明学校”，除讲授有关创造发明的原理的技巧外，聘请驻地各厂家、企业等单位出课题，出项目，以使大学生们协作攻关，完成课题研究任务。

(4) 重视知识与信息传播的有效性。在各学科教学中，应该把培养和训练学生的科学思维方法、培养学生获取和应用知识的能力作为教学的最主要目的。选取“有效知识”、贯彻“少而精”的教学原则应该成为教学内容和教学方式改革的重点。所谓“有效知识”是指对学生的科学思维、自学能力、研究能力和综合素质养成等发挥主要支撑作用的基本成分。通过对有效知识点的选取训练学生对知识域的重构能力，才有可能培养出真正的学习能力。知识与信息传播的有效性还有赖于传播手段的先进性，所以必须重点增加现代教育技术环境(计算机、网络、多媒体教学)建设的投入，使学习的时间和空间具有更大的灵活性。

(5) 建立终身教育体系。终身教育是知识经济的成功之本。我国教育部颁布的《21世纪教育振兴计划》明确提出了建立我国终身教育体系的计划。终身教育既是思想体系，又是制度体系，其基本特征是终身化和整合化。终身教育体系在纵向上应体现上下的连续性和一贯性，强调学前教育、学校教育、学校后继续教育以及老年教育的结合，强调各级教育在组织和内容上的一体化；在横向上，应打破各类教育相互孤立隔绝的状态，整合社会所有形式的教育资源，使普通学校教育、职业教育和成人教育相互沟通和渗透，正规教育与非正规教育相互补充，学校教育、家庭教育、社会教育相互结合；同时还应使各级各类教育根据终身教育体系的要求，明确职责，各有侧重，兼顾各自承担的任务整合统筹，形成上下一贯、左右沟通、纵横整合、内外一体、相互联系、协调发展的大教育体系。①

(6) 重视教育管理思想革新和管理体制创新。为了适应知识经济年代的需要，教育管理思想和管理体制应作出相应的改革，应该尽快摆脱以官本位为主导的模式，改变统得过死而僵化的教育管理思想和管理体制，强化服务意识和服务功能，建立有利于创造性人才培养的科学评价体系，加速改革陈旧的人事管理体制促进高水平教师队伍建设，逐步改善教师队伍年龄和层次结构，促进教学与科研的结合，提高教师队伍的整体学术水平和教学水平，真正形成可持续的知识创新和科技创新局面。

总之，知识经济时代的来临，不仅改变了社会文化及人民生活方式，也影响了整个教育的发展。尤其是知识经济所带来的各种挑战，更需要新的思维及不断的改革，才能使教育在知识经济社会发挥更大的功能。

三、信息社会与教育

随着互联网的发展，人类进入信息社会。信息社会的基本标志有三个：一是知识的高速增长、高速传播与高速转化。在信息社会不仅知识总量将以惊人的

讨论：知识的价值如何表达？学校教育的价值何在？

① 陈乃林，孙孔懿．知识经济与终身教育[J]．教育研究，1999(4)：26–30.

速度扩展,而且其传播速度也将更为迅捷,知识转化为生产力的时间也将大大缩短。二是知识普及速度加快与学习型社会的到来。由于信息传播速度的加快,知识的普及将变得更为容易,这样学习将不仅是为了文凭,而且也是为了适应和驾驭未来的社会,信息社会推动着学习型社会的形成。三是知识和人的素质将在经济增长和劳动生产率的提高中起决定作用。在信息社会中知识不再仅以无形资产的形式和某种经济的附庸出现,而是以一种有形资产的形式独立地登上经济舞台,成为一种知识产业。

信息社会对教育目标、教育内容、教育方式与手段都将产生深刻的影响。在教育目标方面,培养具有良好素质的公民将成为公认的目标。因为信息社会中许多工作将由计算机完成,尤其是智力性的工作,所以绝大多数人将从事服务行业,这就势必导致人才培养规格的变化,一方面要求培养为数不多的科学家与技术人员,另一方面要求提高人类的整体素质,特别是人文素质以充分地享受闲暇生活。在教育内容方面,由于信息社会知识更新的速度日益加快,如何为学生提供最新、最优的学习内容将是一个关键的问题,如何利用信息媒体技术处理知识将是一个必修的内容。至于学习内容,学生有更多的权利选择自己想学、爱学的知识,并按自己的方式、进度去学习。在教学手段方面,多媒体教学、网络教学、远程化与国际化教学将普遍被采用。在教学方式上,学习自主化、人员分散化、教育人性化将更为明显。

面对信息社会对教育提出的要求,教育必须作出相应的变革。

(1) 确立终身学习的理念。信息社会的知识日益革新,而且知识的承载体也不断发生变化,这就需要人们活到老学到老,因而把人的一生分成学习阶段与工作阶段已经不能适应社会发展的需要。教育将成为一个终生的事业,学习型社会的建立也将成为一种必然。因此,学校教育应该培养学生的终身学习能力,为以后汲取各种知识奠定基础。

(2) 以教育信息化支撑引领教育现代化。信息社会的知识传播途径众多,而且传播速度极快,基于纸质媒介的教学已经不能适应知识更新的速度,也不利于学生自主获取信息能力的养成。所以,应强化"三通两平台"建设,加强教师信息技术应用能力培训,加快国家数字教育资源公共服务体系建设,以教育信息化支撑引领教育现代化。

(3) 培养自主学习能力。基于网络的学习是一种个性化的学习,学习者可以根据自己的需要选择学习内容、决定学习进度等,但相对学校教育而言,它缺乏严格的监督与管理。这就势必要求学习者具有较强的自主学习能力,特别是自我控制能力,自己设计学习方案并对学习成果作出自我评价。

(4) 建立多元评价系统。信息社会中有必要建立一个多元的、立体的评价体系,客观而准确地评价学习者的学习过程和学习成果,让每一个学习者每天都有进步。单一的、一刀切的评价体系将逐步淘汰。

讨论:
多元文化必然导致多元教育吗?

四、多元文化与教育

多元文化(multiculture)的概念最早由犹太裔美国学者霍勒斯·喀兰

(H. Kallen)1915年在题为《民主主义与熔炉》一文中提出的。随着20世纪六七十年代美国黑人民权运动的深入,多元文化的概念逐步完善。multiculture中的multi源自拉丁语multus,意为“多、许多”(much,many),可见,多元文化的原意是“多种文化、多样文化”,但现在人们更多地将它用作形容词和定语。

多元文化隐含着对文化的几个假设:(1) 文化的平等性。认为各种文化都有平等的生存权与发展权。(2) 文化的差异性。各民族或集团在其独特的生活与生存过程中形成了自己的文化传统。(3) 文化的交往性。交流与交往是多元文化形成的必要条件,也是多种文化生存的基础。(4) 文化的内聚性。各种文化不仅存在差异性,而且存在共同性,就是说各种文化间存在着相互借鉴的可能性,因此,各种文化能够生存在一个共同体内。

多元文化对教育的影响主要表现在下列四个方面:

1. 教育思维方式的改变

多元文化是一种新思维,它要求人们从传统的一元思维转变到多元思维、从绝对论转变为相对论。多元文化的发展实质上就是文化的交流、碰撞、冲突、适应、重构与融合,也是价值观、思维方式和行为方式甚至是世界观的交流、碰撞与冲突。不同的文化代表不同的群体或个体的生存观、存在的价值意义与未来的指向价值。所以认同一种文化就是认同一个民族,认同一种价值观,从而导致文化融合。多元文化为人们提供了一个在统一系统内的多观念共存、多向度思维、多方法实践、多途径选择、多方面发展和多价值评价的方法。因此,我们要在教育教学过程中贯彻多样性、差异性、复杂性、不确定性,为教育的发展提供更多的选择性与创造性,为个体发展个性和发挥创造性提供巨大的活动空间。

2. 教育民主化的发展

教育民主化有两个含义:一是受教育者的权利与机会均等,具有不同社会背景、民族、性别和能力的学生都有同等的受教育的权利,并且相互之间要宽容和尊重。也就是说,不同性别和文化背景的学生都有同样的学习机会,并都能从机会均等中受益。二是教育管理和行政的民主,专制的管理模式被废弃而代之以专业的、大众的、多元的管理与决策模式。多元文化的核心观点是社会正义,实现教育公平,使不同的团体都拥有基本的人权与权利,而且不同阶层、不同文化的人都能被接受、被理解。这样就要求教育要正视并接受文化差异,更积极地强调文化的主体性、相对性与互补性,要求学校教育注意正义与公平,这样不同民族、阶层、性别、宗教的学生才能平等地接受教育,发挥所长,并相互欣赏、包容、学习。

3. 教育模式的多元化

多元化是当代社会发展的一大趋势。教育模式的多元化主要表现如下:(1) 教育目标的多元化。每个人在先天禀赋、后天素养、家庭环境、文化知识和见识、能力、品德等方面都各不相同,都希望获得符合自身追求和特点的全面发展,即个性的全面发展。(2) 课程内容的多元化。不同民族、区域应该有不同的课程设置,而且在内容与形式上要多元化。(3) 教育方法与手段的多元化。利用高科技与各类媒介采用多姿多彩的教育形式。(4) 办学形式的多元化。除了义务教育与非义务教育形式，民办教育、终身教育、继续教育、老年教育、娱乐教育等形式将不断发展，以满足不同阶层、不同群体的需要。

在多元文化背景下，教育无论在制度与模式上，还是在教育目标与理念上都应作出相应的变革，才能促进教育的良性发展。

首先，应确立多元文化的理念。面对多元文化的挑战，教育的首要对策就是要确立新的观念。“真正多文化的教育应当既能满足全球和国家一体化的迫切需要，又能满足农村或城市具有自己文化的特定社区的特殊需要。这种教育将使每个人意识到多样性和尊重他人，不论他是近邻、工作单位的同事，还是遥远国度的居民。”[①] 这就是说，要开展多元文化教育，首先要旗帜鲜明地宣传主流文化，这是一个不容动摇的原则；在此前提下，教育还应具有宽阔的胸怀，能够理解、容忍文化的差异和文化的多元性。

其次，要有开放的态度与视野。发展是硬道理，只有消除封闭与隔阂，一个国家才能获得发展，因而在多元文化的背景下教育需要打破壁垒，采取开放的态度。增强文化沟通与理解、减少文化间摩擦、促进多元文化共同繁荣的途径包括：鼓励教育交流与合作，加强教师与学生在各国间流动，实行课程学分互通；在培养目标、体制结构、课程教材、师资培养上采取灵活政策；保持开放的视野，平等对待不同的文化个体，尊重不同个体所具有的独特经历与文化习俗，培养学生跨文化的能力。

最后，大力发展多元文化教育。基于多元文化共存的现实，大力发展多元文化教育就显得极为重要。一个社会需要精英文化与主流文化，但大众文化与非主流文化也必须得到尊重。因为，它们也是社会的一个组成部分。当然，对教育而言，坚持传播精英文化（教科书中入选的文章大多是精英文化）自然是正确的，但对大众文化也不应一概拒斥，要看到它存在的合理性与价值。此外，对主流文化与非主流文化也应持同样的态度。在传播主流文化的同时，对非主流文化也应予以重视。

本章小结

关于教育与社会发展的关系，各家各派具有不同的观点，但有一点是共同的：教育既受社会发展的制约，同时又对社会发展具有促进作用。分歧在于对这种作用的大小各有见解。事实上，教育受社会发展的制约是客观存在的，但教育能对社会发展产生多大的作用，则取决于客观环境，教育并不是任何时候都能对社会发展产生积极作用的。教育对社会的政治经济、文化传承、人口质量等都具有特定的功能，但这种作用的产生需要特定的条件。在当下社会产生诸多变化的背景下，教育需要从宏观与微观上作出调整才能更好地发挥其应有的作用。

---

① 联合国教科文组织教育发展委员会．教育：财富蕴藏在其中：国际21世纪教育委员会报告[M]．联合国教科文组织总部中文科，译．北京：教育科学出版社，1996：225.

案例分析

在国外教育哲学界，20世纪30年代进步主义教育哲学的领袖人物杜威(J. Dewey)曾明确主张“教育必须参与社会的改造”。杜威的这一观点后来被康茨(G. S. Counts)，T. 布拉梅尔德(T. Brameld)等人阐发光大，形成颇有声势的“改造主义教育哲学”思潮。其中以布拉梅尔德对“教育改造社会”这一命题的界定与阐述较为理智、客观。首先，他把教育看作广泛的文化适应过程。其次，他认为教育不是单义的或单边的文化适应过程，它既是“一种稳定、传递和保证文化连续性的过程”，又是“一种纠正、改进和变更所获得的前辈人特性的过程”。也就是说，教育在将社会的文化价值观念传递给下一代的同时，也在更新文化。最后，他强调“危机时代”教育的“更新”作用应该强于“传递”作用，因为强调传递的教育，难以完成改造文化的职责，必须使教育成为文化改造也就是社会改造的必要因素。

根据上述材料回答下列问题：

(1) 何谓教育的政治功能？如何理解教育的政治功能？

(2) 教育的政治功能有哪些具体的表现？

(3) 在现实中，哪些现象体现了教育的政治功能？

反思与探究

1. 你如何理解教育独立论？
2. 教育是万能的还是无能的？
3. 举例说明教育与社会成层的关系。
4. 教育各种功能发挥的条件。

推荐阅读

1. 瞿葆奎．教育学文集：第3卷　教育与社会发展[M]. 北京：人民教育出版社，1989.

2. 吴康宁．教育社会学[M]. 北京：人民教育出版社，1998.

3. 马和民．新编教育社会学[M]. 上海：华东师范大学出版社，2002.

4. 张人杰．国外教育社会学文选[M]. 上海：华东师范大学出版社，2009.

5. 吴康宁．教育究竟是什么：教育与社会的关系再审思[J]. 教育研究，2016(8)：4–12.

第三章
教育与人的发展

【学习目标】

- 识记人的发展的基本含义。
- 知道人的发展的四种理论。
- 理解人的发展的基本规律。
- 理解影响人的发展的主要因素，并熟记各种因素的作用。
- 知道学校教育在人的发展中的作用。

【知识导图】

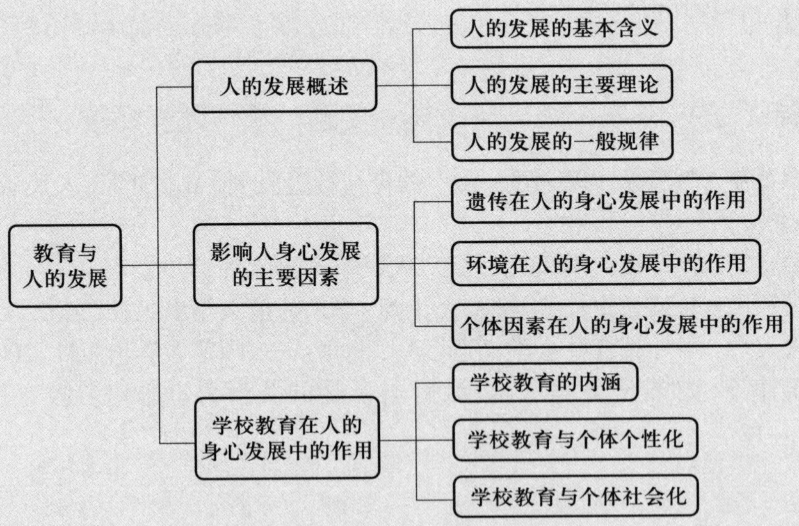

【引子】

伤 仲 永[1]

金溪县有个人叫方仲永，他家世世代代是耕田的农民。仲永不到五岁时，突然有一天哭叫着要玩文具。父亲对此很惊异，因为仲永从未见过文具。父亲从邻居那儿借来文具给他玩，他立即写出四句诗，并且还自己给诗写了题目。那首诗以奉养父母、团结族人为内容，被全乡的秀才传观欣赏。从这以后，人们指定某种事物叫他作诗，他立即可以写成，诗的文采和内容都有值得欣赏的地方。县里的人认为这事很奇特，渐渐地就常邀请他和他父亲去做客，有的人还用银钱求讨他的诗。父亲认为这件事有利可图，就每天领着仲永四处拜访县城里有名望的人，不再让他学习。

我听说这件事已经很久了。明道年间，我随从先父回家，在舅舅家见到方仲永，他已有十二三岁了。我让他作诗，他作的诗已不符合以前的传闻了。又过了七年，我从扬州回来，再到舅舅家，问起这件事，舅舅说：仲永的才能已经消失得与普通人一样了。

一位姓王的先生说，方仲永的通晓、领悟能力很有天赋，他的天资比一般有才能的人高得多。他最终成为一个平凡的人，是因为他没有受到后天的教育。像方仲永那样天生聪明、如此有才智的人，没有受到后天的教育，尚且会成为平凡的人，那么，现在那些不是天生聪明，本来就平凡的人，又不接受后天的教育，想成为一个平常的人恐怕都不能够吧？

一个颇有天赋的小孩方仲永，因为没有受到良好的教育，最后成为一个普通而平凡的人，这个经典故事让多少人扼腕叹息，但在叹息之余，我们也应深思。影响一个人发展的因素很多，有遗传、环境、教育、个体因素等，其中教育对人的发展起着主导作用。因此，教育与人的发展也成为教育学研究的最基本的问题。

第一节　人的发展概述

如何通过教育促进人的发展？首先我们必须了解人的发展的内涵和相关理论，掌握人的发展的相关规律，才能使教育的作用得到最大程度的发挥。

考点提示及练习 3-1

一、人的发展的基本含义

发展是指事物连续不断地由低级向高级、由旧质到新质的有规律的变化运动过程。而人的发展是指作为复杂整体的个人在从生命开始到生命结束的全部人生中，身心两方面发生积极变化的过程。这里的“身”指的是人的身体发展，具体指机体的各种组织系统，如骨骼、肌肉、心脏、神经系统、呼吸系统等的正常

① 周国光. 中国古代教育论著选译[M]. 贵阳：贵州人民出版社，1981：89.

发育及体质的增强，它是人的生理方面的发展；这里的“心”指的是人的心理发展，如感觉、知觉、注意、记忆、思维、想象、情感、意志、性格等方面的发展，它是人的精神方面的发展。

人的身体发展和心理发展是相互影响、相互作用的，它们是不可分割的统一体。一方面，身体的发展，特别是神经系统的发展，制约着心理的发展。如果人的身体有缺陷，如大脑发育不正常，那么人的认知、性格、能力等都会受到影响。另一方面，身体的发展也受到人的认知、情感、意志等心理过程和特征的影响。研究显示，对于成长发育期的少年儿童来说，如果长期处于心理压抑和没有温暖的家庭环境中，其身高会低于遗传身高 2 cm 左右。

人的发展是一个过程。这个过程包含着很多特点：(1) 社会性。马克思曾指出，人是一切社会关系的总和。因此，个体在发展过程中必然离不开社会。(2) 能动性。人和动物最大的区别就是人是理性的动物，每个人都有主观意志，可以根据自己的需要发展自己。(3) 动态性。个体在发展过程中，受到很多因素的影响，各种因素都在发生动态的变化。(4) 活动性。人的发展是在活动中实现的，通过活动才能把人的潜在素质变成现实素质。

需要区别的是，人的“发展”与“生长”“成长”“成熟”等概念是不同的。“生长”主要指身体方面的发展，如身高、体重、骨骼构造等机体方面的发育过程；“成长”主要指身体和心理的共同动态变化；“成熟”则是指身体和心理发展的一种状态和程度。

二、人的发展的主要理论

人是复杂的动物，有关人的发展，古今中外很多学者进行过研究，也形成了很多流派，如认知发展理论、智力发展理论、需要层次理论、人的全面发展学说等。

(一) 认知发展理论

认知心理学兴起于 20 世纪 60 年代，是一种把人看作信息加工系统，以信息的获得、储存、加工和提取来分析和解释人心理活动的观点和方法。目前已经形成了三种基本理论：皮亚杰的认知发展阶段论、布鲁纳的认知阶段划分理论和凯斯的认知发展的信息加工理论，其中皮亚杰的认知发展阶段理论是认知发展研究史上的丰碑。皮亚杰(J. Piaget，1896—1980，见图 3-1) 认为影响人的发展的因素很多，而构造是最主要的，所谓构造就是儿童发展的各个时期形成的活动图式。这种活动图式经过不断的同化、顺应、平衡，形成了不同的认知结构。他以不同水平的认知结构作为划分人的发展阶段的主要根据。

图 3-1 皮亚杰

第一阶段是感知运动阶段(0—2 岁)：这一时期个体的智力活动主要表现为一系列的反射动作，分辨不出自身与环境的区别，处于一片混沌的状态。

第二阶段是前运算阶段(2—7岁):这一时期个体的智力表现形式逐渐由以感觉和动作为中心转化为以思想和语言为中心,以日益复杂的方式运用符号的能力得到发展。

第三阶段是具体运算阶段(7—12岁):这一时期个体开始对具体事物进行思考,智力活动逐渐摆脱了实际动作的影响,会对全体或部分进行分类和组合,逻辑判断和推理的能力有了初步发展,还能解决所谓守恒问题等。

第四阶段是形式运算阶段(12岁—成人期):形式运算是指一种抽象的逻辑思维,这一时期的个体可以只关注外在的逻辑形式而毫不涉及具体的内容,能从观察中引出假设,能想象真实的以及假设的事件,演绎或归纳出关于周围世界的原则。

这一理论认为个体是具有实现某种逻辑行为的潜能的,强调思维能力的规律性发展,认为发展有阶段性,阶段是按固定顺序出现的,不同水平的认知结构为该阶段的发展提供了基础。

(二)智力发展理论

智力最早是由古罗马雄辩家西塞罗提出来的,而率先以科学方法处理智力问题的是高尔顿的心理测量学研究室,之后智力发展理论方面出现了不同的观点,主要有斯皮尔曼的二因素论、瑟斯顿的多因素论、斯滕伯格的智力三元结构论和加德纳的多元智力理论。这里主要介绍加德纳的多元智力理论。

霍华德·加德纳(H. Gardner)是美国心理学家,哈佛大学教授,他认为人的智力是多元的,主要由八种智力构成。①

(1) 言语智力:个体对语言文字的掌握能力,表现为个体能够顺利而高效地利用语言描述事件,表达思想并与人交流。

(2) 数学逻辑智力:个体进行运算和逻辑推理的能力以及科学分析的能力,表现为个体对事物间各种关系比较敏感以及通过数理运算和逻辑推理等进行思维的能力。

(3) 音乐智力:个体感受、辨别、记忆、改变和表达音乐的能力,以及对节奏、音调、音色和旋律的敏感度。

(4) 空间智力:个体感受、辨别、记忆、改变物体的空间关系并使用和操作空间模式的能力,表现为个体对空间关系的敏感以及通过建立空间模式将它表现出来的能力。

(5) 身体运动智力:个体运用整个身体或身体的一部分解决问题、创造产品的能力,表现为个体能够较好地控制自己的身体,对事物能够做出恰当的身体反应以及善于利用体态语表达情感的能力。

(6) 自我认识的智力:个体自我分析、自我省察、自我反思的能力,表现为个体能够正确地意识和评价自身的情况,并在此基础上形成自尊、自律和自制的能力。

(7) 人际关系智力:个体善于理解他人并与他人良好交往的能力,表现为善

① 霍力岩.多元智力理论及其对我们的启示[J].教育研究,2000(9):71-76.

于观察他人的情绪、性格、动机、意向，并据此做出适宜反应的能力。

（8）认识自然的智力：个体对自然现象敏感，喜欢探索大自然，善于对自然现象进行观察、分类、鉴别，乐于种植、饲养等。

加德纳的多元智力理论认为，每个人的智力都各具特点，并有自己独特的组合方式，学校教育应该开发人的多元智力并帮助学生发展自己的智力，学校教育的内容和方法应多样化，应以学生为中心，应该在评估学生个体的能力和倾向方面富有经验。学校不但要寻求与每个学生相适应的课程安排，而且也要寻求与这些课程相适宜的教学方法。

资料夹 3-1

斯腾伯格的三元智力理论①

像加德纳一样，斯腾伯格提出了替代一般智力的激进的概念。斯腾伯格提出，与其考虑一般智力不如考虑智力的三个元素或者亚理论：成分智力、经验智力和情境智力。

成分智力：关注作为智力运作基础的基本认知机制。斯腾伯格提出三种成分：知识获得成分、操作成分和元成分。知识获得成分包括好奇心，它影响我们的学习策略。操作成分决定我们的实际能力，如计算、理解和推理。元成分是我们执行信息加工任务时使用的高级心智过程，包括计划、执行信息处理任务、问题解决和决策。

经验智力：关注经验对执行心智任务的能力产生的影响。对于斯腾伯格来说，经验在我们处理信息的过程中主要有两个作用：第一，学会处理相似情境的要求。这就是智商分数能预测我们在工作场所学习新技能的速度，而不能预测随着时间的流逝我们将娴熟到何种程度的原因。第二，使某些信息加工功能自动化。因此，当我们对一项任务进行了足够的练习时，就能快速有效地完成该任务，因为这已经成为自动操作。

情境智力：把智力放在文化情境里考虑，并承认我们实际上把智力用于什么目的是同认知成分同等重要的。即使人类的心智能力是普遍的，但是我们要完成的任务将依我们所处的文化而有很大不同。某些认知能力（如批判性思维）在一些国家比在另一些国家更受重视，因而也得到了很好的培养。因此必然的结果就是，同样的智力成分在不同文化中得到了同等的发展，却在执行完全不同的任务中表现出来。

（三）需要层次理论

马斯洛（A. H. Maslow）是美国人本主义心理学派的主要创始人。他认为人类的动机是由五种需要构成的（见图 3-2）。

（1）生理需要。生理需要在人的需要层次理论中处于最基本的地位。人

① 马特·贾维斯．有效教学心理学［M］．刘纳，等译．广州：广东教育出版社，2013：67-68.

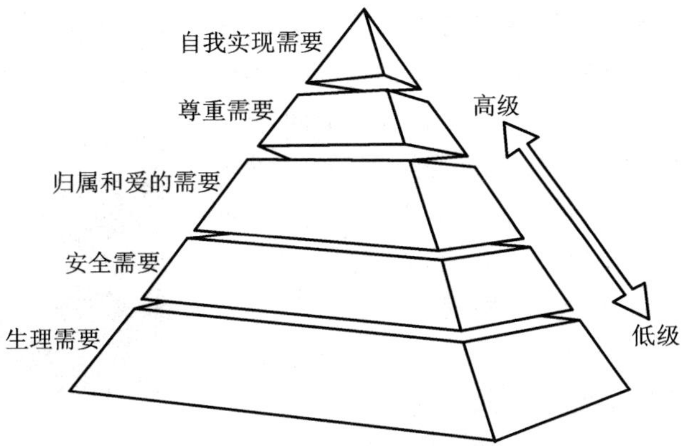

图 3-2　马斯洛的人类需要层次理论

为了能够生存，首先必须满足基本的生活需要，如衣、食、住、行等。只要这一需要还未得到满足，人就不会去追求其他的需要。所以马斯洛指出："如果一个人极度饥饿，那么，除了食物外，他对其他东西无兴趣。他梦见的是食物，记忆的是食物，想到的是食物。他只对食物发生感情，只感觉到食物，而且也只需要食物……"①

(2) 安全需要。安全需要是指人身安全、劳动和生活的安全等，希望免于灾难和未来有保障。人在满足生理需要后就开始产生安全需要。马斯洛认为，安全需要虽然在一生中无时不有，但需要的程度以童年期最为强烈。

(3) 归属和爱的需要。这是一种社交需要，其中包括人际交往、获得友谊和爱等。马斯洛曾说，当第一、二层次需要得到满足后，人就会开始追求与他人建立友情，即在自己团体里求得一席之地。他会为了这个目标而不遗余力。

(4) 尊重需要。这是指自我尊重、自我评价、受人尊重和尊重别人等。马斯洛将尊重需要分为自尊和来自他人的尊重两类。

(5) 自我实现需要。这是指人们希望完成与自己能力相称的工作，充分发挥人的潜力，实现个人的理想和抱负。马斯洛在《人性的极致》一文中还专门提出了达到自我实现的几种途径，如排除私心杂念、倾听自己的内心、进行自我解剖等。

马斯洛指出，上述五种需要是由低到高呈阶梯出现的，只有当低层次的需要得到满足后，个体的需要才会上升到较高层次的需要。人的需要构成了人的发展的主要动力。马斯洛需要层次理论强调人的内在价值，偏重人们对其价值的自我实现，而忽视了社会因素对人的心理的影响。

（四）人的全面发展学说

人的全面发展学说，早已有之。亚里士多德曾提出"体、智、德"和谐发展，"真、善、美"三位一体的完善的人；卢梭、狄德罗、裴斯泰洛齐等人提出过培养"健全的人格""完善的人"的观点；空想社会主义者欧文提出要通过教育"培养

---

① 马斯洛．马斯洛人本哲学［M］．成明，编译．北京：九州出版社，2003：52.

智、德、体全面发展的有理性的男男女女”[①]。马克思（见图 3–3）批判地吸取了前人关于人的和谐发展的思想，创立了马克思主义关于人的全面发展的学说。马克思所说的人的全面发展，主要指每个社会成员的智力和体力都获得尽可能多方面的、充分的、自由的和统一的发展。马克思始终认为：“人以一种全面的方式，就是说，作为一个总体的人，占有自己的全面本质。”[②] 马克思主义关于人的全面发展的学说包含四层含义：

图 3–3 卡尔·马克思

第一，人的发展是“尽可能多方面的发展”。“多方面的发展”指的是人的发展的广度，包含人的体力和智力、能力和志趣、道德精神和审美情趣等多方面的发展。

第二，人的发展是“充分的发展”。“充分的发展”指的是人的发展的程度。人不仅在体力、智力、能力等方面都得到发展，而且要发展到最大限度，使潜能和天赋得到全面的挖掘。

第三，人的发展是“自由的发展”。“自由的发展”是指每个人的发展不屈从于外界强加给他的任何活动和条件，人的发展为其自身所驾驭。

第四，人的发展是“统一的发展”。“统一的发展”是指人的德、智、体等各个层面、各个部分的协调统一的发展。

因此，马克思主义所说的人的全面发展是人的智力、体力、精神、才能、个性的全面而和谐的发展。全面发展并不排斥个性发展，相反，全面发展是个性发展的基础，个性发展是全面发展的条件。同时，马克思指出了人的发展的动因是人的身心发展的内部矛盾运动。那么什么是内部矛盾呢？即个体反映客观要求而产生的新的需要与其原有心理水平之间的矛盾。由于客观事物总是不断发展变化的，因此人的需要也就处在不断发展变化的状态中。而人的原有心理水平是指个体已有的心理发展水平、个性心理倾向和特征，一般在人的心理活动中处于比较稳定的状态。这样，人的需要和原有心理水平之间总是处在矛盾之中。新的需要一旦产生，就会和原有的心理状态产生矛盾，而一定心理状态一经形成，也就意味着对原有需要的否定。人总是在矛盾双方不断的对立统一的过程中一步一步走向全面发展的。马克思主义关于人的全面发展的学说，科学地分析了人的发展的客观依据和历史必然性，指出了实现人的全面发展的根本方法和社会条件，为确定教育活动提供了理论依据。

三、人的发展的一般规律

● “神童”何以成了精神病患者

美国曾经有一个“神童”赛达斯。他 2 岁读完了小学课程，12 岁考入哈佛大

① 欧文．欧文选集：下卷[M]．柯象峯，等译．北京：商务出版社，1965：131.

② 马克思，恩格斯．马克思恩格斯全集：第 42 卷[M]．北京：人民出版社，1979：123.

学。但是，14 岁时，他却进了精神病院。这一切其实都是赛达斯的父亲一手造成的。赛达斯的父亲是个心理学工作者，他一心要把儿子培养成“天才”。赛达斯刚一生下来，父亲就在摇篮周围挂满花花绿绿的英语字母卡片，并不停地读。赛达斯一会说话，父亲便立即用小学课本代替了各种玩具。赛达斯的童年没有游戏，没有同伴。就这样，他在 12 岁时考上了哈佛大学，但他的父亲还不罢休，继续给他施加压力，让他拼命学习。赛达斯终于承受不了过重的压力，精神崩溃，进了精神病院。①

上面这个案例是一个人造“天才”的悲剧，从中我们看到了人的发展是有规律的。因此，教育一定要适应人的身心发展规律，才能收到良好的效果。如果陵节而施，其结果必然是损害人的身心健康。那么，人到底有哪些发展规律呢？

（一）人的身心发展的顺序性

“从定量的角度研究人的发展的过程，可以发现它呈现出一种没有断续和飞跃的连续性。”② 人的发展经历了一个由低级到高级、由量变到质变的连续不断的发展过程。人的发展不仅是连续的过程，而且有一定的顺序性。在生理方面：由头部到下肢，由中心到边缘；大脑皮质（见图 3–4）是由枕叶（O）—颞叶（T）—顶叶（P）—额叶（F）逐步发展的。在心理方面：由机械识记到意义识记，由无意注意到有意注意，由具体形象思维到抽象逻辑思维等。因此，教育一定要适应人的身心发展的顺序性，切不可拔苗助长。曾有一位好事者发现一只蝴蝶在茧里蠕动，苦苦地挣扎，那个人站在旁边急不可耐，便急忙找来剪刀，小心翼翼地剪开了茧，结果蝴蝶轻而易举地出来了。然而不幸的是，由于这只蝴蝶没有经过破茧前的痛苦挣扎，以致出壳后身躯臃肿，翅膀干瘪，根本飞不起来，不久就死了。所以，在教育工作中，我们一定要遵循人的身心发展的顺序性，否则，不但收不到应有的效果，还将严重影响人的身心健康。

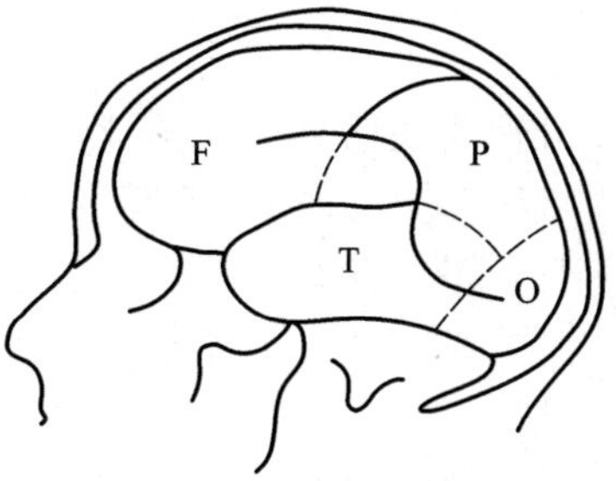

图 3–4　大脑皮质发展顺序

（二）人的身心发展的阶段性

美国心理学家格塞尔（A. Gesell，1880—1961）指出：“发展的逻辑存在于发展的序列之中。”③ 一般认为，人的发展阶段可划分为：婴儿期(出生至 3 岁)，幼儿期（3 岁至 6、7 岁），童年期（6、7 岁至 11、12 岁），少年期（11、12 岁至 14、15 岁），青年期（14、15 岁至 30、35 岁），中年期（30、35 岁至 55、60 岁），老年期（55、60 岁至死亡）。④ 这里年龄阶段的上下限只是大致的规定，没有绝对的意义，尤其是随着社会经济的发展、营养水平的提高，年龄阶段的划分有后移的趋势。

人的成长是一个持续不断的发展过程，在这个总的发展过程中，不同年龄

① 潘洪亮，董君安，杨丙魁．情境·教育·启迪［M］．郑州：大象出版社，1999：16.
② 筑波大学教育学研究会．现代教育学基础［M］．钟启泉，译．上海：上海教育出版社，1986：83.
③ 雷尧珠，王佩雄．教育与人的发展［M］．北京：人民教育出版社，1989：199.
④ 傅建明，虞伟庚．学前教育原理［M］．上海：复旦大学出版社，2013：29–30.

阶段会表现出一些不同的特征，面临不同的任务，这就是身心发展的阶段性。教育就要根据各个阶段人的特征展开，针对不同年龄学生的特点，提出不同的具体任务，采用不同的教育内容和方法，从而更好地发挥教育的主导作用。如对童年期的学生，教师在教学内容上应该多讲些比较具体的知识和浅显的道理，在教学方法上应多采用直观教具。对少年期的学生，教师在教学上要特别注意理论与实际的结合。对青年期的学生，教师要注意培养学生辩证思维的能力。所以，针对不同年龄段的学生，学校应开展不同的教育和教学，千万不要违反教育工作的阶段性特点，如果把小学生当作中学生进行教育，把初中生当作高中生进行教育，最终学生不但难以掌握正在学习的知识技能，而且会产生不愉快的心理体验，甚至害怕和逃避学习。

资料夹 3-2

格塞尔对同卵双生子的实验研究①

格塞尔是成熟理论的代表人物，他的研究兴趣集中于生理成熟、成长和心理发展的同步关系上。格塞尔于 1929 年进行了一项实验，其过程是：在一对同卵双生子满 46 周时，给其中之一开始进行爬梯训练，每天持续 10 分钟，另一个不训练。6 周后，测量他们爬同一梯子所用的时间。结果是：受训练的儿童用时 26 秒，未受训练的儿童用时 45 秒。接着对后者也进行同样的训练，2 周后再次测量时，只受训 2 周的儿童花 10 秒就完成了任务。

格塞尔的研究说明了教育和训练都必须根据儿童的成熟水平和实际的接受能力进行，对儿童的培养要充分地考虑儿童成熟的程度和个体之间的差异，教育和训练只有与儿童的发展水平统一起来，才能获得较好的效果。

（三）人的身心发展的不均衡性

人的身心发展具有阶段性，而且每一阶段的发展又是不均衡的。这种不均衡主要表现为两个方面：第一是指不同年龄阶段身心发展的不均衡，有的阶段发展快，有的阶段发展慢。如大脑发展最为迅速的时期是出生后 1 个月，到 5—6 岁出现第一个加速期，13—14 岁时再次出现加速；再如身高体重的增长也不是均衡的，在出生后 1 年内和青春发育期发展特别迅速，会出现质的飞跃。第二是指生理和心理发展不均衡。有的学生在较早的年龄阶段就达到了较高的发展水平，甚至接近成熟，而有的则要到较晚的年龄阶段才能达到较为成熟的状态。

正是由于人的身心发展具有不均衡性，教育一定要了解人的这一发展规律。当代许多心理学家和教育家都十分重视研究不同阶段儿童智力发展的速度，探明智力发展的关键期。他们认为，在智力发展的关键期内，环境和教育对智力发展影响 1 年的效果，会超过其他时期 8—10 年的效果。因此，教师要了解人的发展的关键期，并抓住时机，加强教育力度。

---

① 蔡澄．当代教育学［M］．南京：江苏人民出版社，2003：83．引用时有修改。

资料夹 3-3

专家对智力发展“关键期”的研究①

专家认为孩子有六种潜在智力，都只存在于其生命过程的某一特定时期，适时施以教育和训练，才能获得最佳发展，甚至形成特殊能力。若错过了特定时期，相应的能力就很难获得，会给智力发展造成不可弥补的损失。这种特定时期就是潜在智力发展的“关键期”。(1) 语言智力发展期。0—3 岁，是掌握口语的最佳期。0—1 岁，可用言语和声音来刺激儿童，用简单的语言同孩子说话，儿童便能理解词与动作、实物的关系。(2) 数学逻辑智力发展期。儿童 4 岁已经能数到 100，且对带有数概念特征的事物有浓厚兴趣，已经能领会数字与物体概念的关系，并从口头数数发展到按物点数，能分辨物体的大小、多少、顺序，按数目取出物体，用实物进行数的组成和分解。(3) 身体动作智力发展期。2—3 岁，儿童神经传导功能迅速发展，动作开始表现成熟。家长应鼓励儿童自己穿衣、吃饭、洗手、帮妈妈递东西，并引导儿童翻筋斗、游泳、观看体育比赛和舞蹈表演。(4) 音乐智力发展期。2—3 周的婴儿，已有明显的听觉，能对声音做出反应；2—3 个月的婴儿，能倾听周围的音乐声和成人的说话声，且能分辨不同的声音；3—4 个月的婴儿，能寻找声音，视觉和听觉开始建立联系；5 个月的婴儿能辨别母亲的声音；1 岁以后儿童爱听音乐；3 岁儿童能分辨熟悉的歌唱走调及不同乐器的声音；5 岁是儿童音乐智力发展的关键期，父母应让儿童多参加音乐活动。(5) 想象智力发展期。3 岁左右，儿童的想象已很活跃。首先，父母要创造机会发展儿童的有意想象。如讲故事讲到关键地方停下来，以下情节让儿童去想象；让儿童看图讲故事。其次，让儿童自由地想象，不要干涉。再次，要扩大儿童的知识面，让儿童多观察，多参观，多看电影电视，多听童话和科幻故事，多做游戏，多画画。(6) 人际智力发展期。首先需帮助儿童认识五官及其功能。其次，给儿童提供用多种感官参与认知活动的机会，如帮儿童识别电影里的人物，要求儿童述说人物的特征。帮儿童掌握观察方法，从多角度观察事物。

（四）人的身心发展的个体差异性

由于受教育、遗传、环境、个体等各方面因素的影响，人的发展表现出明显的个别差异性。这种差异性具体表现为不同的人在同一方面的发展速度和水平是不同的。有些人七八个月就开始说话，到一两岁时言语能力就已经很强了；而有些人则到了四五岁才能开始简单的会话。有研究表明：“当一年级的教师遇到他班上年龄差不多都是六岁的孩子时，他事实上面对着一群能力不同的儿童，从他们准备状况的差异来说，实际上是从三岁到十一岁。”②

不仅不同的人在同一方面的发展速度和水平不同，即使同一个人在不同方

① 蔡澄．当代教育学[M]．南京：江苏人民出版社，2003：80-81．引用时有修改。

② 南京师范大学教育系．教育学[M]．北京：人民教育出版社，1984：96．

面的发展水平和速度也是不同的。如有的人第一信号系统比第二信号系统有优势,他们的绘画能力已达到了非常高的发展水平,而他们的数学能力则不能达到一般的发展水平。

此外,不同学生的个性心理倾向也是不同的。如有的学生具有艺术才能,有的学生具有科技活动才能,有的具有组织才能,有的具有体育才能。有的学生好激动,情绪表现明显;有的学生则沉静,情绪不容易外露。有的学生意志力很强,有的则很差。

因此,教育就必须紧密围绕人的身心发展的个体差异性这一特点,教师要深入了解学生,掌握学生的个性特点,做到有的放矢、因材施教,让每一个学生的身心得到充分的、自由的发展,使他们的潜能最大限度地得到挖掘,从而成为学有专长、富有个性的人才。

(五)人的身心发展的稳定性和可变性

在一定的社会和教育条件下,人的身心发展有一定的稳定性,每个年龄阶段都会表现出一些基本的特征。但随着社会条件和教育条件的改变,同一年龄阶段的人其发展水平又是有差异的。在教育改革中,由于某些学科吸收了现代科学新成果,并按照儿童学习的规律重新编排了教材,改善了教学方法,使儿童更快地掌握了知识经验,从而在一定程度上使儿童心理有较快的发展。

针对人的身心发展的稳定性特点,教育者在教育教学工作中要注意掌握每一个年龄阶段中那些比较稳定的共同特点,按照这些共同特征,确定合适的教育教学内容和方法,防止从主观愿望出发,任意地规定教育教学内容和方法。同时,根据人的身心发展的可变性特点,教育者也必须密切注意学生的这种变化,及时调整教育措施,切不可死抱住传统不放,只有这样才能促进人的身心获得较快发展。

第二节 影响人身心发展的主要因素

考点提示及练习 3-2

●孟母三迁

孟子3岁丧父,由母亲抚养长大。孟母非常重视对孟子的教育。

孟家附近有一块墓地,送葬的队伍经常从他家门前走过。孟子经常模仿队伍中吹鼓手和妇女哭啼的样子,还不时到墓地里玩死人下葬的游戏,在地上挖一个坑,把朽木或腐草当作死人埋下去。孟母对儿子这样玩耍很生气,认为不利于他读书,便把家迁到了城里。

到了城里孟母要儿子熟读《论语》,像孔子那样做人。可是他家处于闹市中,打铁声、杀猪声、叫卖声终日不断,听着听着,孟子就读不下去了。接着,他就和邻居家的孩子玩起了做买卖的游戏。孟母觉得这个地方,确实很难集中心思读书,便再次搬迁到城东的学宫对面居住。

学宫那里的环境很好,书声琅琅,读书的氛围很浓,孟子很快便安下心来读书。有时他还向学宫里张望,观看里面的学生是怎样读书的,又是怎样跟随老师演习周礼的,回到家里,还模仿着做。

后来孟母把孟子送进了学宫，学习《诗经》《尚书》。从此孟子潜心于学问，最后终于成为我国著名的思想家和教育家。①

孟子之所以成为我国著名的思想家和教育家，有许多促成因素。既与学宫的环境有关，也与孟子个人的主观努力分不开，同时与孟子自身的遗传素质也有一定的关系。可以说，在人的发展过程中，影响人的发展的因素有很多，它们在人的发展中的作用也不同。单因素说认为影响人的发展的众多因素中，只有一个因素是起决定作用的，有人认为是遗传因素，也有人认为是环境因素；双因素说认为人的发展是遗传和环境相互作用的结果；多因素说认为人的发展是由多种因素相互作用、相互制约、共同促成的。无论哪种说法，都不能否认不同因素在人的身心发展中发挥着不同的作用，从而造就了不同个体的差异。下面我们具体分析一下各种因素在人的发展中的作用。

一、遗传在人的身心发展中的作用

遗传在人的身心发展中的作用是基础性的。遗传素质为人的身心发展提供了可能，同时也为人的个性差异进行了铺垫。那么什么是遗传？遗传素质在多大程度上影响人的发展呢？

（一）遗传素质与人的身心发展可能

遗传是指人从上代继承下来的生理解剖上的特点，如机体的结构、形态，感官和神经系统的特点等。这些遗传的生理特点，也叫遗传素质，是人身心发展的物质基础。如果没有遗传所获得的机体，也就无所谓人的发展。马克思、恩格斯说："全部人类历史的第一个前提无疑是有生命的个人的存在。因此，第一个需要确认的事实就是这些个人的肉体组织以及由此产生的个人对其他自然的关系。"② 可见，遗传素质为人的发展提供了物质可能性。人的发展是以有生命的生理组织为基础的，缺少了这个基础，人的身心发展就成为一句空话。例如，一个天生失明的人，不可能发展他的视觉能力，也就不可能成为一个画家；一个生来就有听力障碍的人，不可能发展他的听觉能力，也就不可能成为一个音乐家。另据研究，人的染色体异常是基因对人发育影响的一个独特方面。如特纳综合征患者，主要是细胞核中缺少一个 X 染色体，这类女子在语言能力方面倾向于超过正常人，其他智力尤其是空间能力发展迟缓。克兰费尔特综合征患者，主要是细胞核中有一个多余的 X 染色体，且具有只在女性细胞核中才存在的性染色质——巴尔体，这类男子智力发展迟缓，睾丸小，具有女性气质、同性恋行为、异性模仿欲和强烈希望成为异性等特征。超雄综合征患者细胞核中多了一个 Y 染色体，他们有智力低下倾向，易产生暴力行为。③ 以上三类患者在智力、能力、个性等方面的特征，在较大程度上受到遗传素质影响。

（二）遗传素质与人的个性差异

遗传素质的差异是客观存在的，在生理上，典型的是各种族表现出的身高、

① 周瑛，李晓萍．教育学［M］．沈阳：辽宁大学出版社，2008：48.

② 马克思，恩格斯．马克思恩格斯选集：第 1 卷［M］．北京：人民出版社，1995：67.

③ 成有信．教育学原理［M］．沈阳：辽宁大学出版社，2007：100.

肤色、面孔等的不同。在心理上，个性差别也存在着与生俱来的不同。如有的孩子生来好动，有的孩子生来安静；有的孩子智力发展较快，有的孩子则智力发展迟缓。现代科学研究也证明了这种差异的存在，如脱氧核糖核酸（DNA）是储存遗传信息或密码的单位，它通过一定的过程控制着蛋白质的合成，从而决定生物千差万别的性状。所以，人的个性差异在一定程度上受先天遗传素质的影响。

（三）遗传素质与人的发展阶段和过程

遗传素质的成熟程度制约着人的发展阶段和过程。据研究，人的思维发展与脑的质量发展是密切相关的，人脑平均质量发展的趋势是：新生儿 390 克，8—9 个月的婴儿 660 克，2—3 岁的幼儿 990—1 011 克，6—7 岁的儿童 1 280 克，9 岁的儿童 1 350 克，12—13 岁的儿童大脑平均质量已和成人差不多了，即达到 1 400 克。[①] 可见，遗传素质的成熟程度制约着人的发展阶段和过程，只有当身体的发展具有了一定的条件，才能为学习知识提供可能。

（四）遗传素质不能决定人的最终发展

遗传因素在人的发展中具有很大的作用，但遗传只是为人的发展提供了物质的前提，它不决定人的最终发展结果。如果离开了后天的社会环境和教育，遗传素质给予人的发展的可能性便不能变为现实。美国斯坦福大学心理学教授特尔门对智商在 130 以上的 1 528 名超常儿童，进行了历时 50 余年（1921—1972 年）的追踪观察与系统研究，结果发现早年智力测验并不能预测晚年工作的成就，一个人的成就同智力的高低并无大的相关，有成就的人并非都是家长和教师认为非常聪明的人，而是有恒心、做事求好求精的人。因此，那种认为“儿童心理发展是儿童内部素质向着自己的目的有节奏的运动过程，外界环境在这里只起着促进或延缓这个过程的作用，而不能改变这个过程”的观点是不正确的[②]。我们民间的“龙生龙，凤生凤，老鼠生儿打地洞”的说法，也是极其错误的。

二、环境在人的身心发展中的作用

● 狼孩卡玛拉和阿玛拉

1920 年 10 月，印度传教士辛格在一个丛林地区的狼穴中发现了两个孩子。被发现时大的女孩大约有 8 岁，小的 1 岁半左右。据推测，她们是在半岁左右时被母狼带到洞里去的。辛格给她们起名字，大的叫卡玛拉，小的叫阿玛拉。

当她们被领进孤儿院时，她们的一切生活习惯都同野兽一样。她们不会用双脚站立，只能用四肢走路，比一般人跑得快。她们害怕日光，在太阳下，眼睛只睁开一条窄缝，而且不断地眨眼。她们习惯在黑夜里看东西。她们经常白天睡觉、瞌睡或者一连几个小时面向墙壁静坐不动；一到晚上则活泼起来，开始活动，在院子里走来走去，东嗅西闻，寻找生肉吃，还经常企图逃往丛林。每夜 10 点、次日凌晨 1 点和 3 点循例发出非人非兽的尖锐的怪声。她们完全不懂语言，也

---

① 林崇德 . 中国优生优育优教百科全书：优教卷［M］. 广州：广东教育出版社，2000：120.

② 朱智贤 . 心理学大词典［Z］. 北京：北京师范大学出版社，1989：32.

不会发出人类的声音。

她们两人经常动物似的蜷伏在一起，不愿与他人接近，并曾两次咬伤别的小孩。她们不会用手拿东西，吃起东西来真的是狼吞虎咽，喝水也和狼一样用舌头舔。她们吃东西时，如果有人或有动物走近，便呜呜作声。在太阳下晒得热时，即张着嘴，伸出舌头来，和狗一样喘气。她们不肯洗澡，也不肯穿衣服，并随地便溺。

总的说来，阿玛拉发展得比卡玛拉快些。进入孤儿院两个月后，她口渴时会说“bhoo”（水，孟加拉语）。阿玛拉也较早对别的孩子的活动表现出兴趣。遗憾的是，阿玛拉进院不到一年便死了。

进院 16 个多月，卡玛拉才会用膝盖走路，但仍多半用四肢爬行。2 年 8 个月才会用两脚站起来，5 年多才会用两脚走路，可是一旦要走快，始终都用四肢爬行。自从 1922 年 8 月说出一个“ma”字后，直到 1924 年 2 月她一共只学会了 6 个字。到 1926 年 1 月她会说出 30 个字，至 1927 年增加到 45 个字，并曾说出用 3 个字组成的句子。

在孤儿院的第一年，她拒绝和任何人交往。1921 年 11 月她开始表示愿意和辛格夫人接近，逐渐地不再怕人。1922 年她开始与大家一起去散步，到 1924 年 1 月辛格夫人已成为她不可缺少的朋友，经常伴随着她。初进院时，她喜欢吃生肉、死动物，不爱吃素食，不吃盐，后来这种动物型的口味也慢慢地有所改变，到 1926 年则完全不肯吃死的动物。1922 年 8 月，她开始从盘子里吃东西，但喝水时还要用舌头舔，到 1925 年才会用杯子喝水。在穿衣方面，她用了 6 年的时间才从完全不肯穿衣服转变到不穿衣服不敢见人。

从各方面来看，专家们认为，卡玛拉的大脑在生理解剖特点上是正常的，没有低能的表现，也正因为如此，她才能在一生中适应几次生活上的巨大转变。她的智力水平之所以非常低，不是由于大脑发育上有什么缺陷，更主要的是由于缺乏人类社会环境众多而繁复的刺激。①

狼孩的案例充分说明了人的身心发展受着后天环境的制约，遗传素质仅仅为人的发展提供了可能性，如果没有一定的环境影响，这种可能性就不可能转变为现实。而环境包括自然环境和社会环境。自然环境是指直接或间接影响人类生存与发展的自然界，是人类生存的基本条件，如阳光、空气、水土等。社会环境是人类在自然环境的基础上创造和积累的，主要包括被人改造的自然、人们之间的交往活动、社会意识形态等方面。环境在人的身心发展中的作用是巨大的。

（一）环境为人的发展提供了条件

人生活在不同的环境中，这些环境为人的发展提供了不同的条件，对人的发展起着制约作用。如 19 世纪初，德国一位王子出生后，争夺王位的宫廷阴谋家便将他同普通的婴儿对换，三四岁时被关进黑暗而低矮的地牢里，他可以得到面包和水，但从未见过人，直到 17 岁时才被放出来。经检查，他的身高只有 144 厘米，膝盖已经严重变形，走路如同婴儿学步，目光呆滞、怕光，但在黑暗中视觉特别灵敏，能见到 180 步以外的马匹。他的听觉和嗅觉也比较灵敏，但不会说话，

① 郑金洲．教育通论[M]．上海：华东师范大学出版社，2000：136.

智力如同幼儿。可见，即使遗传素质为人的发展提供了可能，但如果缺乏后天的环境，人的发展照样会受到严重影响。

（二）环境与人的发展差异

遗传素质只是为人的发展提供了必要条件，而不是充分条件。对绝大多数处于常态的人来说，个体之间遗传素质的差异并不明显。相对于遗传素质来说，后天的环境对人的发展更具有决定性意义。从大环境来说，生活在不同时代、不同国家和民族、不同区域的个体，其身心发展的差异性就非常明显；即使对于同一国家同一时代的人来说，他们所处的大环境虽基本一致，然而其小环境还是千差万别的。因此，世界上找不出两片完全相同的树叶，也找不出两个完全相同的人。

（三）环境与人的发展方向与水平

人是社会关系的总和。因此，人一生下来就必然与周围的人发生各种交往，周围人的思想、观念、习惯、风俗等必然对他产生潜移默化的影响。如生活在山村的孩子，相对比较勤劳踏实，思想比较深沉，待人真诚、友善；而生活在城市的孩子，相对比较活跃，兴趣广泛，待人热情，知识面相对来说比较广，善于交际。这说明不同的环境会使人的发展方向也不一样。所以，我国古代著名教育家荀子说："蓬生麻中，不扶而直；白沙在涅，与之俱黑……故君子居必择乡，游必就士，所以防邪僻而近中正也。"[①] 同时，环境与人的发展水平也有着直接的关系。生活在物质资源匮乏、生产力落后的社会里，人的身心发展水平都普遍比较低，而生活在物质资源丰富、生产力发达、文化生活丰富的社会里，人的身心发展水平会大大提高。

（四）环境决定论是错误的

虽然环境对人的发展具有很大的作用，但是环境不能决定一切。人能根据已有的知识、经验、兴趣、需要等对环境做出反应，个人对环境的态度不一样，其发展结果也就不同。因此，我们不能片面夸大环境的作用。美国行为主义心理学家华生（J. B. Watson，1878—1958）曾言："给我十几个强健而没有缺陷的婴孩，让我放在自己之特殊的世界中教养，那么我可以担保，在这十几个婴孩之中，我随便拿出一个来，都可以训练其成为任何一种专家——我都能够任意训练他成为医生、律师、艺术家或商业界首领，甚至也可以训练他成为一个乞丐或窃贼。"[②] 这种观点明显存在偏颇。

资料夹 3-4

华生的恐怖学习实验[③]

出生 11 个月的阿尔巴特一直跟白鼠游玩，一点也不惧怕。实验开始后，这个孩子一旦被白鼠碰上，实验者就敲打一下铁棒，发出巨大的声响。孩子

① 梁启雄．荀子简释［M］．北京：中华书局，1983：3.
② 华生．华生氏行为主义［M］．陈德荣，译．北京：商务印书馆，1935：171.
③ 蔡澄．当代教育学［M］．南京：江苏人民出版社，2003：73.

惊吓得跳起来，哭丧着脸。如此反复，终于使他哭出声来。一周后，再让他见白鼠，他伸出手后又缩了回去。同上一次实验一样反复数次，最后仅仅让他见白鼠而不伴声音，他也会哭泣起来并跑开。这个实验(1920年)表明，被视为本能的情绪反应，实际上可以在一定的条件下形成。

三、个体因素在人的身心发展中的作用

个体因素主要指个体在后天生活中形成的人生态度、价值理想、道德品质、知识结构、身体素质、个性特征等。个体因素的核心是人生态度和价值理想，它们给个体的发展着上了底色。教育中的个体因素主要是指人的主观能动性和实践活动。

（一）人的主观能动性与人的发展

人的主观能动性是人类特有的意识，它是人的主观意识对客观世界的反映和能动作用。所以，人从来都不是被动地适应环境，人在适应环境的同时，对环境也进行着改造和选择。正是由于人的这种主观能动性，历史上出现了许多逆境出人才的事例，高尔基就是其中的典范。高尔基是一名伟大的作家，苏联现实主义文学的奠基人。高尔基从小生活十分窘迫，4岁丧父，10岁丧母。高尔基为了生存四处漂泊，他拾过荒，当过鞋匠学徒、饭馆跑堂、搬运工人、面包师等。在艰苦的环境下，贫民窟和码头成了他的“社会”大学课堂。在刻苦努力下，高尔基终于成为一名伟大的作家。由此可见，环境对人的发展只是外因，真正起作用的还是人的主观能动性。

（二）实践活动与人的发展

人的主观能动性的发挥是通过实践活动进行的。苏联学者休金娜曾指出：“教育学离开了活动问题就不可能解决任何一项教育、教学、发展的任务。”① 个体的实践活动是个体发展的基本途径，正是因为活动，人的发展才由潜在性因素向现实性因素转变。如人参加体育活动促进身体素质的发展，参加学习活动促进智力的发展等。如果离开了实践活动，这些影响都只是一种可能，不会对人的发展产生实际影响。同时，活动过程又是一个内化和外化相统一的过程。个体通过活动可以不断地接受外部的要求，不断地产生新的需要，从而推动自身不断发展。因此，活动是个体的各种潜能和需要展开、生成的动力。

（三）个体因素在人的发展中起着最终的决定作用

遗传、环境、教育等只是为个体的发展提供了一定的条件，但这些条件能否发挥作用，以及在多大程度上发挥作用，最终完全取决于个体本身。正如毛泽东所说的：“事物发展的根本原因，不是在事物的外部而是在事物的内部。”② 因此，在人的发展过程中，如果忽视了个体因素的作用，则会造成个体发展的异化，最终阻碍个体的发展。例如，美国有一对双胞胎兄弟，从小家境贫寒，父亲在他们很小的时候就因为偷盗被判了刑，由母亲艰难地抚养着兄弟俩。他们从小学到

① 瞿葆奎．教育学文集：第11卷 课外校外活动[M]．北京：人民教育出版社，1991：3.

② 毛泽东．毛泽东选集：第1卷[M]．北京：人民出版社，1991：301.

中学都在一个班学习，但哥哥勤奋好学，博士毕业后创办了自己的公司，事业如日中天；而弟弟连中学都没有毕业，一直游手好闲，靠小偷小摸度日。当记者分别问这兄弟俩，为什么他们的发展会有如此大的差别时，他们的回答竟如出一辙："因为我有一个偷盗的父亲。"不过，他们的言外之意是不同的。

为充分发挥个体因素在人的发展中的作用，教育者必须牢固树立教育是通过"自我教育"而实现的信念，让受教育者自我管理、自我提升、自我实现。当然，让受教育者进行"自我教育"，并不等于教育者就可以放任不管了，所以教育者必须正确把握两者之间的度。

资料夹 3-5

关于影响人的发展因素的探讨①

长期以来，关于影响人的发展因素有许多观点，简介如下：

(1) 二因素论。20 世纪的西方心理学一直把影响人的发展因素分为两种：遗传因素和环境因素。在我国出版的教育学著作中，首次使用两因素分类的是 1979 年翻译出版的苏联马拉诺夫等著的《教育学》。该书把影响人的发展因素分为两类：一类是生物因素，包括人的遗传、个体先天特点及生理结构、机制等方面；另一类是社会因素，包括环境和教育等方面。

(2) 三因素论。三因素论认为，影响人的发展的因素有遗传、环境和教育，其中遗传是个体发展的物质前提，环境对人的发展起决定作用，教育作为特殊的环境因素，对人的发展起主导作用。三因素论在 20 世纪 80 年代以前，一直是我国教育学界公认的理论。

(3) 四因素论。四因素论认为，三因素论提到的只是影响人的身心发展的外因，而外因只是变化的条件，内因才是最根本的，因此，就在三因素的基础上，增加一个"主观能动性"因素，这就构成了四因素论。

(4) 五因素论。五因素论又分为两种情况：一是在四因素的基础上又增加了一个"反馈调节因素"。二是把影响人的发展因素分为生理因素（遗传、变异）、心理因素（认知、情感、意志、个性）、自然因素（自然环境）、社会因素（社会环境、家庭、教育）和实践活动。

(5) 综合因素论。综合因素论认为，影响人的发展的因素，很难用几个因素来分析，它是一个立体的复杂的系统，是多层次、多系统的不同因素的综合，不能用平面的分析模式。

(6) 二层次三因素论。根据"人的发展的实质是个体生命的多种潜在可能逐渐转化为现实个性的过程"这一认识，将影响人的发展因素分为两个层次：对个体发展的潜在可能产生影响的因素和对个体从潜在可能转化为现实个性产生影响的因素。其中前者又包括两个因素：个体自身的条件与环境条件。后者是指发展主体所进行的各种类型的活动。

① 冯建军，等．现代教育原理［M］．南京：南京师范大学出版社，2001：154–156.

第三节　学校教育在人的身心发展中的作用

● 怀念课堂

我最倾心的是一所百年名校的课堂。它以悠远的历史气息、厚重的人文底蕴、雍容的胸襟气度和第一流的生源迷醉了我。在这样的学校里，我的课堂也会呈现出别样的光和色。我们可以讨论“中国应不应该放弃向日本索要战争赔款？”“你为自己的性别骄傲吗？”“爱一个人意味着什么？”等问题。在这样的学校里，有时，我的课堂会很大很大。我让学生们睁开心灵的眼睛，到乡村、到街头、到寺庙、到敬老院去观察社会，去关注各色各样的世态人情，去体察普通人的喜怒哀乐，去思考生命的宝贵和尊严，然后把这一切记录下来，变成自己成长的一份财富。而他们的感受和思考也感动了我，我为此写了一篇文章——《走向广阔的世界》。在五月的一个最美丽的节日——母亲节，我拿了自己的工资，让学生去鲜花批发市场买来康乃馨，然后每人穿上自己最漂亮的衣裙，上大街去卖鲜花。我们骑车携着装满红色康乃馨的塑料桶，抱着手绘的广告，像五月的风一般掠过长安街……为了寻找《〈呐喊〉自序》中所提到的鲁迅住过七年的绍兴会馆，我们冒着初夏的细雨，在菜市口的南半截胡同里徜徉……①

涂尔干认为，每个人身上都存在着双重人格：一种人格由我们自身、我们的精神状态所组成，称为“个体我”；另一种人格属于思想、情感和习惯的体系，就是说在我们身上表现的不是我们个人，而是我们作为一个组成部分的社群或不同的社群，如宗教信仰、道德信仰与习俗、民族传统与职业传统等就属于这种体系，总称为“社会我”。“个体我”和“社会我”是一个人的两个方面。“社会我”表明人具有的共同性，“个体我”表明人的独特性。上述案例中的老师深深懂得学校教育对促进个体个性化和个体社会化的重要作用，她通过多彩的课堂不断地提升和完善学生的个性化和社会化，可见，学校教育在人的身心发展中起着主导作用。

考点提示及练习 3-3

一、学校教育的内涵

学校教育是由承担教育责任的教师与接受学校教育的学生共同参与和进行的特定的社会实践活动，目的在于通过有目的、有计划的教育促进学生健康成长。因此，学校教育的特点也就非常明显。

第一，学校教育具有目的性。学校教育根据一定社会的需要和人的发展规律，有目的地培养具有一定规格的人。为了实现培养人的教育目的，学校在教育教学过程中，会对教学内容进行精心选择，从而使学生不仅学到系统的知识，也能养成一定的道德习惯；学校的环境布置，事先经过精心的提炼，克服和排除了那些不利的因素，从而使学生生活在一个弥漫着科学、文化和道德氛围的校园环

① 周哲．新背景教师人文读本[M]．北京：北京工业大学出版社，2005：134-135.

境中，保证学生朝着健康的方向发展；学校开展的各项活动，也都紧紧围绕教育目的而进行。总之，学校教育通过有计划、有组织的引导，从而使学生朝着特定的方向发展。

第二，学校教育具有专业性。学校是专门培养人的场所，因而学校教育在培养人的过程中具有专业性，具体表现在以下两个方面：首先，学校教育工作者具有专门的任职资格，受过系统训练，具有较深厚的专业知识和教育学、心理学方面的知识，他们懂得如何教育人，能遵循人的身心发展规律教育学生。其次，学校使用的教科书内容系统而完整，具有一定的科学性和逻辑性。教科书的内容是经过实践检验的事实及理论，具有一定的科学性，思想性寓于科学性之中。教科书语言简练、精确，内容由浅入深、面面俱到，富有逻辑性，有利于学生对知识的掌握。

第三，学校教育具有系统性。人的培养是一项复杂的系统工程，要求学校教育必须具有较强的系统性。在学校教育过程中，既要发展人的社会性，又要发展人的自然性；既要考虑人的共性，又要考虑人的个性；既要满足人的发展的需要，又要体现人的发展的可能；等等。学校教育从全方位系统地统筹这些需求，因此，必然在很大程度上促进人的发展。

第四，学校教育具有基础性。学校教育在人一生的发展中具有基础性的作用，它对人的发展不仅具有即时的价值，更具有延时的、久远的价值。著名数学家华罗庚认为人的一生中有三少三多：在校的时间少，自学的时间多；有教师的时间少，没有教师的时间多；学的知识能直接运用的少，需要自己创造的多。华罗庚的这一番话明确地告诉我们，学校教育应为人的终身发展打下基础。从某种意义上讲，各级各类教育就是为人们以后的生活、工作服务的，因此，学校教育对人的一生的发展具有基础性作用。

综上所述，学校教育对人的发展具有很大的促进作用，它对人的影响是全面、系统而深刻的，所以我们平时常常说学校教育在人的身心发展中居于主导地位。但我们也不能过分夸大学校教育的作用，不能把人的发展过程中出现的所有问题都归咎于学校教育。学校教育主导作用的发挥还必须取得家庭、社会等各方面的配合和支持。

二、学校教育与个体个性化

学校教育必须依据人的志趣、才能、资质、特长和爱好等进行，以使每一个学生适应其能力与倾向，实现最大限度的发展。正如马斯洛所说：“在根本上就是人的‘自我实现’，是丰满人性的形成，是人所能达到的或个人能够达到的最高度的发展。说得浅一些，就是帮助人达到他能够达到的最佳状态。”① 因此，学校教育要符合个体个性化的发展需要。

（一）个体个性化的概念

个性是人性在个人身上的具体表现。它既反映人的共同性，也反映人的差

① 马斯洛．人性能达的境界[M]．林方，译．昆明：云南人民出版社，1987：169.

别性。从广义上看，个性是由生理、心理、社会诸方面一系列稳定特点构成的。从狭义上看，它仅仅指心理特点，即以世界观为核心的一系列个性特征的结合。它包含三层含义：(1) 个性的独特性。即个体与他人的不同之处。(2) 个性的稳定性。即那些经常出现的、比较稳定的心理特征。个性一旦形成，就具有相对稳定性。(3) 个性的整体性。个性是由许多成分和特性组成的，它们相互联系组成一个有机整体。

而个体个性化是指个体尊重差异性的求异过程，它反映的不是对社会的适应，而是在继承基础上的发展、变革和创造，因而个性化的核心是个体在社会实践活动中自主性、独特性和创造性的形成。个体追求个性化的结果就形成了人的个性。

（二）个体个性化的过程

个体个性化的过程是个体追求个性和实现个性的过程，也是个性发展和提升的过程，这个过程并不是一蹴而就的，而是经历了一个漫长的过程，它是在自性原型的统摄与协调的作用下，各种心理要素由原始的混沌统一走向分化，再由分化重新走向统一的过程。为此，瑞士心理学家荣格（C. G. Jung，见图 3–5）把个体个性化划分为四个阶段。①

图 3–5　荣格

1. 儿童期

儿童在出生后的最初一两年中，对外部世界茫然无知，完全封闭在集体无意识之中，尚无自我意识。因此，最初几年难以在记忆中留下任何痕迹。在这个时期，儿童主要依靠他对父母的意象来体验集体无意识的原型内容。此后随着年龄的增长，儿童开始出现对父母的反抗，这意味着自我意识的萌芽。再后来通过与环境的各种复杂联系，儿童建立巩固的自我。

2. 青年期

在这一时期，年轻人力图摆脱对父母的依赖，寻找同年龄的伙伴，要求建立自己的家庭，要求在社会上取得一定的地位。由于这一阶段是人生的奋斗时期，是精神的觉醒时期，称为心灵的诞生时期。青年期的重要任务是克服儿童期的意识狭隘现象，努力培养自己的意志力量。

3. 中年期

女性的中年期从 35 岁开始，男性的中年期从 40 岁开始。荣格非常重视这一阶段，认为这是一个人的事业、家庭、社会地位的黄金时期，但也是一个最容易出问题的时期，所以又称它是中年心理危机时期。荣格指出：“对于那些已到中年，不再需要培养自觉意志的人来说，为了懂得个体生命和个人生活的意义，就需要体验自己的内心存在。”② 按照荣格的观点，中年期之后，就要放弃青年时

① 阮宜正．探视心灵：精神分析的源与流［M］．北京：科学出版社，2004：35–36.

② 杨韶刚．精神追求：神秘的荣格［M］．哈尔滨：黑龙江人民出版社，2002：135.

期的外倾目标，生活就需要更多的内倾，转向自己的内部主观世界，扩展自己的意识。

4. 老年期

老年期是人生的黄昏时期。老年人喜欢恋旧，经常沉浸于过去的遐想中。荣格发现，这一时期的老年人如果过分留恋过去的生活目标和生活方式，就很有可能产生老年期心理疾病。例如，许多在早年害怕生活的人在老年期可能转而害怕死亡。喜欢怀念过去是大多数老年人的正常心态，但是这种怀旧心理一定要保持一个恰当的度。荣格认为，人在老年期可以通过发现死亡的意义来建立新的人生目标，找到人生的终极意义。

荣格指出，个体在个性化进程中，容易受到两方面的干扰：一是对物质利益的贪得无厌的片面追求，二是人格面具的过度膨胀。因此，在个性化进程中，我们必须注意加强精神追求，避免物化对人格带来的危险。个性化程度的高低，不仅是衡量社会发展水平的标准之一，也是社会发展所追求的目标。

（三）学校教育在个体个性化中的作用

在个体个性化的过程中，学校教育的作用是不言而喻的，学校会根据学生个人的生理、心理、年龄等特点展开个性化的教育，帮助个体发展自主能力，使个体的发展由“自发”走向“自觉”，从而使个体成为自己发展的主体。

1. 学校教育促进人的主体意识的提升

人的主体性指的是人面对客观世界的主观能动性，具体表现为人的自主性、主动性、积极性和创造性。具有主体意识的人是力求主宰自己的人，不盲目受环境的控制也不盲从他人，总是对自己、对社会充满信心和希望。

教育对人的主体意识的提升起着重要的促进作用。人要从出生时的生物体转变为认识和实践的主体，必须获得相应的知识和能力，把握外部世界的客观规律，从而主动地、积极地、创造性地作用于外部世界。而教育正是通过对人的道德、智力、能力等各方面的培养，提高人的自我意识和自身素质，不断增强人的自身能力。对个体而言，教育就是一个不断提升自我的过程，也是激发并张扬人的主体意识的过程。人通过接受教育，不断地获得自尊、自强、自立等自主性品质。

2. 学校教育促进人的个体特征的发展

人的个体特征是指人的身心发展的个体差异性，如个人在兴趣、爱好、智能结构、性格、气质等方面的特征。因此，教育应帮助个体开发内在潜力并充分地发展自己的特长。意大利人文主义教育家维多利诺就非常强调教育要尊重人的天性和个别差异。他说：“我们并不希望每个儿童都要表现同样的天才嗜好；无论怎样，儿童总可以有他自己的所好；我们承认我们必须跟随儿童的自然本性前进。”①

学校教育主要通过教育内容的组织，教学模式和教学方法的选择，尽可能地做到因材施教，从而培养出富有独特个性魅力的人。

---

① 滕大春．外国教育通史：第2卷［M］．济南：山东教育出版社，1989：173.

3. 学校教育促进人的个体价值的实现

教育使人成为有道德、有知识、有能力的人。教育不仅使人认识到自身的价值，而且能促进人的自身价值的实现。教育让人意识到人不仅要为自己活着，也应该成为对他人、对社会有益的人。教育能促使人意识到生命的存在并努力追求生命的价值与意义。

资料夹 3–6

学 校 教 育

孩子既是起点，也是中心，成长是完美的，它本身便是标准……个性和特点比课程和科目重要得多，知识和信息不是目标，唯有自我实现才是目标。为了拥有知识而失去自我，这是教育的悲哀。而且，学科从来不可能适宜于孩子。学习即活动，它包括思想以外的参与，包括身体器官的介入。也就是说，我们必须站在孩子的立场上，把我们与他们区别开来。①

三、学校教育与个体社会化

● 一阵风里看世界

在夏威夷流行这样一个笑话，被称为“一阵风里看世界”。在风势强大的山坳口，站着三个不同国籍的女孩：美国的、日本的、中国的。大风一吹，她们各自暴露了自己的文化心理：双手按帽子的是美国女孩；双手紧紧按住裙子的是日本女孩；而一手按帽子，一手按裙子的是中国女孩。美国女孩新潮开放，大胆，但帽子要钱呀！日本女孩作风保守，帽子丢了可以再买，裙子飘扬多丢人；中国女孩传统得周到可爱。②

对同一现象的不同反应，表明文化教育制约着人的思想和行为。学校通过引导学生服从教育制度的安排，接受一定的文化意识、价值标准和人类知识遗产等，从而加速个体的社会化进程，促使学生逐渐成为符合一定社会要求的成员。

（一）个体社会化的概念

个体社会化是指个体在与他人交往的过程中，通过学习知识、技能和各种社会规范，使个体行为符合社会要求，掌握社会生活的本领，进而取得社会成员的资格，充当适当的社会角色，发展和完善个体的过程。从生物学意义上的个体转化为社会学意义上的个体的过程，就是个体社会化的过程。个体社会化具体包含以下三层含义：

① 迪戈蕾．学校教育[M]．韩晓燕，译．沈阳：辽海出版社，2000：13.

② 潘洪亮，董君安，杨丙魁．情境·教育·启迪[M]．郑州：大象出版社，1999：9.

1. 个体社会化的历史性

由于个体所处社会的历史条件不同，社会化的内容、过程、方式和目标就会有所不同。在封建社会，个体的社会化主要是在家庭里进行的，家庭所处的等级及社会地位决定了家庭成员社会化的内容与方式；资本主义社会把金钱放在重要的地位，社会化的主要内容放在利益上面；民主社会强调平等和公正，社会化的内容和形式更加丰富和多样化。

2. 个体社会化的能动性

个体社会化是个体吸纳社会经验的过程，但这个过程绝不是一个被动的过程，个体会根据已有的认知图式对来自社会的影响进行诠释和理解，因此，个体化社会化的过程具有能动性。当社会影响能够满足个体的兴趣与需要时，个体就会欣然接受并将其积极纳入自己的价值体系；当社会影响与个体的兴趣与需要相抵触时，个体就会产生抗拒心理。

3. 个体社会化的终身性

个体社会化过程是终身性的。无论年龄大小，个体都时时刻刻处在社会的影响之下，不断地进行社会化。当然，在不同时期人的社会化内容是不同的。因为在不同的生命时期，人有不同的需要，个体必须学习和掌握能够满足其需求的社会行为方式。同时，个体如果想跟上社会的变化，就必须活到老、学到老，做到终身学习。

（二）个体社会化的过程

从自然人向社会人转变的过程就是个体社会化的过程。一般而言，个体社会化过程可以划分为以下四个阶段：

第一阶段，儿童少年期社会化。在这一阶段，个体学习基本的生活知识和技能，掌握基本的社会规范，并能在实际生活中比较成功地扮演最基本的社会角色和从事最基础的社会活动。这期间学校和家庭对个体社会化产生较大影响。

第二阶段，青年期社会化。这一阶段是指 14 岁左右到 25 岁进入成年期之前的一段社会化过程。这一阶段的个体社会化从他人导向转为自我导向，大学生社会化是这段时期社会化的一个重要阶段。

第三阶段，成年期社会化。这一阶段是指 25 岁到退休这一时期，其中可分为若干阶段，成家、立业、知识更新、职业变动，这些是成年期社会化的中心任务。在现代社会环境中社会变化加快，这一时期将出现很多新问题。

第四阶段，老年期社会化。这一阶段是从退休以后直到死亡，这一时期里个体的经济、社会地位、家庭角色等诸方面都发生了变化，这些对老年人来说都是要面对的新问题，还要通过继续社会化来解决。

在生命的不同阶段，个体社会化具有不同的内容和任务。按照人在一生中所处特定时期的生理成熟程度和社会要求，美国著名心理学家埃里克森（E. H. Erikson，见图 3-6）在《儿童与社会》（1950 年）一书中，将人的一生分为八个阶段，而且每一个阶段都有一对矛盾，它是处于这一阶段的个体需要解决的个体社会化的主要任务。第一阶段（出生—18 个月）：基本信任对基本不信任；第二阶段(18 个月—3 岁)：自主性对羞怯和疑虑；第三阶段(3—6 岁)：主动性对内疚；

第四阶段(6—12岁):勤奋对自卑;第五阶段(12—18岁):同一性对角色混乱;第六阶段(成年早期)亲密对孤独;第七阶段(成年中期):繁殖对停滞;第八阶段(成年晚期):自我整合对绝望。埃里克森认为,人在社会化的各个阶段都会遇到一对核心的冲突,它们是一个连续体的两极,恰当地解决每一对冲突并不意味着必须得到完全正面的结果而丝毫没有负面的体验。如在第四阶段,对小学生来说,体验成功、发展勤奋进取的品质固然重要,但是过分强调能力,儿童就会觉得失败是难以接受的,没有抗挫折的能力,可能会变成工作狂。同时也要注意,并不是只有在前一阶段的危机得到解决以后才能进入下一发展阶段,生理的成熟及社会的期望要求个体必须面对新的发展任务。在埃里克森看来,只要人活得足够长,就要经历所有的发展阶段,顺利度过前一阶段会提高后一阶段成功的概率。

图 3-6 埃里克森

(三)学校教育在个体社会化过程中的作用

学校是个体社会化的场所,教育是个体社会化的途径,因此,学校教育的过程就是个体社会化的过程。学校教育在个体社会化过程中的作用主要表现为以下三个方面:

1. 学校教育促进个体思想意识的社会化

人的行为是一种有意识的行为,思想意识成为支配人行为的内在力量。意识虽然为个体所有,但它不是个体思维的产物,而是社会的产物,个体意识必须反映并符合社会的规范和要求。所以,个体的思想意识本质上是社会价值规范在个体头脑中的反映。

教育代表一定社会的要求,传播社会中的主流文化和价值观念。受此影响,学生就易于形成与主流文化和价值观念要求一致的思想意识,从而认可并自觉维持现存社会的种种关系。而且,教育所传播的文化和价值观念的系统性和深刻性,教育活动组织的计划性和严密性,教育形式的活泼性和多样性,就使学生易于接受这种价值观念,形成完整的思想观念体系,促使个体思想意识的社会化,特别表现为个体的政治化。

2. 学校教育促进个体行为的社会化

个体的行为要符合所属群体或社会的要求,这个要求就是社会规范。教育使人们认识社会规范的意义和内容,认识到应该干什么,不应该干什么,从而规范个体的行为,防止个体行为偏离社会的轨道。在日常生活中,教育还具有生活指导的功能。它授予个体在社会生活中必需的知识技能,如处理人际关系的技能,帮助个体学会协调理想和现实之间的冲突,使个体首先学会生活、适应生活。

3. 学校教育培养个体职业和身份的社会化

职业是社会化的集中体现。人生活在社会中,要以一定的职业为生,这就决定了为就业和生活做准备的教育,必须能够促进个体的职业化。即教育要指导学生根据自己的兴趣、爱好和能力，结合国家的需要，确定自己的发展方向，实现自己的职业化。

身份是指个体在整个社会结构中所处的地位。个体所从事的职业与个体在社会中所处的地位往往是一致的。因此，个体身份的社会化也是以接受相关的教育与职业训练为前提的。

总之，个体个性化与个体社会化是相互关联的，没有社会化就不可能有个性化，个性化是更高层次的社会化。在个体个性化和个体社会化过程中，学校教育起着关键性的作用。它在个体自然生长的基础上强调个体的社会性发展，在促进个体的社会性发展的同时又创造着个体的丰富多彩的个性。

本章小结

教育的对象是人，离开了人，教育也就失去了意义。因此，我们首先必须搞清楚人的发展的含义、人的发展的规律以及有关人的发展的理论。影响人的发展的因素有很多，各种因素相互影响，共同作用于人的发展。遗传因素是人的发展的物质前提，环境是人的发展的外在条件，个体因素中的主观能动性是人的发展的动力，而实践活动则是人的发展的基本途径。在各个因素中，学校教育起着主导作用，它不断地促使个体个性化和个体社会化。因此，作为一名教育工作者，我们必须对个体的发展和影响个体发展的因素进行动态的、结构性的分析，从而使教育成为人的教育，使人成为教育的出发点和最终目的。

案例分析

1. 某中学新来了一位刚毕业的老师，被安排在初中一年级担任道德与法治课的教学工作。几堂课后，就有学生到教务处要求换道德与法治老师。教导主任和校长商量后，决定听听这位新老师的课，并提前两天告诉了他。新老师经过认真的备课，信心百倍地登上讲台。一些辩证唯物主义常识问题，经他引申、归纳、提炼，上升到了理论高度；许多深奥的哲学原理与术语，出现在他的侃侃而谈之中。然而课堂上一些学生睡着了，一些学生讲话，一些学生迷惘地看着老师。校长和教导主任与他交换意见后，这位老师陷入了深思之中。

根据上述材料回答下列问题：

(1) 案例中的新手教师认真备课，但最终却失败了，其失败的主要原因是什么？

(2) 在教育过程中，教师的教学应怎样适应学生身心发展的规律？

2. 尼克·胡哲天生没有四肢，从小在自卑和孤独的环境下成长，但其家庭环境和学校环境较好。后来在老师和父母的指导下，他通过自己的坚持不懈和刻苦努力取得了很大的成就。

请结合材料分析影响人的身心发展的主要因素及其作用。

反思与探究

1. 人的发展的基本含义。
2. 选择一个关于人的发展的理论进行深入阅读。
3. 列举并分析现实中违反人的身心发展规律的教育现象。
4. 为什么既要重视遗传素质的作用又要反对遗传决定论?
5. 怎样认识影响人的发展的因素及其关系?
6. 学校教育在人的发展中处于什么地位?
7. 为什么说学校教育能促进个体个性化与个体社会化?

推荐阅读

1. 瞿葆奎 . 教育学文集:第 2 卷　教育与人的发展[M]. 北京:人民教育出版社,1989.
2. 中央教育科学研究所比较教育研究室 . 简明国际教育百科全书:人的发展[M]. 北京:教育科学出版社,1989.
3. 黄楠森 . 人学原理[M]. 南宁:广西人民出版社,2000.
4. 韦纳特 . 人的发展[M]. 易进,译审 . 重庆:西南师范大学出版社,2011.
5. 袁振国 . 不断走向以人为中心的教育[J]. 探索与争鸣,2018(8):16-18.

第四章

教育目的与培养目标

【学习目标】

- 了解教育目的的内涵、结构和意义。
- 知道教育目的、教育方针、培养目标三者的关系。
- 知道制约教育目的的因素。
- 理解不同价值取向的教育目的观。
- 了解我国教育目的的基本特征。
- 掌握全面发展教育的内容。
- 了解全面发展教育与素质教育的关系。
- 熟悉《中国学生发展核心素养》的基本内容。

【知识导图】

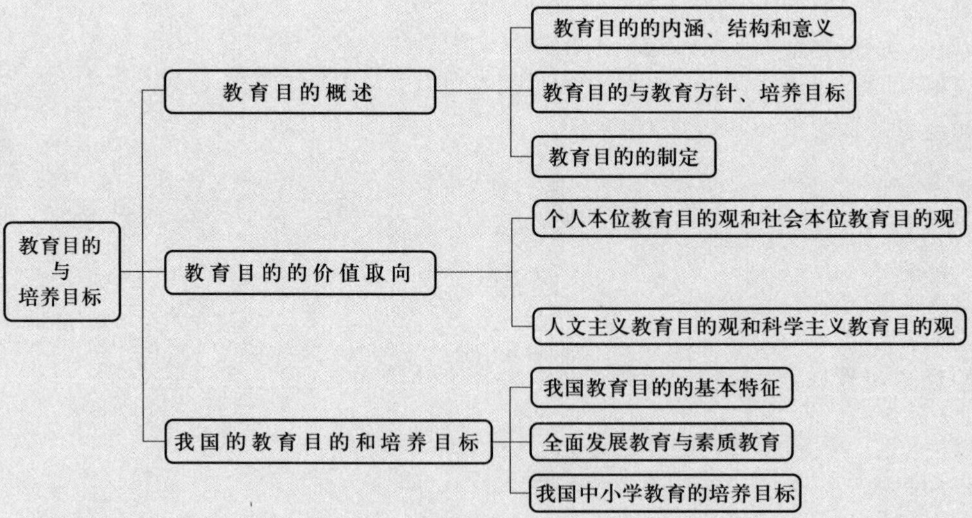

【引子】

教育目的应该是什么？[①]

一些人认为教育应当从其自身出发提高学生的理解力（或者知识，推理能力以及智力）；另一些人则认为，教育应当帮助每个学生充分发挥自己的潜力。有些人把“个性”和“自由”看作头等重要的东西。有些人相信全面发展，相信在理论知识和实践成就之间，在艺术和科学之间达成某种平衡；另外一些人则更重视在一些专门领域中取得杰出成绩。还有一些人提倡社会需求，倡导确保有知识分子参与的民主制度。一些人强调艺术文化，另一些人强调人的道德品质。总之，教育目的之多几乎无穷无尽。所有上述教育目的对教师来说都是熟悉的，要么是他在培训期间接受的原则，要么是他教学经验的总结。然而，我怀疑只有相当少的教师有机会对这些目的进行耐心的筛选、仔细的权衡，找出它们之间存在何种联系，然后得出一个合理的结论以决定哪些是最终值得采用的目的。

教育是培养人的活动，对此不存在异议，但对培养什么样的人却存在着诸多争议。上述的不同观点证明了这一点。那么，在无穷无尽的教育目的中我们应该如何筛选，是根据社会需要，还是根据个体需要？本章试图从厘清教育目的的内涵出发，讨论历史上的各种教育目的观，进而根据我国社会主义核心价值观简述我国的教育目的观与培养目标。

第一节　教育目的概述

正如费尔巴哈所言：“人本是一个依照目的而活动的东西，他没有一个目的，就什么事都做不出来。”[②] 与自然界日月更替、动物的本能行为有所不同，人类的实践活动自始至终都受目的的牵引和支配。教育作为人类的一项特殊活动，更有其内在的特定目的。“教育目的是教育理论和实践中的核心问题，任何教育改革，都是从对教育目的的思考开始的，都是从对培养什么样的受教育者的定位和构想开始的，并以此为指向和归宿。”[③]

考点提示及练习 4-1

讨论：教育为什么一定要有目标？目标或目的对于教育的意义何在？

一、教育目的的内涵、结构和意义

（一）教育目的的内涵

要保持教育作用的统一性与连贯性，就得切实把握教育作用的具体方向，因而揭示明确的教育目的是必不可少的。据此赫尔巴特认为，为了依据明确的意图和计划，统一、集中、彻底地从事教育的实践与研究，其先决条件就是必

① 怀特. 再论教育目的[M]. 李永宏，等译. 北京：教育科学出版社，1997：3.

② 费尔巴哈. 费尔巴哈哲学著作选集：下卷[M]. 荣震华，等译. 北京：生活·读书·新知三联出版社，1962：627.

③ 扈中平. 教育目的应定位于培养“人”[J]. 北京大学教育评论，2004（3）：24–29.

须用“唯一整体的教育目的”贯穿教育的多样的实践和研究。尽管赫尔巴特提出了此要求，但在不同的教育实践和观念的基础上，教育目的的表达仍是多种多样的。裴斯泰洛齐把着眼点放在受教育的个人身上来规定教育目的，强调个人内部能力的和谐发展。康德则从主知主义的立场出发，提出教育的目的是把人培养成真正的人。而斯宾塞认为，教育目的应当规定为使人掌握社会生活所必需的各种能力。另外，柏拉图以来的传统观念则从理想社会的构想出发，认为教育是实现理想社会的手段。马克思也认为教育的目的是缔造社会，它是通过克服现实中的矛盾而产生的。可见不同的教育观之下的教育目的也有所不同。

资料夹 4-1

不同教育观的教育目的

★ 人格本位论的教育目的

代表人物是瑞士教育家裴斯泰洛齐。他认为：“为人在世，可贵者在于发展，在于发展各人的天赋的内在力量，使其经过锻炼，使人能尽其才，能在社会上达到他应有的地位。这就是教育的最终目的。发展人的内在力量，不得不利用社会与人生相结合的教育办法，从而使其得到人的品德、家庭幸福、工作能力，直到实现社会上的需要。”①

★ 文化本位论的教育目的

代表人物是德国的斯普朗格。他认为教育是为培养个人人格精神而进行的一种文化活动，是根据社会文化的有价值的内容进行的，其最终的目的在于唤醒个人的意识，使其具有自动追求理想价值的意志，并有所创造，增加文化的新成分。可以说，教育是一个从客观文化价值到个人的主观精神生活转化的过程，也即是个人在接受文化、创造新文化的同时，内在地创造了掌握文化的新人。②

★ 后现代主义的教育目的观

学校教育的目的，不是由一种宏大的设计（政府的决策或某一教育观）决定的，“而是通过全校教师的热情参与和考虑到众多的具体因素来决定的。其中，偶然因素也起着重要作用。教育仍可注重学生各方面发展，但并不强求每个受教育者都得到全面发展。教育目标也可以培养片面发展的人，即符合学生自己特质和他生活中的特殊性的人”。③

从我国教育实际和对教育观的理解出发，教育目的具有广义和狭义之分。广义的教育目的是指根据社会发展和受教育者身心发展的需要制定的教育所要达到的预期结果，主要体现对教育在人的培养质量规格、身心素质和社会倾向

---

① 张焕庭．西方资产阶级教育论著选[M].2版．北京：人民教育出版社，1979：173.

② 郑金洲．教育通论[M]．上海：华东师范大学出版社，2000：194.

③ 顾明远，孟繁华．国际教育新理念[M]．海口：海南出版社，2001：168-169.

性等方面的要求。狭义的教育目的是一定社会所属的各级各类学校必须遵循的总要求,及各级各类学校在课程或教学方面对所培养的人的特殊要求。换言之,狭义的教育目的是指各级各类学校的培养目标,它是广义的教育目的的具体化。它们之间有着内在的联系。“前者是指人们为什么要办教育事业,后者则指人们进行的教育活动要培养出什么样的人;前者以社会为背景、以教育事业为对象,后者以社会和教育事业为背景、直接以人为对象;前者从宏观上着眼,后者则在宏观的基础上,从微观即从教育活动对象的人着眼……教育活动的培养目标,要服务于总的教育目的的实现,而教育事业的目的也只有通过教育目标的具体落实才能得以实现。”[①] 美国心理学家布卢姆将教育目标分成三大领域:认知、情感和动作技能。这种具体化的教育目标,更容易在教育活动中实现。

教育目的可以指国家为本国教育活动确定的所要培养的人的质量规格和标准,也可以指参与或关心教育活动的人,如政治家、科学家、艺术家、教育行政人员、教师、家长和其他社会成员对受教育者身心素质的期望。这二者既可能一致,也可能矛盾或存在差异。要取得良好的教育效果就要使二者协调一致。比如,若全社会都能形成素质教育的观念和共识,全面发展的教育目的就能顺利实现。

（二）教育目的的结构

教育目的的结构,也就是教育目的的组成部分及其相互关系。我们知道,教育目的是对各级各类教育的统一要求,从教育的形态看有家庭教育、社会教育、学校教育等(本章中的教育目的主要指学校教育)。学校教育又有不同的类型和层次,教育目的只是预设的总要求,不可能详细规定不同类型和不同层次学校所培养的人的特殊规格。各级各类学校应根据教育目的的要求,结合学校的实际制定切实可行的培养目标,并且根据培养目标确定培养方案、各育目标、课程计划、教学目的和教学目标等。所以,教育目的具有不同的层次结构,具体如下:

学校教育目的的结构
- 教育目的(国家统一制定的或是教育家理想中的)
- 培养目标(各级各类学校根据教育目的和学校实际制定的)
- 各育目标(根据培养目标制定的德、智、体、美、劳各育目标)
- 教学目的(根据各育目标制定的教学结果的总设想)
- 教学目标(教学目的在各门学科教学活动中的具体化)
- 课时目标(根据教学目标制定的不同课时的具体要求)

总体而言,目的是制定目标的依据,而目标是目的实现的保证,具有可测定性和可操作性。无论培养目标、各育目标、教学目标还是课时目标都必须遵循教育目的。这几个概念表面看来颇为相似,但实际上有着各自的内涵和所指,也有各自的独特性。教育目的不仅是一定社会对教育培养人的要求,也是教育活动的方向和目标,是教育活动的出发点和归宿。

（三）教育目的的意义

教育目的对一切教育活动都有指导意义,是教育工作的出发点和依据,也

① 胡德海．教育学原理[M]．兰州:甘肃教育出版社,1998:501.

是教育工作期望的理想归宿,是落实教育任务、确定教育内容、选择教育方法和手段、检查和评价教育效果的根据。具体来说,教育目的的意义主要表现在以下五个方面:

(1) 教育目的是根据社会发展和受教育者身心发展需要而制定的对教育活动的总要求,对受教育者预定的发展方向和教育过程进行了设计或规定,指明受教育者的发展方向,引导受教育者的发展过程,能保证学校、家庭、社会等各方面和学校各部门形成共识,以有效地促进受教育者的发展。

(2) 教育目的是教育活动的出发点和依据,为教育活动预定理想的结果,是一切教育活动的出发点和落脚点,对教育活动具有导向和统领作用。

(3) 教育目的是国家或阶级、政党利益的集中体现,全方位地规范着教育活动的方方面面,是教育行政机关和学校管理部门确定教育内容,指导、检查和评估学校教育教学工作的依据。

(4) 教育目的为教师的教育教学工作提供了努力的方向,能规范教师的教育教学活动。理想的预期结果还能对教育者和受教育者产生强大的激励作用,有助于提高教育教学工作的效果和效率。

(5) 教育目的是教育理论和教育实践的核心内容。学习和研究教育目的有利于教育行政机关、学校管理部门和教育工作者端正教育思想,促进教育改革。

二、教育目的与教育方针、培养目标

● 目标的激励作用

心理学家做过这样一个实验:分别让三组被试沿着公路步行,目标是 10 km 外的一个小山村。第一组不知道所去的村庄有多远,主试只告诉他们跟着向导走。他们走了大约 2 km 后,就有人叫苦,走了一半路时,有人大声埋怨,越往后走情绪越低落,最后七零八落,溃不成军。

第二组知道距离目的地有 10 km,但是路边没有里程碑,大家只能凭经验估计着走。走到一半时开始有人叫苦,但随即有人说,才走了大约一半路。在走了大约 3/4 的路程时,很多人情绪开始低落,这时有人说目的地快到了,大家的情绪很快又振奋起来。

第三组不仅知道路程为 10 km,而且路边每千米设有一块醒目的里程碑。被试一路都在留心看里程碑,并且自己鼓励自己:"又走了 1 km 了","再走一段就到目的地了"……所以大家热情一直很饱满,一些确实感到疲乏的人,不仅不叫苦,反而开始唱歌,或用笑话来为自己鼓气。最后的 3 km 路程,大家的情绪更高,速度反而更快了。[①]

任务:比较分析教育目的、教育目标、教育方针的关系。

这一实验表明,当自己的行为与目标联系起来且目标非常明确时,人们就会激励自己不停地向目标奋进。同样,教育目标的激励作用也是不可忽视的,它将国家的教育目的逐层具体化为不同的层次的培养目标,从而使教育工作者更

① 朱永新.管理心理学[M].北京:高等教育出版社,2002:65.引用时有修改。

易理解，这是目标发挥作用的关键。那么，教育目的与培养目标及与教育方针之间存在怎样的关系？它们又是如何发挥着各自的作用为教育服务的？这是本节要讨论的问题。

《现代汉语词典》(第 7 版)对“目的”的解释是：“想要达到的地点或境地”或“想要得到的结果”。因此，目的是指人们对期望达成的活动结果的一种预期或主观设想。而“目标”是指“射击、攻击或寻求的对象”或“想要达到的境地或标准”，它蕴含具体的、有指向性的意味。

从人们日常使用语言的习惯方面分析，“目的”与“目标”是有区别的。虽然“目的”和“目标”都有想要达到的境地的意思，但不同的是，“目标”主要指行动者所要寻求的具体对象，“目的”却包含有“内在动机”的意思，因此相对而言，“目的”较为抽象，而“目标”更为具体。“目标”通常用于可以测量、评价结果的语境中，“目的”则用于表示较为抽象的“结果”的语境中。研究者在教育哲学层面探讨教育目的时，“教育目的”是常用的概念，但是当研究者指向具体教育实践时，就无法回避使用“培养目标”概念，教育目的论的研究就必然转变为教育目标论的研究了。“方针”则是“为发展某项事业制定的指导原则”，是总方向和总指针，含有明显的政治意味。先从语词上了解了“目的”“目标”和“方针”的着力点和基本意义，将有利于我们理解教育目的、教育目标和教育方针。

教育目的是教育主体对把受教育者培养成为什么样的人的总体要求、设想或规定。教育目的对所有的学校都具有普遍指导意义，对受教育者的要求具有一般性。培养目标是指根据教育目的和学校的实际制定的各级各类学校或专业的具体培养要求或培养人的具体质量规格，是教育目的的具体化。教育方针是国家或政党在一定的历史时期根据社会政治、经济发展的要求，为实现教育目的而规定的教育工作的总方向和行动指针。它是制定各项教育政策的根本依据。

从三者的联系看，教育目的和教育方针在对社会性质的规定上具有内在一致性，都含有“为谁(哪个阶级，哪个社会)培养人”的规定性，都是一定社会(国家或地区)各级各类教育在其性质和方向上不得违背的根本指导原则。而培养目标则是教育目的的具体化。教育目的决定了培养目标，同时，教育目的只有与各级各类学校的具体实际相结合，才能落到实处，才具有可操作性。“教育方针”是教育目标体系中较高层次的“教育目标”，具有较大程度的普遍性和理想化特征，当然“培养目标”比“教育方针”更为具体一些。根据英国教育哲学家谢弗勒对教育语言的分析，它们同属于“教育口号”。有学者认为，关于教育终极目的之论，之所以被视为空泛迂腐，乃是因为将之口号化的缘故。谢弗勒认为，教育口号若欲使之落实，必须加以澄清，使之精细化，否则便流于空洞，且易滋生误解、误用或误导。同为英国教育哲学家的皮德斯(R. S. Peters)认为，教育效果的获得依赖于设计达成教育目的的“程序原理”。他认为，教育工作者真正应该在意或认真思考的是如何设计能达成教育目的之“程序原理”。即把教育目的分解为若干培养目标，并按既定教育目的与目标评估教育实体与教育过程的实绩。教育目的的实现，依赖于各个层次、诸方面的培养目标的达成。

从三者的区别来看，教育目的是基于对社会发展和人的发展的认识而产生的教育结果预期，既具有客观性和现实性的特点，又具有主观性和超前性（理想性）的特点。教育目的一般包含“为谁培养人”“培养什么样的人”的问题；而教育方针除此之外，还含有“怎样培养人”的问题和教育事业发展的基本原则，其内涵更加丰富，更具有明显的阶级性、政治性和政策规定性，在一定时期内具有强制性。教育目的是理论术语、学术性概念，而教育方针是工作术语、政治性概念。此外，教育目的是各级各类教育培养人的总的质量标准和总的规格要求，具有一般性。培养目标则是不同级别、不同类型、不同层次、不同专业教育的具体目标，具有特殊性。

讨论：
不同的国家为什么会出现不同甚至相对的教育目的？

三者相对来说，教育目的具有核心指导性、概括统一性，教育方针具有指令性、政治指向性，教育目标具有具体多样性、实践操作性。教育目的、教育方针、培养目标相互联系、结合，共同构成国家的完整的教育目标体系。

三、教育目的的制定

教育目的是由人提出的，属于意识范畴，它的形式是主观的，但其内容却是客观的。教育目的的制定是主观和客观相统一的活动。它包括教育目的制定的依据、教育目的的预设和教育目的的生成等内容。

（一）教育目的制定的依据

讨论：
如何制定科学的教育目的？

教育目的是由教育主体制定的，既体现着人的主观意志，又必须根据社会发展的客观需要和受教育者身心发展的特点。一定社会的政治、经济、生产、文化、科学技术发展的要求和受教育者身心发展状况是确定教育目的的重要依据。

1. 生产力和科学技术发展水平

生产力是社会发展中最活跃的因素，对社会发展起着最终的决定作用，从而也是制约教育目的的最终决定因素。不同社会发展阶段、不同时代，由于生产力和科学技术发展水平不同，对人才的规格、类型和具体素质要求也不相同，教育目的的具体内容自然也就有所不同。

2. 社会政治经济制度

教育目的属于社会意识形态范畴，与社会政治经济有着直接的制约关系。社会的生产关系、政治观点和经济制度直接决定教育目的的社会性质。不同社会、不同阶级、不同政党的人才标准不同，教育目的便会有所不同。在阶级社会里，统治阶级的教育目的取决于统治阶级的政治利益和经济利益，因此，教育目的具有鲜明的阶级性。

3. 受教育者身心发展规律

教育是培养人的专门活动，教育目的作为一种发展指向，必须考虑各具特色、差异多样的不同受教育者发展的可能性，否则就无法促进人的身心发展。如果教育目的不符合人的身心发展的需要和特点，教育效用就很难发挥，教育为社会需要服务的目的也就会落空。

4. 理论和研究水平

是否具有切实可行的、科学的理论基础，以及人们对社会发展和人自身发展的认识、研究水平等是影响教育目的确立的重要因素。比如，马克思主义关于人的全面发展的学说就为我国社会主义教育目的的确立奠定了坚实的理论基础。

（二）教育目的的预设

在教育界，人们普遍相信，教育目的即人们从事教育活动所要达到的预期结果或目标。它如一盏指明灯，引领教育实践不断自我超越，走向灿烂的明天。依据“教育是培养人的活动”的共识，我们可以推出：教育目的是在教育活动之前，人们对所要培养的人才的质量及规格的总体规划和设想。它同样具有主观性、超前性、指向性、参照性和强制性等特征。教育目的的这些特性，使人们自然而然地认为应将教育目的前置，即在教育活动之前就制定出一个“完美无缺”的目的，从而引导教育活动的具体展开和前行方向，确保各项教育活动都能够围绕教育目的的实现而有序地进行。

资料夹 4–2

泰勒的教育目的观

泰勒在其《课程与教学的基本原理》一书中，提出了著名的“泰勒原理”。这一原理是围绕四个基本问题运作的：(1) 学校应该达到哪些教育目标？(2) 提供哪些教育经验才能实现这些目标？(3) 怎样才能有效地组织这些教育经验？(4) 我们怎样才能确定这些目标正在得到实现？在泰勒原理的影响下，从 20 世纪 60 年代的行为主义目标运动，20 世纪 70 年代以能力培养为倾向的基础教育改革运动，到 20 世纪 80 年代的亨特模式，都遵循着几近相同的范式：预设目的、（根据目的）选择经验、（指向目的）组织与实施经验、（参照目的）评价，呈现出以目的为龙头的有序的线性排列模式。[①]

（三）教育目的的生成

预设的教育目的对教育活动所起的指导与规范作用受到人们的普遍认可。然而，随着教育改革的不断深入，其在实践中所体现出的局限和缺陷日益凸显，于是，许多学者便由此提出生成的教育目的。持此观点的人认为，在教育活动过程中，教育主体根据自身的实际以及活动的进展情况对原有教育目的作出修正、调整，或者重新厘定新的教育目的，这类目的可称为生成的教育目的。[②]

杜威是最早否定教育目的预设的先驱，他认为：“教育过程和目的是完全相同的东西。如果在教育之外另立任何一个目的，例如给他一个目标或标准，便会剥夺教育过程中的许多意义，并导致我们在处理儿童问题时依赖虚构和外在的刺激。”[③] 他反对在教育过程之外预设好的目的，提出教育目的应是儿童的本能、冲动、兴趣所决定的具体的教育过程。皮亚杰也反对“预先设定精确的目的——按步骤、有规划地实施”的封闭的系统模式，认为教育目的应该随着教育活动的

① 泰勒．课程与教学的基本原理［M］．施良方，译．北京：人民教育出版社，1994：2. 引用时有修改。

② 徐学莹，唐德海，等．教育学：行动与体验［M］．桂林：广西师范大学出版社，2008：61.

③ 杜威．杜威教育论著选［M］．赵祥麟，王承绪，编译．上海：华东师范大学出版社，1981：8.

开展而自由调节，在寻求平衡的过程中不断生成。①

此外，联合国教科文组织于1996年发表的《教育——财富蕴藏其中》一书中，以“教育即解放”为口号，对传统教育目的观进行了全面而深刻的评价。书中指出：“教育的基本作用，似乎比任何时候都更在于保证人人享有他们为充分发挥自己的才能和尽可能牢牢掌握自己命运而需要的思想、判断、感情和想象方面的自由。”② 该书认为教育者应关注教育的过程，尊重学生的内在需求和自主建构，向学生提供多样的可供选择的价值系统和信仰，培养他们对多元化的认识、开放与宽容的心态以及自主判断和选择的能力……这是传统教育目的较少涉及的。

第二节　教育目的的价值取向

考点提示及练习 4-2

● 可怕的“听话”教育

我到一所小学调研，随机走进一个教室。教室里没有教师上课，但孩子们个个坐得端端正正，全班同学姿势统一，两只胳膊放在桌上，小脸朝向黑板，几乎目不转睛，桌上的课本更是放得不歪不斜，端端正正，没有一个打开……陪同人员解释说，这个学校教师少，一人包一个班，任课教师给调研组拿材料去了，学生们暂时上自习，你看，孩子们还算听话，虽然老师不在，但孩子们一丝不乱……望着一个个一脸的严肃、正襟危坐的孩子，我的心不禁颤抖起来：可怜的听话的孩子们，上课20分钟了，他们还在正襟危坐，课本不掀，目不转睛地盯着空空的黑板上自习，而我们还在表扬他们“听话”，这就是我们的教育所期望的吗？③

什么才是良好的教育？教育者如何才能真正完成教育的使命，达到教育学生的目的？难道我们的教育目的就是培养这样的“听话”学生吗？教育目的的实现除了国家的宏观指导外，更重要的是教育者自身对教育理念的正确把握和对教育目的的价值取向的清晰理解。本节将对教育目的的价值取向进行分析和探讨。

所谓教育目的的价值取向是指教育目的的提出者或从事教育活动的主体依据自身的需要对教育价值作出选择时所持的一种倾向。“它主要涉及与教育目的有关的教育与社会的关系、教育与人的关系和这两种关系的关系，以及在思考和处理这些关系时的价值取向问题。任何教育目的，其背后都有某些教育目的观的支撑。”④

不同教育价值观的背后都隐藏着纷繁复杂的教育目的，因此，人们对教育目的的分类也是多种多样的。如有学者对现代较为流行的教育观进行总结分类

---

① 多尔．后现代课程观［M］．王红宇，译．北京：教育科学出版社，2000：100.

② 联合国教科文组织国际教育发展委员会．教育：财富蕴藏其中：国际21世纪教育委员会报告［M］．联合国教科文组织总部中文科，译．北京：教育科学出版社，1996：85.

③ 李玉柱．可怕的“听话”教育．引用时有所删改。

④ 扈中平．教育目的论［M］．武汉：湖北教育出版社，1997：130.

为:个人主义的教育目的观、社会主义的教育目的观、国家主义的教育、理想主义的教育目的观、功利主义的教育目的观、宗教主义的教育目的观、认知主义的教育目的观、人文主义的教育目的观等。[①] 扈中平,刘朝晖把历史上的教育目的观分为:人文主义的教育目的观、实用主义的教育目的观、国家主义教育目的观和科学-人文主义教育目的观。此外还有一些观点大同小异。其中具有代表性的教育目的观主要有以下几种:

一、个人本位教育目的观和社会本位教育目的观

● 读书到底为了什么

湖南省株洲市某教师,因在课堂上传授“读书为挣大钱娶美女”等观点而受到了株洲市教育部门的解聘处理,而围绕这个事件本身及其涵盖的教育理念的冲突和教育方法的争议等,引起了社会各界的广泛关注和争论。一种意见认为“读书为挣大钱娶美女”是一种错误的、粗俗的、浅薄的观点,它将个人价值的实现和社会价值的实现尖锐地对立起来,是一种有害的教育理念和极不负责的教育方式。另一种意见则认为,“读书为挣大钱娶美女”的说法虽然境界较低、眼界较窄,甚至低级趣味,但它不过是“书中自有黄金屋,书中自有颜如玉”的直白表述,它不仅有利于激发学生的学习积极性,而且也反映了许多人实际上的人生理想与追求。[②]

事实上,“读书为挣大钱娶美女”只不过是个人主义泛滥的一种表征,只是教育目的的一种价值取向而已。读书何为?教育何为?这个问题有史以来就一直牵绊着世人。有人认为,教育的目的就是发展人的身心,也有人认为教育就是为了建设和完善社会。下面我们就影响比较深远的个人本位和社会本位教育目的观进行阐述。

个人本位教育目的观和社会本位教育目的观,都是围绕如何看待个人发展和社会发展各自的地位及关系而形成的两种对立的教育目的观,反映了两种截然不同的价值取向。教育从它产生开始就存在着促进个人发展与社会发展的矛盾,对教育在促进个人发展与社会发展两方面孰轻孰重、孰先孰后的不同见解就产生了教育目的中的个人本位论和社会本位论。

(一)个人本位论

教育目的的个人本位论坚信人生来就具有健全的本能,就是真善美的体现;重视人的价值,强调个人价值高于社会价值;主张应以个人需要为本,强调根据儿童的本性,以个人自身完善和发展的需求为出发点来制定教育目的和构建教育活动;教育就是要促进个体个性化,使人的本性、本能得到自然发展,使个体需要得到满足。这种教育目的观的源头可以追溯到古希腊时期的智者学派。智者学派代表人物普罗泰戈拉主张人是万物存在的尺度,因此,教育的目的不在于

---

① 瞿葆奎.教育学文集:第4卷　教育目的[M].北京:人民教育出版社,1989:216.

② 曹长德.教育学案例教学[M].合肥:中国科学技术大学出版社,2008:188.引用时有所删改。

国家利益和社会发展，而在于发展人的个性和理性，使人成为真正的人。这是个人本位论的理论萌芽。18 世纪和 19 世纪初是这一理论的全盛时期，主要代表人物有法国的卢梭，瑞士的裴斯泰洛齐，德国的康德、福禄贝尔等。

任务：列表说明个人本位论与社会本位论的代表人物、基本观点、合理性与缺陷。

其中，卢梭的“自然教育说”在近代教育目的观上开了“个人本位”的先河。卢梭是个人本位论中的激进者，他把个人与社会对立起来，主张隔离社会来培养“自然人”，而不是培养“公民”。他认为“自然人完全是为自己而生活的，他是整数的单位，是绝对的统一体，只同他自己和他的同胞才有关系。公民是一个分数的单位，是依赖于分母的，他的价值在于他同总体，即同社会的关系。”①

卢梭的“自然人”，把人的天性的发展作为最高目的，后经由康德、裴斯泰洛齐到赫尔巴特、福禄贝尔，他们在“自然人”中注入了人的精神发展成分和社会性成分，他们不再仅仅强调人的自然性的发展，而是在突出个人发展价值的同时，比“自然人”的教育目的更多地关注到社会的需要，是介于“自然人”和“社会人”之间的一种个人本位观。如裴斯泰洛齐说：“为人在世，可贵者在于发展，在于发展各人天赋的内在力量，使其经过锻炼，使人能尽其才能，能在社会上达到他应有的地位。这就是教育的最终目的。”② 裴斯泰洛齐继承了卢梭的自然教育思想，但他不像卢梭那样把儿童的天性加以理想化，而是强调教育在促进人的自然发展的同时，还要注意到人的社会性的发展。

赫尔巴特、福禄贝尔都是裴斯泰洛齐思想的执行者，但福禄贝尔与赫尔巴特不同，赫尔巴特强调外界的作用；福禄贝尔强调本能的展开。福禄贝尔认为，教育就是顺应人的本能，并按不同的本能（活动的本能、认识的本能、艺术的本能和宗教的本能）给予适当的教育，以游戏、作用等方法促进儿童的自由发展。

进入 20 世纪至今 100 多年的时间里，个人本位的教育目的观为人文主义、永恒主义、存在主义等教育思潮的代表人物所继承和发展。如永恒主义代表人物赫钦斯认为教育应当是自由的，“自由教育包括自由艺术方面的训练以及对那些使人类生机勃勃之最主要观念的理解。它旨在帮助人类学会为他自己思考，发展他的最高级的人的力量”③。因此，教育的根本目的就是培养共同的人性，使人发展成为人。

（二）社会本位论

社会本位论认为个人的发展有赖于社会，受社会的制约，否定个人的存在与价值，强调社会发展的需要；社会价值高于个人价值；主张教育目的应根据社会需要来确定；促使个人社会化，使人适应社会需要；教育要培养符合国家根本精神的有用公民。教育的一切活动都应服从和服务于社会需要，教育除了社会目的之外，没有其他目的。这种教育目的观可以溯及古希腊时期的柏拉图和我国战国时期的荀子。柏拉图认为理想的国家是各阶层的社会成员各安其位、各谋其政、各司其职，从而体现出正义原则。对社会成员施行教育的目的是宣传并维持“正义”，培养各阶层社会成员为国家所需要的各种品质。而教育的最高目

① 卢梭．爱弥儿：论教育[M]．李平沤，译．北京：人民教育出版社，1996：9–10.
② 张焕庭．西方资产阶级教育论著选[M].2 版．北京：人民教育出版社，1979：173.
③ 陆有铨．躁动的百年：20 世纪的教育历程[M]．济南：山东教育出版社，1997：70.

的就是培养国家的最高统治者"哲学王"。可见,柏拉图的教育价值取向是国家和社会。荀子则从性本恶的人性论出发,认为教育要以"礼"来对人们进行约束和改造,以国家和社会的要求来规范人们的言行,使之"安分守己"。

社会本位论认为个人只是社会的组成部分,要适应社会的发展。这种理论看到了教育目的的社会制约性,但否认了教育目的同时也受个人兴趣、爱好等制约的可能性。19 世纪下半叶是社会本位论发展的鼎盛时期,主要代表人物有孔德、迪尔凯姆(E. Durkeim,又译为涂尔干)、纳托尔普、凯兴斯坦纳等。孔德认为:"真正的个人是不存在的,只有人类才存在,因为,不管从哪方面看,我们个人的一切发展,都有赖于社会。"① 迪尔凯姆也指出:"教育对社会而言只是一种手段,只是社会为了在儿童内心形成自身存在所必需的基本条件而采取的手段",因此,"塑造'社会我',这就是教育的目的"。② 迪尔凯姆十分强调人对社会的适应,"适应整个社会在总体上对儿童的要求,并适应儿童将来所处的特定环境的要求",概言之,"教育在于使年轻一代系统地社会化"。③

在教育塑造"社会人"上,其他社会本位论教育家的观点也是如此。纳托尔普认为:"在事实上,个人是不存在的,因为人之所以为人,只因为他生活于人群之中,并且参加社会生活。"因而他觉得"在教育目的的决定方面,个人不具有任何价值,个人不过是教育的原料,个人不可能成为教育的目的"。④ 而凯兴斯坦纳则把这种社会本位教育目的观推向极端,成为"国家至上"的国家主义教育目的观的典型,他明确指出:"国家的教育制度只有一个目的,就是造就公民。"⑤ 他所谓的公民,具有的只是狭隘的国家利益意识,而不是一般的社会利益意识。

事实上,个人本位教育目的观和社会本位教育目的观从理论上讲,都有合理的一面,但同时也都存在片面过激的一面。两者各执一端,孤立地、片面地看待个人发展需要与社会发展需要之间的关系,把它们机械地割裂并对立起来,是失之偏颇的。在现实生活中,纯粹和绝对的个人本位或社会本位都是不足取的。社会需要与人的自身发展是辩证统一的。一方面,人是社会的组成部分,人总是生活在社会中,受社会的影响,教育要以培养社会发展所需要的人为目的,才能推动社会的发展。另一方面,社会需要与个人自身兴趣、爱好、才能的发展是统一的,因此,只有将社会发展需要与人的发展需要结合起来才是科学的,制定的教育目的才能反映出社会发展需要和个体发展需要之间的辩证统一。

二、人文主义教育目的观和科学主义教育目的观

近百年来,一直存在着两大对立的哲学或社会文化思潮,一是人文主义思潮,二是科学主义思潮。在两种思潮的背后形成了两种教育目的观:人文主义教

① 扈中平. 教育目的论[M]. 武汉:湖北教育出版社,1997:65.

② 涂尔干. 教育及其性质与作用[M]// 张人杰. 国外教育社会学基本文选. 上海:华东师范大学出版社,1989:1-13.

③ 涂尔干. 教育及其性质与作用[M]// 张人杰. 国外教育社会学基本文选. 上海:华东师范大学出版社,1989:9.

④ 扈中平. 教育目的论[M]. 武汉:湖北教育出版社,1997:65.

⑤ 吴俊生. 教育哲学大纲[M]. 北京:商务印书馆,1943:149.

育目的观和科学主义教育目的观。

（一）人文主义教育目的观

人文主义教育目的观认为，人性是美好的，并且是永恒不变的，教育的本质和根本目的就是培育人性，不管这些人是生活在20世纪还是2世纪。总之，无论何时何地，人性依然如故，教育依然如故。它基于"人性不变"、"理性是人的最高价值"和"个人价值高于社会价值"的人文理论基础，以人道反对神道，弘扬人的价值和尊严，时刻关注现实人生的意义和对世俗幸福的追求。教育要强调尊重儿童，注意儿童身心的全面发展，要求自由平等和个性解放，始终把人的价值和人自身的完善放在教育价值的首要位置。

人文主义教育最早可追溯到古希腊，人们将这种教育称为"Liberal education"，意为"文科教育"，亦即自由教育或自由人教育，它的根本目的是培养自我完善的人。"最高的善则为善而善，无其他善能超之。因此，所有人类努力的终极目标即在此。总之，即自我实现或自我实现活动。"[①] 可以说，亚里士多德是历史上第一个说出教育的终极目标是"自我实现"这一人文主义思想精髓的哲人，为人文主义教育思想的形成奠定了基础。

任务：
比较人文主义教育目的观与科学主义教育目的观。

后至欧洲文艺复兴时期，人文主义者复兴的是古希腊和罗马的自由和理性精神，提倡人的尊严和自由。启蒙时期至20世纪初，新人文主义的教育目的观虽然已开始更多地容纳教育的外在价值，但仍坚定地将使个人获得美好生活的手段视为教育的首要目的，宣传教育的目的就是个人的自我实现。阿德勒(M. J. Adler)认为，成为自我实现的人，像人似的生活或有理性地生活的优越性是无须辩护的，而为了追求物质享受而反对理性生活的人就是否定他本身是一个人，他只是像动物似的生活着，像植物似的生长着。然而，由于唯实思想的泛滥以及人们对"实用主义"的过分渲染，教育越来越朝着功利主义的方向发展。

至20世纪下半叶，"人本化教育"重新诠释了"人文主义"。人本化教育认为，教育的目的就是人的自我实现、完美人性的形成以及人的潜能的充分发展。为培养自我实现的人，马斯洛强调培养健康的人格，而不是其成就。然而，在人本化教育运动推行十几年后，美国中小学生的学业成绩呈普遍下降趋势，中小学生行为偏差者的人数也与日俱增。

（二）科学主义教育目的观

科学主义教育目的观是以社会需要尤其是物质需要为出发点，以社会物质生产和科技进步为中心的关于教育目的功利主义主张。科学主义在某种程度上是人文主义异化的产物。

文艺复兴时期，随着人的解放和对人的地位、价值、需要的肯定，人们开始摒弃中世纪强加于人的苦行僧式的生活方式，对人们在物质享受方面的追求有所接纳。17世纪第一次科学革命催生了科学主义思潮。它在后来的几次科学革命和产业革命中渐渐壮大最终形成声势浩大的科学主义运动。近代科学的思想先驱——弗兰西斯·培根无疑是科学功利主义的奠基人。他认为科学的任务

① PATTERSON C H.Humanistic Education [M].Englewood Cliffs, New Jersey: Prentice-Hall, 1973: 68.

不仅在于认识自然的规律，更重要的是利用掌握了的自然规律，征服和驾驭自然，促进社会的改革和进步。[①] 培根的功利主义思想为近代科学革命作好了舆论准备。

18 世纪 60 年代，在科学功利主义的推动下，资本主义世界开始了第一次产业革命，科技应用于生产并取得了巨大的成就。人们对科学的欲望开始不断膨胀，科学主义思潮迅速发展。科学的广泛运用给人类生活带来了深刻的变化，不仅创造了巨大的物质财富，而且推动了人类生活方式乃至道德规范的革命性变化，这成为国家之间对抗与竞争的关键要素。

但到了 19 世纪后半叶，对科学的崇尚已发展成为对科学极端迷信的泛科学主义，成为一股强大的社会思潮。在 19 世纪末 20 世纪初这个关键时段内，脱胎于早期人文主义的科学主义思潮终于在大学取得了霸权地位。

然而在 20 世纪，历史又一次抛出一个悖论：一方面对科学技术展开了全方位的反思和批判；另一方面，科学技术为 20 世纪带来了空前的繁荣，各国政府都大力支持科学研究，大力加强科学教育，而人文教育却受到不同程度的削弱。随着科学主义思潮的不断发展，“科学至上主义路线支配了学校教育”。[②] 同时，科学主义的泛滥导致了教育过程的机械化和非人性化，不仅科学教育如此，还要把这种“标准化”“规范化”的模式强加到人文教育中去，结果致使人文学科、人文教育也过度“科学化”，从而迷失了本性。

当前，人们已经逐渐认识到无论是纯粹、极端的科学主义还是一味追求人的精神满足和人性发展的人文主义，都不能适应人的发展和社会发展的需求。因此，许多人开始转向追求二者的协调发展，主张科学教育与人文教育的融合，走向科学人道主义。科学人道主义是人道主义的，因为它的目的主要是关心人和他的福利；它又是科学的，因为它的人道主义的内容还要通过科学对人与世界知识领域不断地作出新贡献而加以规定和充实。科学人道主义以科学为基础，以人文为取向，在科学与人文的相互融合中促进人格的完善和发展。

第三节　我国的教育目的和培养目标

● 王静能否被评为“三好学生”

王静（化名）是高二年级的学生，学习成绩一直名列前茅，去年参加青少年编程大赛，荣获二等奖，为学校争得了荣誉。她不仅成绩好，思想品德也过硬。同学们生活上有困难，她主动帮助；学习上有困难，她主动辅导；班级事务，她主动承担。任课老师和班主任都很喜欢她，在班上经常表扬她。这次学校评选三好学生，老师和同学们都投王静的票，唯有体育老师不同意。因为王静是扁平足，跑步速度上不去，跳高也跳不起来，所以体育成绩不达标。而教委有规定，体育

讨论：
你对体育老师的观点怎么看？

① 林杰．人文主义教育与科学主义教育思潮评析［J］．江苏高教，2002（3）：51–54．
② 周川．教育中的唯科学与反科学［J］．教育研究，2000（2）：3–6．

成绩达不到优良者就不能被评为三好学生。①

教育的目的是培养全面发展的好学生,那么评选“三好学生”的真正目的是什么? “三好学生”是否真能体现我国的教育目的? 我们在学校教育实践过程中应如何体现教育目的,促进学生的身心发展? 这些问题将在下文中得到具体解答。

一、我国教育目的的基本特征

新中国成立以来,因不同发展阶段的任务和人们对教育现象的认识不同,我国教育目的的表述呈现出一定的差异,但也能概括出一些共同的基本特征。

(一) 以马克思主义人的全面发展学说为理论基础

马克思主义人的全面发展学说通过对生产过程中作为劳动力的人的特征和属性的历史考察,确立了关于人的发展的科学理论,指出“人的本质并不是单个人所固有的抽象物。在其现实性上,它是一切社会关系的总和”②,认为人是通过实践活动而获得自身的发展的,人的全面发展是社会生产发展的普遍规律。马克思主义人的全面发展学说为我国制定社会主义的教育目的提供了科学的价值观和正确认识、处理社会发展与个人发展关系的方法论。从各个时期我国教育目的的表述可以看出,我国始终坚持德、智、体、美、劳全面发展的方向,始终强调教育与生产劳动相结合的方针。这就是落实马克思主义人的全面发展学说的表现。

考点提示及练习 4–3

(二) 坚持社会主义方向

社会主义是我国教育性质的根本所在,为社会主义现代化建设服务是我国教育一直坚持的方向和所要培养的人的社会价值的体现。我国是社会主义国家,教育培养的各级各类人才,不论他们在社会中扮演什么角色都是社会主义建设者。中华人民共和国成立以来,无论社会怎样发展变化,无论各个时期工作重点有什么不同,我国教育目的所规定的社会主义性质始终没有变。这在各个时期所提出的教育目的中均有表现,如“有社会主义觉悟的有文化的劳动者”“为无产阶级政治服务”“社会主义建设者和接班人”等。

(三) 培养劳动者

我国是社会主义国家,劳动是每一个有劳动能力的公民的光荣职责。不论人们分担什么社会角色,都要参加社会劳动,这既是个人谋生、自立、自强的手段,也是个人为他人、为社会作贡献的形式。我国各个时期教育目的所要求培养的人才,都是服务于社会主义的劳动者、建设者。

(四) 坚持德、智、体、美、劳全面发展

德、智、体、美、劳全面发展是我国人才培养的规格标准,是教育目的中对受教育者身心素质的要求。我国历来主张培养的人必须德才兼备,既要有崇高的理想、道德和人生观,又要有丰富的科学文化知识和技术,同时还要有健康的

---

① 萧宗六. 学校管理学[M]. 北京:人民教育出版社,2000:125. 引用时有删改。

② 马克思,恩格斯. 马克思恩格斯选集:第1卷[M]. 北京:人民出版社,1995:60.

体魄，高尚的审美情趣，表现美、创造美的能力以及正确的劳动观点和生产劳动技能。

（五）注重提高全民族素质

我国教育目的不仅包含对人的全面发展的要求，而且含有对整个民族素质全面提高的要求。提高全民族素质，是当今社会发展赋予教育的根本宗旨，是我国当代教育的重要使命；提高全民族素质，促进经济建设和社会发展，也是我国教育目的蕴含的一个重要方面。

二、全面发展教育与素质教育

● 今天食堂我当家[①]

课堂知识与生活脱节，让不少学生对部分科目学习的目的有所怀疑。为了利用好有限的时间与场地，外国语学校以“体验食堂工作，参与监督管理”为主题，开展“今天食堂我当家”活动，让初一学生参与学校食堂的工作与管理。

学生深入食堂，协助工作人员择菜、备菜、做菜，丰富生活体验。在午餐时间，食堂里出现了一批自觉的“文明劝导员”，对用餐不文明的行为进行劝导。这一做法增强了学生的主人翁意识，让文明习惯春风化雨、浸润人心。此外，学生还参与食堂卫生安全管理，了解工作人员的工作常态，检查学校食堂的用电安全，了解食堂留样间的具体安排和工作流程，亲自采集食物样本，进行食品农药残留检测工作等活动。

纸上得来总觉浅，绝知此事要躬行。学生在参与过程中感触生活，增加对社会的认识与理解、体验与感悟，从而增加了社会责任感。

我国社会主义的教育目的要求使受教育者在德、智、体、美、劳方面全面发展，学生在学校中不仅要学习相应的科学文化知识，奠定文化底蕴，培养科学精神，而且要学会学习，健康生活，同时要培养社会责任感，学会责任担当。“今天食堂我当家”活动，不仅增加了学生关于食堂工作的相关知识与技能，而且培养了学生健康生活的观念与社会责任感，具体落实了全面发展教育理念。

全面发展教育是实现全面发展的手段，素质教育是全面发展教育的具体落实，是针对“应试教育”严重阻碍全面发展的教育目的的实现而提出的具体措施。

（一）我国社会主义的全面发展教育

要全面实现教育目的，培养全面发展的人就必须建构和实施全面发展教育。马克思主义理论认为，全面发展包括下列几种含义：(1) 基于人的物质生产本身的劳动能力的全面发展，是“个人生产力的全面的和普遍的发展”[②]。也就是适应各种不同的劳动需求，并在交替交换的职能中，使自己先天的和后天的各种能力得以充分的、自由的发展。这种劳动能力的全面发展，表现为人的智力和

① 田浩，王继鑫．简介靖江中小学校素质教育七大创新案例[N]．靖江日报，2018-12-27(3).

② 马克思，恩格斯．马克思恩格斯全集：第46卷上[M]．北京：人民出版社，1974：35-36.

体力的全面发展，又表现为人的才能和志趣的全面发展。(2) 人的才能的全面发展。正如马克思、恩格斯所说："每个人都无可争辩地有权全面发展自己的才能"[①]，"任何人的职责、使命、任务就是全面地发展自己的一切才能"[②]。(3) 人自身的全面发展。"人以一种全面的方式，也就是说全面发展的人，占有自己的全面的本质"[③]。(4) 人的自由发展。包括"全部才能的自由发展""各种能力得到自由发展""个人独创的和自由的发展""个性的比较高度的发展"。其中最为本质的是人的劳动能力的全面发展。马克思认为实现全面发展的唯一路径是教育与生产劳动相结合。"全面发展教育"是为了培养全面发展的人、实现全面发展的教育目的而实施的教育，是实现教育目的的手段和途径。我国社会主义的全面发展教育，是指我们的教育目的所规定的德、智、体、美、劳全面发展的教育。

1. 我国社会主义全面发展教育的构成

讨论：你如何理解"全面发展"？

关于全面发展教育的构成，目前还有"三育说""四育说""五育说""六育说""七育说""八育说"等不同的观点。三育说是指：德育、智育、体育；四育说是指：德育、智育、体育、美育；五育说是指：德育、智育、体育、美育、劳动技术教育；还有在五育说的基础上加上心育（心理教育）、法制教育等。但多数人认为我国中小学实施的全面发展教育包含德育、智育、体育、美育、劳动技术教育这"五育"。

德育即思想品德教育，是教育者按照一定社会的要求，有目的、有计划地对受教育者施加系统的影响，把一定社会的思想观点、政治准则、道德规范等转化为个体思想品质的教育。（具体见第十章德育理论与实践）

智育是引导学生掌握系统的科学文化知识，训练和形成基本技能技巧，形成科学的世界观，发展智力的教育。智育是全面发展教育的重要组成部分，是社会生产延续和发展、人类自身发展不可缺少的条件。智育的任务主要是向学生传授系统的科学文化基础知识和培养基本技能技巧，发展学生的智力，促进学生形成科学的世界观。

体育大致可以分为学校体育、竞技体育、大众体育三大类。

学校体育是指以在校学生为参与主体的体育活动，通过培养学生的体育兴趣、态度、习惯、知识和能力来增强学生的身体素质，培养学生的道德和意志品质，促进学生的身心健康。学校体育是教育的重要组成部分，是计划性、目的性、组织性较强的体育活动过程。学校体育的目的是促进学生身心发展，增强他们的体质，并对他们进行道德品质的教育，使他们能很好地完成学习任务，从事社会主义建设和保卫祖国。

学校体育的基本任务有三个：(1) 全面锻炼学生的身体，促进身体形态结构、生理机能和心理的发展，提高身体素质和人体基本活动能力，提高对自然环境的适应能力；(2) 使学生掌握体育的基本知识、技术和技能，学会科学锻炼身体的方法，培养学生从事体育运动的态度、兴趣、习惯和能力，养成终身体育锻炼

① 马克思，恩格斯．马克思恩格斯全集：第 2 卷上［M］．北京：人民出版社，1957：64.
② 马克思，恩格斯．马克思恩格斯全集：第 3 卷上［M］．北京：人民出版社，1995：330.
③ 马克思，恩格斯．马克思恩格斯全集：第 42 卷上［M］．北京：人民出版社，1979：123.

的习惯；(3) 促进学生个体社会化，对学生进行思想品德教育，培养良好的道德和意志品质。学校体育具有基础性、普及性、系统性和教育性等特点，其中教育性是学校体育区别于竞技体育和大众体育的本质特点。

竞技体育是一种制度化、体系化的竞争性体育活动，具有正式的历史记载和传说，以打败竞争对手来获取有形或无形的价值利益为目标，在正式组织起来的体育群体的成员或代表之间进行，强调通过竞赛来显示体力和智力，在对参加者的职责和位置作出明确界定的正式规则所设立的限度之内进行。① 竞技体育具有竞争性、排他性、规范性、公平性、公开性、功利性、观赏性、娱乐性等特点，其中激烈的竞争是竞技体育区别于学校体育和大众体育的本质特征。

大众体育，亦称社会体育和群众体育，是指普通民众自愿参加的，以强身、健体、娱乐、休闲、社交等为目的，一般不追求达到高水平的运动成绩，内容广泛、形式多样的体育活动。② 大众体育具有参与对象的广泛性、活动时间的业余性、活动内容的娱乐性、参与目的的多样性、组织形式的灵活性等特点。

美育又称审美教育、美感教育等，是通过现实生活和艺术中的美来培养学生正确的审美观，发展学生感受美、鉴赏美和创造美的能力，培养学生的高尚情操和文明素养的教育。美育的任务是培养学生对自然、社会、艺术的正确的审美观点，使学生具有感受美、理解美、鉴赏美的知识和能力；训练和形成学生初步的绘画、唱歌、舞蹈、诗歌朗诵和文艺创作等基本技能，并能运用这些艺术形式创造性地表现美和创造美，形成表现美、创造美和追求美的能力。

美育对德育、智育、体育都有积极的影响。美育用优美感人的艺术形象帮助学生认识人们的生活、理想，使他们受到生动的思想品德教育，促进他们的政治品质、道德面貌和思想感情健康地成长；美育不仅可以帮助学生认识现实，认识历史，同时可以发展他们的观察能力、想象能力、形象思维能力和创造能力，还能调节他们的生活，提高学习效果；美育要求整齐清洁，美化环境，也有利于健康，有助于体育的开展。总之，美育能够促进学生良好道德品质的形成；促进学生智力发展，扩大和加深他们对客观世界的认识；美育具有健身怡情的作用，促进体育活动的开展。

劳动技术教育是引导学生掌握现代生产劳动的基础知识，训练和形成基本生产技能，培养学生正确的劳动观点，养成学生良好的劳动习惯的教育，包括劳动教育和技术教育两个方面。劳动技术教育的任务是引导学生初步掌握一些基本生产知识和劳动技能；培养学生的劳动观点，养成正确的劳动态度和习惯。

2020 年 3 月 20 日，中共中央、国务院颁布的《关于全面加强新时代大中小学劳动教育的意见》(以下简称《意见》)明确指出：劳动教育是国民教育体系的重要内容，是学生成长的必要途径，具有树德、增智、强体、育美的综合育人价值。实施劳动教育重点是在系统的文化知识学习之外，有目的、有计划地组织学生参加日常生活劳动、生产劳动和服务性劳动，让学生动手实践、出力流汗，接受锻

① 卢元稹 . 体育社会学[M].3 版 . 北京：高等教育出版社，2010：200-201.
② 体育概论编写组 . 体育概论[M]. 北京：北京体育大学出版社，2013：60.

炼、磨炼意志，培养学生正确劳动价值观和良好劳动品质。同时《意见》明确规定，将劳动教育纳入中小学国家课程方案和职业院校、普通高等学校人才培养方案，形成具有综合性、实践性、开放性、针对性的劳动教育课程体系。

《意见》明确规定了劳动教育的总体目标：通过劳动教育，使学生能够理解和形成马克思主义劳动观，牢固树立劳动最光荣、劳动最崇高、劳动最伟大、劳动最美丽的观念；体会劳动创造美好生活，体认劳动不分贵贱，热爱劳动，尊重普通劳动者，培养勤俭、奋斗、创新、奉献的劳动精神；具备满足生存发展需要的基本劳动能力，形成良好劳动习惯。

《意见》明确规定实施劳动教育的基本原则如下：

(1) 把握育人导向。坚持党的领导，围绕培养担当民族复兴大任的时代新人，着力提升学生综合素质，促进学生全面发展、健康成长。把准劳动教育价值取向，引导学生树立正确的劳动观，崇尚劳动、尊重劳动，增强对劳动人民的感情，报效国家，奉献社会。

(2) 遵循教育规律。符合学生年龄特点，以体力劳动为主，注意手脑并用、安全适度，强化实践体验，让学生亲历劳动过程，提升育人实效性。

(3) 体现时代特征。适应科技发展和产业变革，针对劳动新形态，注重新兴技术支撑和社会服务新变化。深化产教融合，改进劳动教育方式。强化诚实合法劳动意识，培养科学精神，提高创造性劳动能力。

(4) 强化综合实施。加强政府统筹，拓宽劳动教育途径，整合家庭、学校、社会各方面力量。家庭劳动教育要日常化，学校劳动教育要规范化，社会劳动教育要多样化，形成协同育人格局。

(5) 坚持因地制宜。根据各地区和学校实际，结合当地在自然、经济、文化等方面条件，充分挖掘行业企业、职业院校等可利用资源，宜工则工、宜农则农，采取多种方式开展劳动教育，避免“一刀切”。

2. “五育”之间的关系

“五育”既各有其相对独立性，又具有内在联系，它们共同构成我国的全面发展教育。

首先，各育分别针对人的身心素质发展的某一方面，都有自己独特的任务、作用和特殊的教育方法、手段，不能相互取代。如德育针对的是学生的品德培养，关注重点是政治思想、人生价值、行为方式、为人处世等；智育针对的是学生的智能提升，关注重点是知识、能力等；体育针对的是学生的体质增强，关注重点是身体素质、卫生习惯等；美育针对的是学生的美感养成，关注重点是欣赏能力、生活情趣、精神境界等；劳动技术教育针对的是学生的劳动锻炼，关注重点是劳动意识、劳动技能、职业生活等。“五育”中的各育都有独特的功能和作用，在教育实践中应坚持“五育并举”，任何一育都不能偏废。

讨论：“五育”的关系如何？

其次，各育又相互依存、相互渗透、相互促进，共同构成一个整体，每一育都是全面发展教育中必不可少的构成部分。如德育为人的发展提供方向和动力，保证各育效果的性质；智育为各育目标的实现提供必要的科学知识基础和智力基础；体育为各育实施提供身体条件；美育为各育的实施提供审美保证，是全面教育的升华；劳动技术教育为各育的实施提供手段，劳动技术教育可以促进脑力劳动与体力劳动结合，使学生手脑并用、理论联系实际，是全面发展的手段。我们在思想上、在研究中可以把各育分离开来，但在实践中每一育都不可能孤立地对学生产生作用，必须树立整体观念，把各育作为整体的一部分来认识。只有综合设计教育活动，发挥教育的整体功能，才能真正提高教育的实效。

3. 实施全面发展教育应注意的问题

实施全面发展教育是实现我国社会主义教育目的的必然要求。我们在教育实践中应特别注意以下问题：

(1) 正确处理“五育”关系，科学设计教育活动

我们强调“五育并举”，但这并不意味着在教育实践中平均用力，应根据各育的特点和人的身心发展规律，进行科学设计、合理安排。如，各育的内容选择、课时比例、教育方法和手段、评价方法和手段等，都应充分考虑各育的特点和不同阶段学生发展的特点。各育相互依存、互为条件，但各育的实施需要不同的身心发展基础、不同的教育教学条件和方法，它们的效果也会以不同的方式体现出来。比如，在全面发展教育中德育是导向和动力，因而要强调德育为先或德育为首，但这并不是说要用更多的课时学习德育知识，因为德育是渗透在教育全过程的，它既涉及认知，更涉及情感、意志和行为习惯等，是不能完全依靠课程学习来解决问题的。

讨论：
“全面发展”能实现吗？

(2) 正确认识全面发展和个性发展的关系，促进学生全面、和谐发展

教育实践中有人会以个性发展否定全面发展，从而将两者对立起来。事实上，全面发展与个性发展是一致的、统一的。我们所指的全面发展是每个人的全面发展，即“个性的全面发展”。我们所指的个性是指每个人在全面发展过程中由于客观存在的各种差异而形成的各不相同的个性，是全面发展的自然结果，即“全面发展的个性”。马克思主义的全面发展有一个重要的维度是自由发展，是以个人合乎本性的自由发展为条件的。所以，全面发展不等于平均发展或平面发展，不是整齐划一的发展，不是也不可能是每个人同样的发展。因为不同个体所处的环境不同，拥有的自身素质和客观条件也不同，因而必然会形成不同的个性、兴趣和特长。全面发展是对人的普遍、统一的基本要求，个性发展是教育的必然结果。教育者在实践中要在全面发展这一基本要求的基础上，根据每一位学生的特殊性因材施教，在充分发挥每个学生长处的同时求得学生的全面、和谐发展。

(3) 坚持以人为本，充分发挥师生潜能

教育是专门培养人的活动，实施全面发展教育必须以科学发展观为指导，坚持以人为本，只有这样才能实现人的全面发展的目标，办好人民满意的教育。坚持以人为本就是要把教育的重点转向人本身，在教育过程中把人的全面发展放在中心地位，就是要顺应人的禀赋，以人的个性发展需要为本，最大限度地挖掘、发展人的潜能，完整而全面地关照人的发展。以人为本首先就是要以学生的发展为本，要面向全体学生，尊重学生的差异和个性，促进学生的全面、和谐发展。其次就是要依靠教师，激发全体教师的责任心和积极性，发挥全体教师的智慧和才能。

(4) 树立崇高理想,培养学生的创新精神和实践能力

科学的世界观、人生观、价值观,优良的道德品质,具有为国家、社会的美好前途奋斗的精神等既是社会对年轻一代的必然要求,又是年轻一代成长的内在需要。实施全面发展教育首先要解决学生的学习方向、学习动力等问题,激发学生的学习欲望。其次要重视培养学生的创新精神和实践能力。创新精神包括创新意识、创新兴趣、创新胆量、创新决心,以及相关的思维活动,是进行创新活动必须具备的心理特征。创新精神需要具有良好的知识基础和科学素养、敏锐的观察力、准确的判断力、独立的思考和分析决策能力、高超的信息处理能力和进行发明创造、改革、革新的意志、信心、勇气和智慧等。实践能力是指运用所学知识解决实际问题的能力、直接从事生产劳动和社会实践的能力等。重视实践、重视实践能力的培养既是知识学习的需要,更是培养全面发展的人的途径。

(5) 确定合理的培养目标,促进学生生动活泼、主动地发展

教育目的是对人的理想设计,是教育努力的方向,它对教育实践发挥着价值引导作用,是对各级各类学校的统一要求。培养目标是教育目的的具体化,是从各级各类教育的实际出发,提出既与教育目的的指导方向一致,又符合教育实际需要的目标。只有将教育目的的指导性与培养目标的现实性统一起来,才能真正指导教育活动。培养目标的确立除了要考虑落实教育目的之外,还应结合各级各类学校教育的性质和任务,以及特定教育对象的身心特点及规律。只有确定合理的培养目标才能使教育目的真正落到实处。

(二) 素质教育

究竟什么样的教育才算素质教育?教师和家长是否都能正确理解素质教育?在新时代,我们应如何全面推行素质教育?如何才能探索出一条全方位的、高质量的素质教育之路?

1. 素质教育的内涵

关于素质教育内涵,可谓仁者见仁,智者见智。人们从不同的角度开展研究便会得到不同的定义,如有的学者从素质教育的目的、特点去界说,也有的学者从内容、功能角度去理解,还有的从过程、实施途径去把握。下面是一些较为常见的看法(表 4–1)。

表 4–1 关于素质教育内涵的几种主要看法

提出者	基本看法
江苏省小学素质教育研讨会(1991)	素质教育是以开发儿童的身心潜能、完善和全面提高下一代合格公民应具备的基本素质为根本目的的教育
柳斌(1996)①	素质教育是以促进学生身心发展为目的,以提高国民思想道德、科学文化、劳动技术、身体素质为宗旨的基础教育。素质教育的三个要义:一是面向全体学生,二是要德智体美全面发展,三是要让学生主动发展

① 柳斌.柳斌谈素质教育[M].北京:北京师范大学出版社,1999:3,31–36.

续表

提出者	基本看法
朱开轩(在全国中小学素质教育经验交流会上的讲话)(1997)	素质教育是为实现教育方针规定的目标,着眼于受教育者群体和社会长远发展的要求,以面向全体学生,全面提高学生的基本素质为根本目的,以注重开发受教育者的潜能,促进受教育者德智体诸方面生动活泼的发展为基本特征的教育
崔相录(1998)①	从本质上说,素质教育是以提高全民族素质为宗旨的教育。对学校教育来说,素质教育就是以提高所有学生的素质为宗旨。这就是说,素质教育不是以获取考分为目的,而是以直接促进人的发展本身为目的,或以通过人的发展直接促进社会发展本身为目的
顾明远主编《教育大辞典》(1998)	素质教育是发展人的身心基本品质的教育,主张教育的目的在于提高劳动者素质、国民素质和民族素质,要求整个教育从教育的目的、目标、结构、内容、方法到模式全方位地实现三个转变:(1) 把单纯培养少数拔尖学生成才转变为提高全体学生的素质;(2) 把单纯注重智育转变为德、智、体、美、劳的全面发展;(3) 把基础教育片面地为升学服务转变为为社会主义现代化服务
中共中央、国务院《关于深化教育改革全面推进素质教育的决定》(1999)	实施素质教育,就是全面贯彻党的教育方针,以提高国民素质为根本宗旨,以培养学生的创新精神和实践能力为重点,造就"有理想、有道德、有文化、有纪律"的,德智体美等全面发展的社会主义建设者和接班人
燕国材(2002)②	所谓"素质教育"就是发展、培养人们先天特点与后天品质即素质的教育。这是个一般的说法。具体地说,大而言之,就是提高民族(国民)素质的教育;小而言之,就是提高学生(包括幼、小、中、大、研)素质的教育
朱小蔓,高宝立等(2006)③	素质教育就是培育、提高全体受教育者综合素质的教育。它以促进人、社会、自然的和谐发展为价值取向,以培养德智体全面发展的合格公民为目标,以全面贯彻党和国家的教育方针为根本途径,以教育质量的全面提升为显著特征
顾明远,张民生(2010)④	素质教育的内涵是:全面贯彻党的教育方针,以提高国民素质为根本宗旨,以培养学生的社会责任感、创新精神和实践能力为重点,造就具有国际视野,德智体美全面发展的社会主义合格公民
周远清(2011)⑤	素质教育就是中国特色的教育思想、教育理念
《国家中长期教育改革和发展规划纲要(2010—2020年)》	一是坚持德育为先,把立德树人作为教育的根本任务;二是坚持能力为重,着力提高学生的学习能力、实践能力和创新能力;三是坚持全面发展,坚持文化知识学习与思想品德修养的统一、理论学习与社会实践的统一、全面发展与个性发展的统一

① 崔相录 . 素质、素质教育的概念[J]. 湖南教育,1998(2):10–11.

② 燕国材 . 素质教育概论[M]. 广州:广东教育出版社,2002 :39.

③ "素质教育的概念、内涵及相关理论"课题组 . 素质教育的概念、内涵及相关理论[J]. 教育研究,2006(2):3–10.

④ 顾明远,张民生 . 推进素质教育[J]. 教育研究,2010(7):9–14,38.

⑤ 周远清 . 素质教育是体现中国教育方针性的教育思想[J]. 中国高教研究,2011(1):1–3.

续表

提出者	基本看法
习近平(2016)①	素质教育是教育的核心,教育要注重以人为本、因材施教,注重学用相长、知行合一,着力培养学生的创新精神和实践能力,促进学生德智体美全面发展
袁振国(2018)②	素质教育,简单地说,就是促进所有人的全面发展。不分种族、不分贫富、不分城乡、不分男女,一视同仁,努力为每个人提供适合的教育;就是不偏不倚,促进每个人最大限度地在德智体美劳等多方面都得到充分发展,使中华民族的伟大复兴和社会主义建设的伟大事业牢牢建立在优质素质教育的基础之上
赵作斌(2021)③	素质教育是以思想道德教育为灵魂,以身心健康教育为基础,以培养学生的创新精神和实践能力为核心,以促进受教育者全面发展和个性发展相统一为宗旨的教育

讨论:
你心目中的"素质教育"是什么样的?

上述几种定义尽管不尽相同,但都强调了全面发展、全体学生、主动发展、开发潜能等方面,都力图把握素质教育的实质,其基本精神表现出较大的一致性。但在研究方式上存在一定的分歧,结论自然也各不相同。

素质与素质教育的概念研究,经历了从语义分析到价值分析的过程。初期多数论者从"素质"概念的阐述入手演绎出"素质教育"的概念,从而形成"应然的""素质教育"的完整框架。也有论者从"回归"的角度论证教育的本色就是"素质教育"。④ 更多论者则将素质教育理解为一种教育理想,一种教育价值观。简言之,素质教育是根据时代发展和人的发展需求,以全面提高学生的基本素质为目的,以充分发挥学生的主体精神为引导,以不断开发学生的潜能和个性为宗旨,注重培养创新和实践能力为特征,重视适应未来社会和回归学生生活的教育。

尽管不同的人对素质教育的内涵有不同的理解,但都强调"立德树人",将学生培养成全面发展的人。那么,中国学生应该具备哪些核心素养? 2016 年 9 月 13 日,我国正式发布了《中国学生发展核心素养》,将中国学生应具备的核心素养分为三大领域:文化基础、自主发展、社会参与。

第一大领域是文化基础,包括人文底蕴和科学精神两大素养。

人文底蕴是指学生在学习、理解、运用人文领域知识和技能等方面所形成的基本能力、情感态度和价值取向,具体包括人文积淀、人文情怀和审美情趣等基本要点。人文积淀要求学生具有古今中外人文领域基本知识和成果的积累,能理解和掌握人文思想中所蕴含的认识方法和实践方法等。人文情怀要求学生具有以人为本的意识,尊重、维护人的尊严和价值,能关切人的生存、发展和幸

① 习近平. 全面贯彻落实党的教育方针,努力把基础教育越办越好[J]. 人民日报,2016-9-10(1).

② 袁振国. 不忘初心　发展素质教育[J]. 中国教育学刊,2018(1):5.

③ 赵作斌. 素质教育:中国教育的时代标帜[J]. 中国高等教育,2021(5):33-35.

④ 易慧清. 正本清源:保持教育目的本色:兼谈素质教育回归问题[J]. 东北师范大学学报(哲学社会科学版),1996(6):93-98.

福等。审美情趣要求学生具有艺术知识、技能与方法的积累,能理解和尊重文化艺术的多样性,具有发现、感知、欣赏、评价美的意识和基本能力,具有健康的审美价值取向,具有艺术表达和创意表现的兴趣和意识,能在生活中拓展和升华美等。

科学精神是指学生在学习、理解、运用科学知识和技能等方面所形成的价值标准、思维方式和行为表现,包括理性思维、批判质疑、勇于探究等要点。理性思维要求学生崇尚真知,能理解和掌握基本的科学原理和方法;尊重事实和证据,有实证意识和严谨的求知态度;逻辑清晰,能运用科学的思维方式认识事物、解决问题、指导行为等。批判质疑要求学生具有问题意识;能独立思考、独立判断;思维缜密,能多角度、辩证地分析问题,做出选择和决定等。勇于探究要求学生具有好奇心和想象力;不畏困难,有坚持不懈的探索精神;能大胆尝试,积极寻求有效的问题解决方法等。

第二大领域是自主发展,包括学会学习和健康生活两大素养。

自主发展主要强调学生有效管理自己的学习和生活,认识和发现自我价值,发掘自身潜力的能力,有效应对复杂多变的环境,成就出彩人生,发展成为有明确人生方向、有生活品质的人。

学会学习是指学生在学习意识形成、学习方式方法选择、学习进程评估调控等方面的综合表现。具体包括乐学善学、勤于反思、信息意识等基本要点。

乐学善学要求学生能正确认识和理解学习的价值,有积极的学习态度和浓厚的学习兴趣;能养成良好的学习习惯,掌握适合自己的学习方法;能自主学习,有终身学习的意识和能力等。勤于反思要求学生对自己的学习状态有审视的意识和习惯,善于总结经验;能根据不同情况选择和调整学习方法等。信息意识要求学生能自觉、有效地获取、评估和使用信息;主动适应"互联网 +"等社会信息化发展的趋势;具有网络伦理道德和信息安全的意识等。

健康生活是反映学生在认识自我、发展身心、规划人生等方面的综合表现。具体包括珍爱生命、健全人格、自我管理等基本要点。

珍爱生命要求学生理解生命意义和人生价值;具有安全意识与自我保护能力;掌握适合自身的运动方法和技能,养成健康文明的行为习惯和生活方式等。健全人格要求学生具有积极的心理品质,自信自爱,坚韧乐观;有自制力,能调节和管理自己的情绪,具有抗挫折能力等。自我管理要求学生能正确认识与评估自我;依据自身个性和潜质选择适合的发展方向;合理分配和使用时间与精力;具有达成目标的持续行动力等。

第三大领域是社会参与,包含责任担当和实践创新两大素养。

社会参与的目的是让学生成为有理想信念、敢于担当的人。处理好自我与社会的关系,培养社会责任感、道德准则和行为规范,提升实践能力和创新精神,促进个人价值实现,推动社会发展进步。

责任担当是指学生在处理与社会、国家、国际等关系方面形成的情感态度、价值取向和行为方式。具体包括社会责任、国家认同、国际理解等基本要点。

社会责任要求学生自尊自律,文明礼貌,诚信友善,宽和待人;孝亲敬长,有感恩之心；热心公益和志愿服务，敬业奉献，具有团队意识和互助精神；能主动作为，履职尽责，对自我和他人负责；能明辨是非，具有规则与法治意识，积极履行公民义务，理性行使公民权利；崇尚自由平等，能维护社会公平正义；热爱并尊重自然，具有绿色生活方式和可持续发展理念及行动等。

国家认同要求学生具有国家意识，了解国情历史，认同国民身份，能自觉捍卫国家主权、尊严和利益；具有文化自信，尊重中华民族的优秀文明成果，能传播弘扬中华优秀传统文化和社会主义先进文化；了解中国共产党的历史和光荣传统，具有热爱党、拥护党的意识和行动；理解、接受并自觉践行社会主义核心价值观，具有中国特色社会主义共同理想，有为实现中华民族伟大复兴中国梦而不懈奋斗的信念和行动。

国际理解要求学生具有全球意识和开放的心态，了解人类文明进程和世界发展动态；能尊重世界多元文化的多样性和差异性，积极参与跨文化交流；关注人类面临的全球性挑战，理解人类命运共同体的内涵与价值等。

实践创新是指学生在日常活动、问题解决、适应挑战等方面所形成的实践能力、创新意识和行为表现。具体包括劳动意识、问题解决、技术应用等基本要点。

劳动意识要求学生尊重劳动，具有积极的劳动态度和良好的劳动习惯；具有动手操作能力，掌握一定的劳动技能；在主动参加的家务劳动、生产劳动、公益活动和社会实践中，具有改进和创新劳动方式、提高劳动效率的意识；具有通过诚实合法劳动创造成功生活的意识和行动等。

问题解决要求学生善于发现和提出问题，有解决问题的兴趣和热情；能依据特定情境和具体条件，选择制订合理的解决方案；具有在复杂环境中行动的能力等。

技术应用要求学生理解技术与人类文明的有机联系，具有学习掌握技术的兴趣和意愿；具有工程思维，能将创意和方案转化为有形物品或对已有物品进行改进与优化等。

素养的形成是一个长期的过程，需要学生在生活与学习过程中不断体验和感悟。中国学生发展核心素养，是一个伴随终身的可持续发展的动态优化过程，让学生拥有终身学习的能力，全面发展，成为完整的、能够适应未来社会的人。

2. 素质教育的实施

实施素质教育是一项系统工程，需要全社会的重视和支持。作为一个历史性的课题，全面推进素质教育是全社会共同的责任。因此，就学校而言，应重点做好以下工作：

(1) 更新教育观念，全面贯彻党的教育方针，坚定实施素质教育的信心。

(2) 提升教师队伍素质，激发全体教师的责任心和工作积极性，创设实施素质教育的条件。

(3) 加强素质教育宣传，使学校、家庭、社会的教育理念形成一致，创造实施素质教育的氛围。

(4) 融入经济社会发展潮流，面向全社会办学，广泛吸收实施素质教育的各种资源。

(5) 改革课程设置，减轻学生负担，搭建实施素质教育的平台。

(6) 重视课堂教学改革，提高课堂教学效率，畅通实施素质教育的主渠道。

(7) 健全教育评价体系，改革评价方法，明确实施素质教育的导向。

(8) 深化素质教育研究，不断创新素质教育方法，总结素质教育经验，提高素质教育水平。

(三) 素质教育与全面发展教育的关系

中华人民共和国成立以来，我国一直以马克思主义关于人的全面发展学说为指导，实施全面发展教育，并取得了不少的成就。但素质教育提出后，大有取代全面发展教育之势，从而引起学者对于两者关系问题的关注，并引发了激烈的争论。综观各方提出的论点，在对两者关系的认识上，大致有同一说、超越说、同异说、具体化说几种观点。

讨论：素质教育与全面发展教育是什么关系？

1. 同一说

同一说认为素质教育与全面发展教育没有什么区别，两者指的是同一回事。如李帅军在《素质教育与全面发展教育》一文中所言："素质教育并不是一种新思想、新观点，而是对全面发展教育的解释和重复"，"从根本上说，素质教育和全面发展教育实质是一个问题"①。同一说的基本理论如下：

(1) 素质教育与全面发展教育的目标相同。"从根本上说，素质教育与全面发展教育具有一致性，全面发展教育就是要促进人的智力与体力的充分自由地、生动活泼地主动发展，就是要促进人的各方面才能、兴趣、特长的和谐统一发展，同时包括人的道德水平、审美情操的发展。素质教育同样把工作重点放在促进人的全面发展和综合素质的提高上，这两种教育所要达到的教育目的和人才培养目标在本质上是一样的。"②

(2) 素质教育与全面发展教育的内容相同。如周作云、蒋崇才两位学者在与燕国材"素质教育问题研究"一文商榷时明确指出"素质教育的实质就是德、智、体、美、劳全面发展教育"。③

(3) 素质教育与全面发展教育的方向相同。"素质教育和全面发展教育实质是一个问题，全面发展教育是从总体上把握人的培养和教育，而素质教育则是全面发展教育的具体体现。"④

因此，素质教育和全面发展教育没有区别，两者是相同的。"素质教育同全面发展教育是一致的：方向一致，目的一致，基本内容一致，都是为了全面提高国民的素质，全面提高人才的素质，促进人的全面发展。"⑤

2. 超越说

超越说是在与同一说相互争论的过程中并在否定其观点的基础上提出来

① 李帅军．素质教育与全面发展教育[J]. 河南师范大学学报(哲学社会科学版)，1993(2):91–93.

② 欧阳玉，谢再根．素质教育散论[J]. 教育研究，1997(2):48–51.

③ 周作云，蒋崇才．素质教育的实质就是全面发展教育[J]. 江西教育科研，1997(4):5–8.

④ 李帅军．素质教育与全面发展教育[J]. 河南师范大学学报(哲学社会科学版)，1993(2):91–93.

⑤ 潘懋元．试论素质教育[J]. 教育评论，1997(5):6–8.

的。持此观点者对单纯地认为素质教育和全面发展教育的关系或者相同或者不同的看法提出了异议，认为此种说法太过片面和武断，进而提出现代素质教育理论是在坚持马克思主义的人的全面发展学说的基础上，结合我国国情，进一步深化和发展了马克思主义的全面发展学说，是对全面发展教育的超越。① 为此，超越说的提倡者与同一说的拥护者之间展开了一场激烈的争论。如有些研究者对同一说中所提的“素质教育是对全面发展教育的解释和重复，其实质就是全面发展教育”的说法提出了不同的观点。他们认为此种说法反映了当前有些研究者对于素质教育的研究与实践存在着种种模糊与肤浅之处，并进而提出素质教育具有鲜明的时代性，是对全面发展教育的一种超越。这种超越主要表现在如下两个方面：

第一，素质教育具有鲜明的时代性，它把马克思设想的未来社会的“人的全面发展”根据我国社会主义初级阶段的实际情况，加以灵活贯彻，强调马克思所说的“人的全面发展”在现阶段就是人的素质的全面发展，并从提高整个中华民族素质的高度来认识基础教育的任务和意义。

第二，素质教育从人的身心发展的素质结构入手，为培养与提高学生的素质提供了内涵更加丰富和明确的教育内容和评价指标体系。素质教育的提出极大地丰富了现阶段全面发展教育的内涵，它保留了“五育并举”的合理之处，并克服了其不足，灵活地在各育间贯穿思想品德素质教育、智能素质教育、健康素质教育、审美素质教育、现代文化心理素质教育等，更能体现全面整体育人观的要求。

通过上述的争论可以看出，超越说比同一说具有更多的合理内核。它把全面发展的目标从理想转向了现实，并强调它的内容侧重于从现实的可能性出发，培养受教育者的潜能，这是界定素质教育的内涵的重要依据。

3. 同异说

同异说是在与“同一说”和“超越说”的争论与辩驳的过程中发展起来的，并指出上述两种观点对素质教育与全面发展教育之间的关系理解得不够完整，没有把握住两者的确切关系，同时指出素质教育与全面发展教育既相关又不等同。

同异说认为，素质教育与全面发展教育两者有着相同之处，全面发展教育和素质教育在方向上是一致的，在教育目标上是同一而紧密相连的。素质教育也是为了使学生全面发展，或者说为全面发展打基础，从这个意义上说两者是相通的、一致的，素质教育里面有全面发展教育，全面发展教育离不开素质教育。② 同时，两者又存在着区别。郑金洲认为“素质教育指的是学校按国家对全体公民基本素质的要求，在基础教育阶段对青少年实施的教育，这种教育虽然也要求全面发展，不可偏废，但其全面发展的要求重在基础性，也就是为以后的更高层次的全面发展打好基础，并不要求在基础教育阶段发展得层次很高、发展得很充

① 郑金洲 . 素质教育与全面发展教育、应试教育：十年理论研究综述[J]. 上饶师专学报，1999(4)：1–9.

② 郑金洲 . 素质教育与全面发展教育、应试教育：十年理论研究综述[J]. 上饶师专学报，1999(4)：1–9.

分。”[①] 张正江指出两者的区别在于“素质教育、全面发展教育分别适应于不同社会历史发展阶段的教育类型。素质教育是适应追求全面小康社会历史时期的教育，全面发展教育是适应追求共产主义社会历史时期的教育，因此，素质教育只是全面发展教育的一部分，相对于全面发展教育，素质教育只是教育发展的初级阶段”。[②] 因而说素质教育等同于或超越于全面发展教育都是不成立的。

“同异说”从辩证的角度来看待素质教育与全面发展教育的关系，指出两者是不同的，但它们之间存在着我中有你、你中有我的辩证关系，并对“同一说”和“超越说”提出了批判，认为素质教育等同于全面发展教育和超越了全面发展教育的观点都没有把握素质教育的本质特征，也把全面发展教育片面化了。

4. 具体化说

具体化说认为素质教育乃是全面发展教育的具体化，是对全面发展教育的落实。素质教育绝不是全面发展教育的重复，而是一个有特定历史内涵的概念，是一次真正的全面发展教育，是将全面发展教育具体化和可操作化。其具体观点如下：

(1) 全面发展只有落实到人的素质上才能实现。恩格斯在《共产主义原理》一书中说：“教育可使年轻人很快就能够熟悉整个生产系统，它可使他们根据社会的需要或他们自己的爱好，轮流从一个生产部门转到另一个生产部门。因此，教育就会使他们摆脱这种分工为每个人造成的片面性。这样一来，根据共产主义原则组织起来的社会，将使自己的成员能够全面地发挥他们各方面的才能，而同时各个不同的阶级也就必然消失。”[③] 这一段话既讲了全面发展的教育，也讲到了人的素质教育。只有把全面发展落实到人的素质的全面提高上，只有把全面发展教育与素质教育联系起来，才会有真正意义的全面发展和全面发展教育。从这一点来看，素质教育乃是全面发展教育进一步的具体化，是贯彻全面发展教育的必由之路。[④]

(2) 全面发展只有通过素质教育才具有可操作性。具体化说的支持者们从实践的角度对其观点进行论证，指出素质教育被广泛提及并运用的原因在于“全面发展教育在实践上，因其过于抽象，难于操作，更难于监控。素质教育作为全面发展教育的实施策略，它可以将几个方面的素质教育分解为一项一项的比较具体的内容，结合社会的实际、学校的实际、个体的实际，把抽象的方针目的具体化，使之具有转化为教育的可操作性”。[⑤]

(3) 素质教育是全面发展教育的具体落实。燕国材认为素质教育就是全面发展教育的具体落实。他认为全面发展就是全面发展素质。素质这个概念，不仅可以包含德、智、体、美、劳，同时还可包含心理等其他内容，更可随着时代的发展、社会的进步而扩展其内涵。可以说素质教育的提出，使全面发展教育更加具

---

① 郑金洲．素质教育与全面发展教育、应试教育：十年理论研究综述[J]．上饶师专学报，1999(4)：1-9.

② 张正江．应试教育、素质教育、全面发展教育：教育发展三阶段[J]．上海教育研究，2005(10)：23-24.

③ 恩格斯．共产主义原理[M]．中共中央马克思恩格斯列宁斯大林著作编译局，译．北京：人民出版社，1973：16-17.

④ 郑金洲．素质教育与全面发展教育、应试教育：十年理论研究综述[J]．上饶师专学报，1999(4)：1-9.

⑤ 潘懋元．试论素质教育[J]．教育评论，1997(5)：6-8.

体化，素质教育是全面发展教育的具体落实。①

纵观以上论述，具体化说的支持者们不仅为其观点提供了理论依据，更是从实践层面考察了素质教育与全面发展教育的关系，是对其他各种观点的进一步补充，也是对素质教育本质认识的一次深化，这对于全面了解素质教育及其与全面发展教育的关系有着重要的现实意义。

通过上述四种观点的争辩与讨论，可以看到研究者从不同角度对素质教育与全面发展教育的关系进行了探讨，各种学说都有其合理之处。同一说强调了素质教育与全面发展教育的相同之处，超越说和同异说不仅指出了两者的不同，而且提出了素质教育比全面发展教育的超越之处，而具体化说则从实践层面对两者的关系进行了探讨。但上述观点也都存在着各自的不足之处，突出表现为把素质教育与全面发展教育的关系理解得简单化与片面化，没有从整体上把握两者的关系。素质教育既是一个具有特定内涵的专门概念，更是在特定教育理念指引下的多元化的教育实践方式。它不是先在的、预定的，而是创造生成、随时代发展的。四种观点产生争论的根源在于对素质教育的本质缺乏明确的把握。要理顺两者的关系，必须对素质教育有一个确切的定位。

三、我国中小学教育的培养目标

培养目标或教育目标，有广义与狭义的理解。广义的培养目标就是教育目的，从整个社会来讲，受教育者身心应具备什么品质，既是全社会的培养目标，又是这个社会的教育目的。狭义的培养目标是指教育目的在各级各类教育机构的具体化，是根据教育目的，结合各级各类教育实际制定的培养人的具体规格和标准。一个社会对受教育者有一个总要求，这个总要求落实到各级各类教育机构，培养人的具体规格和标准各不相同，这种在具体教育机构中具体化了的教育目的，就是通常所说的培养目标。培养目标具体落实到学校，有其独特的内涵。

首先，学校培养目标要解决的是学校教育要培养怎样的人，这样的人具有哪些素质、特点，应如何将培养目标具体落实。由此可知，学校培养目标的价值取向是更自觉地在人、社会和学校教育关系层面上进行思考，这比单从宏观上思考问题更为具体和细致。

其次，学校培养目标是与教育方针、教育目的相近的概念，属于教育目的概念体系中的一个下位概念，受到教育目的、教育方针的制约。教育目的与学校培养目标之间是普遍与特殊的关系或抽象与具体的关系。

最后，各级各类学校确定的对所培养人的特殊要求即学校培养目标，是由特定的社会领域和特定职业层次的需要决定的。因此，各级各类学校的培养目标最终以不同类别不同层次的人才培养规格体现出来。

中小学教育是基础教育，亦称国民教育，是提升全体国民基本素质的教育。它的基本任务是实施普通文化知识教育，培养全体学生的基本素质，为他们学习做人和进一步接受专业（职业）教育打好基础，为提高全民族素质打好基础。我

① 燕国材．素质教育论［M］．南京：江苏教育出版社，1997：120.

国的基础教育一般分为小学、初中、高中三个阶段，其中小学和初中为义务教育阶段。义务教育是国家统一实施的所有适龄儿童、少年必须接受的教育，是国家必须予以保障的公益性事业。所以义务教育是一种强制教育，或称强迫教育，是普及国民教育最强有力的手段。随着教育改革的全面推进，我国基础教育的结构、培养目标和课程设置均已发生了变化。

任务：请比较小学、初中、高中阶段培养目标的异同。

1. 义务教育的培养目标

义务教育是国家依法统一实施的所有适龄儿童、少年必须接受的教育，旨在保障每位适龄儿童、少年接受教育的权利，提高国民素质。《义务教育课程方案(2022 年版)》规定义务教育阶段的培养目标是使学生有理想、有本领、有担当。

(1) 有理想

热爱祖国，热爱人民，热爱中国共产党，学习伟大建党精神。努力学习和弘扬社会主义先进文化、革命文化和中华优秀传统文化，理解和践行社会主义核心价值观，逐步领会改革创新的时代精神。懂得坚持走中国特色社会主义道路的道理，初步树立共产主义远大理想和中国特色社会主义共同理想。明确人生发展方向，追求美好生活，能够将个人追求融入国家富强、民族复兴、人民幸福的伟大梦想之中。

(2) 有本领

乐学善学，勤于思考，保持好奇心与求知欲，形成良好的学习习惯，初步掌握适应现代化社会所需要的知识与技能，具有学会学习的能力。乐于提问，敢于质疑，学会在真实情境中发现问题、解决问题，具有探索能力和创新精神。自理自立，热爱劳动，掌握基本的生活技能，具有良好的生活习惯。强身健体，健全人格，养成体育运动的习惯，掌握基本的健康知识和适合自身的运动技能，树立生命安全与健康意识，形成积极的心理品质，具有抗挫折能力与自我保护能力。向善尚美，富于想象，具有健康的审美情趣和初步的艺术鉴赏、表现能力。学会交往，善于沟通，具有基本的合作能力、团队精神。

(3) 有担当

坚毅勇敢，自信自强，勤劳节俭，保持奋斗进取的精神状态。诚实守信，明辨是非，遵纪守法，具有社会主义民主观念与法治意识。孝亲敬长，团结友爱，热心公益，具有集体主义精神，积极为社会作力所能及的贡献。热爱自然，保护环境，爱护动物，珍爱生命，树立公共卫生意识与生态文明观念。具有维护民族团结，捍卫国家主权、尊严和利益的意识。关心时事，热爱和平，尊重和理解文化的多样性，初步具有国际视野和人类命运共同体意识。

2. 高中阶段的培养目标

《普通高中课程方案(2017 年版 2020 年修订)》规定：普通高中课程在义务教育的基础上，进一步提升学生综合素质，着力发展学生核心素养，使学生成为有理想、有本领、有担当的时代新人。具体培养目标如下：

(1) 具有理想信念和社会责任感

初步形成正确的世界观、人生观和价值观。热爱祖国，拥护中国共产党。弘扬中华优秀传统文化，继承革命文化，发展社会主义先进文化，培育和践行社会主义核心价值观，增强文化自信，树立为中国特色社会主义、人民幸福、民族振兴和社会进步作贡献的远大志向。

遵纪守法，履行公民义务，行使公民权利，维护社会公平正义，具有法治意识、道德观念。热心公益、志愿服务，具有奉献精神。尊重自然，保护环境，具有生态文明意识。维护民族团结，树立国家总体安全观，捍卫国家主权、尊严和利益。

⑵ 具有科学文化素养和终身学习能力

掌握适应时代发展需要的基础知识和基本技能，丰富人文积淀，发展理性思维，不断提升人文素养和科学素养。敢于批判质疑，探索解决问题，勤于动手，善于反思，具有一定的创新精神和实践能力。

具有强烈的好奇心、积极的学习态度和浓厚的学习兴趣。能够自主学习，独立思考，形成良好的学习习惯和适合自身的学习方法。学会获取、判断和处理信息，具备信息化时代的学习与发展能力。

⑶ 具有自主发展能力和沟通合作能力

坚持锻炼身体，养成积极健康的行为习惯与生活方式，珍爱生命，强健体魄。自尊自信自爱，坚韧乐观，奋发向上，具有积极的心理品质。具有发现、鉴赏和创造美的能力，具有健康的审美情趣。学会独立生活，热爱劳动，具备社会适应能力。正确认识自我，具有一定的生涯规划能力。

文明礼貌，诚信友善，尊重他人，与人和谐相处。学会交流与合作，具有团队精神和一定的组织活动能力，具备全球化时代所需要的交往能力。尊重和理解文化的多样性，具有开放意识和国际视野。

本章小结

教育目的与培养目标是教育工作的核心或者说是行动纲领，其制定科学与否直接制约着教育的方向与质量。但是关于“教育目的应该是什么”“教育目的应该由谁来决定”等问题，尽管先哲圣贤们有过大量的研究，提出了不同的观点，但并没有一个共同认可的答案。原因是影响教育目的的相关因素众多，诸如学生利益、道德意向、公民素质、经济因素、职业因素、对知识的追求等，要对这些因素进行平衡并不是一件容易的事。因此，基于“教育应该是怎样的”逻辑，本章试图结合我国教育工作的实际回答“教育目的与培养目标应该是怎样的”问题，更多更深入的思考则留给读者自己。

案例分析

在幼儿园时，牛牛幻想拥有一头霸王龙的坐骑；到一二年级渴望拥有一座自己的天文台，要发现一颗新的彗星，以自己的名字命名；到了四年级则沉浸在哈利·波特的世界里，梦想得到一支魔法棒，只要一抖肩膀，就会落下一地羡慕的眼球；到了初中，也曾梦想当上玩具公司的总裁。可是突然有一天，牛牛的梦想却由神圣变得平庸，由高尚变得低俗，只想做乡下奶奶家一只自由自在的狗了。是什么让牛牛的象牙塔轰然倒地呢？是什么让牛牛的梦想蜕变得如此简单呢？

根据上述材料回答下列问题：

(1) 牛牛的理想为什么会发生如此大的变化？

(2) 学校教育的目的是放飞还是禁锢孩子的梦想？

(3) 学校教育的真正目的何在？

(4) 如何实现学校教育的育人目的？

反思与探究

1. 什么是教育目的？确定教育目的的主观和客观依据主要有哪些？

2. 请对美国教育家杜威的以下言论进行评析：

"教育本身并无目的。只是人，即家长和教师等，才有目的。"

3. 请对"个人本位论"和"社会本位论"进行评析，并结合实际，谈谈当今我国教育目的的价值取向。

4. 分析说明我国教育目的的精神实质，并结合马克思主义关于人的全面发展学说的基本思想分析如何认识和处理好各育的关系。

5. 如何理解全面发展教育和素质教育的关系？

6. 联系实际，谈谈如何才能实现中小学教育的培养目标。

推荐阅读

1. 怀特．再论教育目的[M]．李永宏，等译．北京：教育科学出版社，1992.

2. 联合国教科文组织国际教育发展委员会．学会生存：教育世界的今天和明天[M]．华东师范大学比较教育研究所，译．北京：教育科学出版社，1996.

3. 教育部《素质教育观念学习提要》编写组．素质教育观念学习提要[M]．北京：生活·读书·新知三联书店，2001.

4. 瞿葆奎．教育学文集：第4卷　教育目的[M]．北京：人民教育出版社，1989.

5. 张华．论核心素养的内涵[J]．全球教育展望，2016(4)：10–24.

6. 项贤明．论教育目的的公平转型[J]．华东师范大学学报(教育科学版)，2017(2)：24–32，116.

7. 中华人民共和国教育部．义务教育课程方案：2022年版[M]．北京：北京师范大学出版社，2022.

8. 中华人民共和国教育部．普通高中课程方案：2017年版2020年修订[M]．北京：人民教育出版社，2020.

第五章
学校的产生、发展与变革

【学习目标】

- 理解学校的概念。
- 了解学校产生的条件。
- 了解学校是怎样发生与发展的。
- 知道我国学校发展与西方学校发展的不同之处。
- 了解我国学制发展的历史以及各学制的内容与特点。
- 了解现代学制变革的趋势。
- 了解学校阶段的变革和学校类型的变革。

【知识导图】

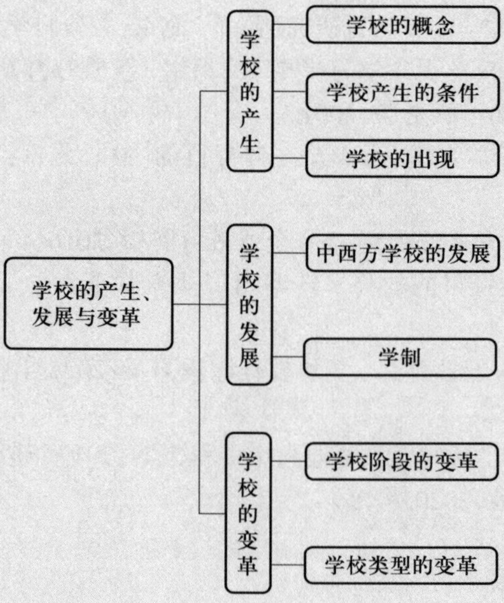

【引子】

79岁老太太成博士

在离德国科隆不远的西比希城，约翰娜·马克斯夫人可是个响当当的人物。早在1994年，当时70岁高龄的她，经过长达6年的刻苦攻读完成了学业，以优异的成绩获得了科隆大学的教育学硕士文凭。2003年，马克斯夫人又在79岁时完成了长达200页的博士论文，论文的题目是《如何度过晚年——学习使老人永远充满活力》，最后被科隆大学授予教育学博士学位。小城的市民们无不对这位孜孜不倦的老人赞叹不已，她当选为该城“最伟大女性”。前不久，马克斯夫人作为嘉宾，参加了德国著名电视主持人迪沃累克主持的一次脱口秀节目。于是全国范围的观众都认识了这位戴着眼镜、说话有条不紊又颇富幽默感的老人。①

学校从产生发展至今，无论是阶段上还是类型上，都已经发生了巨大的变化。约翰娜·马克斯夫人的故事生动地说明了学校的变革，即现代终身教育体系的建立。

教育是随着人类社会的产生而产生的。随着生产力的发展，社会经济文化的不断进步，教育本身也不断得到发展。到了现代社会，教育已经成了人类社会发展的巨大动力。一般认为，随着社会的进步和发展，教育的发展主要体现在其组织形式的发展上。以学校的出现为标志，教育在其组织形态上出现了第一次大的分化，从非形式化教育阶段进入形式化教育阶段；以班级授课制的出现为标志，教育在其组织形态上又出现了第二次大的分化，从形式化教育阶段进入制度化教育阶段。

关于教育的研究大多集中在教育活动的两端，一方面是对教育价值的哲学层面的考虑，另一方面是对教学课程的关注，很少有人从中观的层面对学校这个教育实体进行全面系统的分析。教育家们总是认为只要有了好的教育理想，将其应用到学校之中，那种理念便会自然而然地运行起来。“教育理论固然要研究学校办学的目的、内容、组织、方法、手段，但反过来，学校也会根据自己的物质现实性来决定自己是否和如何接纳或拒斥某种教育理论。”② 所以，将学校提到与教育理论同等重要的地位与高度进行分析研究是非常有必要的。

第一节　学校的产生

开展教育活动自然会有一个特定的场所，教育活动发生的地方就叫教育场所。在早期人类社会里，由于生产力发展水平的低下和文化科学知识的落后，教育仅仅处于萌芽状态，还没有从社会生活和生产活动中分化出来，其培养人才、

---

① 唐若水．活到老学到老：德国79岁老太太成博士［N］．光明日报，2003-4-25．引用时有修改。

② 周浩波．教育哲学［M］．北京：人民教育出版社，2001：248.

考点提示及练习 5-1

讨论：有教育活动的场所就是学校吗？

传播知识的功能受到很大限制。这一时期的教育没有专门的教师，负教育责任较多的是富有生产经验和生活经验的老人，和儿童生活在一起时间较多的妇女以及有发明创造、有贡献、有威信的氏族首领。没有文字和书本，尽管出现了歌谣、谚语、故事等传递间接经验的形式，但口耳相传仍然是当时的主要教育手段，也没有专门的学校，生产经验和生活经验主要是在实践活动中传授的。

随着生产力的发展和社会分工的扩大，教育与生产劳动走向分离，成为一种专门的活动。人类知识的不断丰富和成熟，社会分工逐渐明显，知识传授日显重要，而对知识传授本身的规定性也日显重要，这使得传授知识的活动有必要从社会的生产和生活过程中分离出来，形成专门的活动领域，学校因此就成了开展教育活动的专门场所。一般认为是在奴隶社会早期出现了学校。

一、学校的概念

中国古代的教育场所，名称各异，有庠、序、学、校、塾、成均、明堂、辟雍、泮宫、灵台等多种称谓。“庠、序、学、校”四字，通常认为是不同时代的学校。其主要依据是《孟子·滕文公上》的说法：“设为庠、序、学、校以教之。庠者，养也；校者，教也；序者，射也。夏曰校，殷曰序，周曰庠，学则三代共之，皆所以明人伦也。”

“学”，在甲骨文中就已出现，本作斅，觉悟之意（教育孩子，使之觉悟）。后省作學（《说文解字》）。《广雅·释诂》云：“学，效也。”《玉篇·子部》云：“学，受教也。”《礼记·中庸》云：“好学近乎知。”《礼记·文王世子》云：“念终始典于学。”由学习引申为学习知识的地方，即学校，故《广雅·释室》云：“学，宫也。”王念孙疏云：“谓宫舍也。”

“校”字的形状为“校”，《说文·木部》云：“木囚也。从木交声。”段注云：“囚，系也；木囚者，以木羁之也。”有人认为“校”原是用木作栏杆养马的地方，后来演变成为角斗、校猎、考校等意义。[①] 孟子虽然说过“夏曰校”这句话，但在商代的甲骨文中还没有出现“校”字，金文中也未见“校”字。此外，《礼记·王制》中论述古代的教育机构时只说到了“庠”“序”“学”，并未论及“校”。因此，不少学者对孟子的说法持怀疑态度。但《周礼·夏官·司马》中已有“校人”一职，为马官之长。有人认为《周礼》的“校人”之“校”是“教”的借字，如果这样的话，“校”在夏代就有了“教学”之义。[②]《左传》中已正式出现了“校”字，《左传·襄公三十一年》云：“郑人游于乡校，以论执政。”杜预注：“校，乡之学校。”《集韵》云：“校，教学之宫。”可见“校”是地方学校的一种。

我国古代一般用“学”来指称专门的教育场所。汉代扬雄《百官箴·博士箴》云：“国有学校，侯有泮宫。”《三国志·吴书·薛综传》云：“建立学校，导之经义。”宋代欧阳修《议学状》云：“夫建学校以养贤，论材德而取士，此皆有国之本务。”

“学校”成为常用词，是 20 世纪初的事。此时西风东渐，国人开始放眼看世界，引进西文课程与近代学制，开始教育改良，因而用语系统也开始变化：从“以

① 毛礼锐．虞夏商周学校传说初释［J］．北京师范大学学报（社会科学），1961（4）：71–85.

② 申屠炉明．夏商学制的几个问题考辨［J］．江海学刊，2001（5）：117–123.

学为本”到“以教为本”。随着对西方思想的深入理解,特别是中日甲午战争的刺激,国人开始大量使用外来词。西方与日本的大量著作进入国内,“学校”一词逐渐成为中国人口头上与书面上的一个常用语。

在西方,“学校”(school)这个术语源于拉丁语“schola”,又源于古希腊语“skhole”,意为“闲暇”“休息”。在古希腊,思想家和他们的学生信徒在进行自由讨论时就曾使用“skhole”这个词语来表示学习的地方。后来凡是对年轻一代进行有组织的教育和教学活动的机构就都被称为学校。①

在顾明远主编的《教育大辞典》中,学校是指人类进行自觉的教育活动,传递社会知识文化的,有目的、有计划、有组织的为一定社会培养所需人才的机构。学校不是与教育同时产生的,而是社会发展到一定历史阶段的产物。学校出现于奴隶社会初期。学校的出现标志着人类教育活动开始进入一个自觉自为的历史时期。作为社会事业的学校教育,不仅为社会政治经济生活所需要,对社会发展的作用亦更显著更重要。②

由此可见:学校是有计划、有组织、有系统地进行教育教学活动的专门场所。显然,不能说有教育活动的场所就是学校。暂且不论家庭教育、社区教育等,其场所自然不会在学校,就是学校教育本身也不一定必须在教室,它可以在操场,在实验室,当然也可以是社区中的某个具有教育意义的地方,如博物馆、电影院、名人故居、工厂、农场等。但作为专门的教育场所的学校有其特殊性,其特殊性表现在:

第一,有专门的规格要求,比如说建筑规格。

第二,有专门的人员从事教育、教学和管理活动,如有教师、教育管理人员、教育辅助人员等。

第三,有相应的教育媒介、教育手段、教育活动的组织形式与活动方式等。

第四,基本功能是利用一定的教育教学设施和选定的环境实施教育教学活动,传授知识,培养社会所需要的合格人才。

只有符合以上条件的教育场所才能称为学校。

同时,学校从其建立之日起便担负着明确的教育目的。为了有效地达成这些目的,学校制定了一系列规章制度,对校内工作人员的活动进行了功能区分,从而形成了科层制,期望在彼此的协调合作中最大效益地实现其职能。这些特征使学校成为一个与社会同构的组织,进一步为个体的社会化过程提供了基础框架。虽然许多学校具有极大的封闭性和局限性,很难与社会社区产生互动、充分利用周边的资源,但可从社会学的角度对学校的性质加以研究,“用各种不同的社会学方法来分析学校,并且把学校作为一个主要的层次来研究,这不仅在实践中可以使整个国民教育系统更加有效地运转和得到真正的改革,更可以在理论上促进教育社会学的发展”③。

为实现学校的功能,我国1995年颁布的《中华人民共和国教育法》对学

① 瞿葆奎.教育学文集:第1卷 教育与教育学[M].北京:人民教育出版社,1993:264.

② 顾明远.教育大辞典[Z].上海:上海教育出版社,1998:1822.

③ 张人杰.西方“学校社会学”研究:上[J].外国教育资料,1987(4):10–14.

校所应具备的条件作出的规定是:(1)有组织机构和章程;(2)有合格的教师;(3)有符合规定标准的教学场所及设施、设备等;(4)有必备的办学资金和稳定的经费来源。瑞典学者胡森曾提出衡量学校的几条标准:是一种全日制学习的机构,对入学和毕业有一定的年龄规定,教学方式采用教师面对学生的讲授方式,课程分年级,儿童的学习年限在逐渐延长,学校管理日趋严密,等等。①

讨论:
学校是一个规范性组织,你如何理解?

二、学校产生的条件

● 讲“善书”

郭沫若先生在《郭沫若自传·少年时代》中对于民间讲善书的情形给予了详细描述:

我们乡下每每有讲“圣谕”的先生来讲些忠孝节义的善书,这些善书大抵都是我们民间的传说,叙述的体裁是由说白和唱口合成,很像弹词,但又不十分像弹词……

在街口由三张方桌品字型搭成一座高台,台上点着香烛,供着一道“圣谕”的牌位。在下边的右手一张桌上放着靠椅,两人合演的时候,便左右各放一张。

讲“圣谕”的先生到了宣讲的时候,朝衣朝冠地向着“圣谕”牌磕四个响头,再立着拖长声音念出十条“圣谕”,然后再登上座位说起书来。说法是照本宣科,十分单纯的。凡是唱口的地方总要拖长声音唱,特别是悲伤的时候要带着哭声。有的加入些金钟和鱼筒(鼓)、简板之类,以助腔调。

这种很单纯的说书,在乡下是很受人们喜欢的一种娱乐。他们立在圣谕台前要听两三个钟头。讲得好的可以把人的眼泪都讲出来。②

以学校的出现为标志,教育在其组织形态上出现了第一次大的分化,即非形式化教育和形式化教育的分化。在现代社会中,虽然是形式化的教育占主导地位,但非形式化的教育也同时存在,并且与社会生活相统一,在日常的生产和生活中发挥着不可忽视的作用。郭沫若先生所记载的讲善书就是一种非形式化教育形态。

讨论:
学校产生必须具备哪些条件?

学校的产生有着历史的必然。原始社会末期,随着私有制、奴隶制、一夫一妻制家庭的出现,原始社会开始瓦解,原始社会教育的特征逐渐消失,阶级教育逐渐形成。如古代的酋长、祭司、军事首长和富人成了统治者,他们的子弟可以不从事体力劳动,在特别的房舍里学习文字,观察星辰和计算土地面积,学校正是这样产生的。具体说来,学校的产生必须具备以下条件:

(一)生产力的发展

学校的产生首先是因为生产力提高导致人类出现闲暇时间。在原始社会,人类使用的劳动工具主要是石器。在奴隶社会,劳动工具有了重要的进步,出现了青铜工具。青铜工具的使用,大大提高了人类的劳动生产力,使得人类从极其繁

① 胡森.教育的目前趋势[M]// 中央教育科学研究所世界教育展望编辑组.世界教育展望:1.北京:教育科学出版社,1983:182.

② 郭沫若.郭沫若全集:郭沫若自传第一卷 少年时代[M].北京:人民文学出版社,1982:35-36.

重的劳动中得到了部分解放。剩余产品增多，使得一部分人能够从体力劳动中脱离出来，在别人劳动产品的供养下专门从事脑力劳动，这是学校出现的前提条件。

（二）脑力劳动和体力劳动的分离

社会劳动的分工为原始教育从原始社会生活中分化出来提供了一种契机。人类劳动的分工最初仅限于两性之间，如女性照料孩子而男性打猎等。当“社会开始变得比较复杂时，出现了一些专业化团体，他们从事一些氏族和部落延续下去所必需的专门职业。这些专门职业需要一种和公社一般成员所受教育不同的教育，以便传授这些专门职业的技术、技巧和秘诀。这就开始使每一个专业部门的成员像一个智者，从群众中分离出来成为社会中的重要人物。这种分离使一部分人逐渐获得了超越于一般人之上的特权”。[①] 教育领域也正是通过这一过程，伴随着脑力劳动和体力劳动的分离而逐步趋向于专门化的。而传授“专门职业的技术、技巧和秘诀”的“智者”则是最早脱离体力劳动的知识分子，如原始宗教中的巫师，就是其中的典型。在古希腊，公元前 480 年前后出现了第一批职业教师——智者学派，代表人物有普罗泰哥拉、高尔吉亚等，他们游走于希腊各地，广招门徒，向年轻人传授文法、修辞、辩证法。这三门课程是雄辩教育的核心，被称为“前三艺”。除此之外，还教授数学、自然科学以及音乐等。

（三）文字的创造与知识的积累

在人类教育发展的相当长的历史时期中，语言作为一种而且是唯一一种有效的教育手段被广泛地使用，主要体现为口耳相传的教育方式的长期存在。但是语言本身的局限性，使得有关的生产和生活的知识和经验既不能广泛地传播，也不能有效地传递和积累。于是，人们就迫切地需要改进语言这一工具，这样文字就应运而生了。

讨论：文字出现前的教育是怎样一种状态？

文字是社会发展到一定历史阶段的产物。它是一种记录知识和经验，以及传递知识和经验的工具。作为教育的手段，文字较之口头语言，更加有利于知识的记录和积累。而当人类的文化知识积累到一定的程度以后，就必然要求有专门的机构来从事文化知识的整理和传递工作。同时，文字的出现又突破了时间和空间上的限制，使得知识和经验得以在更大的范围内交流和传播。有了文字，人类经验的传递变得更加有效而丰富，而靠口耳相传或结绳记事记录的信息容易变形或丢失。但是文字的掌握却不是很容易的事情，需要进行文字教学，需要有从事教育活动的专门人员和专门场所。因此文字的出现促进了学校的产生。另外，与文字出现相联系的就是人类知识的增长，这种知识的增长，也迫使人在一生中必须有专门的时间用于学习先人的经验。图 5-1 为殷商武丁早

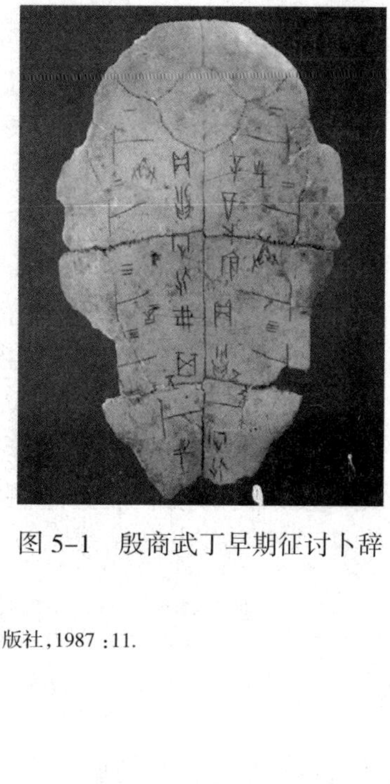

图 5-1　殷商武丁早期征讨卜辞

① 弗罗斯特. 西方教育的历史和哲学基础[M]. 吴元训，等译. 北京：华夏出版社，1987：11.

期征讨卜辞。

（四）国家机器的产生

原始社会末期，随着剩余产品的出现和私有制的萌芽，出现了贫富差距和阶级分化，形成最初的部落显贵。这样一来，“一部分人逐渐获得超越于其他一般人之上的特权，从而导致公社被少数特权阶层所掌握。在这些特权阶层中有医生、牧师以及在占卜方面有经验的人”。① 他们的特权在教育方面就表现为对教育的逐渐垄断，同时用世袭的方式使知识成为巩固自己显贵地位的重要工具。国家出现后，社会政治生活日益复杂，需要大批的管理人才，这是学校产生的客观要求。最主要的是奴隶主为了维护他们的统治，需要不断强化国家机器，实行武功文治，对付奴隶的反抗。在这种情况下，居于统治地位的奴隶主阶级需要建立专门的传授政治统治、军事技术、宗教祭礼等文化知识和经验的机构，让他们的子弟学文习武，这就需要建立学校。需要着重指出的是学校是阶级社会的产物，学校教育是统治阶级的特权。

三、学校的出现

● 尧族的教育

在非洲，男女儿童都有学校，不兴男女同学。他们把男孩子和女孩子很小心地隔开，各受各的教师的监督。在东非洲，尧族把 8 岁到 11 岁的男孩子和普通人隔离开来，在一所冷僻的房子里住三个月。在那个地方把他们的包皮割了，在他们养伤的时节对其进行性的关系、对父母及岳父母的职分和饮食规则等方面的教育。同年龄的少女则每人有一个导师，全体之上有一个司仪。她们在这个时候获得性卫生的初步指导，将来天癸初到的时候还要继续受教，那时她们的母亲们又把她们交给从前的导师。同时，怀孕的女子和养了初生儿的女子都要继续接受教育。他们教年轻的母亲如何照顾孩子，如按摩、洗澡等。②

讨论：
没有学校的教育活动是怎样开展的？

学校不是突然出现的，而是有一个长期的演变过程。在正式学校出现之前，教育活动贯穿于原始社会的生产和生活过程中，由年长者随时随地向本部落的年幼者传授生产生活技能。之后，慢慢地出现了学校的萌芽。以上“尧族的教育”描述的就是学校的萌芽状态。

（一）学校的萌芽

在原始社会的生产和生活过程中，年长者随时随地地向本部落的年幼者传授生产生活技能，以便年幼者更顺利地存活、成长。以打制石器为例，正如理查德·利基在《人类的起源》中所说的一样，为了有效地进行工作，打石片的人必须选择一块形状合适的石头，从正确的角度进行打击，为了能将适当分量的力施于正确的地方，打击动作本身需要多次实践。可以推测，为大大节省技能学习时间，此类复杂的劳动技能必然由年长者来传授。像狩猎等重大活动，往往同时也是

① 弗罗斯特．西方教育的历史和哲学基础［M］．吴元训，等译．北京：华夏出版社，1987：11.

② 路威．文明与野蛮［M］．吕叔湘，译．北京：生活·读书·新知三联书店，2005：153–154. 引用时有修改。

向年幼者进行技能传授的时机。

在原始社会末期,生产力有了很大提高,为学校的出现提供了条件。在正式的学校出现之前,一些人物已经开始充当教育者的角色,一些机构已经开始有了学校的模样。其中有三种形式的原始教育机构较为引人注目,有学者认为学校起源于此。

1. 青年之家

在菲得利岛上的原始居民中,一些部落的少年到了一定的年龄(通常为7~9岁)就与成年人分开居住。未成年的男孩住在单独的房舍里,人们称之为“青年之家”。

男子在一定年龄要进入这些“青年之家”,其作用是和部落其他人员尤其是异性隔绝开。青年男子在其中进行身体训练,学习生产技能、礼仪、禁忌等,并且往往要经过严格的考核程序或仪式,如割礼、让蚂蚁咬、禁止笑等,才能成为部落成员。这种仪式有助于提高部落凝聚力和部落成员的责任感。罗伯特·路威在《文明与野蛮》中也描述了在一些部落中女子也有类似的“训练基地”。随着原始社会末期分裂为对立的阶级,“青年之家”也分化为两种:一种是为普通人设立的,另一种是为特权者设立的。后者成为学校的萌芽,发展为阶级社会的学校。

苏联教育史家沙巴也娃指出“人类历史上最早的儿童公共教育机构并不是学校(像教育史教程中通常所断言的那样),而是‘青年之家’——原始社会全体成员都在里面受教育的一种原始社会的特殊机构”,“它们是学校的胚胎形式”。[①] 在我国现存的一些少数民族中也存在类似的原始教育机构,如独龙族的“皆木玛”和“皆木巴”。[②]

2. 宣教广场

有学者认为原始社会中存在的“宣教广场”是学校的萌芽状态。在陕西西安半坡村,考古学家在布局合理、规划整齐的四五十间氏族成员住房的中央,发现了一座160多平方米的“大房子”。这是距今约5 000年前氏族举行典礼活动的广场。教育史专家毛礼锐认为这座“大房子”便是氏族老人对年轻的后代进行教育的场所。

这类广场在适于耕稼的农居部落地区较为普遍,在夏秋收获季节用于打场或堆积收获物。同时,这里也是全体氏族成员聚会、娱乐、举行某种规模较大的宗教祭祖活动,或向氏族成员宣告氏族首领教令及决定的场所。

“宣教广场”成为建筑,就是“明堂”。相传神农氏始作“明堂”,被称为“大教之宫”。《礼记·明堂位》云:“昔者周公朝诸侯于明堂之位。”《三辅黄图·明堂》曰:“明堂也者,明诸侯之尊卑,制礼作乐,颁度量而天下服,知明堂是布政之宫也。”西周明堂又是周天子祭天之所。《孝经·圣治章》云:“昔者周公宗祀文王于明堂,以配上帝。”《汉书·郊祀志第五上》云:“周公相成王,王道大洽,制礼作乐,天子曰明堂、辟雍,诸侯曰泮宫。”

---

① 瞿葆奎. 教育学文集:第1卷 教育与教育学[M]. 北京:人民教育出版社,1993:125-155.

② 陶天麟. 独龙族的原始教育与学校的产生[J]. 云南民族学院学报,1997(3):27-29.

关于明堂的形制和功能，两千多年来说法不一，但有一点是历代学者公认的，即认为周代明堂是天子布政、祭天的场所。根据新石器时代的考古资料，有学者认为，明堂最早存于西周，是由单一的氏族男子居所逐步演变为一座集议事、祭天、祀祖于一体的多功能建筑。进入阶级社会后，明堂成为统治阶级祭祀和布政施教之处，具有祭祀、议事、处理公共事务、青年教育和训练、守卫、养老、招待宾客及明确各种人社会身份等功能。①

3. 养老机构

也有学者认为原始社会中存在的“养老机构”（见图5–2）是学校的萌芽状态。《礼记·王制》云：“有虞氏养国老于上庠，养庶老于下庠。”《礼记·明堂位》云：“米廪，有虞氏之庠也；序，夏后氏之序也；瞽宗，殷学也；泮宫，周学也。”《礼记·内则》云：“凡养老，有虞氏以燕礼，夏后氏以飨礼，殷人以食礼，周人修而兼用之。凡五十养于乡，六十养于国，七十养于学，达于诸侯。”

图5–2 东汉养老画像砖

《说文解字》中认为，“庠，从广羊声”，“广”就是房舍，有时也是饲养家畜的地方。《孟子·滕文公上》云：“庠者，养也。”可见，“庠”是供养老人的地方，这里的老人是指有知识和身份之人，由他们对贵族子弟进行文化和礼仪教学。养老的目的是对青年人进行教学，故“庠”即庶老教学之宫。后来用“庠”表示学校，特指乡学。

讨论：你认为学校更可能起源其中哪个原始教育机构？

上述三种原始教育机构只是同时兼有教育的任务，因此不能把它们称为学校。

（二）最早的学校

条件具备了、成熟了，学校也就出现了。人类最早的学校约在公元前4000年出现在奴隶制初期的巴比伦、亚述、埃及、中国和印度等东方文明古国，因此关于学校起源的几次重要考古发现都集中在西亚的两河流域一带。如在乌鲁克古城遗址，发现了一些泥板文书（见图5–3）。这些泥板文书有的是关于神庙经济的文书，也有的是用作学生的“课本”，如教学生单词读音的“单词读音表”等。②

20世纪30年代，法国考古学家安德烈·帕罗特在两河流域上游的名城马里

① 俞允海．中国古代校名考释[J]．湖州师范学院学报，2004(10)：24–27.
② 张斌贤．外国教育史[M]．北京：教育科学出版社，2008：40.

发掘出了一所房舍，被认为是迄今为止发掘的世界上最早的学校。这所房舍包括一条通道和两间房屋，大间房屋长 44 英尺、宽 25 英尺，小间面积为大间的 1/3。大间排列着 4 排石凳，可坐 45 人左右；小间排列着 3 排石凳，可坐 20 人左右，很像学校教室。两房四壁无窗，从房顶射入光线。房中没有讲课的讲台或讲桌，但发现了很多泥板，像是学生的作业。墙壁四周的底部安放着盛有泥土的浅浅水槽，好似准备制作书写用的泥板的。附近摆着一个椭圆形的陶盆，可能是储放清水以便和泥制造泥板的，或者是放置书写用具的。地面上装点有很多亮壳，好似教授计算的教具。这所房舍靠近王宫，附近还有泥板文书的储存地，因此，考古学家推断，这是一所学校，建造时间在公元前 3500 年前后。

图 5–3　乌鲁克古城遗址的泥板文书

迄今为止，考古学家所发掘的学校遗址，大致包括三种类型：一是王宫附近的学校，包括在拉尔萨、乌鲁克和马里等地发掘的学校遗址，这类学校可能是由王宫设立的；二是靠近神庙的学校，它们可能是由神庙建立的；三是邻近书吏居住区的学校，这类学校遗址主要存在于尼普尔和基什（今阿尔海米尔）。这三类学校究竟谁占据主要地位，就现有的材料来说还无法下结论。

在我国先秦文献中，有关夏代教育场所的记载并不多，而且名称也并不一致，更不要说更早时期的学校了。

中国出土的商代甲骨文中多有学校活动的记载。甲骨《京人》60，有“杂学”的字样，意即修建学校。甲骨《契》717，又有“学于入”的字样，意即建学校于“入”这个地方。以上两卦都是占问建校地址的。“丁酉卜，其呼以多方小子小臣其教戒。”由于殷商教育发达，当时已有邻国子弟前往游学。据考证，这里的“戒”有两种含义，一是持戈而警戒，二是持戈而舞蹈。以“戒”为教育教养内容，包含习武和习乐两个方面。“壬子卜，弗，酒小求学？”意思是壬子这一天举行占卜，弗求问上天，为了王子入学，要设酒祭祖，这样办是否可行？这表明奴隶主贵族把教育下一代当大事看待，入学要占卜，设酒祭祖。“戊戌卜，雀，若教”，卜问何时举行隆重的开学典礼为好。“丙子卜，多其（徙）学，版（返）不（遇）大雨”，丙子日卜，问神弟子们回来，会不会遇上大雨。

甲骨文字还表明商代已进行读、写、算教学。出土的甲骨文单字已达 3 500 个左右，形声、会意、假借等构字的方法已普遍使用。这说明商代文字的发展已很成熟，自然会出现长篇文字记录。《尚书·多士》云：“惟殷先人，有典有册。”甲骨文有“册”字，像许多书写材料编连在一起。由此可以推测当时已具有进行读书、写字教学的需要和条件。有一个骨片上有五行字，重复地刻着从甲子到癸丑十天的干支表。其中一行字迹特别工整，大概是教师所刻的范本。其余四行则歪斜不齐，显然是初学者的习刻。这个骨片是文字教学遗存的实物（郭沫若《殷契粹编考释》第 1 468 片)。

甲骨文的记录表明商代出现了比较正规的教育教学活动,不再附属于训练、祭祀、教化、养老等其他社会活动,因此一般认为,我国最早的学校出现在商代。

资料夹 5-1

远古中国的教育场所①

中国古代教育场所,名称各异,有“庠、序、学、校、塾、成均、明堂、辟雍、泮宫、灵台”等多种称谓。除前述庠、学、校、明堂外,其他教育场所的考释如下:

1. 成均

古代文献中所记载的“成均”,被认为是传说中五帝时代的“大学”。相传先王在“成均”用酒款待地位低贱的“郊人”,并宣讲教令,举行一些集体性的祭祀活动。按照古代字书的解释,“成均”的本义是指平坦、宽阔的场地,并且是经过人工加工的,很可能是指原始氏族部落居住区内的广场。关于“成均”之学的内容,郑玄认为:“均,调也。乐师主调其音。”从而推论“成均”之学以乐教为主。后来“成均”成了中国古代历朝最高学府(国子学或太学)的别称。

2. 序

《说文》云:“序,从广,予声。”从字形看,与房屋有关。本义为东西墙。《尔雅·释宫》云:“东西墙谓之序。”邢昺疏:“此谓室前堂上东厢、西厢之墙也。”《说文·广部》云:“东西墙也。”段玉裁注云:“堂上以东西墙为界,礼经谓阶上序端之南曰序南,谓正堂近序之处曰东序、西序。”由此可以断言,“序”在最初是指堂前的东西墙,后引申为正屋两侧东西厢房。那么,“序”是干什么的呢?《孟子·滕文公上》云:“序者,射也。”“序”本是古代习射的地方,是一种公共场所。顾树森在《中国历代教育制度》一书中,参考古文字研究成果,认为金文中的“序”是习射学武、从事军事教育的场所,附设于宗庙之内,后常用来表示地方学校。《周礼·地官·司徒》云:“春秋以礼会民,而射于州序。”郑玄注:“序,州党之学也。”

3. 塾

《尔雅·释宫》云:“门侧之堂谓之塾。”《广韵·屋第一》云:“塾,门侧堂。”东面的称为东塾,西面的称为西塾。《仪礼·士冠礼》云:“摈者玄端负东塾。”郑注:“东塾,门内东堂。”“筮与席所卦者,具馔于西塾。”郑注:“西塾,门外西堂也。”与“序”由东西厢房引申为教学场所一样,“塾”也引申为教学之地。魏《稽中散集》云:“故乡校庠塾亦随之。”宋《晦庵先生朱文公文集》云:“三代学校之制,自家塾、党庠、遂序,以至于国则有学焉。”

---

① 俞允海.中国古代校名考释[J].湖州师范学院学报,2004(10):24-27。

4. 辟雍

辟雍之名，首见于西周青铜器《麦尊》铭文。西周时期的辟雍是天子所设大学，是天子重要的活动场所，校址圆形，围以水池，前门外有便桥。东汉以后，历代皆有辟雍，除北宋末年为太学之预备学校（亦称“外学”）外，均为行乡饮、大射或祭祀之礼的地方。

5. 泮宫

泮宫，一般认为是西周诸侯所设大学。《诗经·泮水》云：“既作泮宫，淮夷攸服。”自古以来，且有“天子曰辟雍，诸侯曰泮宫”的说法，后泛指学宫。《诗经·泮水》云：“思乐泮水，薄采其芹。”注云：“泮宫，诸侯之学也。”也存在着另一种说法，认为泮宫为春秋鲁禧公筑于泮水边的宫室，是禧公饮酒作乐、演武庆功之所，汉代始以之为诸侯的学宫。

第二节　学校的发展

● 现代私塾

2003 年底，湖南最后一个私塾岳阳市平江县五峰私塾正式“封馆”，在中国存在了 2 500 多年的私塾教育告结。

2005 年 10 月的最后一个星期六，被开办者称之为“苏州第一家现代私塾”的菊斋私塾正式开班授课，开宗明义，以德为先。

而此前，有关北京国学馆以及河南、安徽、哈尔滨等地现代私塾的报道也频频见诸报端，同样强调国学的德育功能。

一时间纷纷攘攘，现代私塾似乎以另一种姿态广泛进入了人们的视野。

菊斋私塾的创办者之一、主讲国文的张志义在接受记者采访时表示，他们的教学目的主要体现在四个方面，即德、文、言、行。德即道德操守，文即知识的学习，言指语言表达能力，行则是指社会综合能力，但所有的内容都以德为基础。

为达到这个目的，每周六授课半天的菊斋私塾在环境布置、课程设置上都下了一番功夫。教室前挂孔子像，后挂论语，室外即一方小小的古典庭院，墙上装饰有花窗，老师上课时身着明代儒生的服饰，讲台与课桌都是矮几，上课时学生席地而坐。开设的课程以蒙学、经学、韵文为主体，并穿插讲授古乐、书画、茶道的相关知识，其中蒙学讲授《弟子规》《三字经》《千字文》《幼学琼林》等，经学讲授《论语》《孟子》《中庸》《大学》《易经》《老子》《庄子》的相关知识，韵文讲授赋体、唐诗、宋词、元曲、对联、鉴赏及书写。①

随着学校的产生，教育的组织形式也不断发生变化。上述例子说明了现代

① 王力．以国学教育为主的“现代私塾”为何重兴？［N］．新华日报，2005-12-2.

社会中的一种教育复古现象。

考点提示及练习 5-2

随着学校的发展，教育逐渐规范化。学校内部开始产生了一系列规章制度，包括教师聘用、课程设置、学生考核等，用于规范教育教学；学校间也逐渐产生衔接，如学生的修业年限、大学与小学连接等；学校作为一个系统同其他社会子系统也逐渐产生联系，如科举考试、官员选任等。学校逐渐形成系统，规章制度逐渐形成有机整体后，现代学制就逐渐成形了。

一、中西方学校的发展

（一）我国学校的发展

任务：整理我国古代学校的基本发展脉络。

在世界教育史上，中国是学校教育发展最早的国家之一。中国古代学校教育按其性质可分为官学、私学和书院三大类。它们互相补充，构成多元化的学校教育网络，共同承担着人才培养的任务。早在周代我国就有了比较成熟的官学。春秋战国时期，官学衰微，私学兴起。汉唐宋时期，官学与私学并存且发达，相得益彰，作为高级形态之私学的书院蓬勃发展。元明清时期，官学和书院渐趋衰落，启蒙教育的任务主要由私学承担。

1. 西周：学在官府

讨论：早期为什么只有官府才能办学校？

西周官学制度的显著特征是“学在官府”，学校教师由贵族官僚担任，学校招收的学生是贵族子弟，奴隶主贵族垄断教育，庶民子弟则没有接受教育的权利。办学目的是培养奴隶主贵族的年青一代，使其成为有文化教养、有道德威仪、有政治军事才能的统治者。

西周官学分国学和乡学两类，在中央办有国学，在地方办有乡学。西周将官学划分为中央官学和地方官学两种类型，影响深远，中国古代一直沿袭这种办学格局。国学在办学规格上分小学与大学两级，乡学因规模较小，只设一级。修业年限小学为 7 年，大学为 9 年。主干课程有礼、乐、射、御、书、数。大学教育以礼、乐为重点，小学教育则以书、数为重点。这是一种文武结合、知能兼备的教育。

2. 春秋战国：私学兴起，学在四夷

讨论：私学缘何兴盛？

春秋战国时期，奴隶制生产关系逐步解体，国学与乡学衰微，私学兴起，“学在官府”变为“学在四夷”。中国历代由私人开设的各类学校统称“私学”。春秋时，孔子首开私人讲学。孔子倡导“有教无类”，招收了不少出身低贱的学生，这一创举有利于学术文化的下移和平民教育的普及。

战国时私学大盛，一些诸侯国适应新的时代需求，以公室养士为官办教育，其中以战国时齐国设于稷下的高等学府“稷下学宫”（见图 5–4）最为著名。教师择优聘请，教学内容不受官方限制，学者以其专长讲学。在学生管理方面，出现了第一个学生守则——《弟子职》。稷下学宫的创办，促进了诸子学派的形成。稷下学宫以教学与研究相结合为办学原则，以不同学派兼容为办学方针，以百家争鸣为学风，对后世产生了深远的影响。

图 5-4 稷下学宫遗址

资料夹 5-2

《弟子职》节选

先生施教，弟子是则。温恭自虚，所受是极。见善从之，闻义则服。温柔孝悌，毋骄恃力。志毋虚邪，行必正直。游居有常，必就有德。颜色整齐，中心必式。夙兴夜寐，衣带必饬。朝益暮习，小心翼翼。一此不解，是谓学则。

3. 汉唐宋：官私并存，相得益彰，宋书院蓬勃发展

汉唐宋时期，官学和私学并存，且都较发达。汉代自汉武帝独尊儒术起，儒家思想上升为国家的统治思想，经学的兴起促进了学校的发展。汉以后，私学成为中国封建时代学校制度的重要组成部分。北宋初及南宋时期，作为高级形态之私学的书院得到蓬勃发展。

汉代官学也分中央官学和地方官学两类。中央官学包括具有国立大学性质的太学、专门学习书画辞赋的具有艺术专科性质的鸿都门学，以及专为外戚所设的四姓小侯学。

汉武帝时在首都长安创办了太学，这是中国当时的最高学府。太学由国家选派名师巨儒充任教师，学生为中央选拔或地方保送。东汉建都洛阳后，又在洛阳重建太学，校舍 240 所，教室达 1 850 间，学生最多时达 30 000 人，如此规模的太学出现在 2 世纪中叶，可谓世界教育史上的一大奇观。太学以儒家经典为唯一的教学内容，其中《论语》《孝经》是公共必修课，《五经》是专业选修课。教学方法以严守“师法”“家法”为特色。所谓“师法”是指经学大师所讲的经说，“家法”是指个别弟子在师法的基础上，经发挥而自成的一家之言。过分强调师法、家法，容易形成门户之见，从而限制学生的视野。在教学形式上，太学创造了两种模式：一是大班讲课与高年级学生辅导低年级学生结合；二是课堂教学与自修结合。凡入太学两年以上者，便可参加考试，考试以通二经为起点，到通五经为止，根据通经多少，授以相应官职。

汉代经学的勃兴促进了官学的空前发展，官学培养出一个新的阶层，即儒

学之士。他们靠儒学起家，成为庞大官僚机构的骨干力量。儒学是国家政治的一部分，又是国家高等学府的基本教学内容。学生由通经而入仕途，汉代文教政策的这一特点，对以后历代的文教政策有着长远的影响。

汉代的地方官学按行政区划设置，汉平帝时规定："郡国曰学，县、道、邑、侯国曰校……乡曰庠，聚（村）曰序。"[①] 这里的"学"与"校"相当于中学程度，"庠"与"序"相当于小学程度。地方官学的教学内容除儒学外，还包括识字教育。

汉代私学按学生程度和学习内容大致可分为三个阶段：一是启蒙阶段，当时称为"蒙学"或"书馆"，所收儿童以识字、写字为主。二是专经的预备阶段，使用教材为《孝经》和《论语》。三是专经的研修阶段，学生师从经师专研某一种儒家经典，其程度已相当于太学。汉代不少名师巨儒从事私人讲学，吸引了大批学生，如马融、郑玄等经学大师，门下学生多达数千，私学之兴盛可见一斑。

魏晋南北朝时期，南方教育有所发展。南朝刘宋设立儒学、玄学、史学、文学四馆。学校按学科分类，是官学制度上的创新，对于隋唐专科学校的设立和分科教学制度的实施，具有开创意义。

唐宋社会经济的高涨带动了文化教育的繁荣。唐代的中央官学是设在首都的国子监，它既是学校教育的行政管理机构，也是级别最高的国立太学。唐代的地方官学也有长足的发展，府、州、县都有学校。

唐代的官学制度已相当完备，堪称中国封建社会官学制度的代表。首先是多种形式办学。中央官学依学校性质分为不同类别，有专修儒学经典的学校，如国子学、太学、四门学、广文馆等；也有专修法律、数学、书法等学科的专科学校。专科学校中数学的教学，包括算术、代数、几何学等科目，并和工地测量、历法推算、水利及建筑工程营造等实际问题结合。这类实用学校的创办，在世界范围内也是较早的。其次，教师管理完善。学校教师分为博士、助教、直讲等。他们教职的大小，以其在政府部门所居职位的高下为依据。最后，学生管理上有升学、退学的规定，也有考试与作息的规定。如考试包括旬考、月考、岁考和毕业考，假期有旬假、田假和授衣假等。

宋代中央官学所设学校的门类与唐代相近，值得注意的是王安石的教育改革以及中央官学对人文美育的重视。王安石变法，创立三舍法，以严格升级考试制度。初入太学为外舍生，定额 2 000 人，通过平时学习和严格考试，成绩优良、操行合格者升入内舍。内舍生定额 200 人，学制两年，学习成绩和本人操行合格者升入上舍。上舍生定额 100 人，学习两年后参加毕业考，按其学业和操行分为上等、中等、下等和不及格四种。上等生的资格等同于进士，中等生可免尚书省试，下等生可免乡试，不及格者除名。三舍法尝试把考核和科举结合，提升了学校的地位，宽进严出也有利于提高学生的学习积极性。

宋代在官学中创办画学，这是宋代在人文美育史上的贡献。画学教授的绘画题材有佛道、人物、山水、鸟兽、花竹、屋木六科。课程内容除绘画专业课外，还有文字学、经学等基础知识和基础理论课。宋代画学曾为社会培养了一批绘画人才。

---

① 康有为．孔子改制考[M].2 版．北京：中华书局，2012：452.

唐宋私学也很发达，许多乡里之学多为民间自发形成，国家也“许百姓任立私学”。[①] 唐代经学家孔颖达、颜师古，文学家韩愈等均私人授徒讲学，这类学者型官员热衷于为人师，以“传道授业解惑”为己任，教学层次和质量都达到相当高的水平。他们致力于传播经学、写作学等，对于学术文化和文学创作的活跃起了很大的促进作用。部分私学教师还讲究教法，注重理论联系实际，如宋初胡安定在私学教学实践中创立了苏湖教法，其教学方法以经义与时务相结合为特点，在当时影响很大。

书院是中国古代社会特有的教育机构，是封建教育制度下与官学并存的高级形态的私学。书院之名始于唐代，原为官方藏书、校书之所，而不是学校。五代战乱时官学衰废，书院在此消彼长中发展为学者私人讲学的学校。宋初天下初定，学术研究之风日盛，理学逐渐兴起。理学内部展开“重心”与“重道”的学术争鸣，书院作为专事讲学、研究学问、不以科举为目的的教学与研究园地，迎合了学者自由讲学、士子学习修身的需要，加之政府倡导文治，鼓励兴办书院，宋代书院在此背景下蓬勃地发展起来了。

讨论：书院教育有什么特点？

北宋初是书院发展的全盛期，当时最著名的书院有 6 所：白鹿洞书院（江西庐山）、岳麓书院（湖南长沙，见图 5–5）、应天府书院（河南商丘）、嵩阳书院（河南登封）、石鼓书院（湖南衡阳）、茅山书院（江苏镇江）。这些书院兴办于宋初文化高涨时期，分流了一部分求学心切的士子，在一定程度上弥补了官方办学力量的不足，因此得到官方的褒奖和资助，或赐以匾额，或划拨学田。朱熹在《衡州石鼓书院记》中说：“前代庠序之教不修，士病无所于学，往往相与择胜地，立精舍，若岳麓、若白鹿洞之类是也。”北宋中后期书院一度衰落，原因在于政府将教育的重心转移到发展官学，士子就学机会增多，科举取士的人数也大大增加，读书人的兴趣又转到官学。南宋是书院的衰而复兴期，书院数量迅速膨胀，达到 136 所，为宋代书院总数的 70% 余。首开复兴书院之风的是理学大师朱熹。他于淳熙六年重建白鹿洞书院，并制定书院学规，讲授和传播理学，培养了大批学生，为书院重树了威信。白鹿洞书院一时名闻天下，许多理学家受其影响纷纷重修或新建书院，一些著名学者也由官学转入书院讲学，读书士子或趋慕名师，或淡于荣利，或不满官学囿于科举的教学内容，纷纷选择到书院求学，南宋书院因此盛极一时。书院林立，接纳四方学子，名儒学者邀集会聚，游学互讲，理学也在各学派的论辩和交流中得到了发展。

图 5–5　岳麓书院

4. 元明清：官学、书院渐趋衰落，启蒙教育主要由私学承担

元代的儒士也多在书院讲学，书院数量之多不亚于宋代，但已无南宋书院

① 王溥．唐会要[M]．北京：中华书局，1960：634.

独立讲学、自由论辩的气象。政府委派山长总领书院事务，山长一职为政府定员，因此书院与官学已无本质的区别。

明清两代狭隘的立国思想制约了官学的发展。自明朝中叶起，封建官学在官方的严格钳制下，一步步走向衰落。明清两代官学制度相近，中央有国子监，为国家最高学府，明代有北京、南京二监，清代只有北京一监。国子监内设有率性、诚心、崇志、修道、正义、广业六堂，为分班学习的教室。教学管理上实行考试积分制，如明代规定学通四书而未通五经者，在正义、崇志、广业堂学习，一年半后升修道、诚心堂，学制仍为一年半，兼通经史，成绩优秀者升入率性堂。考试内容有经义等科，积满 8 分准予毕业并给予出身任用，一般充任县丞或参加会试。明清政府对国子监学生的思想控制极严，剥夺其言论、结社和上书陈事的自由，加之教学内容空疏，所以国子监很难培养出具有真才实学的人才。明清地方官学有府学、州学和县学，统称“学宫”。入学者须取得生员（秀才）资格。课程内容与国子监类似，学生专治一经，并分习礼、射、书、数四科。生员入学纯粹是为了应举，明清以八股文取士，学生对八股文口诵手抄，不厌其烦，不少沦为不通世务的禄蠹。

明代书院进一步趋于衰落。明代统治者为了加强独裁，于嘉靖、万历、天启年间三次冲击书院。如万历年间张居正认为当时士大夫竞相讲学，聚党营私，下令毁散书院；天启年间顾宪成等讲学于东林书院（见图 5–6），论及朝政，魏忠贤传旨毁书院，东林党人被一网打尽，天下书院同遭厄运。及至清代，书院已完全处于政府监控之下，官学化倾向显著，从书院的主持人到书院的教学内容及在院的师生名单，均须官府审批，书院的独立性和自主性丧失殆尽。

图 5–6 东林书院内的依庸堂

元明清三代，民间的启蒙教育也主要依靠私学。明清私学分三类：一是私塾，由教师在家设馆授徒；二是义学，由官员富商出资，聘教师为乡村贫寒子弟授课；三是专馆，富裕人家聘教师上门教授本家子女。明清士人中的正统派大多走科举仕进的老路，官学迎合了他们的需要。而非正统派如黄宗羲、王夫之、顾炎武等人士则不愿涉足学风僵化的官学，他们中有的边著书立说边讲学授徒，治学主张经世致用，学风严谨，体现了一定的民主色彩。

私学作为中国古代社会民间的主要办学形式，其贡献和特色约略有三：第一，私学是官方办学力量的补充，在普及平民教育、开发民智方面有其历史功绩。古代社会的启蒙教育实际上是由私学承担的，因此，私学又称“蒙学”。私学遍布村落市井，教师依托私塾教授学童，靠学童所交学费维持生活，收入虽然微薄，但大多教学勤勉。儿童则通过识字、读书、习礼而接受基础教育，包括洒扫、应对、事长等道德教育。第二，办学层次较高的私学，其教学内容具有一定的独立性。官学经师多为章句之士，唯守旧说，排斥他义，教学气氛较沉闷。私学授课则较自由，既可不囿于成说，又可开展学术争鸣。而且私学教学不限于儒家经学，有的传授道学，有的传授佛学，有的传授医学、算学、文艺等，教学内容较为灵活。第三，学生可以自由择师授业。如西汉私学兴盛，不少学生远道寻师，以接受符合个性需求的教育。

在中国古代的教育体系中，书院是有别于官学和一般私学的教育组织形式。书院的发展虽几经起伏，但其独特的办学特色却在中国教育史上留下了浓重的一笔。尤其是宋代的书院制度，以传道、求道、学道为精神旨意，充分发挥教育“涵养德性，变化气质”的功能，特点尤为鲜明。

第一，接受教育的目的主要是完善自我。官学教育与科举有着紧密的联系，通常是科举考什么，官学就教什么，而学子也多以猎取功名为读书目的。书院的学子则多以求知、修身、敦品为目的，他们引以为豪的不是官职和钱财，而是学问和修养。书院的办学宗旨之一就是高扬“内圣”之学，书院不是单纯传授知识或谋生技能，而是注重培养学生的品格和性情，以提高学生的德性与学养。朱熹制定的白鹿洞书院学规，即贯穿了这一精神，其学规也成为许多书院的楷模。例如，长沙岳麓书院的学规为：时常省问父母，朔望恭谒圣贤，气习各矫偏处，举止整齐严肃，服食宜从俭素，处事毫不可干，行坐必依齿序，痛戒讦短毁长，损友必须拒绝，不可闲谈废时，日讲经书三起，日看纲目数页，通晓时务物理，参读古文诗赋，读书必须过笔，会课按刻蚤完，夜读仍戒晏起，疑误定要力争。学规的第 1、2、7 条要求敬老尊贤，第 3、4、5 条强调修身养性，第 6、8、9 条讲处世交友之道，第 10、16、17 条要求惜时和守时，第 11、12、14 条规定读书内容和要求，第 13 条主张通晓当世的国家大事和事理，第 15、18 条指明学习的方法和要领。综合起来看，学规要求学生在求知的同时陶冶性情、通晓事理、涵养德性、变化气质，以完善自我。

第二，注重教学与研究结合，形成自由争鸣的学风。书院的课程内容以四书五经为主，兼及文史，使文史哲相通。教学中师生可以充分发表自己的学术观点，而且不同书院之间互派名师，交流讲学，切磋研讨，从而促进了教育和学术研究的繁荣。不可否认，中国的传统知识阶层因其知识观念的局限，导致书院的课程体系存在着重基础理论而轻实用知识的缺陷，但是，书院注重教学与研究相结合的办学特色，对于加深人类对自己、世界、自然和宇宙的一般认识与理解，还是起了一定的历史作用的。

第三，注重学生自修和教师指导的结合，培养学生独立研究的能力。书院除集体讲学外，教师更多的是指导学生读书和自修，例如朱熹在主持白鹿洞书院时，就强调学生自学，并经常带领学生到野外考察，随机指导。他说，自己只是“做得个引路底人，做得个证明底人，有疑难处，同商量而已”。① 人们把这种教学方法概括为“质疑问难”“循序渐进”“熟读精思”等。书院教师多能启发、鼓励学生在自修的基础上提出问题，并帮助他们解决问题，此即朱熹所言：“读书无疑者，须教有疑。有疑者，却要无疑，到这里方是长进。”②

---

① 黎靖德．朱子语类[M]．王星贤，点校．北京：中华书局，1986：223.

② 黎靖德．朱子语类[M]．王星贤，点校．北京：中华书局，1986：185.

第四，注重优美的自然环境与和谐的人文环境相结合。书院一般都建立在山林名胜之地，如宋代最著名的几大书院，白鹿洞书院在庐山五老峰下、岳麓书院在湖南长沙岳麓山抱黄洞下、嵩阳书院在河南登封太室山麓、石鼓书院在湖南衡阳石鼓山、茅山书院在江苏镇江茅山，所处环境无不是青山环抱、佳木葱茏、幽静秀美之地。书院内师生关系融洽，教师们秉承孔子“学而不厌”“诲人不倦”的传统，注意为人师表，师生间真诚相待，建立起亲密的人际关系，形成了良好的人文氛围。

资料夹 5–3

《学记》中关于教育制度的记载

古之教者，家有塾，党有庠，术有序，国有学。比年入学，中年考校，一年视离经辨志，三年视敬业乐群，五年视博习亲师，七年视论学取友，谓之小成。九年知类通达，强立而不反，谓之大成。夫然后足以化民易俗，近者说服，而远者怀之，此大学之道也。记曰：“蛾子时术之。”其此之谓乎？

（二）西方学校的发展

自公元前 8 世纪的古希腊到 18、19 世纪的工业革命期间，是西方学校发展、成熟和完备的时期。根据纵向发展顺序，西方学校主要有以下几类：斯巴达的军事学校、雅典的学校、基督教学校、城市学校、中世纪大学、人文主义学校、文科中学和实科中学、师范学校和幼儿教育机构。

1. 斯巴达的军事学校

作为西方教育的发源地，在公元前 8 世纪，希腊进入奴隶制社会，出现城邦制国家，文化随之发展起来，形成了斯巴达和雅典两种不同的风格。

斯巴达人高度重视教育，建立了以培养勇猛善战的军人为目的的教育制度。这种教育不重视人的智慧的培养，而是力求经过长期、严格有序的军事训练，使年轻一代成为忠于祖国、勇敢善战、对奴隶残暴的军人。斯巴达的教育由国家控制，家庭几乎不承担教育任务，仅 0—7 岁的儿童接受家庭教育。7 岁后，家庭的抚养及教育任务便结束了，孩子被送到国家教育机关接受教育。男孩子在 7—18 岁的十年中受教育的场所是军营。此时的学校组织并不完全。

讨论：
儿童教育属于国家还是家庭？

2. 雅典的学校

雅典的教育在于把年轻人培养成不仅是军人，而且是多才多艺、能言善辩、善于工商业事务的政治家和商人。雅典的儿童 7 岁以前在家中受教育，7 岁以后，便被送入学校学习，一直到 16 岁为止。这一阶段，儿童要上的学校有文法学校、音乐学校、体操学校。文法学校主要传授给儿童简单的读、写、算的知识以及文学知识；音乐学校又叫弦琴学校，传授给儿童歌唱的技能；体操学校又叫角力学校，实际上只是一大块空旷的场地而已，以体育操练为主要内容，项目有赛跑、跳跃、角力、掷铁饼、投标枪五项竞技。这三种学校中都有道德教育的内容。16 岁时，大部分学生毕业，走向社会，少数贵族子弟可进入国家办的体育馆学习，接受高一级的体育训练，兼学一些文化知识，参加一定的社会活动。18 岁时，就成为青丁，可自愿接受专门的军事训练。20 岁时，经过一定的仪式，遂成为一名正式的公民。雅典的教育机构以私立为主，学生上学是要缴费的，且有“教仆”护送。教仆是由有文化的奴隶来担任的，负责学生上学的有关事宜，帮助提拿学习用具，辅导学生的学习，还要负责学生的道德培养。雅典社会中，教师的地位极其低下，收入菲薄，不受社会的尊重。

在西方教育史上，古代罗马的教育也占有重要地位。罗马人擅长治理国家，他们在军事、行政和立法方面有优异的能力。美国教育史学家克伯雷(E. P. Cubberley)认为，古罗马文化教育是西方文明的四大渊源之一，古罗马远不只是希腊文化教育的传播者，它本身也是文化教育的创造者。古罗马有价值的东西是实践性的，是现实主义的，而不是理想主义的。

古代罗马三个历史时期由于政治、经济和文化背景的不同，教育也呈现出很大的差异性。共和早期是罗马进入奴隶社会并在文化教育上保持本民族特色的时期。这时的教育基本上是以培养农夫、军人为目标的以家庭教育为主要模式的教育体制。共和后期，是罗马大肆向外扩张，在文化教育上被希腊化的时期。罗马逐步形成了以培养演说家、政治家为目标的，以私立学校为主要模式的教育体制。帝国时期，是罗马进入帝国阶段，政治、经济和文化高度发展，随后又由盛转衰。这时的教育是以培养忠诚的官吏和忠实的顺民为目标，以国立学校为主要模式。

3. 基督教学校

欧洲自公元 476 年西罗马帝国灭亡，开始进入封建时代。中世纪的特征首先是文化教育衰落。西欧四大封建帝国(英国、法国、德国、意大利)兴起后，其统治者一度对古希腊罗马的文化教育采取一概否定的态度和做法。僧侣阶级更是利用其政治、经济的统治地位，否定古代文明，结果僧侣垄断了知识教育权，教育本身带有强烈的宗教性，一切进步的思想被扼杀，一些著名的科学家惨遭迫害。神学家们宣布“科学是宗教的奴仆”，“肉体是灵魂的监狱”。这时，罗马帝国时期的文法学校和修辞学校在西欧已不复存在，古希腊罗马时期的文化遗产丧失殆尽，残存的一切都被用来为宗教神学服务。教会学校几乎就是这个时期唯一的教育机构，僧侣是主要的教育者。

在这期间，由教会主办和管理的学校有初等教区学校、唱歌学校和经院学校、大主教学校，教学内容以“七艺”为主，但贯穿着神学精神，教育目的是培养对上帝虔诚、忠于教权的教士。

一般的世俗封建主对文化学习和道德品质的陶冶不甚重视，仅注重武艺与社交活动的训练。世俗封建主的这种教育在教育史上通称为骑士教育。骑士们则在宫廷和贵族家里接受军事战术和上流社会礼仪的“骑士七技”(包括骑马、击剑、打猎、游泳、唱歌、吟诗、弈棋)的训练和礼法教育，以成为能够维护封建主利益，满足其各种需要的强悍军人。

讨论：
骑士教育属于家庭教育还是学校教育？

4. 城市学校

12、13 世纪，欧洲经济的发展和工商业的兴旺促进了城市的繁荣，城市人口迅速增加,市民阶层逐渐扩大。为适应手工业和商业发展的实际需要,手工业者和商人的基尔特学校(或译手工业者或商业行会学校)产生了。手工业者和商人基尔特组织(即行会)担负校舍建筑和学校经费,教师的工资则来源于学生缴纳的学费。校长和教师由基尔特组织委任。在学习内容方面,注重实用知识的学习,除读、写、算外,有些学校也教文法、修辞和几何学。城市学校主要有三种类型:拉丁文法学校,使用各国本民族语言教授自由民在商业生活中所需要的读和写的读写学校以及有别于女子修道院的女子学校。此后,手工业者和商人基尔特学校逐渐发展成城市初等学校,由市政机关办理,校长和教师改由城市自治机关选派。

5. 中世纪大学

中世纪后期,西欧教育领域发生了一个重大事件,这就是中世纪大学的诞生。中世纪大学首先出现在工商业和城市发展较快的意大利的一些城市。1137年,意大利南部创立了萨勒诺大学,办起了医学院。1158年,意大利的北部创立了波隆那大学,这所大学以研究法学为主。这些最早的中世纪大学,具有如下一些明显的特点:其一,大学是师生们,首先是学生倡议创办的。它实际上是来自各方的学者自由联合组成的研究中心,不是教会和市政当局设立的。其二,它有很大的自主权。初期的大学可自选校长,自定学习制度和生活制度,市政当局无权干涉。校内还设有自己的特别法庭,大学教授有裁判权,大学生与外人发生诉讼,外人一律败诉。其三,流动教学。遇到某城市当局干涉大学事务时,在师生们的抗议之下,大家可以搬迁到另一座城市或别的国家去,重新建立大学。其四,课程内容不确定,以实际需要为主。其五,重视理解能力的培养,开创了辩论的风气。教学方法比较灵活,一般教学过程为:(1) 讲授主要思想;(2) 叙述有关知识;(3) 朗读原文;(4) 学生复述;(5) 释疑举例。回答问题采用辩论的方法,由两名学生对辩。除了12世纪上半叶意大利创立的萨莱诺大学、波隆那大学外,英国、法国也先后建立起了大学。如英国于1168年设立牛津大学,1209年从牛津大学分出的部分师生又设立了剑桥大学。法国开办最早的是巴黎大学,它始创于1108年,是所神学院。到13世纪末,欧洲的大学已增加到20多所。中世纪大学一般分为四个学院,即文学院、法学院、医学院和神学院。其中,神学院地位最高,文学院为预科性质,讲授“七艺”,修业年限一般为5~7年。受教会控制的中世纪大学,尽管宗教气氛浓厚,烦琐哲学盛行,阻碍了学术思想的自由发展,但它对当时欧洲文化的普及,毕竟起了推进作用。

6. 人文主义学校

人文主义学校是伴随着14到16世纪的文艺复兴而产生的。其主要贡献在于中等教育,如意大利的宫廷学校和贵族学校、德国的王子学校、英国的公学等。随着宗教改革的发展和其后的国家学校教育体系的建立,人文主义学校逐渐归中央政府控制,但是各国的人文主义学校始终是各自国家的中等学校的主要类型,成为后世普通中学的源头。

7. 文科中学和实科中学

16世纪中期,德国教育家梅兰克吞(P. Melanchton)和斯图谟(J. Sturm)分别创立了拉丁中学和文法中学，以讲授古典课程为主。这类学校由文艺复兴时期兴起的人文主义学校和城市学校中的拉丁文法学校演变而来，是较早的文科中学，承担着普通教育的任务。18 世纪，文科中学发展到了鼎盛时期。但是文科中学中浓厚的古典色彩以及它的贵族化性质，已经不能够适应和满足当时社会工商业的发展对教育的需求。这样，在社会发展的推动下，就出现了一种既具有普通教育性质，又具有职业教育性质的讲授实科知识的中等学校，即实科中学。1708 年，德国人策姆勒(C. Zemmler)在哈勒创立了世界上第一所实科中学，此后，德国的许多城镇也随之成立了许多类似的学校，而英法等国家则到 19 世纪初期才开始建立实科学校。

实科中学的出现，以及其学校课程设置中对于自然科学、社会科学和现代语文的加强，深刻地改变了学校的社会职能，密切了教育与生活的联系。而各种职业学校的产生和发展，则改变了传统学校类型单一的局面，提高了学校在急剧变化的社会中的适应能力。在职业教育产生以前，进行职业技能训练的重要形式是学徒制，这种培养方式在中世纪末期的欧洲十分盛行。1747 年，德国人赫克(J. J. Hecker)在柏林创立了一所"经济学、数学实科学校"，开创了行会之外由学校进行中等职业技术教育的先河。从此，职业技术学校在现代学制中占有了一席之地。

8. 师范学校

早在 17 世纪，夸美纽斯(J. A. Comenius)在《大教学论》中就提出了建立师范学校的建议。他认为："至于世上任何地方倘能设立一个学校之学校(school of schools)或教学法学院(didactic college)，那种好处是无待指陈的。"[①]1684 年，法国"基督教学校兄弟会"开办了训练初等学校教师的讲习所，后来这个教师讲习所还附设了专门实习的"练习学校"。这是欧洲最早出现的师范教育设施。18 世纪初期，德国人弗朗克(A. Francke)在哈勒创立德国第一所师范学校，为初等学校培养教师。到了 19 世纪初期，在洪堡(W. V. Humboldt)的推动下，德国建立了许多中等师范学校，建立了比较完备的小学师资培养体系，成为各国效仿的典范。以后师范教育在各国普遍发展，师范教育成为学校教育系统中的一个重要组成部分。它对于提高教师素质和教育质量，推动教育教学研究起到了不可估量的作用。

讨论：教师为何需要专门训练？

9. 幼儿教育机构

早在 18 世纪末法国就出现了名为幼儿编织学校的机构，但是，它是一种慈善机构，与公共教育事业无关。直到 19 世纪，由于工业革命的推动才出现了专门的幼儿教育机构。工业革命的发生使许多家庭的妻子和丈夫外出工作，这样，孩子就处于无人管理的状态，使得很多孩子死于各种各样的不幸事件。为改变这种状况，英国空想社会主义者欧文(R. Owen)创立了幼儿学校，招收工人的子女。世界上最早的一所幼儿园是由德国人福禄贝尔(F. Froebel)于 1837 年在德国的勃兰根堡创立的，并于 1840 年正式命名为幼儿园，但是这个时期的幼儿园

① 夸美纽斯．大教学论[M]．傅任敢，译．北京：教育科学出版社，1999：229.

还不是公立学校教育系统中的一部分。

资料夹 5-4

古希腊著名学园

1. 伊索克拉底的修辞学校

公元前392年，他在雅典吕克昂附近创设第一所修辞学校，这是古希腊最著名的学校之一。在他的指导下，许多学生成为演说家、政治家。在全希腊的重大演讲比赛中，他的学生多次获胜。

2. 柏拉图的阿卡德米

公元前386年，柏拉图在雅典城郊创办了一所学园，名叫阿卡德米(Academy)。他在这所学园里从事学术研究、著述和教学活动达40年，直到去世。

3. 亚里士多德的吕克昂

亚里士多德公元前335年仿效他的老师柏拉图所办的学园在雅典创办哲学学校吕克昂(Lykeion)，或称逍遥派学校。吕克昂是古代第一所具有大学性质的学校。在这所学校中建立起的教学与研究之间的联系立即证明了它的效率，很快成为其他地方此类机构的榜样。

4. 伊壁鸠鲁的花园

公元前306年，伊壁鸠鲁买了一座花园，建立了一所哲学学校。由于学校是在一座花园里，故学校又称作“伊壁鸠鲁花园”。花园的大门上刻着：“客人，你在这里将会生活得很好，这里将给予你幸福、最高的善。”黑格尔说：“没有一个教师像伊壁鸠鲁那样，受到他的学生们那么多的爱戴和尊敬……他死后一直受到他的学生们的高度尊敬和怀念。”

5. 芝诺的画廊

在雅典，塞浦路斯的芝诺在某一画廊讲学，因此人们称这个学派为画廊学派。芝诺与伊壁鸠鲁同为当时著名的教师。他做人严肃，生活俭朴，主要饮食是水、面包、无花果、蜂蜜。他的德行使他得到人们的尊敬。

二、学制

● 班级授课制度

我认为，一个教师同时教几百个学生不仅是可能的，而且也是要紧的；因为，对教师，对学生，这都是一种最有利的制度。教师看到跟前的学生数目愈多，他于工作的兴趣便愈大；教师自己愈是热忱，他的学生便愈会表现热心。同样，在学生方面，大群的伴侣不仅可以产生效用，而且也可能产生愉快，因为他们可以互相激励，互相帮助。①

① 夸美纽斯．大教学论[M]．傅任敢，译．北京：教育科学出版社，1999：124.

以班级授课制的出现为标志，教育在其组织形态上又出现了第二次大的分化，即制度化教育和非制度化教育的分化。班级授课制出现以后，教育进入制度化阶段。在制度化教育的视野中，教育就等同于学校教育。

学校教育制度（简称学制）是学校发展到一定历史阶段的产物。最初的学校类型比较简单，各类学校之间没有复杂的关系。随着社会生产力和科学技术的发展，到了近代资本主义社会，随着学校的大量增加和学校类型的增多，出现升学与招生需求和就业准备之类问题，尤其是在公立学校兴起后，政府开始承担实施义务教育的责任，客观上需要确立各级各类学校的教育标准和在有限程度上规范办学行为，这才逐步形成了比较完备的学校教育制度。第二次世界大战后，随着社会生产力和科学技术的进一步发展，各国学制又有向上下延伸和向纵深发展的趋势，学校的类型更加多样，它们的关系也更加复杂。

（一）学制的概念

学制是现代教育制度的核心，指一个国家各级各类教育组织（主要指学校）的总体系统，它规定了各级各类教育组织的性质、任务、入学条件、学习年限以及它们之间的衔接关系。

学制是近代社会文化背景的产物，并且是在学校数量与类型增加到有可能形成学校系统时才产生。学制旨在以系列的规范把大量独立存在的学校整合成学校系统。“学校教育系统是国家对年轻一代进行教育的最严密、最有效的组织，它集中体现了整个教育制度的精神实质。学校教育制度制定得是否正确与完善，直接关系到教育目的的实现，教育和教学工作的进行以及教育事业的发展。从而也对政治经济制度的巩固，生产力的提高，青少年儿童身心的发展，产生重要的影响。”①

教育系统的发生包括各级教育系统的发生和各类教育系统的发生两个方面。一般认为，近代学校制度是由西方创造的，而后起国家主要是参照西欧各国的学校体制而一举建立现代学制的，所以我们主要从西方学校系统的产生来分析这一问题。

1. 各级教育系统的产生

近代西方各国的各级学校是沿着两条相反的路线发展的。一条是从高级学校向低级学校下延而产生的系统，另一条是从低级学校向高级学校上升而产生的系统。前者为“下延型学校系统”，后者为“上伸型学校系统”。这是就学校的系统产生而言的，非指单个学校的产生。

中世纪大学产生以后，其存在的客观需要连锁式地带动其他等级学校的发展，也就开始了学校系统的下延过程。首先是产生了作为大学预备科的古典文科中学（由前文提到的人文主义学校发展而来），同时为了适应教育的世俗化和平民化的要求，学校系统又下延到作为中学预备的小学。这即是下延型学校系统的形成过程。上伸型学校系统则是由下而上，先普及小学，而后出现中学，最后到大学。欧洲以外国家现代学校系统的建立，基本上属于这种形式。

① 南京师范大学教育系．教育学［M］．北京：人民教育出版社，1984：510.

在学校的层级系统中，还有一个层次，即承担学前教育任务的幼儿教育机构。1873年，美国的圣路易斯州首次把幼儿园的教育作为公立学校教育的一个组成部分，这样幼儿教育才成为美国教育制度中的第一阶段。在学校形式上，公立学校与幼儿园并存。以后世界各国纷纷效仿美国的做法。由于美国的教育系统是上伸型学校系统，所以，我们可以把学前教育机构的出现看作上伸型学校系统下延的结果。

2. 各类教育系统的产生

讨论：有了学校系统就有了学制吗？

各类教育系统的产生是指各类学校的逐步分化，即学校与学校之间明确分工的出现，也就是教育在类别上更加多样化，在横向上更加注意联系，从而使近代学制更为丰富、清晰和系统。

就教育系统的类别形成而言，西方中等教育的分化最能代表这一过程。其发展的基本过程是：先出现由文艺复兴时期兴起的人文主义学校和城市学校中的拉丁文法学校演变而来的古典文科中学，承担着普通教育的任务，后出现讲授实科知识的实科中学，大抵也属于普通教育，到了后期，又经历了从普通教育到职业教育的发展。在教育的类型系统中，还有一个重要的部分，即师范教育。它的出现提高了教师素质和教育质量，推动了教育教学研究。

（二）学制的类型

根据教育制度的选拔分层功能，可以将学制分为双轨制学制、单轨制学制和分支型（或称为三轨制）学制。

1. 双轨制学制

这种学制下的各级各类学校系统是沿两条道路发展而成的。在中世纪的西欧，教育是划分阶级、区别社会地位的带有等级性的象征物。一部分大学是在修道院学院或大教堂学校的基础上发展起来的，如巴黎大学；另一部分大学是以专科学校为基地建立起来的；还有一部分则是师生在教学过程中自行组织起来的。这些学术性大学向下发展延伸出一些预备性学校。后经过文艺复兴和宗教改革，教育被教会完全垄断的局面终于出现了转变。新兴的资产阶级需要大量的人才，在教育世俗化、平民化的呼声中，各种初等教育学校面向普通劳动者而设。为适应资本主义的早期发展，在小学和初中之后，又增添了初等（与小学相衔接）和中等（与中学相衔接）两种职业教育学校。这样，欧洲在19世纪末20世纪初形成了两个平行的互不相连的双轨学制。概而言之，这里的双轨，一轨为“大学—中学系统”，即学术性大学向下发展延伸出一些预备性学校；另一轨是“小学—初等职业学校系统”，即初等学校向上延伸设立初等和中等职业学校。

讨论：高质量的教育收费高，有道理吗？

以英国为例，为贵族子弟和统治阶级设立的学校有公学、文法中学和大学。在这里，师资配备精良，学费昂贵，学校条件优越，是培养社会统治者及社会上层人物的重要场所。为劳动人民设立的学校有高级小学、初等学校和职业学校等。这些学校相对而言，教学质量低下，办学条件也要差一些，主要是为社会培养体力劳动者。

自上而下的学校教育系统反映了处在阶级社会上层贵族的利益要求，自下而上的学校教育体系则是国民教育发展的必然要求。

2. 单轨制学制

以美国为例，美国早期的学校教育多数为西欧殖民者对本国教育制度的翻版。不同国家的移民为扩大自属教派在当地的影响，纷纷设立各种教会组织，并将办学校办教育视为传播宗教思想的手段。这对初等教育的普及产生了积极作用。美国独立后，在国内实行教育机会均等的政策，普及初等教育，发展中高等教育。1825 年，美国颁布了第一部普及义务教育法。“在此期间，不仅初等教育发展迅速，其他各级各类学校也获得了较大的发展。从此，美国的教育开始走上了自己发展的道路，而不完全因循欧洲国家的足迹亦步亦趋地前进。”①

以普及初等教育为起点，推动中等教育的发展，最终与高等教育相衔接的单轨制学制是美国根据自己的具体政治经济发展要求而确立的。事实证明，这种制度较好地适应了社会的发展，后为世界许多国家所采用。

3. 分支型学制

苏联的学制是比较有代表性的分支学制。它包括四年制小学、基本的七年制学校和普通教育学校高年级阶段(第九、十年级)。它们相互衔接，又分别作为初等职业教育、中等职业技术教育和高等教育的基础。此后，农村青年学校、七年制工厂学校、工厂艺徒学校和工农速成中学等新型学校不断涌现和发展起来。

这种学制注重普通教育的教学质量。普通教育承担着为高等学校输送人才，为师范和技术学校输送人才，进行职业技能训练，为参加实际工作做准备的多重任务。

需要说明的是，上述类型只是一种简化了的模式性的划分。随着学校教育的扩大和民主平等观念的普遍化，出现了双轨向分支、分支向单轨转化，阶级性精英主义式向平民化平等主义式转化的趋势。从教育社会学的角度看，教育活动是一种需要高度协调的制度加以规范的社会活动。这种社会活动与各种社会因素相互作用形成复杂的教育关系。只有站在发展变化的角度上对教育制度的本质和结构有了深刻的认识，才能就教育的一些问题取得共识，达成一致，形成办学的合力。

(三) 我国学制的沿革

我国近代学校的诞生以 1862 年京师同文馆的设立为标志。这是我国政府自行创立的第一所新式学堂，采用班级授课制，从创立到并入京师大学堂前后历时 40 年，是中国近代新教育的开端。“在中国近代教育史上，它是改变旧的封建传统教育的首次尝试，在实践上把 2 000 多年的封建教育制度打开了一个缺口，是近代中国学习西方的‘尖兵’，迈开了向西方学习科学知识的第一步。”② 此后，洋务派创立了大批的新式学堂，有 1863 年李鸿章设立的上海广方言馆，1864 年

---

① 戴本博 . 外国教育史[M]. 北京：人民教育出版社，1989：485–486.

② 孙培青 . 中国教育史[M]. 上海：华东师范大学出版社，1992：524.

的广州同文馆，1866 年左宗棠设立的中国近代最早的海军制造学校——福州船政学堂，等等。

戊戌变法后，光绪帝批准了《京师大学堂章程》。京师大学堂于 1898 年 11 月正式开学，1900 年毁于八国联军的炮火之中，1902 年后重新恢复并日渐扩大。京师大学堂的创立标志着中国新教育体制的肇始，标志着我国近代高等教育进入了探索创建阶段。

我国学制的沿革主要有如下脉络：

1. 壬寅学制

1902 年，清政府制定并颁布了由张百熙拟定的我国第一个比较系统的法定学制——《钦定学堂章程》，由于 1902 年为阴历壬寅年，所以又称其为“壬寅学制”（见图 5-7）。这是中国近代教育史上最早由国家正式颁布的学制系统，但由于种种原因未付诸实施。

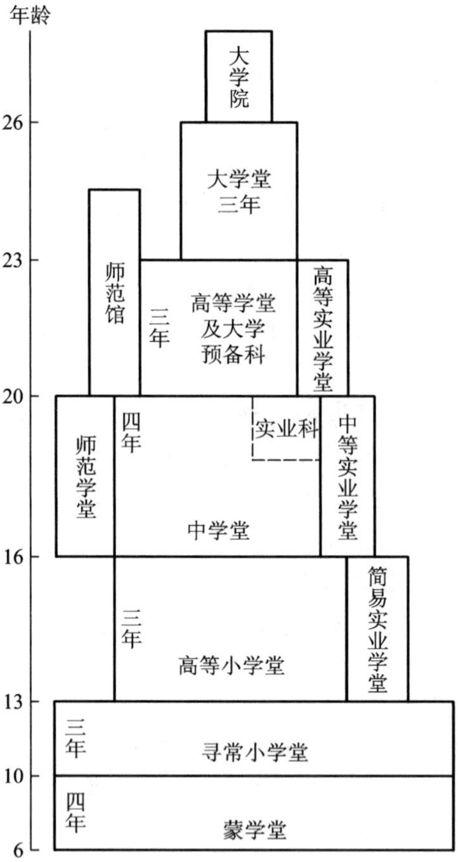

图 5-7　壬寅学制系统图

2. 癸卯学制

1904 年，清政府公布了由张百熙、张之洞、荣庆拟定的《奏定学堂章程》，由于 1904 年为阴历癸卯年，所以又称其为“癸卯学制”（见图 5-8）。它是中国近代教育史上第一部由国家颁布的并在全国实行的学制系统，成为中国近代教育走向制度化、法治化阶段的标志。这个学制将学校教育从纵的方面分为三段六级：小学为 9 年，中学教育 5 年，高等教育 6 至 7 年。从横的方面分为普通学堂、师范学堂、实业学堂，分别实施普通教育、师范教育和职业教育。

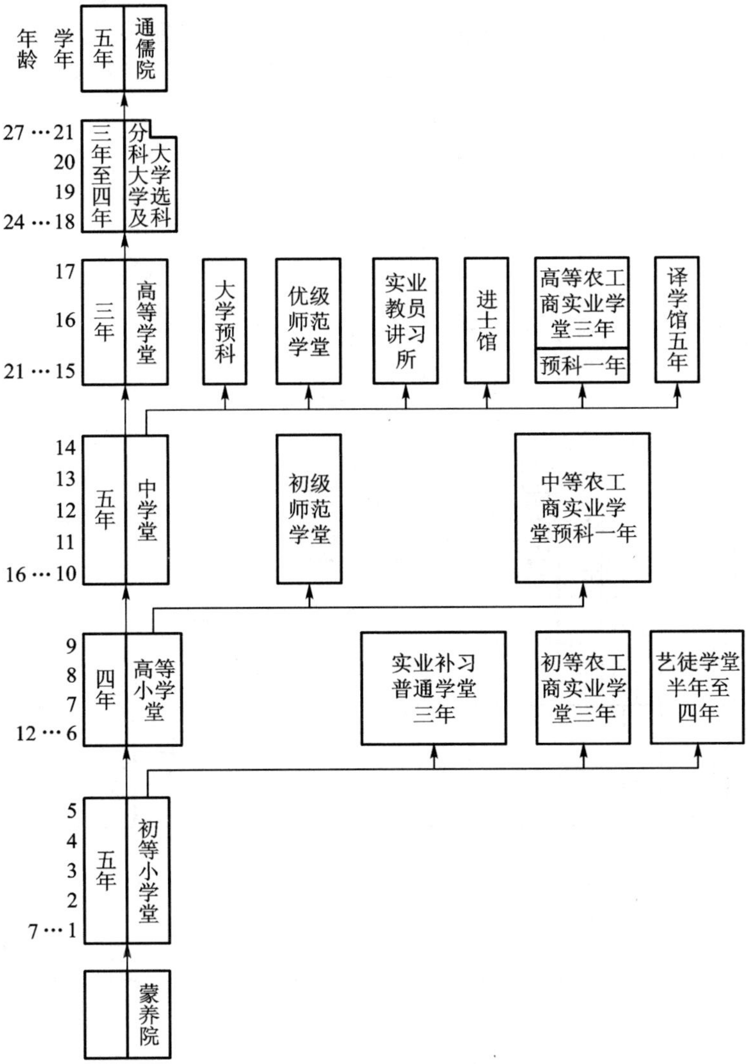

图 5–8　癸卯学制系统图

3. 壬子癸丑学制

辛亥革命的胜利推翻了清王朝的统治，结束了中国两千年来的封建制度。1912 年中华民国成立，建立了以孙中山为首的临时政府，并任命蔡元培为首任教育总长。在蔡元培的主持下创办了中国第一个资产阶级最高教育行政机构——中华民国临时政府教育部。蔡元培任教育总长后进行了一系列改革。他深感辛亥革命后，教育思想与方法俱有所改变，清末所颁布的“壬寅学制”和“癸卯学制”，合乎帝制，而不适宜共和，自不能满足于国人的要求。于是决定颁布新法令，以代替旧的规章。

壬子癸丑学制是中国近代第二部学制，是在蔡元培的主持下制定的。1912年7月至8月全国临时教育会议召开，国内著名教育专家开会讨论，最后于9月向全国颁布《学校系统令》，即“壬子学制”。次年，又陆续颁布了各级各类学校令，补充《学校系统令》，合称“壬子癸丑学制”（见图5–9）。这个学制整个学程为18年，分为三段四级，三个系统。第一阶段是初等教育，分为两级：初等小学4年，高等小学3年，共7年。第二阶段是中等教育，只设一级，共4年。第三段是高等教育，也是一级，但分预科和本科。除了由小学、中学、大学组成的学校系统外，还有师范教育和实业教育两个系统。

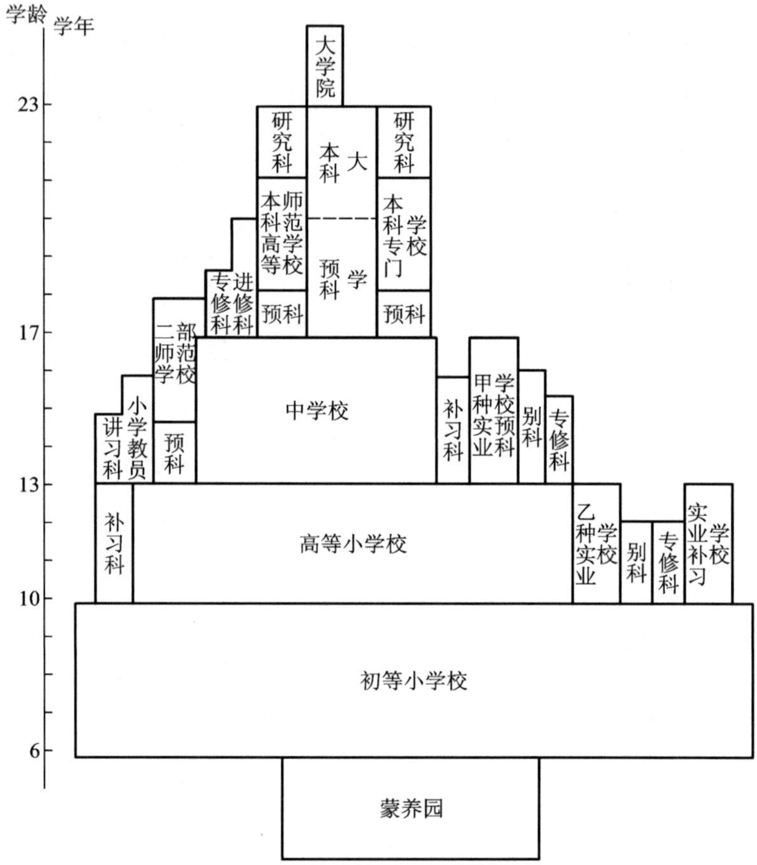

图5–9　壬子癸丑学制系统图

这个学制将小学教育缩短为7年，中学教育缩短为7年，废除了小学与师范学校的读经课程，实行男女教育平等，允许初等小学男女同校，设置了专门学校培养专科实用人才。这些措施尤其是实行“男女教育平等，允许初等小学男女同校”的规定，在我国近代教育发展史以及我国公民受教育权的发展史上具有极其重要的意义。但是，这一学制实施的同时，也暴露了许多不足。如过分强调整体划一，缺乏灵活性；各学段年限划分不合理；太偏重普通教育；等等。

讨论：
男女同校和男女分校教育，哪个更适宜？

4. 壬戌学制

1919 年五四运动的爆发，被认为是中国现代教育的起点。壬戌学制（见图 5–10）是在五四新文化运动的影响下，随着外国教育理论纷纷传入中国以及中国民族资本主义工业的发展而产生的。因此，壬戌学制被称为现代学制。

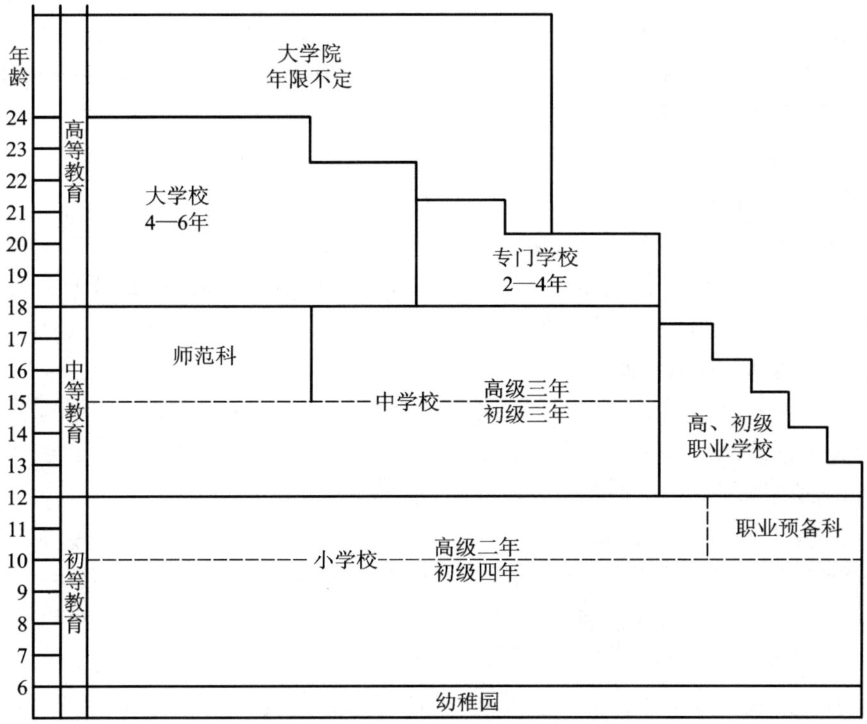

图 5–10　壬戌学制系统图

壬戌学制是中国现代教育史上第一个学制，原名“学校系统改革方案”，因颁布之年 1922 年，是农历壬戌年，故称为壬戌学制或 1922 年学制。壬戌学制一直沿用到 1932 年。该学制是实施时间最长、影响最大、最为成熟的学制。

壬戌学制将整个学制系统分为三段：初等教育、中等教育、高等教育。缩短了小学年限，设三年制初中，取消了大学预科，设三年制高中，提高了师范教育的水平，职业教育单成系统，课程的设置无男女校之别。

5. 我国现行学制

中华人民共和国成立后，对旧有的学校进行了整顿改造。自 1951 年国务院颁布《关于改革学制的决定》之后，随着国民经济的发展与教育结构的调整，学制亦有所变化与发展，并逐步建立了从幼儿教育到研究生教育的比较完整的学校系统，即我国现行学制系统。

《中华人民共和国教育法》（1995 年 9 月 1 日施行）第十七条规定：“国家实行学前教育、初等教育、中等教育、高等教育的学校教育制度。”在我国现行学制中，从纵向来看，划分为四个阶段：学前教育、初等教育、中等教育、高等教育。其中，学前教育、初等教育和普通中等教育（初中、高中）属于基础教育。第十八条规定:“国家实行九年制义务教育制度”,即初等教育阶段与初级中等教育阶段实行义务教育。从横向来看,到了中等教育阶段后,开始出现了类的区分。根据性质与目标的不同可以把我国的教育分为普通教育系统与职业教育系统。职业教育系统需要以普通教育系统为基础。初等教育阶段实施的是普通教育,中等教育阶段以上实施的既有普通教育也有职业教育。根据教育对象可以把教育划分为学龄期教育系统与成人教育系统。根据教育的普及程度以及强制性可以将教育分为义务教育系统(普及教育系统)与非义务教育系统(非普及教育系统)。

(四) 学制的影响因素

学制的建立受多方面因素影响,总体而言,主要因素如下:

1. 生产力发展水平

在奴隶社会和封建社会,生产力水平低下,自然科学不发达,不可能出现技术学校和专业学校。到了资本主义时代,大工业机器生产的发展,普及义务教育制度的建立,才出现了现代学校体系。

2. 社会政治经济制度

学制是社会发展到一定历史阶段的产物,反映一定社会政治经济的要求,并为其统治阶级利益服务。因此,学制在专业设置、入学条件和教育目的等方面的确立,必然受到一定社会政治经济制度的制约。

3. 青少年身心发展规律

青少年的身心发展具有一定的规律,在不同的年龄阶段各有其年龄特征,在确立学制时必须适应这种特征。

4. 民族文化传统

不同的民族有不同的文化,不同的文化传统直接影响学制的建立。如我国科举制是一种文化传统,至今仍然对我国学制的横向系统(中等职业教育与高等职业教育)产生重大影响。

5. 教育思想

教育思想也称教育观念,是人们对教育这个社会现象的态度、认识及基本看法。教育思想不仅影响着学制的变革与发展,而且制约着学制的内部结构。如终身教育思想的提出,就改变了历史上人们所持的一次性教育观念,从而促进了继续教育和成人教育的大发展,并带来了当代学制体系与结构的重大变革。

第三节 学校的变革

● 学校消亡论

“学校消亡论”产生于20世纪60年代的美国。其基本观点反映在伊利奇的代表作《非学校化社会》中。他认为学校极大地压抑了学生的自由与个性,教师对学生行使着很少受宪法与惯例限制的权力。就学把学生与日常世界分离开来,使他们陷入极不开化、不可思议且苦难深重的另一个世界。他断言,由于学校将套装式教学与文凭捆绑在一起,因此学校教育既不可能促进学习,也不可能维护正义。因此,他主张取消现行学校制度,代之以各种学习网络。①

制度化教育的划一性、封闭性带来的种种弊端,已经引起了人们的深刻反思。因此,学校在阶段和类型上都在进行了重大的变革,以期能更好地促进人的发展以及社会的发展。

讨论:
学校会消失吗?

一、学校阶段的变革

(一)幼儿园纳入学制体系

福禄贝尔于1837年在德国的勃兰根堡创立世界上最早的一所幼儿园,并于1840年正式命名为幼儿园,但是这个时期的幼儿园还不是公立学校教育系统中的一部分。1873年,美国的圣路易斯州首次把幼儿园教育作为公立学校教育的一个组成部分,这样幼儿教育才成为美国教育制度中的第一阶段。以后世界各国纷纷效仿美国的做法。

考点提示及练习 5-3

在当代,很多国家已把幼儿教育列入学制系统。这是现代学制在当前的一个重要发展,是现代学制向终身教育制度方向发展的主要标志之一。近年来,发达国家幼儿教育有了迅速的发展。有的国家(法国)已达到普及的水平,4—5岁儿童的入园率已达100%。与此相关,幼儿教育机构也发生了一系列重要变化:其一是幼儿教育的结束期有提前的趋势,提前到了6岁或5岁;其二是加强小学和幼儿教育的联系,有的把幼儿园的大班作为小学预备班(如20世纪七八十年代的苏联),有的把5—7岁的幼儿学校当作义务教育的最初阶段(如英国)。

(二)义务教育年限的延长

义务教育是国家根据法律规定,对一定年龄范围内的儿童,免费实施一定程度的国民教育。强制性、免费性、普遍性和公共性是义务教育的本质属性。

义务教育16世纪发端于德国。在宗教改革运动时,德国新教领袖马丁·路德为了争取人们信仰新教,提倡使用公费广设学校,政府强迫人民送子弟入学。1619年德意志魏玛邦公布学校法令,规定6—12岁男女儿童必须到学校读书,不愿送儿童入学的父母将受到惩罚。

义务教育在19世纪50年代由于经济的发展而大规模实施。工业革命的成功,使得资本主义经济迅速发展,大机器生产代替了工场手工业,科学技术在生产上得到空前广泛的应用。这就要求大大增加劳动者的数量,提高劳动者素质,因此,普及初等教育就迫在眉睫。这样,到了19世纪后半期,一些发达的资本主义国家,先后通过了义务教育法令。到20世纪20年代,各主要资本主义国家都已基本普及了初等义务教育。

20世纪80年代以后,各国义务教育的年限进一步延长,全世界义务教育的平均年限为8.63年,其中七大工业国家中,德国为12年,英国为11年,美国、法国、加拿大均为10年,日本9年,意大利为8年。

(三)高等教育大众化

1973年,美国马丁·特罗以美国和一些欧洲国家的高等教育发展为例,提出

① 吴康宁. 教育社会学[M]. 北京:人民教育出版社,1998:386-387.

了“高等教育发展阶段论”,在国际上广为流传。他以一个国家的高等教育毛入学率(高等教育毛入学率 = 高等教育学生总数 / 高等教育适龄青年人口数)的15% 以下、15% ~ 50% 和 50% 以上为界,分别将高等教育发展阶段称为精英阶段、大众化阶段和普及化阶段。

所谓高等教育大众化,是指某个国家的高等教育从精英阶段跨入到大众化阶段后,不断培养大批普通民众直至普及化阶段来临之前的发展过程。它不同于“大众高等教育”,前者强调高等教育步入大众化阶段后继续发展直至普及化阶段的一个量变过程,而后者表示高等教育发展过程中精英阶段持续发展所产生的一个质变结果。

讨论:高等教育大众化带来了怎样的变化?

依据上述划分标准,美国高等教育率先在 20 世纪 40 年代实现了从精英阶段向大众化阶段的转变。20 世纪 70 年代初期,唯独美国高等教育从大众化阶段跨入普及化阶段,而日本、多数欧洲发达国家尚处于大众化阶段的初期,一些国家还处于从精英阶段向大众化阶段发展的过程之中。

目前,我国的高等教育已进入普及化发展新阶段。

二、学校类型的变革

学校类型的改革主要体现在两个方面:一是职业技术教育的勃兴;二是终身教育体系的建构。

(一) 职业技术教育的勃兴

职业技术教育既是古代学徒制教育向现代职业教育的发展,也是现代大生产要求下职业技术教育从普通教育中的分化。在现代社会里,随着职业训练的基础——科学技术的水平越来越高,对职业技术教育的科学文化基础的要求也越来越高。现代职业技术教育最初是在小学阶段进行的,后来依次发展到在初中、高中和初级学院阶段进行。职业技术教育在哪个阶段进行,完全依赖于科学技术基础的状况。

在当代,发达国家的职业技术教育基本上是在高中阶段进行,并已有移向高中后的明显趋势:美国高中职业科缩小而社区学院职业技术教育的比例却在增大,日本相当于短期大学的“专门学校”远远超过相当于高中程度的“专修学校”,苏联相当于跨越高中及高中后的中等职业技术学校已完全代替了相当于高中的普通职业技术学校,我国则在大力发展高等职业技术教育。

进行职业技术教育的时间往后推移,是由于当代职业教育日益建立在更高的科学技术基础之上,只有在高水平文化科学基础知识之上培养出来的人才更有适应性。

从总体上看,职业技术教育在当代有两个突出特征:第一是文化科学技术基础越来越高;第二是职业技术教育的层次、类型的多样化。

(二) 终身教育体系的建构

按照库姆斯的观点,正规学校体制主要建立在三个与日常生活经验不相适应的假定之上:(1) 学校,只有学校才能够满足个人所有的基本学习需求;(2) 一个人在学龄期间可以一劳永逸地完成学习;(3) 任何缺乏正规学校教育的人实际上就是没有受过教育的人(即文盲)。[①] 因此,当人们试图建立一种自主性教育制度的时候,必须向这种正规学校体制进行挑战。终身教育制度就是这种挑战的产物。在查尔斯·赫梅尔看来:教育一直是一个过程,它既不受时间限制,也不受空间限制。无论在何处,教育总是贯穿于全部生活之中。然而,到 19 世纪,学校作为对年轻人进行正式和体制化教育的场所,获得了教育的垄断权。学校变为强制性的,并且被认为是工业化社会迅速进步的主要产物。正是学校和公共教育的这种威望,在世界上所有国家形成了对任何意义深远的教育制度进行改革的最大障碍。终身教育原则的概念化,就是对这种正规教育体制进行挑战的结果。

从 20 世纪 60 年代保罗·朗格朗(P. Lengrand)的开创性工作开始,在不到 10 年的时间里,人们就奠定了它的理论基础。20 世纪 70 年代初,随着《学会生存》的发表,终身教育制度的模式首次公之于世。今天,终身教育作为一项基本原则已为各地所接受。它被作为考虑有关教育领域一般性问题的出发点,并且很明显,所有重要的教育改革都包含它,尽管到目前为止,尚未有一个完全从终身教育角度出发规划整个教育系统的国家。[②]

值得注意的是,终身教育的概念是建立在教育内涵的深刻变化和外延的全面扩展的基础之上的。在教育内涵方面,保罗·朗格朗认为,教育现在正处在实现其真正意义的进程中,其目标不是获取知识的宝库,而是个人的发展,作为多种成功经验的结果,而达到日益充分的自我实现。[③] 因此,“终身教育不仅仅是传统教育的简单延续。正是从生存的重要意义出发,终身教育包括大量新型的适应个体存在的方式。它能使我们观察到一系列基本的情况,在这些情况下个体以崭新的姿态表现着自己。它提供了解决影响个体和社会命运的某些重要问题的新颖的答案。”[④] 查尔斯·赫梅尔在这一问题上也持有相近的观点。他说:“有人担心通过终身教育,个人的存在将要被无止境的教学所侵犯或妨害,担心终身教育将预示学校老师的统治,担心终身教育不仅使人得不到生活、活动和创造,反而不得不遭受没完没了的学徒生活的磨难。对这些人,这种制度的维护者的回答是,一定不能把教育和学校讲授混为一谈,教师作为终身教育的 部分应该彻底改变自己的看法,成为一个鼓动者或引导者,他将帮助唤醒未被知晓或沉睡中的能力,使得每个人都能分享到完全发挥自己才能的幸福。”[⑤]

而在教育外延方面,保罗·朗格朗指出:“终身教育即教育这个词所包含的所有意义,包括了教育的各个方面、各种范围,包括从生命运动的一开始到最后结束这段时间的不断发展,也包括了在教育发展过程中的各个点与连续的各个

① 库姆斯 . 世界教育危机:八十年代的观点[M]. 赵宝恒,李环,等译 . 北京:人民教育出版社,1990 :20.

② 赫梅尔 . 今日的教育为了明日的世界:为国际教育局写的报告[M]. 王静,赵穗生,译 . 北京:中国对外翻译出版公司,1983 :22-24.

③ 朗格朗 . 终身教育导论[M]. 滕星,等译 . 北京:华夏出版社,1988 :45.

④ 朗格朗 . 终身教育导论[M]. 滕星,等译 . 北京:华夏出版社,1988 :54.

⑤ 赫梅尔 . 今日的教育为了明日的世界:为国际教育局写的报告[M]. 王静,赵穗生,译 . 北京:中国对外翻译出版公司,1983 :28.

阶段之间的紧密而有机的内在联系。”① 伊万伊利奇则认为：“一个好的教育系统(educational system)应具有三个宗旨：第一，向所有希望学习的人提供其一生中任何时候皆可利用的资源；第二，使所有希望与他人分享自己的知识的人都能找到想从他们那里学到这些知识的人；第三，向所有希望向公众提出问题的人提供相应的机会……应当运用现代技术使言论自由、集会自由及出版自由真正成为所有人均可享受的权利，并因此而具有充分的教育价值。”② 基于这种考虑，他也提出了建立非学校化社会中的学习网络的问题。

终身教育没有统一的模式，但有共同的原则。保罗·朗格朗总结了终身教育的基本原则，包括：(1) 确保教育的连续性以防止知识的老化。(2) 使教学计划和方法适应每一个团体具体的和根本的目标。(3) 在各个教育水平上，塑造人类自身旨在适应进步、变化和改革的生活。(4) 大规模地使用和安排各种各样的信息和训练，超越加在教育身上的传统定义和组织机构的限制。(5) 确立各种活动(技术的、政治的、工业的、商业的等)形式与各种教育目标之间的密切关系。③ 这些原则可以看作终身教育制度的总纲。在这种终身教育制度框架下形成的终身教育系统，可以说是一种综合教育系统。杰·阿基比鲁指出：“一个综合的教育系统与一般系统是有区别的：系统概念中所包含的硬性和不灵活性等因素更得以松弛。灵活性是综合系统的特征之一。综合到一个教育系统中的各个部分并未融合或合而为一，成为与原来各部分不同的新东西，各组成部分并不是孤立地存在或共存，而是在各组成部分之间的相互作用中生存。”这种综合教育系统是一种真正统一的教育系统，其中的各个组成部分既相互合作，又相互独立，并能根据不同的情况不断进行调整和重新组织。其“各组成部分之间的关系不是永恒的、固定的，而是根据系统的需要而改变，从而有可能根据需要在不同时期突出不同的部分。”④

本章小结

自从有了人类就有了教育，但学校并不是与教育同步产生的。学校作为专门培养人才的机构，其产生与发展受制于各种各样的因素，经历了非形式化、形式化到制度化的漫长过程，至今仍在不断完善之中。不同的发展阶段，由于不同的社会背景，学校的特点与功能也千差万别，了解学校的产生与发展历史是进行学校变革的前提。对学校的本质、学校的功能、学校制度等进行科学的分析是为了使学校的功能得到最大限度的发挥。现代的学校正在发生着这样那样的变化，意味着学校的现实功能正进行着静悄悄的革命，但学校的本质，即培养人的机构，却是一个永恒的存在。

① 朗格朗．终身教育导论[M]．滕星，等译．北京：华夏出版社，1988：16.
② 伊利奇．去学校化社会[M]．吴康宁，译．北京：中国轻工业出版社，2017：88-89.
③ 朗格朗．终身教育导论[M]．滕星，译．北京：华夏出版社，1988：66.
④ 阿基比鲁．教育哲学导论[M]．董占顺，等译．北京：春秋出版社，1989：202.

案例分析

尼尔(A.S.Neill),英国教育家,1921 年在德国开设了一所国际学校,名为“新学校”。1924 年迁至英国的萨福克郡的雷斯顿,被人们称为夏山学校。夏山学校是一所小型的实验学校,学校里面的学生来自世界上的许多国家。按照尼尔的说法,由于夏山学校表明了在学校中自由是行得通的,到了 20 世纪 60 年代,它已经成为一所示范学校。

尼尔认为,现代教育太僵化、太集权了,现代学校就是“使活跃的儿童坐在课桌上学习几乎全部无用的功课的学校”。于是,他就在“使学校适合儿童而不是使儿童适合学校”的观念指导下,建立了夏山学校。他深信儿童生来是明智和现实主义的,所以,夏山学校的口号是“自由”。在那里,放弃了一切纪律,一切指导,一切暗示,一切道德训练,一切宗教教学。上课是自愿的,儿童可以从事他们自己感兴趣的活动,并且自己“管理”自己。所以,从其本质上来看,夏山学校就是一个以儿童为中心的学校。①

根据上述材料回答下列问题:

(1) 夏山学校的出现反映了教育制度中的哪些基本问题?

(2) 你能运用相关原理评价一下夏山学校吗?

反思与探究

1. 学校起源于何种形态?
2. 影响教育制度的因素有哪些?
3. 探索教育组织形态从简单到复杂的演变轨迹。
4. 论述学校教育系统出现的社会背景及其发展轨迹。
5. 论述学校变革的趋势。

推荐阅读

1. 佛罗斯特 . 西方教育的历史和哲学基础[M]. 吴元训,等译 . 北京:华夏出版社,1987.

2. 康永久 . 教育制度的生成与变革:新制度教育学论纲[M]. 北京:教育科学出版社,2003.

3. 李国均,王炳照 . 中国教育制度通史[M]. 济南:山东教育出版社,2007.

4. 古德莱德 . 学校的职能[M]. 赵晓燕,译 . 兰州:甘肃文化出版社,2005.

5. 曹培杰 . 未来学校的变革路径:“互联网 + 教育”的定位与持续发展[J]. 教育研究,2016(10):46–51.

6. 范涌峰,宋乃庆 . 学校特色发展:内涵、价值及观测要点[J]. 教育研究与实验,2017(2):44–48.

---

① 华东师范大学教育系,杭州大学教育系 . 现代西方资产阶级教育思想论著选[M]. 北京:人民教育出版社,1980:137–148.

第六章
教师及其专业发展

【学习目标】

- 了解教师职业的历史演进。
- 知道教师的角色与劳动特点。
- 识记教师专业发展的内容。
- 熟知教师专业发展取向与方法。
- 理解教师的专业地位。

【知识导图】

- 教师及其专业发展
  - 教师职业的历史演进
    - 教师职业的萌芽
    - 独立职能教师的产生
    - 专门化教师的产生
    - 教师的专业化发展
  - 教师的角色与劳动特点
    - 角色与教师角色
    - 传统的教师角色定位
    - 现代的教师角色定位
    - 教师劳动的特点
    - 教师的职业理念与职业行为
  - 教师专业发展的内容
    - 教师的专业知识
    - 教师的专业技能
    - 教师的专业情意
    - 教师的职业能力
  - 教师专业发展的阶段与方法
    - 教师专业发展阶段
    - 教师专业发展方法

【引子】

一位教师的成长经验

1988年高考，我取得了县里文科第二名的成绩。由于填报志愿时的失误，我极不情愿地跨进了一所中学的大门，任初一(14)班的班主任。在之后两年的时间里，我和孩子们一起，几乎夺得了所有年级比赛的锦旗，我的教育感觉开始良好起来，不但忘了伤痛，还常常快乐地追问自己："我为什么而来？""讲台对我来说意味着什么？"站在三尺讲台之上，我用妙语连珠吸引了听众，从他们虔诚的目光、痴迷的表情中我感受到了自身的价值。于是前面两个追问的答案便渐渐明晰——"我为三尺讲台而来"，"讲台对我来说意味着自我实现"。两年后，和我一起参加工作的老师跟班教初三，我却莫名其妙地被刷下，一个自以为有点才气的年轻人怎么也忍不下这口窝囊气。从此我不思进取，从1990年到1997年，我没写过一篇论文，没对外开过一节公开课，没评上过一次先进，没评上过一次优职……

1997年，学校来了一位新校长，一天他居然突击来听我的课。那种情境，说不紧张是假的，但最后我还是豁出去了。校长离开时说：素质不错，好好努力！在三天后的全校教职工大会上，校长复述了我上课的流程，并加上了精彩的点评，那天我居然成了名人。当年的县教坛新秀评比，校长找到了我，他的话不多，但让人很震撼："我听过很多人的课，你的课最轻松，我知道你是全校最好的语文老师！"或许是因为校长的鼓励，当年我居然评上了县教坛新秀。失落多年的信心又回到了身边，我开始关注语文教学前沿理论，开始写论文，开始上公开课，赢得了"情感派教师"的称号，评上了先进，被评为市教坛新秀、市级名师、模范班主任、县十大优秀青年、县专业技术优秀人才等。2003年，我成为县里最年轻的高级教师……

一个人的成长是寂寞的、孤独的，也是容易遭受摧残的。一个教师的发展，除了自我反思、专业引领，志同道合者的互动激励也是必不可少的。开始时，我常被某些人看作另类，有人说我整天就知道写，也不知道写些鸡毛蒜皮的事有什么用。像这样的言论我听过不少，在不解的目光中，我坦然走过，因为我有强大的团队支持，包括教育在线网友团队、志同道合的学兄学妹……

教师承担着教书育人的神圣职责，从古到今一直以来都存在把教师"神化"的倾向，比如"师者，人之模范也""教师是太阳底下最光辉的职业""教师是人类灵魂的工程师"等。从上面这个例子我们可以看出，教师首先是作为一个"人"存在，然后才是作为人的"教师"。因此，我们必须对教师有一个准确的定位，在此基础上才能够讨论作为教师应该发展什么，如何发展才能够更好地教书育人的问题。

讨论：不同的人对教师有不同的理解，你心目中的教师是怎样的形象？

第一节 教师职业的历史演进

任务：
请结合学校教育、社会教育、家庭教育的区别，分析“教师”与“教育者”的区别与联系，说明为什么教师不是与教育同时出现的。

考点提示及练习 6–1

就一种职业而言，教师职业是与学校共始终的一种职业，但教师职业并不是与教育同时产生的。有了人类就有了教育，但教师的出现却要迟得多。在原始社会，教育活动的承担者主要是部落、氏族的首领，以及老人、能人与妇女，但这些人还不是现代意义上的教师。随着生产力的发展，农业和畜牧业开始分离，手工业又从农业中分离出来，最后脑力劳动与体力劳动分离开来，出现了专门从事脑力劳动的人员，专门的教师也开始出现。我国大约在奴隶社会的夏朝出现了专门的学校，专职教师也开始出现，但教师这一职业的从业人员仍然不是通过专门机构进行培养的。到了近代，随着工业化的推进，经济社会发展需要开展大规模的国民教育，同时对劳动者素质的要求不断提高，这样才出现了专门的教师培训机构，教师逐渐走向专业化培养。所以，要想全面理解和准确把握教师这一概念的基本含义，就必须把教师作为一个特定的社会群体，从其与人类社会发展的关系、所承担的社会职责以及与活动对象的关系等方面去考察。

一、教师职业的萌芽

在原始社会，人类出于生存与发展的需要，必须将生产经验与生活经验代代相传下去，但是由于生产力发展水平极其低下，脑力劳动与体力劳动还没有形成分工，部落中富有经验的年长者与其他能干的人，就自然地承担起教师的职责。他们有意识、有步骤地把生产知识、制造和使用劳动工具的方法与技能、生活经验、风俗习惯及行为准则等通过口耳相传的方法传授给部落成员。如韩愈所言：“古之时，人之害多矣。有圣人者立，然后教之以相生之道，为之君，为之师。”[①] 其意思是说，古时的生活相对恶劣，能干的人挺身而出，教其他人如何战胜自然灾害，生存下去，这些人便成为众人的领袖，同时也成为众人的老师。母系社会中年长的妇女、父系社会中的父兄、部落中的能人都是在生产和生活中发挥教育作用的教师。简言之，当时是以长者为师、能者为师。这是教师职业的原始形态，教师传承和培养的功能已基本显现，但还没有专门的教育机构与职业性的教师。教育的原始性决定了教师职业的原始性。

到原始社会后期，生产力水平提高，社会剩余产品增加，使一些人专门从事文化教育事业成为可能，脑力劳动与体力劳动初步分离，学校开始萌芽。如古书中有记载：“五帝名大学曰成均”，“有虞氏养国老于上庠，养庶老于下庠”。“成均”是演奏礼乐的地方，同时也是教授礼乐的地方。“庠者，养也”，是指仓库，同时也是养老的地方，兼有养育下一代的责任。因而可以认为这些从事非物质生产的人，如巫、史、卜、贞人、乐师等是最早的一批教师。

这一时期的“教师职业”有以下特点：教师是既从事教育活动又从事社会生

① 吴楚材，吴调侯．古文观止：上［M］．钟基，等译注．北京：中华书局，2011：537.

产的能者或长者，还没有游离出生产和生活领域；教育主要围绕生产劳动和生存训练进行，是一种原始性的、自发性的活动，没有固定的教育场所，也没有脱离生产劳动的专职教师和学生。

二、独立职能教师的产生

教师作为一种真正的职业与学校的产生有密切关系。到了奴隶社会，出现了专门的学校。《孟子》中记载“夏曰校，殷曰序，周曰庠，学则三代共之”。在商代，甲骨文中就出现了“师”的字样。到了奴隶制鼎盛时期的西周，建立了官学体制，“学在官府”是学校教育的主要特征之一。教育由官府控制，只有官府才具备从事教育活动的条件，教师全由政府官员来兼任，有学识的政府官吏是学校的教师，以吏为师、师吏合一，是当时普遍的情况。这种政教合一、官师一体的体制不仅在中国奴隶社会得以发展，而且在中国长期的封建集权社会制度下，也基本得到了保留。汉代以后，中央及地方官学中设立博士、祭酒、助教、直讲、典学，这些人同时具有两种身份，一方面是学校教师，另一方面是政府官员，教师职位的高低与他们在政府所任职位的高低密切相关。

在中国封建社会，除了上述官学教师之外，还有私学教师。在春秋战国时期，由于官学衰废，私学兴起，形成了一个相对独立的“士”阶层。“士”进可以做官食禄，退可以为师办学，成为一种专门的职业，而且是一种不依靠他人的职业。如《韩非子》所言“主卖官爵，臣卖智力”，而教师则“自恃无恃人”。这说明当时的教师已经可以凭自己的知识技能生存，以教育为谋生之道。这些“士”是我国的第一代职业教师，其中以孔子为最，他带领众多弟子在其所任职的地方从事私人教育活动，因此被称为我国教师的“祖师爷”。私学教师一般又有经师与蒙师之分。经师一般在精舍、书院讲学著述，更多的私学教师是蒙师，即儿童的“句读之师”。蒙师又称塾师，多为私自招收弟子，或被一些大家族所聘请。在春秋战国时期，教师的称呼除师、保、傅之外，还有先生、夫子等。

在中世纪的西方封建社会，由于基督教是封建统治阶级的精神支柱，其影响和势力范围波及整个欧洲，故宗教教育占主导地位。“学在教会”是这一时期西方学校教育的主要特征之一。僧院学校、教会学校、教区学校广为建立，学校均以僧侣、神父、牧师为师，教学以传授宗教内容为主。以僧为师、僧师一体的教师职业体系基本确立，并在很长时期内占主导地位。

这一时期的教师职业有以下特点：教师开始从生产劳动中分离出来，成为专门从事脑力劳动的人员；由于受教育是一种特权，所以为社会上层所垄断，知识传授成为教师的基本任务；教师成为独立而泛化的行业，教师属于知识阶层，既从事教育活动，又担当其他社会角色；教师不是专门培养的，而是从知识分子中分化出来的，他们的教育教学技能主要在实践中形成。

三、专门化教师的产生

随着社会物质文明和精神文明的发展，以及教育功能的变化发展，学校最终从官府、教会中完全分离出来，教师也从官吏、僧侣中完全分离出来。18 世纪下半叶开始的第一次工业革命,改变了人类的生活,同时也改变了学校教育发展的方向。随着义务教育的普及和班级授课制的实施,教育受众面不断扩大,社会对教师的需求量大增,同时对教师的素质也提出了更高的要求。由此,逐渐出现了专门的教师培训机构。1681年,法国的拉萨尔(Lasalle)在兰斯(Rheims)创办了世界上第一所师资训练学校,开创了独立师范教育的先河。1695年德国的法兰克(A. H. Francke)在哈雷(Halle)创办了教员养成所,成为德国师范教育的先驱。1795年法国在巴黎设公立师范学校,1810年设立高等师范学校,1833年的《基佐法案》明确规定各省均设一所师范学校,只有通过考试获得国家颁发证书的教师才能任教。从1870年到1890年,世界上许多国家都颁布法规设立师范学校。中国也是在这个时期开始开展师范教育的。如1897年盛宣怀在南洋公学设立"师范院",1902年京师大学堂内开办"师范馆",同年实业家和教育家张謇自筹资金在南通创办民立通州师范学校,等等。此后,师范教育成为教育体制中的一个重要组成部分。

早期的师范教育主要采用"学徒制"的方式,使学生获得一些感性的认识和经验,教育理论知识尚未正式进入课堂。随着夸美纽斯、卢梭、裴斯泰洛齐、斯宾塞、第斯多惠、乌申斯基等著名教育家对教育的研究与实践,教育学科迅速发展,师范教育除了对教师进行文化知识教育外,还开设了教育学、心理学等课程,尝试对教师进行专门化的教育教学训练。

师范教育是培养师资的专门教育,它是现代社会的产物,它的诞生与变革,标志着教师职业经验化、随意化时代的终结,以及教师职业专门化的开始。这一时期的教师职业有以下特点:教育的受众面扩大,成为提高国民素质的基本手段,因此教师人数大量增加,教师成为一种独立的、专门的职业;出现了专门培养教师的师范教育机构,开始对教师进行教育学科与教育技能的培养与训练,教师职业开始有了一定的准入要求。

四、教师的专业化发展

20世纪60年代,师范教育面临着几方面的巨大压力,教师的质量迫切需要提高。首先是世界各国均出现出生率下降的情况,对教师的需求量相对减少;其次是由于经济方面的困难,政府需要大幅度削减公共支出,往往把教师培养机构作为减少开支的对象;最后是从总体上来说学校教育没有达到公众所期望的质量,从而导致公众对教育的信心下降。对教育质量的不满和对教师素质低下的讨论引发了社会各界对教师教育的批评。于是,社会对教师素质的关注也达到了前所未有的程度。

1966年,联合国教科文组织与国际劳工组织在《关于教师地位的建议》中提出:应当把教师职业作为专门职业来看待。这是联合国第一次提出了把教师作为专业人员的建议。《世界教育年鉴》于1963年以"教育与教师培训"为主题,1980年又以"教师专业发展"为主题,表明教师问题得到了极大关注。第45届国际教育大会以"加强在变化着的世界中的教师作用之教育"为主题,强调教师在社会变革中的作用。

进入20世纪80年代,教师专业发展成为人们关注的焦点和当代教育改革的中心主题之一。就美国而言,1980年6月16日《时代》周刊刊发的题为《危急!教师不会教》的文章,引起了公众对教师质量的担忧,拉开了以提高教师素质、促进教师专业发展为核心的教育改革序幕。随后,"高质量教育委员会"于1983年发表的《国家处在危急中:教育改革势在必行》,霍姆斯小组于1986年、1990年、1995年分别发表的《明天的教师》《明日之学校》《明日之教育学院》,卡内基工作小组于1986年发表的《国家为培养21世纪的教师作准备》,以及复兴小组于1989年发表的《新世界的教师》等一系列报告均对教师素质提出了更高的要求,要求以教师的专业化来实现教学的专业化,教师专业发展很快在美国成为一场声势浩大的改革运动。此后的许多研究和改革都是围绕如何促使教师获得最大程度的专业发展而展开的。日本、英国等也采取了多种措施促进教师专业发展。如日本在20世纪80年代末建立了旨在促进教师专业化的校本培训模式,英国教育与就业部在1988年颁布了新的教师教育专业性认可标准"教师教育课程要求"。

在我国,在20世纪80年代开始实行教育资格证制度。1986年4月12日颁布的《中华人民共和国义务教育法》第十三条规定:"国家建立教师资格考核制度,对合格教师颁发资格证书。"同年9月6日,国家教育委员会颁布《中小学教师考核合格证书试行办法》,规定"只有具备合格学历或有考核合格证书的,才能担任教师"。1995年12月28日下发《教师资格认定的过渡办法》,明确规定了教师资格过渡的范围、申请和认定等事项。2000年9月23日教育部颁布《〈教师资格条例〉实施办法》,开始正式实施教师资格证书考试制度,具体工作由地方政府教育部门负责。2011年我国开始在浙江和湖北试行教师资格国家统一考试制度,并于2013年8月15日发布《中小学教师资格考试暂行办法》《中小学教师资格定期注册暂行办法》,规定"教师资格考试实行全国统一考试"。

除教师资格证书全国统考之外,我国也制定了全国统一的教师专业标准。2012年2月10日,《教育部关于印发〈幼儿园教师专业标准(试行)〉〈小学教师专业标准(试行)〉和〈中学教师专业标准(试行)〉的通知》明确规定了幼儿园、小学和中学合格教师专业素质的基本要求。除专业标准之外,我国历来注重教师的职业道德。在广泛征求意见的基础上,对1997年国家教委和全国教育工会联合印发的《中小学教师职业道德规范》进行了修订,并于2008年9月1日正式颁布《中小学教师职业道德规范(2008年修订)》,明确规定"爱国守法、爱岗敬业、关爱学生、教书育人、为人师表、终身学习"是中小学教师基本的职业道德规范。为了进一步加强师德师风建设,教育部在2018年11月8日颁布了《新时代高校教师职业行为十项准则》《新时代中小学教师职业行为十项准则》《新时代幼儿园教师职业行为十项准则》,明确新时代教师职业规范,为深化师德师风建设,造就政治素质过硬、业务能力精湛、育人水平高超的高素质教师队伍提供了方向。

资料夹 6-1

关于教师的界说

“师者，所以传道、授业、解惑也。”（韩愈）

“师也者，教之以事，而喻诸德者也。”（《荀子》）

“师哉！师哉！桐（童）子命也；师者，人之模范也。”（扬雄）

“教师是知识种子的传播者，是文明之树的培育者，是人类灵魂的设计者。”（培根）

“教师按狭义解释，是专门学科的讲授者，按广义解释，是有威望的、明智的、对人们有巨大影响的人。”（加里宁）

教师专业化诉求的提出，是教育学科、教师职业发展到一定时期的必然要求，也是世界各国提高基础教育质量、提升国家综合竞争力的必然要求。这一时期教师职业有以下特点：教师职业提升到了专业地位，许多国家与地区都研究制定了系统的教师专业发展标准与要求，对教师进行严格的培养与培训，把教师作为专业人员进行培养；各国都意识到并强调教师在社会变革中的作用，教师承担着越来越大的社会责任；教师作为专业人员，不仅要掌握教育教学的知识与技能基础，更要有面对专业情境作明智决策的能力，反思自己的教学实践的能力，并在此过程中促进自身专业知识和技能的持续发展。

第二节 教师的角色与劳动特点

考点提示及练习 6-2

在不同的历史发展阶段，教师实际上扮演着不同的角色，其中也包括了不同角色所要具备的素质要求，因此可以说教师角色是一个历史建构的过程。本节我们进一步分析我国传统教师的角色隐喻及其存在的不足，同时分析新时代对我国教师又提出了哪些新的角色要求。在此基础上，阐述教师劳动的独特特点。

任务：
结合第一节，分析在教师职业不同的发展阶段，教师扮演了哪些角色，对这些角色会有怎样的素质要求。

一、角色与教师角色

“角色”原指戏剧舞台上的人物。20 世纪 20 年代，美国著名社会心理学家米德（G. Mead）首先将角色概念引入社会心理学理论中，称为社会角色，进而发展成为社会角色理论。这一理论认为，每一个生活在社会中的人都扮演着多种多样的社会角色，正是这种多样的社会角色构成了社会群体或组织的基础。任何一个角色都有明显的社会规定性，“承担”或“扮演”一定的角色就表明个体对他人、集体、社会要尽相应的义务和责任。因此，角色实际上就是个体在特定的社会关系中的身份以及由此而规定的行为规范和行为模式的总和。

教师作为社会中的一员，扮演着多种社会角色，其在学校教育活动中的身份及相应的行为规范和行为模式，称为教师角色。在教育情境中，教师担负多种职责和功能，要扮演多种角色，因此教师角色必然具有一定的情境性，同时在不同的历史发展阶段，社会对教师的角色要求也会发生相应的变化。

从理想到现实的维度，可以把角色划分为期望角色、领悟角色和实践角色。期望角色是社会或团体对角色本身提出的一种理想要求；领悟角色是个体对期望角色的理解与把握；实践角色是指个体在实践中采取的行为方式。面对信息化社会、知识经济的严峻挑战，目前正在全面实施的以培养学生创新能力为核心的素质教育和中国学生核心素养教育，对教师的角色提出了新的要求，教师应该转化传统的角色，以适应自己新的角色定位。

二、传统的教师角色定位

（一）蜡烛角色

教师常常被比喻为“蜡烛”，燃烧自己，照亮别人，为教育事业献出自己的一切。蜡烛角色体现的是教师无私奉献的精神，即教师将自己的知识无私地传授给学生。这个比喻的不妥之处在于，蜡烛往往带有浓重的自我牺牲、自我毁灭色彩，而实际上教师应该在促进学生发展的同时，实现自身的持续发展，在工作与学习中体会人生的意义与价值。

（二）园丁角色

孩子是祖国的花朵，教师则被赋予了为花朵浇水施肥的园丁角色，即充分地关注孩子的成长历程和个性差异。园丁工作是基于“秧苗”的本性，顺其自然进行，不能“拔苗助长”。教师不仅要挖掘学生潜在的能力，而且有责任把社会主流意识形态通过特定的途径与方法传递给学生。此外，园丁可以剔除一些不好的“秧苗”，但教师岂能对学习困难生不闻不问？

（三）工程师角色

把教师喻为工程师，体现了教师对孩子发展规划、引导的重要作用。但工程师的工作对象是没有生命的物体，往往是对产品进行整齐划一的设计与规划。这种比喻将教师复杂的工作简单化，把活生生的工作对象物化，容易造成教师不能因材施教，不能根据学生学习过程中的实际情况作出恰当的调整与变化，从而影响孩子的发展。

（四）一桶水角色

“要给孩子一碗水，教师首先要有一桶水”，这一说法对教师的知识储备提出了要求，因为丰富的知识是做好教师的基础。但问题是教师不仅仅要有丰富的知识储备，更需要有如何将这些知识教给学生的知识，即教的知识。同时，在科学技术迅猛发展的今天，衡量一个人的学识水平，不仅仅是看其知识量的多少，更要注重创新与获取知识的能力。因此，教师要做好学生的“导学者”，让学生掌握学习方法，培养学生研究与创新的能力，即“授之以鱼，不如授之以渔”。

三、现代的教师角色定位

随着时代的发展和社会的进步，对教师的角色的诉求也在不断地发展变化。习近平在同北京师范大学师生代表座谈时提出，做好老师的“四有”观点：

做好老师,要有理想信念;做好老师,要有道德情操;做好老师,要有扎实学识;做好老师,要有仁爱之心。习近平总书记在中国人民大学发表重要讲话时指出:“培养社会主义建设者和接班人,迫切需要我们的教师既精通专业知识、做好‘经师’,又涵养德行、成为‘人师’,努力做精于‘传道授业解惑’的‘经师’和‘人师’的统一者。”“做学生为学、为事、为人的大先生。”“四有好老师”“大先生”是新时代对老师的基本要求,结合最新的教育研究与理论的发展,现代教师至少要扮演下列一些角色。

(一) 授业传道者

授业传道者是教师职业角色中最具核心性或基础性的角色,也是教师职业得以产生发展并延续到今天的根本原因。正是因为教师,人类社会积累的文明才能传递下来,人类所创造的一切文化科学知识才得以继承和发展,人类社会也得以延续和进步。也正是有了教师和教学,学生才能在较短的时间里掌握人类几百年、几千年所积累的知识和经验,形成自己的知识结构和技能、技巧,并获得智慧的启迪、能力的发展和人格的陶冶。

(二) 研究者

教师成为研究者,已经是当今乃至未来教师基本素养的一部分,已经成为教师新的职业存在的基本表现形态。这意味着教师要对自身的教育教学实践进行持续不断的研究与反思,不断提升教育教学智慧,使研究与反思成为教师基本的生活状态或方式。只有这样教师才能发现许多习以为常的教育现象和做法的不合理之处,才能不断发现问题、解决问题,不断提高教育教学质量,才能感知教育理论的实践价值,领悟教育的真谛,使教育工作更具创造性,培养出富有创新精神的人才。

(三) 管理者

有效的“授业传道”至少有两个前提:一是教师开展研究,二是纪律的约束。所以教师不仅要成为研究者,还要成为有效的管理者。学校是一个接受社会委托对下一代进行教育的专门场所,有其自身的规范与制度,这需要教师来执行与维护。所以,在日常的学校生活中,教师通常是以管理者的身份出现的,这些情况包括教学目的的确定、课堂教学管理、班集体的建设、班级活动的展开、学生的日常管理等。

(四) 引导者

教师要转变角色,从知识的传递者变成学生学习的引导者,营造民主、平等、和谐、愉快的教学氛围,激发学生的学习动机,培养学生的学习兴趣,协助学生从各种信息中提取有用成分,鼓励学生大胆实践,激励学生探索未知领域。教师应帮助学生制订适当的学习目标,并确认和协调达到目标的最佳途径,指导学生养成良好的学习习惯,掌握学习策略,为学生提供各种便利,引导学生开展自主、合作、探究等多种方式的学习。

(五) 协作者

传统的教学协作仅限于教师之间,而且是在很小范围内的教师间的协作。现代学习理论特别强调协作学习,强调学生的参与,强调学生在教师的组织和引导下一起讨论和交流，对问题提出自己的看法，对别人的观点作出分析和评论，通过这样的协作学习，共同完成对所学知识的意义建构。教育信息化的发展，为开展“协作学习”提供了更为便利的支持条件。教师作为协作者的作用主要体现在组织学生开展协作学习，并对学生协作学习的过程进行引导，建立起良好的师生关系和生生关系。

（六）课程开发者

课程改革倡导民主、开放、科学的课程理念，确立了国家课程、地方课程、校本课程三级课程管理政策。因此，教师不能再像以前一样成为课程忠实的实施者，而是要成为课程的开发者。教师开发课程至少包括两层意义：一是指教师需要对国家 / 地方课程进行“二次开发”，即教师要根据实际教育情境对国家 / 地方课程内容进行适度调整和加工，从而更好地满足学生的学习需求；二是指教师进行校本课程的开发，即教师根据学校的教育理念、学生的学习需求、学校的现实条件与资源，以及教师自身的特长等，来确定课程目标，选择和组织课程内容，进行恰当的课程评价等。

（七）心理医生

青少年由于心理不成熟、社会经验不丰富等原因，更容易出现心理问题，表现出焦虑、恐惧、强迫、缺乏自信等心理障碍。如果不给予恰当的调节与处理会导致严重的后果。解决心理问题当然可以通过心理医生，但就现实情况来看，更多的还是要依靠教师来积极引导。这就需要教师扮演好心理医生的角色。同时，在日常教学中，教师要鼓励学生勇于表现自我，引导他们学会理解与认可不同的意见，并适时提供谅解和宽容的心理环境，使其保持积极向上的精神状态。

教师角色是一个不断丰富的概念，随着时代的发展，教师的角色还将不断发生变化。教师角色的转化不是自动发生的，而是需要教师主动改变观念并在现实中不断地完成一系列的自我超越，在自我超越中寻求自我实现。

资料夹 6-2

其他关于教师角色定位举例

教学专家——对教学内容和方法不断地作出选择与决策。

激发者——教师的行为并不能直接地影响学生的学习，因而教师应该成为学生学习的促进者和激发者。

演员——教师要具备演员一样的素质，善于表达、表演，能歌善舞，同时教师对艺术、音乐、大自然的热爱可以引起学生的共鸣，激发他们的学习兴趣。

领导者——作为学生的领导者，要帮助学生实现个人的成长，成为一个问题发现者，成为学生学习的支持者，并且时时做学生的榜样。

环境工程师——安排教室的设置，例如添置书架、改变座位安排、开辟学习角等。

四、教师劳动的特点

教师作为劳动者，学生既是其劳动对象，又是其劳动产品。教师的劳动手段和生产工具主要是自身的品德、知识、能力以及一定的教学设备和科研设备。教师要向学生传授知识，培养能力，并使其树立正确的政治观点和思想品德。教师劳动主要是复杂的脑力劳动，具有以下五个方面的特殊性。

（一）教师劳动的示范性

教育是培养人的活动，这一本质特点决定了教师的劳动必然带有强烈的示范性。教师劳动与其他劳动最大的不同点，就在于教师主要是用自己的思想、学识和言行，通过示范的方式去直接影响劳动对象。教师本人是学校里最重要的师表，最直观、最有教益的模范，是学生活生生的榜样。教师劳动的示范性表现在教育活动的各个方面。在德育工作中，教师的品德、言行对学生具有重要的榜样示范作用。教师在教学工作中需要先做示范以增强学生学习的直接性和规范性，特别是在课文朗读、例题分析、实验操作以及音、体、美和劳动技术的教学中，教师的示范显得更加重要。此外，教师的思维方式、思想品质、知识结构、学习习惯等，无形中都对学生起着示范作用。

（二）教师劳动的复杂性

教师劳动的复杂性表现在教师工作的各方面。首先，教师劳动性质的复杂性。教师的劳动属于专业行为，是一种高度复杂的心智劳动。其次，教师劳动对象的复杂性。教师劳动对象是具有自觉意识的有感情、有理智、有个性的学生。再次，教师劳动内容的复杂性。社会对人才的要求是全面的，教师必须根据社会的要求使受教育者德、智、体、美、劳全面发展。因此教师既要教书更要育人，既要培养学生的能力，还要关注他们生理和心理等方面的成长。最后，教师劳动过程的复杂性。教师的劳动过程是知识信息的传递和转化的过程，是一种综合利用、消化、传递、发现科学知识与技能的复杂的劳动形式。

（三）教师劳动的协作性

学校教育是众多人参加、多方配合的集体劳动，具有很强的协作性。从横向上看，学生的全面成长不是某一个教师能够决定的，而是由承担不同学科教学任务的教师，担负不同职能的教师（如思想工作、教学工作、管理工作等）共同努力实现的。从纵向来看，由于学校教育是分段进行的，没有一个教师能独立完成对一个人从幼儿园到大学的全部教育。每一个学生从幼儿园、小学、中学以至大学各个阶段的成长都包含了许许多多教师的辛勤劳动。因此，学生的变化发展、学业成绩的提高，乃至德、智、体、美、劳的全面发展，是各门学科的教师、班主任乃至整个教育集体、家长、社会的通力合作、协同活动的结果。

（四）教师劳动的创造性

教师劳动的创造性，首先是由教育对象的特殊性决定的，要求教师不停地进行探索，根据教育对象的不同特点，因人而异，因材施教。其次是由教育情境的复杂性决定的，要求教师根据不同的环境和条件，协调各种教育影响因素，发挥更大的灵活性、创造性。教师劳动的创造性集中反映在教师对教育教学原则、内容、方法、手段的选择、运用和处理上，“教学有法，教无定法”是对教师劳动创造性的最好解释。教师劳动的创造性充分体现在教师的教育机智上。所谓教育机智是指教师对某种突发性、偶发性教育事件做出及时的、恰当的处置的能力。马卡连柯指出：“一般地来说，教育学是最辩证、最灵活的一种科学，也是最复杂、最多样化的科学。”①

（五）教师劳动的长期性

“十年树木，百年树人”充分说明了教师劳动长期性的特点。教师劳动的长期性，首先是因为人的成长周期具有长期性，一个人从幼儿到成年需要20年左右的时间，就是成长的某个阶段也需要几年的时间；其次是因为人的思想品德的形成、行为习惯的塑造，都需要一个长期而且不断反复的过程；再次是由教育结果显现的滞后性决定的。教育结果在学生身上往往是以潜在的形态存在的，不能马上见到社会效益，要在学生步入社会作出贡献后才能最终体现出来。教师劳动长期性的特点，表明教师从事教育工作必然要付出长期的、大量的艰辛劳动。

以上教师劳动的五大特点，说明教师劳动和一般生产劳动有着本质区别。一般生产劳动的劳动对象是“物”并且是以“物”制“物”，劳动者可以根据设计图对劳动对象进行加工，但教师的劳动对象不是物质材料，而是“活生生的人”，是有思想、有灵魂的，不能由生产者任意摆布的人。因而教师只有了解教师劳动的特点，才能在教育中“以人为本”，才能更好地教育人、培养人。

讨论：
教师劳动的特殊性会对教师提出什么样的要求？

五、教师的职业理念与职业行为

党的二十大报告提出“办好人民满意的教育”，并对“加强师德师风建设，培养高素质教师队伍”作出了明确要求。教师是一个特殊的职业，这个职业有自己特定的职业要求与行为规则。那么，一个合格的教师应该具有怎样的职业理念，又应该具备怎样的职业道德与职业行为？

（一）教师的职业理念

教师的职业理念是指教师在从事教育职业的过程中所形成的关于教育的观念和信念。新时代的教师应该具有下列职业理念：

1. 以生为本

“以生为本”的教育理念是时代发展的产物，它是一种对学生主体作用和地位的肯定，是一种新的教育理念和价值取向。它强调要尊重学生、爱护学生、理解学生、解放学生、依靠学生和为了学生，关注学生生命价值。“以生为本”的目的就是培养学生，挖掘资源，促进学生和社会的发展。因为学生是国家的希望，祖国的未来，是将来建设国家的栋梁之材，这一宝贵资源对国家繁荣富强，提高国际竞争力具有重大的作用。因此，“以生为本”成为主流教育理念是历史的必然。

2. 全面发展

学生的全面发展指的是学生在德、智、体、美、劳等方面的生动活泼、充分和

① 马卡连柯．论共产主义教育[M]．刘长松，杨慕之，译．北京：人民教育出版社，1954：238.

谐的发展。它主要包括学生品德、能力、体力、个性等方面的发展。这是学生成长的需要,也是学生服务未来社会的需要。《中华人民共和国教育法》规定的国家教育方针着眼于受教育者和社会长远发展的要求,以面向全体学生、全面提高学生的基本素质为根本宗旨,以注重培养受教育者的态度、能力、体力,促进他们在德、智、体、美、劳等方面充分的、自由的、全面的发展为基本特征。

3. 终身学习

终身学习是教师在处理其与自身发展的关系时所应遵循的原则要求。终身学习是由教师自身的职业特点决定的,也是时代发展的要求。"严谨治学,与时俱进,活到老,学到老"是新时期每一位教师应该具备的观念。在实际的教育教学工作中,教师要树立终身学习的理念,拓宽知识视野,更新知识结构;要潜心钻研业务,勇于探索创新,不断提高自身的专业素养和教育教学水平。教师只有具备了终身学习的意识,才能不断提升自身的专业素养和内在素质,提高课堂教学效率和教学水平,促使学生形成终身学习理念。

4. 教育民主化

教育民主化是指在教育活动中要充分调动每一位参与者的积极性、主动性,让他们充分发表意见和建议,表明他们的立场和观点,以达到民主议事、共求合理的目的。这是教育事业发展的需要,也是教育事业发展的趋势,更是调动每一位参与者的积极性、主动性和聪明才智的良好方法,同时是古今中外教育家们普遍的主张和要求。

(二)教师的职业道德

2018 年 9 月 10 日,习近平在全国教育大会上强调教育改革发展的"九个坚持":坚持党对教育事业的全面领导,坚持把立德树人作为根本任务,坚持优先发展教育事业,坚持社会主义办学方向,坚持扎根中国大地办教育,坚持以人民为中心发展教育,坚持深化教育改革创新,坚持把服务中华民族伟大复兴作为教育的重要使命,坚持把教师队伍建设作为基础工作。其中把"立德树人"作为教育的根本任务。那么,教师如何做到"立德树人"?这就需要明确教师职业道德规范。教育部颁布的《中小学教师职业道德规范(2008 年修订)》对教师的思想和行为有明确规定。

1. 爱国守法

热爱祖国,热爱人民,拥护中国共产党领导,拥护社会主义。全面贯彻国家教育方针,自觉遵守教育法律法规,依法履行教师职责权利。不得有违背党和国家方针政策的言行。这是师德的基本要求。

2. 爱岗敬业

忠诚于人民教育事业,志存高远,勤恳敬业,甘为人梯,乐于奉献。对工作高度负责,认真备课上课,认真批改作业,认真辅导学生。不得敷衍塞责。这是师德的本质要求。

3. 关爱学生

关心爱护全体学生,尊重学生人格,平等公正对待学生。对学生严慈相济,做学生良师益友。保护学生安全,关心学生健康,维护学生权益。不讽刺、挖苦、歧视学生，不体罚或变相体罚学生。这是师德的灵魂。

4. 教书育人

遵循教育规律，实施素质教育。循循善诱，诲人不倦，因材施教。培养学生良好品行，激发学生创新精神，促进学生全面发展。不以分数作为评价学生的唯一标准。这是教师的天职。

5. 为人师表

坚守高尚情操，知荣明耻，严于律己，以身作则。衣着得体，语言规范，举止文明。关心集体，团结协作，尊重同事，尊重家长。作风正派，廉洁奉公。自觉抵制有偿家教，不利用职务之便谋取私利。这是师德的内在要求。

6. 终身学习

崇尚科学精神，树立终身学习理念，拓宽知识视野，更新知识结构。潜心钻研业务，勇于探索创新，不断提高专业素养和教育教学水平。这是教师发展的动力。

（三）教师的职业行为

2018 年 11 月 8 日，教育部颁布了《新时代中小学教师职业行为十项准则》，下面对其基本内容和要求逐条进行阐述。

1. 坚定政治方向

教师是党的教育方针的执行者，教育方针代表了党和国家对培养人才的要求。我国社会主义教育就是要培养社会主义的建设者和接班人，政治是灵魂，坚持正确的政治方向是第一位的。教师具体地要做到以下三点：(1) 拥护中国共产党的领导。教师要以习近平新时代中国特色社会主义思想为指导，拥护中国共产党的领导，践行社会主义核心价值观，以身作则，做学生的榜样。(2) 贯彻党的教育方针。教师要正确认识世界和中国发展大势，全面贯彻党的教育方针，抵制一切损害国家利益的言行。(3) 在教育教学活动中不出现损害党中央的行为。教师不得在教育教学活动中及其他场合有损害党中央权威、违背党的路线方针政策的言行。

2. 自觉爱国守法

中小学教师要做到爱国守法必须注意以下三点：(1) 爱国报国效国。中小学教师要忠于祖国，忠于人民，恪守宪法原则，要有爱国之情、报国之志、效国之行。时刻铭记国家利益至上，热爱本职工作，引导学生热爱祖国。(2) 知法守法。中小学教师除了知道和遵守我国的一般法律之外，特别要关注和遵守相关的教育法律法规，诸如《中华人民共和国义务教育法》《中华人民共和国教师法》《中华人民共和国教育法》《中华人民共和国未成年人保护法》《中小学教师职业道德规范》等。(3) 依法执教。教师要做到依法执教，首先必须做一个遵纪守法的好公民，遵守社会秩序，恪守社会公序良俗，用法律来规范自己的行为；其次，认真学习和领会教育法律法规，完整地理解依法执教的全部内涵，并依法履行教师的职责、权利和义务；再次，根据相关教育法律法规从事教育教学活动，不得有违背党和国家方针政策的言行，不得损害国家利益；最后，教育学生遵守相关法律，履行自己的职责。

3. 传播优秀文化

教师既是优秀文化和知识的传播者，又是国家主流意识形态的传播者，肩负着向下一代传递知识与国家价值观的神圣使命。所以教师要做到以下三点：(1) 传递正能量。教师是在学校中从事教育教学活动的专业人员，教书育人是教师的基本职责，所以在教育教学中应该带头践行社会主义核心价值观，弘扬真善美，传递正能量。(2) 坚持方向正确。教师在教育教学活动中，首先要保证世界观符合社会性，思想上与党和国家保持一致；其次，在教学内容上要选择国家认可的、符合社会主义核心价值观的知识进入课堂，保证知识的合法性与科学性。(3) 确保言论公正。不得通过课堂、论坛、讲座、信息网络及其他渠道发表、转发错误观点或编造、散布虚假信息、不良信息。

4. 潜心教书育人

教书育人指的是学校教师在组织教学活动的过程中，以教育内容为载体，传授给学生系统的科学文化知识，强健学生的体质，培养学生正确的审美观和健康向上的人格。教书育人的核心是育人。教书是手段，育人才是目的。其具体要求如下：(1) 遵循教育规律，实施素质教育。教师要综合考虑学生发展、学科内容、社会要求、教育教学多方面的因素，综合利用时间、空间、人力、财力、物力、信息等因素，实施素质教育，最大限度地促进学生的全面发展。(2) 循循善诱，因材施教。教师不能一刀切，而应根据学生的身体、智力、性格、特长、兴趣等选择相应的教学内容、手段和方法，促进学生全面发展。(3) 注重品行，力求创新。教书育人，品德为先。所以，教师的第一要务是教学生先做人，教师自身首先要行得正、坐得端，为学生树立一个品德模范；其次，要允许学生挑战权威，发表自己的见解；最后，保护学生的好奇心与求知欲，特别要鼓励学生的独创性行为。(4) 全面评价，不以分数为唯一标准。教师对学生的评价，要注重发展性评价，以发展的眼光看待学生；要采用鼓励性评价，以增强学生的自信心。

5. 关心爱护学生

所谓关爱学生，简而言之，就是关心爱护学生，这是教师职业行为的基本要求之一，也是身为人师的基本素质之一。教师关爱学生要做到以下五点：(1) 平等公正。教师要平等对待班里的每一位学生，要公正处理班里的各种事务。作为教师，不能欺贫爱富，对家境优越的学生重点关爱、无微不至，对家境不良的学生冷眼相对、放之任之。(2) 严慈相济。关爱学生不是纵容、溺爱，而是爱中有严，严中有爱，严慈相济。首先，教师对学生要做到严格要求，严格要求是一种特殊的爱，一种高层次的爱；其次，教师对学生要做到严格适度；最后，教师对学生要做到体谅宽容。教师要体谅学生的难处，宽容学生的不足，让学生在反思中成长，在不断尝试中走向成熟。(3) 以生为本。首先，教师要确立学生主体的理念，不管是管理还是教学都要从学生的实际与需要出发，充分发挥学生的主体作用；其次，教师要保护学生的求知欲，使学生保持积极主动的学习心态；再次，教师要承认学生差异，因材施教；最后，教师要注重学生个性发展，让每个学生都成为这个世界上的独特个体。(4) 奖罚适度。不管是奖励还是惩罚，都要适度、就事论事，以确保学生的身心健康。严禁对学生进行体罚、心罚。(5) 保护维护。首先，教师要保护学生的生命安全；其次，教师要保护学生的身心健康。最后，教师要维护学生权益。

6. 加强安全防范

学校对学生进行安全教育，增强学生安全意识，保护学生安全，防范事故风险是国家政策的要求，也是学校的基本职责。在教育教学活动中遇突发事件、面临危险时，教师不得不顾学生安危，擅离职守，自行逃离。具体地说，学生安全防范包括以下五种：(1) 教室活动安全防范；(2) 课间活动安全防范；(3) 交通安全防范；(4) 食品安全防范；(5) 火灾防范与自救。

7. 坚持言行雅正

言行雅正是对教师职业的基本要求，要做到言行雅正要注意以下三点：(1) 知荣明耻，品德高尚。教师要树立正确的荣辱观，守住道德底线，自觉抵制各种诱惑。(2) 严于律己，举止文明。教师要牢记“身教重于言教”，凡是要求学生做到的，自己首先应该做到。教师应该衣着得体、语言规范、举止文明。(3) 团结协作，人际和谐。教师要关心集体、团结协作，尊重同事，尊重家长，达到人际和谐。首先，教师要正确处理个人与集体的关系，牢固树立大局意识，自觉维护集体的利益，关心集体的发展。其次，教师要正确处理与同事的关系，不互相拆台，不互相贬低，倡导双赢互利的合作关系，互相学习，共同提高。最后，教师要正确处理与家长的关系，尊重家长，尊重他们的意见和建议，切忌趾高气扬，更不能随意指责、训斥家长。

8. 秉持公平诚信

公平是指处理事情合情合理，不偏袒某一方。在与人交往时一视同仁，不厚此薄彼；处理事情时坚持原则，处事公道，光明磊落。诚信即诚实守信，忠诚老实、言行一致、实事求是，遵守信用，履行诺言。教师在教育教学工作中要做到：维护正义，公平待人，适度竞争；要对人诚信，对事负责，说老实话；在各级各类考试、测评、考核、评聘、评先树优中不得舞弊作假，以及发生违背师德、社会公德的行为，或以不正当方式表达诉求。

9. 坚守廉洁自律

廉洁自律包括廉洁与自律两个方面。(1) 廉洁方面的要求：教师不得从事有偿家教、在民办学校或校外培训机构兼职兼课、在其他行业从事有偿经营服务等活动；教师不得向学生收取国家规定以外的费用以及索要、收受学生或家长财物；教师不得向学生和家长推销或变相推销学习资料、生活用品或其他商品，从中谋取个人或团体利益；教师不得借为学生分班、调座位之机，收受学生和家长的礼品、礼金、礼券和吃请。(2) 自律方面的要求：教师不得歧视、排挤、侮辱、体罚或变相体罚学生；教师不得在课堂上接打电话、酒后进教室、在教室内吸烟、穿奇装异服、留怪发型；教师不得参与或组织学生参与非法组织、“黄、赌、毒”活动及传播不健康的思想，严禁擅自组织学生参加校外集会或商业性活动；教师不得在工作时间打扑克、下象棋、打麻将、上网玩游戏、干私活等与工作无关的活动。

10. 规范从教行为

教师要做到规范从教，具体要求如下：(1) 忠诚教育，志存高远。教师必须怀有忠诚教育之心，才能全身心地投入工作。此外，教师应该有远大的理想，即志存高远。教师既要追求成就学生，让学生成才成人；又要成就自己，努力提高自己的教育教学水平。(2) 甘为人梯，乐于奉献。甘为人梯，前提是一个“甘”字，就是要愿意；关键是一个“为”字，就是要做；落脚是一个“梯”字，就是铺路。就是说，教师要有“配角”意识、“奉献”意识。(3) 勤勤恳恳，高度负责。教师必须认真地对待教育教学活动中的每一个细节，既要认真备课，又要强调学生的主体性，还得注意学生的心理变化与思想情况。如果没有高度的责任感、严格勤恳的工作态度很难达到良好的效果。(4) 敬业乐业，尽职尽责。敬业就是对教育事业怀有敬畏之心。敬业是为了乐业，只有教师喜欢教师职业，不把它当作一种谋生的手段，而把它当作一种事业，才会其乐无穷，达到干一行、爱一行、钻一行、精一行的境界。此外，教师在工作上要认真负责，而不能敷衍塞责；在育人上积极主动，不能事不关己高高挂起，认为管理学生就是班主任、政教学生处的事情。(5) 恪守底线，不谋私利。教师要自觉地抵制社会上的不良风气，弘扬人间正气。另外，教师不得组织和参与有偿补课以谋取私利，也不得给校外培训机构介绍生源或提供学生信息以获得非法收入。

第三节 教师专业发展的内容

考点提示及练习 6-3

当前有关教师专业发展的文献相当丰富，但对“教师专业发展”这个概念的界定却不够充分，许多研究者似乎都愿意将这一概念作不言自明处理。但如果我们将这一概念拆分成“教师专业 + 发展”或“教师 + 专业发展”，问题就复杂了。对教师专业发展概念内涵的不同把握，实际上决定了教师专业发展不同的研究取向。第一种构词方式把教师从事的职业作为专业，因此对教师专业发展的研究注重教师这一职业如何成为专业的发展过程。第二种构词方式，则注重教师个体或群体如何获得专业知识、专业技能、专业情意，成长为专业人员的过程。本章第一节梳理了教师这个职业如何产生及成为专业的过程，本节主要阐述教师作为专业人员需要具备怎样的素养。

一、教师的专业知识

讨论：
你认为小学、中学、大学等不同类型的教师在专业知识的要求上会不会有所不同？

教师作为专业人员，必须具备从事专业工作所要求的基本知识。教师的专业知识是教师研究中较早的一个领域，早在 1960 年，美国教师教育就做过“能力为本”的尝试，试图为教师的教学工作提供一个处方性的知识基础。但迄今为止，对于教师究竟应该具备哪些方面的专业知识还有不同的认识。

(一) 舒尔曼(L.S.Shulman)的教师专业知识分析框架

舒尔曼认为教师必备的知识至少应该包括以下七个方面：

(1) 学科内容知识，即语数外、政史地、理化生等学科知识。

(2) 一般教学法知识，指超出学科内容的有关课堂组织和管理的主要原则和策略。

(3) 课程知识，指课程开发、课程实施、课程评价等方面的知识。

(4) 学科教育知识,指学科内容知识和教育专业知识融合而成的知识。

(5) 有关学生及其特征的知识。

(6) 有关教育脉络的知识,包括班级或小组的运作、学区的管理与财政、社区与文化的特征等方面的知识。

(7) 有关教育目的、价值、哲学与历史渊源方面的知识。

在舒尔曼的教师专业知识分类框架中,学科教育知识是特别重要的,因为它是与其他学科不同的知识类型,是学科内容知识与教育学科知识的有机融合体,是区别学科专家和教师的一个知识领域。继舒尔曼之后,有许多研究者提出了各自的知识分类。教师知识分类的主要贡献在于为教师教育课程设计提供了一个框架。

(二) 我国教师专业标准规定的教师专业知识框架

下面仅列举中学教师专业知识和小学教师专业知识。

1. 中学教师专业知识

根据教育部 2012 年 2 月 10 日颁布的《中学教师专业标准(试行)》,中学教师应该具备下列四类专业知识:

(1) 教育知识

具体要求如下:

- 掌握中学教育的基本原理和主要方法。
- 掌握班级、共青团、少先队建设与管理的原则与方法。掌握教育心理学的基本原理和方法,了解中学生身心发展的一般规律与特点。
- 了解中学生世界观、人生观、价值观形成的过程及其教育方法。
- 了解中学生思维能力、创新能力和实践能力发展的过程与特点。
- 了解中学生群体文化特点与行为方式。

(2) 学科知识

具体要求如下:

- 理解所教学科的知识体系、基本思想与方法。
- 掌握所教学科内容的基本知识、基本原理与技能。
- 了解所教学科与其他学科的联系。
- 了解所教学科与社会实践及共青团、少先队活动的联系。

(3) 学科教学知识

具体要求如下:

- 掌握所教学科课程标准。
- 掌握所教学科课程资源开发与校本课程开发的主要方法与策略。
- 了解中学生在学习具体学科内容时的认知特点。
- 掌握针对具体学科内容进行教学和研究性学习的方法与策略。

(4) 通识性知识

具体要求如下:

- 具有相应的自然科学和人文社会科学知识。
- 了解中国教育基本情况。

- 具有相应的艺术欣赏与表现知识。
- 具有适应教育内容、教学手段和方法现代化的信息技术知识。

2. 小学教师专业知识

根据教育部2012年2月10日颁布的《小学教师专业标准(试行)》,小学教师应该具备下列四类专业知识:

(1) 小学生发展知识

具体要求如下:

- 了解关于小学生生存、发展和保护的有关法律法规及政策规定。
- 了解不同年龄及有特殊需要的小学生身心发展特点和规律,掌握保护和促进小学生身心健康发展的策略与方法。
- 了解不同年龄小学生学习的特点,掌握小学生良好行为习惯养成的知识。
- 了解幼小和小初衔接阶段小学生的心理特点,掌握帮助小学生顺利过渡的方法。
- 了解对小学生进行青春期和性健康教育的知识和方法。
- 了解小学生安全防护的知识,掌握针对小学生可能出现的各种侵犯与伤害行为的预防与应对方法。

(2) 学科知识

具体要求如下:

- 适应小学综合性教学的要求,了解多学科知识。
- 掌握所教学科知识体系、基本思想与方法。
- 了解所教学科与社会实践、少先队活动的联系,了解与其他学科的联系。

(3) 教育教学知识

具体要求如下:

- 掌握小学教育教学基本理论。
- 掌握小学生品行养成的特点和规律。
- 掌握不同年龄小学生的认知规律和教育心理学的基本原理和方法。
- 掌握所教学科的课程标准和教学知识。

(4) 通识性知识

具体要求如下:

- 具有相应的自然科学和人文社会科学知识。
- 了解中国教育基本情况。
- 具有相应的艺术欣赏与表现知识。
- 具有适应教育内容、教学手段和方法现代化的信息技术知识。

二、教师的专业技能

在关于教师专业技能的研究和实践应用中,存在许多与之相仿的概念,如教师基本功、教学技能、教学技巧、教学能力等。西方关于教师专业技能的研究盛行于20世纪六七十年代。美国的"能力本位师范教育""模拟教学""微格教学"等都是强调在教师教育中发展教师教学技能的产物。我国师范院校经常提及的三字（钢笔字、粉笔字、毛笔字）和一话（普通话）即属于传统教师基本功的范畴。

（一）国外关于教师专业技能的规定

美国佛罗里达州在 20 世纪 70 年代开展了一项教师能力的研究，提出了 1 276 项能力表现，主要包括以下方面：(1) 量度及评价学生行为的能力；(2) 进行教学设计的能力；(3) 教学演作的能力 (4) 负担行政职责的能力；(5) 沟通能力；(6) 发展个人技巧；(7) 使学生自我发展的能力。

澳大利亚的特尼等人通过研究把教学技巧分为七大类。这一分类具有广泛的代表性，主要内容如下：

(1) 动力技巧，包括加强学生的行为，多样化刺激、入门、鼓励学生参与、接受并支持学生感受，表达温情以及认识满足学生的需求。

(2) 讲授及交流技巧，包括解释、戏剧化、阅读，使用视听教学辅助器具，终止，使用沉默，鼓励学生反馈，澄清、表情、速度以及有计划的重复。

(3) 提问技巧，包括反复集中与指导、引导高难问题、歧性与多样性问题以及激发学生主动性。

(4) 小组个人辅导技巧，如组织小型小组工作，培养独立学习能力，咨询，鼓励合作活动及学生间的相互作用。

(5) 培养学生思考技能，如鼓励探索性学习，指导发明，制订概念，使用刺激手法，使用角色和游戏刺激思维，培养学生解决问题的能力，鼓励学生进行评价与判断并培养其批判性思维。

(6) 评估技巧，包括认识与评价学生进步，确定学习困难，提出补救办法，鼓励自我评估及组织评估讨论。

(7) 课堂管理与纪律，包括认识专心与不专心行为，监督课堂小组工作，鼓励以任务为目标的行为，给予指导并解决多重问题。①

（二）国内关于教师专业技能的规定

1. 中学教师专业技能

根据教育部 2012 年 2 月 10 日颁布的《中学教师专业标准（试行）》，中学教师应该具备下列六大专业技能：

(1) 教学设计

具体要求如下：

- 科学设计教学目标和教学计划。
- 合理利用教学资源和方法设计教学过程。
- 引导和帮助中学生设计个性化的学习计划。

(2) 教学实施

具体要求如下：

- 营造良好的学习环境与氛围，激发与保护中学生的学习兴趣。
- 通过启发式、探究式、讨论式、参与式等多种方式，有效实施教学。

① 胡森．国际教育百科全书：第 9 卷[M]．贵阳：贵州教育出版社，1990：182–183.

● 有效调控教学过程，合理处理课堂偶发事件。

● 引发中学生独立思考和主动探究，发展学生创新能力。

● 发挥好共青团、少先队组织生活、集体活动、信息传播等教育功能。

● 将现代教育技术手段整合应用到教学中。

(3) 班级管理与教育活动

具体要求如下：

● 建立良好的师生关系，帮助中学生建立良好的同伴关系。

● 注重结合学科教学进行育人活动。

● 根据中学生世界观、人生观、价值观形成的特点，有针对性地组织开展德育活动。

● 针对中学生青春期生理和心理发展特点，有针对性地组织开展有益身心健康发展的教育活动。

● 指导学生理想、心理、学业等多方面发展。

● 有效管理和开展班级、共青团、少先队活动。

● 妥善应对突发事件。

(4) 教育教学评价

具体要求如下：

● 利用评价工具，掌握多元评价方法，多视角、全过程评价学生发展。

● 引导学生进行自我评价。

● 自我评价教育教学效果，及时调整和改进教育教学工作。

(5) 沟通与合作

● 了解中学生，平等地与中学生进行沟通交流。

● 与同事合作交流，分享经验和资源，共同发展。

● 与家长进行有效沟通合作，共同促进中学生发展。

● 协助中学与社区建立合作互助的良好关系。

(6) 反思与发展

具体要求如下：

● 主动收集分析相关信息，不断进行反思，改进教育教学工作。

● 针对教育教学工作中的现实需要与问题，进行探索和研究。

● 制定专业发展规划，积极参加专业培训，不断提高自身专业素质。

2. 小学教师专业技能

根据教育部 2012 年 2 月 10 日颁布的《小学教师专业标准(试行)》，小学教师应该具备下列五大专业技能：

(1) 教育教学设计

● 合理制定小学生个体与集体的教育教学计划。

● 合理利用教学资源，科学编写教学方案。

● 合理设计主题鲜明、丰富多彩的班级和少先队活动。

(2) 组织与实施

● 建立良好的师生关系，帮助小学生建立良好的同伴关系。

● 创设适宜的教学情境，根据小学生的反应及时调整教学活动。

● 调动小学生学习积极性，结合小学生已有的知识和经验激发学习兴趣。

● 发挥小学生主体性，灵活运用启发式、探究式、讨论式、参与式等教学方式。

● 发挥好少先队组织生活、集体活动、信息传播等教育功能。

● 将现代教育技术手段整合应用到教学中。

● 较好使用口头语言、肢体语言与书面语言，使用普通话教学，规范书写钢笔字、粉笔字、毛笔字。

● 妥善应对突发事件。

● 鉴别小学生行为和思想动向，用科学的方法防止和有效矫正不良行为。

(3) 激励与评价

● 对小学生日常表现进行观察与判断，发现和赏识每一位小学生的点滴进步。

● 灵活使用多元评价方式，给予小学生恰当的评价和指导。

● 引导小学生进行积极的自我评价。

● 利用评价结果不断改进教育教学工作。

(4) 沟通与合作

● 使用符合小学生特点的语言进行教育教学工作。

● 善于倾听，和蔼可亲，与小学生进行有效沟通。

● 与同事合作交流，分享经验和资源，共同发展。

● 与家长进行有效沟通合作，共同促进小学生发展。

● 协助小学与社区建立合作互助的良好关系。

(5) 反思与发展

● 主动收集分析相关信息，不断进行反思，改进教育教学工作。

● 针对教育教学工作中的现实需要与问题，进行探索和研究。

● 制定专业发展规划，积极参加专业培训，不断提高自身专业素质。

3. 中小学教师教育技术能力

2004 年 12 月 15 日，教育部颁布《中小学教师教育技术能力标准（试行）》，从意识与态度、知识与技能、应用与创新、社会责任四个方面对中小学教学人员、中小学管理人员、中小学技术支持人员教育技术能力作出了具体的规定。

2014 年 5 月 27 日，教育部颁布《中小学教师信息技术应用能力标准（试行）》，从技术素养、计划与准备、组织与管理评估与诊断和学习与发展五个维度对中小学教师的信息技术运用能力作出了详细的规定，要求应用信息技术优化课堂教学（25 个要点）和转变学习方式（20 个要点）。其中技术素养的具体标准如下：

(1) 理解信息技术对改进课堂教学的作用，具有主动运用信息技术优化课堂教学的意识。

(2) 了解多媒体教学环境的类型与功能，熟练操作常用设备。

(3) 了解与教学相关的通用软件及学科软件的功能及特点，并能熟练应用。

(4) 通过多种途径获取数字教育资源，掌握加工、制作和管理数字教育资源的工具与方法。

(5) 具备信息道德与信息安全意识,能够以身示范。

三、教师的专业情意

如果说教师专业知识与专业技能强调的是知不知、会不会的话,那么教师的专业情意则强调的是愿不愿的问题。教师的专业情意,是教师在对教师职业的价值、意义深刻理解的基础上,形成的对这个职业的喜欢、向往的情感与态度,它为教师开展教学与研究工作提供了不竭的动力。教师的专业情意包括以下四个方面:

(一) 专业理想

教师的专业理想是教师对成为一个成熟的教育教学专业工作者的向往与追求,它为教师提供了奋斗的目标,是推动教师专业发展的巨大动力。具有专业理想的教师对教学工作会产生强烈的认同感和投入感,愿意终生献身于教育事业。具有专业理想的教师对教学工作抱有强烈的责任感,他们致力于改善教育素质以满足社会对教师专业的期望,努力提高专业能力及专业服务水准,努力维护专业的荣誉、团结、形象等。

(二) 专业情操

教师的专业情操是教师对教育教学工作带有理智性价值评价的情感体验,它是构成教师价值观的基础,是构成优秀教师个性的重要因素,也是教师专业情意发展成熟的标志。教师的专业情操包括:理智的情操,即由于对教育功能和作用的深刻认识而产生的光荣感与自豪感;道德的情操,即由于对教师职业道德规范的认同而产生的责任感与义务感。

(三) 专业性向

教师的专业性向是指教师成功从事教学工作所应具有的人格特征,或者说适合教学工作的个性倾向,包括心灵的敏感性、爱的品质、交流沟通的意愿、对教育工作的兴趣等人格特质。教师的专业性向是教师专业发展的心理前提与素质基础。如果教师的专业性向与教育工作所要求的性向相反的话,那么就不可能成为一个合格的教师,而如果教师具有适切的专业性向,则为其成为合格教师提供了更大的可能性。特拉弗斯指出:"对一个师范生来说,假如他个性里充满着潜在的敌意,那他就难以形成教师所应表现的那种热情的、有支持力的而又有条理的行为模式。"英国的一项研究表明,一个性格上适合做教师的人,尽管他所受的训练并非良好,亦终可以成为良好的教师。[①]

(四) 专业自我

现在人们越来越重视教师的自我意识或者说自我价值。教师的专业自我是教师个体对自我从事的教学工作的接纳和肯定的心理倾向,这种倾向将显著地影响教师的教学行为和教学效果。高"自我"的教师,倾向于以积极的方式看待自己,能够准确地、现实地领悟他们自己和所处的世界,对他人有深切的认同感,

---

① 吴秋芬. 教师专业性向与教师专业发展[J]. 教育研究,2008(5):68-72.

具有自我满足感、自我信赖感和自我价值感。

四、教师的职业能力

职业能力是指个体将所学的知识、技能和态度在特定的职业活动或情境中进行类化迁移与整合所形成的能完成一定职业任务的能力。2021 年 4 月 2 日，教育部颁布的《中学教育专业师范生教师职业能力标准(试行)》《小学教育专业师范生教师职业能力标准(试行)》对教师的职业能力作出了明确的规范，明确了教师的职业能力包括师德践行能力、教学实践能力、综合育人能力和自主发展能力四个方面。

(一) 师德践行能力

师德践行能力包括遵守师德规范、涵养教育情怀两个方面。

(1) 遵守师德规范具体包含理想信念、立德树人、师德准则三个方面。

(2) 涵养教育情怀具体包括职业认同、关爱学生、用心从教、自身修养四个方面。

(二) 教学实践能力

教学实践能力包括掌握专业知识、学会教学设计、实施课程教学三个方面。

(1) 掌握专业知识具体包括教育基础、学科素养、信息素养、知识整合四个方面。

(2) 学会教学设计具体包括熟悉课标、掌握技能、分析学情、设计教案四个方面。

(3) 实施课程教学具体包括情境创设、教学组织、学习指导、教学评价四个方面。

(三) 综合育人能力

综合育人能力包括开展班级指导、实施课程育人、组织活动育人三个方面。

(1) 开展班级指导具体包括育德意识、班级管理、心理辅导、家校沟通四个方面。

(2) 实施课程育人具体包括育人理念、育人实践两个方面。

(3) 组织活动育人具体包括课外活动、主题教育两个方面。

(四) 自主发展能力

自主发展能力包括注重专业成长、主动交流合作两个方面。

(1) 注重专业成长具体包括发展规划、反思改进、学会研究三个方面。

(2) 主动交流合作具体包括沟通技能、共同学习两个方面。

第四节 教师专业发展的阶段与方法

在明确教师专业发展应该发展什么的基础上，本节进一步阐述教师应该如何发展的问题，主要讨论教师专业发展的阶段。关于教师专业发展的方法，在目前的教师专业发展文献中有诸多的论述，本节主要选择三种专业发展方法，从是什么、为什么、怎么样三个维度进行简要阐述。

考点提示及练习 6-4

一、教师专业发展阶段

教师职业作为一种专业，其专业发展是一个多阶段的连续过程。自20世纪60年代起，国内外学者对此做了大量研究，从不同的研究角度对教师专业发展做了描述和分析，由此产生了多种教师发展阶段论，下面介绍其中两种。

（一）伯林纳的五阶段论

根据美国学者伯林纳的观点，教师的专业发展大致可以分为新手、高级新手、胜任、熟练和专家五个阶段。

1. 新手阶段

实习教师和刚从学校毕业的新教师属于这个阶段。他们所学的知识与教育实践之间有些脱节，对教育工作的看法比较理想化，处理问题时依赖固定的原则和规范，缺乏灵活性。因此，新手教师将面临诸多的挑战和现实的冲击。

2. 高级新手阶段

经过一两年的紧张忙乱，新手教师已经基本克服了原先的焦虑和无助，逐渐“入门”，并能够较为熟练地应对教育工作中遇到的问题与困难。在这个阶段，教师能够把过去所学的理论知识与现实中遇到的实际问题联系起来，使现在的教学超越过去的教学。他们能够有意识地分析自己的得失，在成功或失败中获取经验。但他们还不能很好地区分教学情境中的重要信息和无关信息，不能有效地处理课堂中的突发情况，不知该如何树立自己的威信。

3. 胜任阶段

经过三至四年之后，教师逐渐能够胜任各类教育教学工作。他们的工作重点从应对挫折慢慢转移到教育教学上，而且能够根据学生的需要和心理发展水平来设计、安排和呈现教学内容，并能够掌握教学技巧，应对学生的各种反应，开始形成自己的教学风格。他们的教学行为有明确的目的性，能够区分出教学情境中的重要信息，有效地完成教育教学任务。同时，他们对自己的行为结果表现出更强的责任心，对于成功和失败有着强烈的情绪情感反应。但胜任阶段教师的教学行为还未能达到快速、流畅和灵活的程度。

4. 熟练阶段

大约进入第五年，有一定数量的教师便进入了熟练阶段。这时候，他们具备了较强的直觉判断能力。通过在长期的教育实践中积累的经验，他们能够对教育教学情境作出准确的判断和有效的处理。同时，在熟练阶段的教师对教育工作有了进一步探究的兴趣，能够对自己的教育教学行为进行反思，并尝试一些新的教学内容和教学手段。他们会主动把握各种机会，积极与同事、同行进行交流，从而不断充实和提升自己，努力成为专家型教师。

5. 专家阶段

教师要想成为专家型教师，需要时间和经验的不断积累。进入专家阶段，教师拥有娴熟的教学技能、显著的教学效果，能凭借扎实的理论功底和丰富的实践经验来解决问题，做到轻车熟路。他们对教育教学情境的观察和判断多是直觉性的，对问题的解决能够做到快速、流畅和灵活，达到完全自动化的水平。同时，他们见多识广，能够较好地鼓励、指导别人，并不断地进行批判反思和探索创新，从而实现自我超越。

（二）富勒和布朗的三阶段论

美国学者富勒和布朗根据教师在不同时期的关注对象的不同将教师的成长分为三个阶段：关注生存、关注情境和关注学生。

1. 关注生存阶段

一般而言，刚走上教师岗位的新教师处于关注生存阶段。新教师首先要适应自己从学生到教师的转变，因此而他们最关注下列问题："学生喜欢我吗？""同事们如何看我？""领导是否觉得我干得不错？""我这样教对不对？"等等。因为新教师要在新环境中生存下来，因而可能会花大量的时间处理各种人际关系，如与学生的关系、与同事的关系、与领导的关系、与家长的关系等。课堂是新教师生存的基础，因而新教师会注重如何管理学生，使自己成为一个良好的课堂管理者。

2. 关注情境阶段

当教师能够站稳讲台，妥善处理课堂管理的各种问题时，教师就进入了关注情境阶段。在这个阶段，教师更多地考虑如何提高学生的学习成绩，因此会更注重如何备好一节课、如何讲好一节课的内容、如何使课堂教学效率提高、如何使学生获得更好的成绩等问题。也就是说，这个阶段的教师关注的是与教学情境有关的问题。

3. 关注学生阶段

在此阶段，教师开始关注学生的个别差异，认识到不同发展水平的学生有不同的特点与需要，某些教学材料和方式不一定适合所有学生，应因材施教。能否自觉地考虑学生的差异而设计教育教学方案是衡量一个教师是否成熟的主要标志之一。

二、教师专业发展方法

（一）基于合作的教师专业发展

什么是基于合作的教师专业发展？基于合作的教师专业发展是指以某一教学活动为主题，与专家、同伴教师等不同主体一起，通过协同教学、导师制、同伴教练、同伴指导等方式，来开展教学活动，从而提升教学水平，促进教师专业发展，乃至实现学校组织与文化的再造的一种发展方式。针对不同的合作内容与发展取向，教师合作可以表现出不同的形式。从学校现有的组织形态来看，教师合作既包括正式的专业组织，如备课组、教研组、年级组等，也包括一些非正式的专业组织，如为了解决共同面临的课堂教学问题、改进教学而组建的课堂观察合作体等。从合作的内容来看，可涉及教师专业发展的各个方面，如课堂教学、课程开发、课题研究、学生管理等。从合作的对象来看，主要表现为新手教师与专家教师之间、同伴之间、专家教师之间的合作，如师徒结对、同伴互导与专家工作室等。

> 讨论：
> 你有没有合作的经验？合作的情况如何？你认为有效合作要具备哪些要素？

为什么要开展基于合作的教师专业发展？一直以来，传统的学校教师文化与教学形态，决定了教师是作为独立个体进行教学，具有“专业个人主义”的特点，“你备你的课，我上我的课”。这种情况导致了教师长期都处于“孤军奋战”的境地，教师间缺乏有效的合作，造成了教育资源浪费与教育质量停滞不前，最终造成“教师很辛苦，学生很痛苦，但教学效果却难如人意”的局面，也极大地影响了教师的专业发展。新教师没有合作，就会处于“自生自灭”的状态；中年教师没有合作，专业发展就会停滞不前，不能实现持续的专业发展；老教师没有合作，其教育理念与行为方式就得不到改进。近些年来，随着课程改革和教师专业发展研究的不断深入，人们开始认识到要通过合作的教师专业发展方法来改变传统教师工作方式，促进教育改革。大量的文献研究已经表明，教师合作不仅有助于教与学的改善以及教育改革的有效实施，更为重要的是，它也为基于现场的教师专业发展新模式的生成提供了可能。

如何基于合作来促进教师的专业发展？有研究者认为，开展合作的教师专业发展，首先要解决如何才能合作的问题。建构合理有效的教师合作体需要满足四个要素：第一，合作体的建立应出于教师的自觉自愿。第二，合作体应以任务来维系。第三，合作体应将规则视为合作法典。第四，合作体应追求合作各方的互惠。① 教师的合作过程，主要包括了倾听、交流、协作、分享与整合这几个心理过程。倾听是指在合作的过程中能够耐心、细致地听取别人意见和建议，这是获得合作者尊重和信任的方法之一。交流是指在合作的过程中就核心和焦点问题进行讨论时大家各抒己见，毫无保留地说出自己的想法，从而在某种程度上达成共识、产生共鸣。这是合作者相互理解的表现，是合作过程创造性的体现。协作是指合作过程中从层面、形式或内容上每一个合作主体精诚合作，互帮互助，形成良性互助与竞争的氛围，使每一位教师有“你好，我要比你更好”的竞争心态，而不是“我不好，我也要你不好”的竞争心态。分享是指在合作过程的前、中、后期，对过程和经历的一种共享。教学共同体中的每一位教师不可能重复做同一件事，因此相互之间的弥补是必不可少的，你有的体验我没有，那么我可以和你交流分享我的体验，从而使同事在遇到类似的问题时不至于犯同样的错误，可以少走弯路。这是合作者相互体验、相互反思的过程。整合是指合作过程中各要素的不断融合和统整，使各要素发挥最大的功效，体现团队的力量，展现“整体大于部分之和”的魅力。这是合作者之间不断对话和统整的过程。

（二）基于反思的教师专业发展

什么是基于反思的教师专业发展？反思是指主体对教育教学行为及其预期产生的结果所进行的思考。从时间维度上，可以分为行动前、行动中、行动后的反思；从层次上看，可以分为技术性反思、实践性反思、批判性反思。实际上，反思既是促进教师专业发展的手段，同时更应该是教师专业发展题中应有之义，因此教师反思能力的培养，是基于反思的教师专业发展更为实质性的内容。有研究者提出培养教师反思能力需要达成以下目标：(1) 使教师能够分析、讨论、评估和改变自己的实践，对教学持分析的态度；(2) 促进教师重视其工作的社会

---

① 崔允漷，郑东辉．论指向专业发展的教师合作[J]．教育研究，2008(6)：78-83.

与政治环境，认识到教学是社会与政治情境性事业，教师的任务涉及对这些环境的分析；(3) 使教师能够评价课堂实践中内含的道德与伦理问题，包括对自己教学信念的批判性考查；(4) 鼓励教师对自己的专业成长承担起更大的责任，鼓励其获得一定程度的专业自主权；(5) 促进教师发展自己关于教育实践的理论，形成并理解自己课堂教学工作的理论基础；(6) 授权教师，以便他们能够更好地影响教育的未来方向，在教育决策中发挥更积极主动的作用。目前培养教师的反思能力，通过反思促进教师专业发展的主要方法有行动研究法、分析性思维实践法、个案研究法、人种志研究法、辅导法、微格教学法、反思日记法、课堂活动与讨论法等。①

为什么要开展基于反思的教师专业发展？波斯纳于 1989 年提出了一个教师成长的公式：经验 + 反思 = 成长。这个公式表明教师的成长与发展需要教师持续不断地反思已获得的教学经验，因为没有经过反思的经验是狭隘的经验，至多只能是肤浅的知识。反思性实践或反思性教学，是教师成为专家教师的一个重要促进因素。然而由于长期以来受技术理性的支配，无论是职前教师教育，还是职后教师的工作环境，皆使教师不会、不愿、不敢反思。“不会”意指教师对反思的意义缺乏理解，不知道反思的内容和具体对象，缺乏必要的反思技术；“不愿”意指反思是一件痛苦的事情，因为它需要人克服惰性，这种惰性使人倾向于接受已有的价值，同时反思意味着在进一步探讨过程中要暂缓，这种悬而未决的状态是痛苦的，需要人愿意承受精神的不安；“不敢”意指学校的缄默文化以及沉重的教学负担使教师不敢反思。随着我国教育改革的深入发展，“教师作为研究者”“教师行动研究”“教师即反思实践者”等理念的兴起，昭示了通过实践反思来促进教师专业发展，已经成为教师专业发展的一个主要趋势。

如何开展基于反思的教师专业发展？首先是理论学习。完全凭经验、没有理论支持的教学反思，只能是低水平的反思，只有在适当的理论支持下的教学反思，才能真正促进教师的专业发展。教师在进行反思之前，必须学习教学反思的有关理论、教师专业发展的有关理论。这种理论的学习不仅发生在教学反思之前，教师在教学反思的整个过程中都要进行相关理论的学习。在教学反思的过程中，教师还要制订自己的专业发展计划，这也需要教师学习教师职业生涯发展理论等。其次是对教学情境进行反思。教师开展反思应将自己的教学活动和课堂情境等作为认知对象，对教学行为和教学过程进行批判性分析与再认知。教师可以从教学活动的成功之处、课堂上突然出现的灵感所得等好的方面去反思，更应当反思课堂上、教学活动中所发生的不当、失误之处，也要反思自己教学活动的效果等。再次是自我澄清。教师通过反思，意识到一些关键问题所在之后，应尝试找出产生这些问题的原因。这个过程可以在专家、同伴教师的帮助下完成。自我澄清是促进教师专业发展的核心环节。最后是改进和创新。教师根据产生的问题及其原因，尝试提出新的方法、方案，对原来的教学方法进行改进和创新，这样能使教师的教学活动更趋合理。最后是开展新的尝试。教师把新的

① 顾明远，梁忠义. 教师教育[M]. 长春：吉林教育出版社，2000：473–480.

方法用于教学活动,这实际上是开展新的行动,开始一个新的循环。通过这样的多次循环,教师才能不断提高教学水平,实现持续的专业发展。[①]

(三)基于研究的教师专业发展

基于研究的教师专业发展,就是教师通过研究来促进自身专业的发展。具体到教师这一特定的群体时,他们无论是在备课、上课还是批改作业、与学生谈话中,都需要不断地揣摩、思考,因此教师的教学工作过程就是一个研究的过程。在这种情况下,教师从事研究就不再是一项强迫的任务,而是自身成长和教学实践的内在需要。正是在这种视角下,教师必须基于研究来促进自身的专业发展。

为什么要用研究来促进教师的专业发展?苏霍姆林斯基指出:“凡是感到自己是一个研究者的教师,则最有可能变成教育工作的能手。”“如果你想让教师的劳动能够给教师一些乐趣,使天天上课不致变成一种单调乏味的义务,你就应当引导每一位教师走上从事一些研究的这条幸福的道路上来。”[②]自20世纪70年代以来,教师即研究者的理念已经广为流行,并日渐深入人心。开展研究对于教师的专业发展具有非常大的影响,主要表现在:第一,开展研究有利于教师不断积累实践知识来改进教学工作和提出切实可行的教育改革方案;第二,开展研究能够提升教师的自我反思意识和能力;第三,开展研究能够提高教师的创造能力;第四,开展研究能使教师从“必然王国”逐步走向“自由王国”并体验自我价值实现的愉悦;第五,开展研究有助于教师克服职业倦怠。

如何基于研究促进教师专业发展?换言之,就是教师如何来开展相应的研究工作?教师开展的研究与科学家等开展的研究是不一样的,是一种与日常工作和生活实践密切相关的探究性活动。那么,教师开展教学研究是否也需要研究方法和规范,或者说,是否有专门适合中小学教师的研究方法和规范呢?

对这个问题有两种比较流行的观点。一种观点认为,教师研究不需要规范的研究方法。另外一种观点则认为,教师研究要有研究规范,但不需要像专业研究人员那样的规范,因此需要有一套适合中小学教师的研究方法和规范。持以上这两种观点的人往往喜欢用“行动研究”这个概念来描述和定义中小学教师所从事的研究,并认为教师的行动研究与常规的研究是不一样的,是适合中小学教师的“另外一类”研究。

以上这两种观点都不是非常准确和全面的。首先,既然是研究,那么就必然有研究方法和规范,这是不依赖于具体研究者的身份而变换的基本道理。其次,也不宜人为地去划分和界定,大学教授的研究方法和规范是这样的,而中小学教师的研究规范和方法是那样的。事实上,教育科学研究方法的基本准则和规范是统一的。行动研究方法,它的贡献主要在于突出了中小学教师所从事的教学研究的某些重要特征,如强调研究结果直接应用于实践,把研究与日常教学行为紧密结合起来,等等。正如博格(M. Borg)所说,行动研究其实是“实践者用科学的方法解决教育实践问题”。所以,在我们看来,与其他研究一样,中小学教

① 傅建明.教师专业发展:途径与方法[M].上海:华东师范大学出版社,2007:144-145.

② 苏霍姆林斯基.给教师的一百条建议[M].杜殿坤,译.北京:教育科学出版社,1984:493-494.

师所从事的研究也同样需要遵循一定的研究方法和规范。而且,也并不存在一套专门适合中小学教师的研究方法和规范。因此,中小学教师可以遵循研究的一般程序与规范,针对教育现象开展相关的教育研究,在这个过程中促进研究能力的不断提升,同时促进专业的持续发展。培养教师的研究能力是必然趋势,主要途径包括以下三个方面:第一,调整职前教师教育的课程结构,改革教育课程内容,增设教育研究课程和教育研究方法类课程。第二,调整教师职后教育的课程结构和培训形式,开展研究性的教与学,增强教育研究方法课程的实践性与实效性。第三,利用校本教研发展教师研究能力,如课例研究、反思性教学、行动研究等。

任务:
请结合教师专业发展的内容与方法,分析为什么有的人没有接受过师范教育也能成为教育家,有人虽然接受过师范教育却成不了一个好教师。

本章小结

教师职业的形成、发展与学校教育的产生及其功能变化密切相关。随着学校教育越来越成为提升国家综合竞争力的主要途径,如何提高教师的专业化程度,提升教育质量,也成为许多国家和地区普遍关注的问题。同时,教师劳动的特殊性在很大程度上也决定了教师职业必须走向专业化。当前,教育学领域倾向于通过提高教师的专业素养,即有效的教师专业发展,来实现教师职业的专业化。为此,研究者提出了许多教师专业发展的途径与方法。其中反思、实践、研究是三个主要的关键词。

案例分析

2014年,我成为广州市第二批百千万名师培养对象,我如同学生一般,潜心学习。细致系统的理论学习,各位专家教授的指导,从不同的方面打开了我的教育思维的高度与宽度,我学会了科学地规划自己,学会了如何进行课题研究。到省内外跟岗学习和示范带学活动,拓宽了我的教育视野。在广州市"百千万人才培养工程"的培训中,我深深地意识到:越是资深,越要谦卑地学习,才能让自己保值。从那以后,我一直坚持理论学习,即使是怀孕、休产假,我也继续阅读课程专业书籍,学习先进的教育教学理念,坚持参与各级综合实践活动研讨会、专家专题报告会等,坚持参加各级培训。

根据上述材料回答下列问题:

(1) 教师专业发展有哪些路径?

(2) 评价每种教师专业发展路径的优点与不足。

反思与探究

1. 为什么说教师职业的产生与学校的出现紧密相连?

2. 除了本章所列举的教师角色之外,你认为教师可能还需要扮演其他什么角色?

3. 你认为教师劳动的特殊性是由哪些因素决定的?

4. 根据教材所列的教师专业发展内容与方法,应该如何合理设计自己的专业发展?

推荐阅读

1. 教育部师范教育司 . 教师专业发展的理论与实践[M]. 北京:人民教育出版社,2003.

2. 傅建明 . 教师专业发展:途径与方法[M]. 上海:华东师范大学出版社,2007.

3. 臧乐源 . 教师学[M]. 天津:天津人民出版社,1987.

4. 赵立伯 . 教师论[M]. 北京:教育科学出版社,1992.

5. 李方安 . 论教师自我发展[J]. 教育研究,2015,36(4):94-99.

6. 王光明,张楠,李健,等 . 教师核心素养和能力的结构体系及发展建议[J]. 中国教育学刊,2019(3):81-88.

第七章
学生及其成长

【学习目标】

- 了解学生的本质与时代特征。
- 理解不同学生发展观对学生的权利、地位及其发展规律的认知。
- 熟悉学生社会角色的特征并能进行相关分析。
- 掌握各种法律法规规定的学生的权利和义务。
- 掌握良好师生关系的准则与建构方法。

【知识导图】

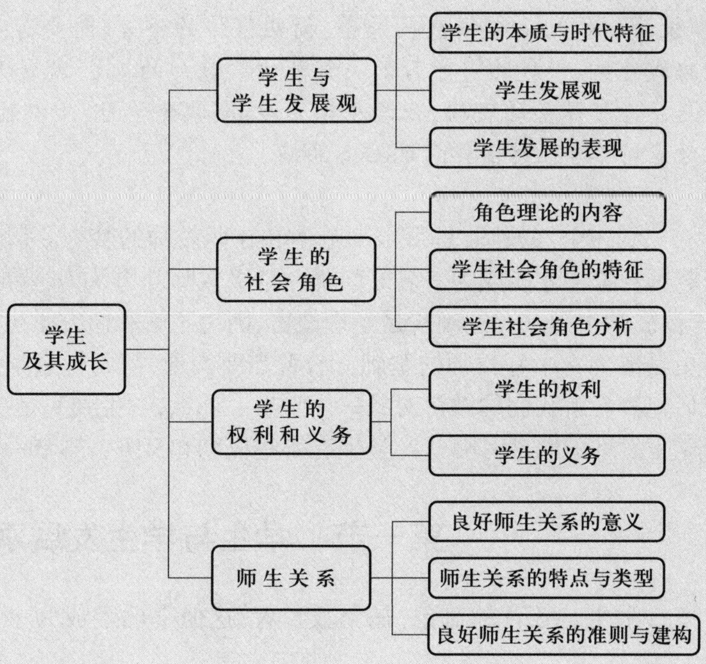

【引子】

读懂学生

“以生为本”是耳熟能详的教育名言，而教师要让学生真正“站立”在课堂中央，读懂学生是根本前提。读懂学生的天然秉性，“不要以为自己教了，学生就会学”。学生坐在教室里，就一定在学吗？许多时候，教师只是在激情地教，但学生并没有真正学进去。教师首先要明白学生想学什么、能够学什么，如果目标太难或太简单，过程太死板或太无趣，都无法调动学生的情感与思维，就不可能有真正的学。因此，教师的作用是创设学习情境，让学生能够有目标、有兴趣、有动力地学习。关注学生的学习动机，提升学生的自我效能感，创设多种活动培养学生的能力，是衡量课堂教学是否有效的基本原则。读懂学生的已有经验，不要以为学生学了，他就会懂。学生在学习新知识时往往需要一个顺应、同化的过程。在课堂上，教师要静下心来思考：教学目标距离学生的现有水平有多远？给学生思考和分析的时间了吗？学生练习、消化了吗？有些课堂，学生还没来得及学习、交流，教师就急切地给出结论或展示自己的“作品”，这样的学习是肤浅的。“学习金字塔”告诉我们，“听讲”类的学习是低效的，而“小组讨论、实际演练，教授他人”才是有效的学习，后者正是因为延长了学习的过程、融入了学生已有的经验，才真正促进了学生的理解与消化。因此，教师在教学时要慢下来，不要急于将结论告诉学生，真正的获得是主动求知而非被动接收。教师的作用就是搭建学习的支架，让学生会学。

课堂上，教师要尊重儿童的认知发展规律，树立“少即是多”的理念，提倡“极简”教学，简单清爽的线条、简明得体的语言、简要有效的点拨，促进学生的自我建构，形成终身学习的关键能力。教师的“教”就是为了“学”，读懂学生就是读懂了课堂的密码，让学生乐于学习、学会学习、学以致用，让学习真实发生，才能培养学生终身学习的必备品格。①

做一个好教师，是每个师范生和在职教师的梦想。但是，怎样的教师才算好教师？怎样才能成为一名好教师？特级教师刘勇认为，要成为一个好教师必须从“读懂学生”开始。这确实是至理箴言，因为了解和研究学生是上好一堂课的前提，更是成为一个好教师的基础。教育需要沟通，需要走进学生的心灵，它的前提是研究和理解我们的教育对象——学生。那么，学生到底是一个怎样的存在？影响学生发展的因素有哪些？学生有哪些权利和义务？本章一起讨论这些问题。

第一节 学生与学生发展观

学生是教育的对象，是受教育者，这似乎已经成为中国教育界对“学生”公

① 刘勇．读懂学生，教师要有所作为[N]．中国教师报，2019-03-06(4)．引用时有修改。

认的定义。《辞海》(第7版)将学生定义为:(1) 在学校肄业或在其他教育、研究机构学习的人。(2) 向老师或前辈学习的人。也用于弟子对老师或前辈的自称。《教育大辞典》则将学生界定为:(1) 在各级各类学校或其他教育机构学习的人;(2) 泛指一切受教育的人。[①] 我们认为,对学生的认识和界定是探讨学生本质特征的逻辑起点,而传统教育理论对学生的概念的界定在外延和内涵上都存在一定的不足:首先从外延上看,如果将在学校或其他教育机构接受教育的人都看作学生并成为研究对象的话,这会给理论的构建以及问题探究的深度都带来极大的不便。因为不同年龄阶段和社会经历的人在本质上会有很大的差异性,所以作为教育理论体系中的"学生"应该是一个特定的群体,即在中小学接受基础教育的青少年儿童;其次从内涵上看,这种界定没有揭示出学生的本质,就像把工人界定为在企业或工厂里从事生产的人,把农民界定为在农村里从事劳动的人,并没有揭示出工人、农民的本质一样。[②] 基于上述认识,本节中探讨的"学生"是指在中小学接受基础教育的少年儿童。

考点提示及练习7-1

一、学生的本质与时代特征

研究学生并促进其发展与成长,是学校教育的出发点与归宿。"一切为了每一位学生的发展"是我国基础教育课程改革的核心理念。为了促进学生的发展,首先要了解学生的本质与时代特征。

(一) 学生的本质

学生的本质,亦即学生观,是指教育者对学生的基本看法和态度,它支配着教育者的教育行为,决定着教育者的工作态度和工作方式。传统的学生观把学生视为被动的客体,是存储知识的容器;而现代学生观则认为学生是积极的主体,是学习的主人,是发展的、独特的、具有独立意义的人。

1. 学生是处于发展中的人

学生是具有发展潜力的人,具有不断向上发展的内驱力。所以,学校教育要树立发展的学生观,以发展的眼光对待学生,强调积极、正向的生命基调,促进学生健康、持续和富有个性的发展。学生的发展有三大特征:一是学生的发展是多方面尽可能充分的发展;二是学生的发展是富有个性的发展;三是学生的发展是持续的、终身的发展。

2. 学生既是受教育的对象又是学习的主体

学生是受教育的对象,这是由学校教育的使命和在教育过程中教师与学生的关系决定的。学校教育是有计划、有目的、有组织的培养人的社会活动,由教育者按照一定的教育目的、具体的教育对象和特定的教育场景来选择教育内容,组织教学内容和教学活动,并采取一定的教育方法来对学生施加影响。与环境对个体自发的、零碎的、偶然的影响相比,学校教育对学生的成长起着主导作用。但学生在受教育过程中并不是对教师完全盲从,而是具有在教育活动中的主观

讨论:
当代教育是否有割裂学生整体发展的现象?你如何看待?

---

① 顾明远. 教育大辞典[M]. 上海:上海教育出版社,1992:238.

② 程斯辉,明庆华. 关于学生观的新视野[J]. 教育理论与实践,2001(2):22-27.

能动性和自我教育的可能性，所以又是学习的主体。

3. 学生是独特的生命个体

任何一个学生都是独立存在的，是一个具有个性的生命体。学生渴望自由平等，渴望幸福快乐，学习是学生的主要任务，但学习不应该是被强制进行的，学生从学习中应该体会到生命的美与力量，产生一种实现自我、超越生命的快乐感觉，而不是深深的压抑和痛苦。学生不是“完美的天使”，而是“调皮的精灵”，在他们身上有我们可以认识和控制的必然性，但他们的生命中也蕴含了太多的偶然性，所以我们有时会觉得离他们很近，而有时又会觉得离他们很远；有时觉得他们是这样的可爱，而有时觉得他们又是那样的惹人生气，这就是学生的人生魅力。面对这样一群“精灵”，我们不必美化他们，同时也不必回避他们生命中的种种矛盾，而是要接受这种矛盾，宽容豁达，善待他们。

4. 学生是一个完整的人

学生是一个完整的人，学生不是单纯的抽象的学习者，而是有着丰富个性的完整的人。在教育活动中，作为完整的人而存在的学生，不仅具备全部的智慧和人格力量，而且体验着全部的教育生活。要把学生作为完整的人来对待，就必须反对那种割裂人的完整性的做法，还学生完整的生活世界，丰富学生的精神生活，给予学生全面发展的时间与空间。

5. 学生是具有社会意义的人

人的本质属性是社会性，学生也是具有社会意义的人。首先，学生的存在和发展离不开一定的社会系统，学生是社会系统不可分割的一分子。其次，学生的成长是其社会化的过程。学生个体是通过与社会的交互，逐渐成熟，不断适应，最终成长为社会成员，并在个体社会化的过程中，掌握了立足于社会的知识、能力和社会经验，并能在成长过程中不断地作用于社会，促进和推动社会的进步和发展。学生不仅属于学校，更属于社会。

（二）学生的时代特征

生活在当今开放、民主、信息化、全球化和物质条件极大改善时代的青少年学生，表现出了与过去时代不同的特点，了解和研究这些特点是教师开展教育工作的前提，根据这些特征进行科学的教育是实现教育目的的基本保证。根据中国儿童中心发布的《儿童蓝皮书：中国儿童发展报告（2020）》以及中国儿童中心与腾讯可持续社会价值事业部联合发布的《2021未成年人互联网兴趣洞察报告》，当下我国儿童的发展表现出以下特点：

> 讨论：
> 当代中小学生的明显特征还有什么？通过查阅资料分析形成时代特征的影响因素。

1. 儿童的健康状况总体良好，新的健康问题日益涌现

过去10年，我国加大了对儿童健康的关注和投资，在改善营养不良状况、持续降低死亡率、提升体质健康等方面都取得了巨大的成就。在参与体育活动方面，98.9%的儿童都能正常参加学校的体育课，68.5%的儿童能够参与到学校的课外体育活动或体育活动课中。但不容忽视的是，随着经济的快速发展及人民生活方式的重大变化，儿童健康的某些问题越发严重，如儿童肥胖发生率及近视发生率不断攀升，睡眠不足、龋齿问题严重，吸烟和饮酒问题严峻等。此外，在生殖健康方面，中国儿童青少年HIV/AIDS的发病顺位不断上升，自2014年起，

HIV/AIDS 已替代狂犬病成为儿童青少年传染病的第一死因。

2. 对未来有美好憧憬，行动力有待加强

当代未成年人对现实及未来的思考主要包括成长、科技、互联网、未来四个方面，其中成长的烦恼问题最多，占比超过 4 成，主要涵盖学习相关、生活习惯、沟通社交、情感等方面。当代未成年人对于互联网产品、技术、服务相关领域也有较多思考。关于职业理想，超过 7 成的 6~16 岁未成年人对于未来职业有美好憧憬。总体来看，教师、医生、警察位列理想职业前三，其中教师是不同年龄段未成年人共同的理想职业。未成年人的理想职业也随年龄增长呈现由理想到现实的变化。其中，小学生对科学家有更多向往，初中对于歌手、演员、艺术家的偏好提升，高中阶段则对于成为白领有更多渴望。PISA2018 测试结果显示，我国学生在生活满意度、悲伤情绪、自我效能感、失败恐惧上的表现并不乐观。同时，学生希望完成高等教育的比例不太高，职业想象较局限于最常见领域，希望从事与科学相关职业的学生比例较低。这些结果表明，我国少年儿童自主规划、大胆作为的积极性有待提高。因此如何增强德育的实效性、提升学生的幸福感，是值得教育者们进一步思考的。

3. 图书阅读率上升，有声阅读成为新兴阅读方式

2020 年，我国 0~17 周岁未成年人图书阅读率为 83.4%，较 2019 年的 82.9% 提高了 0.5 个百分点，人均图书阅读量为 10.71 本，比 2019 年的 10.36 本增加了 0.35 本，数字化阅读方式（网络在线阅读、手机阅读、电子阅读器阅读、平板阅读等）接触率为 72.3%，其中 9~13 周岁少年儿童数字化阅读方式接触率高于其他两个年龄群体，为 76.2%。0~17 周岁未成年人的听书率达到了 32.5%。0~8 周岁儿童家庭中，平时有陪孩子读书习惯的家庭占 71.7%，较 2019 年的 70.0% 增加了 1.7 个百分点。在 0~8 周岁有阅读行为的儿童家庭中，家长平均每天花 25.81 分钟陪孩子读书，较 2019 年的 24.98 分钟增加了 0.83 分钟。[①] 可见数字阅读越来越普遍，有声阅读成为儿童阅读中新的增长，而家庭也越来越重视亲子共读。

4. 与互联网的联结愈加深入，网络成瘾问题突出

调查显示，互联网在低龄儿童中加速渗透，88% 的未成年人首次触网时间为上小学阶段及小学前，且未成年人首次触网时间呈现低龄化趋势。其中，6~9 岁未成年人中，小学前触网的占 42.3%；而在 13~16 岁未成年人中，小学前触网的比例仅为 10.5%。中国互联网络信息中心发布的数据显示，2019 年未成年人互联网普及率高达 93.1%。[②] 互联网已经成为未成年人开阔视野、日常学习生活的重要平台。

新冠病毒感染疫情暴发以来，生活安排的突变给儿童心理健康带来更多风险，“以线上学习换线下防疫”的学习策略使得部分儿童沉迷于网络，健康风险发生的概率随之增高。网瘾问题本身已然成为一种心理健康问题，并可能给儿

① 中国新闻出版研究院全国国民阅读调查课题组．第十八次全国国民阅读调查主要发现［J］．新阅读，2021(5)：7-9.

② 共青团中央维护青少年权益部，中国互联网络信息中心（CNNIC）．2019 年全国未成年人互联网使用情况研究报告．来自中华人民共和国国家互联网信息办公室官网。

童其他方面的身心健康带来巨大风险，如增加抑郁、社交障碍等多种心理问题发生的风险，且与欺侮和危险性行为关联密切。虽然各部门发布了一系列的政策文件，对实名注册、游戏时长、网络充值等做出了更严格的规定，但在实际操作中仍然存在漏洞。同时部分互联网企业主体责任意识缺失，出于逐利目的引诱自制力不强的儿童沉溺其中，也导致了儿童网络成瘾问题愈加突出。

5. 兴趣爱好广泛，互联网社交兴盛

未成年人兴趣爱好相对广泛，其中看影视剧、听音乐兴趣最高。此外艺术类、阅读、体育类均有超过3成的未成年人喜好。不同阶段未成年人对影音娱乐兴趣均较高。就差异而言，小学阶段对于艺术、体育类、阅读偏好相对较高，随着年龄增长、学习压力增加，体育运动减少，“懒文化”“宅文化”盛行，上网、游戏等成为男生的业余爱好。数据显示，35%的未成年人喜欢玩网络游戏，主要目的是休闲娱乐打发时间，享受比赛竞技感、释放压力、方便与同学交流，其中，女生和低龄阶段未成年人玩游戏相对目的性不强。男生在初中以后，对于游戏的竞技、成就感和社交诉求更高。而13~16岁女生喜欢宅在家里，追星、阅读、养宠物、逛街、旅游更受女生喜爱。

沟通交流、学习是未成年人互联网社交的核心诉求，此外娱乐消遣、关注熟人动态、讨论兴趣话题、获取资讯均是其社交的主要目的。6~16岁未成年人通过互联网进行的社交活动主要包括聊天、追星及访问社交网站（如刷微博、逛论坛）。初中阶段开始，未成年人对于互联网的社交诉求快速提升，拥有强烈的情感互动诉求，其中初中生追星诉求高于其他阶段。与此同时，超过6成社交用户加入过兴趣社交圈子。未成年人的兴趣圈子呈现出明显的多元化特征，其中，饭圈、书友圈用户群体最大，游戏电竞圈、硬核科技圈、国风、体育、二次元、模玩手办均有一定的受众。

6. 认同在线教育，普遍参与校外辅导

2020年上半年在线教育投融资总规模同比增长275%[①]，而对于在线教育，多数未成年人持肯定态度，认为在线教育可以拓展知识面、对学习有帮助、方便培养兴趣、有助于升学考试等。另一方面“00”后课业负担重，有很大比例的学生都参与了校外辅导班。数据显示，在被调查的未成年人当中，88.7%上过学科辅导班，人均2.1个，47.2%上过兴趣班，人均1.8个，每个工作日平均花费4.6个小时在写作业和上学科辅导班上，周末则是5.3个小时。这也从侧面反映了未成年人学习任务的繁重。而随着2018年《关于切实减轻中小学生课外负担开展校外培训机构专项治理行动的通知》，2019年《关于减轻中小学教师负担进一步营造教育教学良好环境的若干意见》，2021年《关于进一步减轻义务教育阶段学生作业负担和校外培训负担的意见》等一系列文件的发布，学生的学业负担正朝着合理的限度发展。

① 中国儿童中心，腾讯发展研究办公室.2020智慧教育行业及用户洞察报告.来自腾讯网。

资料夹 7-1

做教育的"千手观音"[①]

教育领域也应该是充满爱的领域，这种爱需要依靠教师去传播。

教师的爱应该是奉献之爱、成功之爱，这种爱倾注了教师对学生的关爱与呵护。每一位学生都是一簇或大或小、若明若暗的火苗，教师就应该拢起自己那双大手精心呵护，为学生挡风遮雨，使簇簇火苗变成强劲的火种。教师爱的范围还应该更广一些，更多地洒向那些目前各方面都不尽如人意的学生，更多地关注那些教育中的弱势群体。要做到这一点，教师首先要有耐心，要学会等待。有人说，花总是要开的，而我们往往缺乏等待花开的耐心。有了这个耐心，我们只要精心地施肥、浇水、锄草、修剪，总有一天花会开的。

教师若对每一位学生倾注了全部的关爱和热情，就会激活那些看起来木然、迟钝的头脑与心灵。可是在现实中，一些教师对学生缺乏足够的耐心，他们只关注学习成绩好的少数学生，冷落、打击大多数学生。特别是对一些学习成绩不佳、不听话、淘气的学生失去信心，许多学习困难生就是在这种冷落、歧视中形成的，一些天资聪颖的孩子的灵性也在教师的管制之下被埋没了。陶行知先生曾经警告过我们："你的教鞭下有瓦特，你的冷眼中有牛顿，你的讥笑中有爱迪生。"

二、学生发展观

所谓学生发展观就是对学生的基本认识和根本态度，是对学生的权利、地位及其发展规律的看法，它是教育观的基本构成部分。学生发展观具有时代性，不同的时代有不同的学生发展观。从教育史上看，主要有两种具有代表性的并相互对立的学生发展观。

(一)"外塑论"学生发展观

"外塑论"学生发展观是以英国教育家洛克及德国教育家赫尔巴特为代表的。

这一观点突出教师的作用，强调教师的权威，否定学生的主观能动性，把学生视作完全消极被动接受外来影响的客体。这一观点把教育过程看成对学生严格要求和强行灌输的过程，教师可以随意地依据自己的目的向学生施加各种影响，控制学生的发展方向。

如洛克的"白板说"就鲜明地体现了"外塑论"学生发展观。他坚信儿童的天性，可以把儿童比喻为没有痕迹的白板或柔软的蜡块，可以任人随心所欲地涂写或塑造。这就是有些教育者所信奉的"儿童是一张白纸，可以在上面画最美最美的画"。这意味着，学生的后天发展与遗传因素无关，学生的差异取决于教育，取决于能够"画最美最美图画"的教师。这一观点曾长期甚至现在仍然被某些教师视为真理。在赫尔巴特看来，儿童生来就有一种处处不驯服的烈性，有一

① 覃川．今天怎样做教师[M]．北京：中国轻工业出版社，2006．引用时有修改。

粒“盲目冲动的种子”，因此教育者应特别重视对儿童的管理，使他们绝对服从成人的权威。

不可否认，“外塑论”学生发展观在充分发挥教师的作用以及学生有效地掌握系统知识等方面有着重要的价值与意义。但是，“外塑论”学生发展观的弊端也是相当明显的。首先，它无视学生在智力因素、非智力因素等方面的先天差异。其次，它夸大了教育和教师在学生发展中的作用，导致了教师无上的权威，课堂成了教师行使话语霸权的场所。

（二）“内发论”学生发展观

“内发论”学生发展观是以卢梭、杜威为代表的。

“内发论”突出了学生内因的作用而否定或贬低外因的作用，把学生看成能够完全决定整个教育过程和教育结果的主体，认为学生具有一种内在的动力，不凭借外力帮助就能形成和谐的社会行为，而教师的任务只是刺激学生去学习，学生才是教育过程的中心。

卢梭是西方学生发展观中的一位划时代的人物。卢梭认为教育要尊重儿童的自然和自由，要非常重视儿童身心发展的自然行程，教育的一切措施都应根据儿童的需要、能力和兴趣来选择。卢梭的这一思想深深地影响了杜威。

> 任务：
> 对比分析两种相对立的学生发展观。你还知道其他的学生发展观吗？

杜威在对赫尔巴特的“传统教育”中的“课堂中心、课本中心和教师中心”加以批判的基础上，提出了“生活中心、活动中心和学生中心”，认为儿童的发展是儿童主动的过程，教师的作用只在于引导学生的兴趣；儿童只能在个体经验中获得发展，取得他们所需的知识；教育不应由教师直接来进行，而只在于使学生亲身去获得某种生活的训练。他要求教育从儿童的兴趣和实际经验出发。他把儿童称作“太阳”，认为教育过程应该围绕着它旋转，如同地球在太阳周围旋转一样。因此，杜威认为教育过程的主导人物不是教师而是学生。他主张教师在教学中只应充任“看守者”和“助手”，教师不应该站在学生面前的讲台上，而应站在学生背后。

20 世纪 60 年代以后，“儿童中心论”又被人本主义教育家所继承和弘扬，强调要从学生的兴趣、需要出发，让学生进行自我发现、自我实现，坚决主张以学生为主体，而教育者只是咨询者。这种学生观至今还很有影响。

这一学生发展观的重要意义在于，否定了教师、教材在教育教学中的中心地位，而极为强调儿童在教育中的地位，并在一定意义上否定了现代知识的霸权，强调儿童接受自然教育与社会教育，让儿童亲身体验生活，这对于调动儿童的主动性和能动性，引导儿童自我发展具有重要价值。

资料夹 7-2

两种学生发展观[①]

一种是形而上学的发展观，又叫机械的或非科学的发展观。其主要特点

---

① 燕国材．论科学的学生发展观［J］．探索与争鸣，2005(5)：47–49．引用时有修改。

如下:(1) 持此种发展观者,往往是睁着眼睛说瞎话,把变动不居的事物说成是静止不动的。(2) 他们即使看到并承认事物是变化发展的,但认为事物只有量的减少或增加,而没有什么质的变化。(3) 他们把事物的变化发展看成周而复始的循环。(4) 认为影响事物变化发展的外部条件或因素各自为政、互不相干,而且这种影响是单向的、机械的。(5) 不承认事物变化发展的内部动力,看不到其内因与外因的密切关系。(6) 把经典力学的观点加以普遍化、绝对化,以致用孤立的、片面的和静止的眼光去看待世界。(7) 对事物的发展抱悲观主义的态度,他们害怕变化发展,看不到光明的未来。如《红楼梦》中的林黛玉便是一位典型。

另一种是辩证的发展观,又叫科学发展观。其主要特点如下:(1) 持此种发展观者,看到并承认事物不断变化发展的客观现实,认为世界确实是“一切皆流”“一切皆变”,是“逝者如斯夫,不舍昼夜”。(2) 不仅肯定事物发展有量的变化,而且有质的飞跃。(3) 反对循环论发展观,认为事物的发展并非单纯的周而复始,而是螺旋式上升。(4) 认为影响事物变化发展的外部条件或因素是交互作用的,它们对事物发展的影响并非单向的,而是双向的。(5) 认为事物发展的根本动力在内部,外因是变化的条件,内因是变化的根据,外因通过内因而起作用。(6) 用联系的、全面的和发展的眼光去看待世界。(7) 一般地说,持科学发展观的人,对事物的发展抱乐观主义的态度,即使在最困难的时候,他们也能看到前程似锦。古今中外的不少思想家、科学家莫不如此,为我们作出了典范。

了解上述两种一般发展观,对我们把握和辨析学生发展观是必要的、有意义的。也就是说,以此两种一般发展观为依据,可以把学生发展观区分为两种,即传统的学生发展观与科学的学生发展观。前者是形而上学发展观的反映,后者则是辩证发展观的体现。

三、学生发展的表现

学生在身心上具有的独特性和复杂性,不是生下来就有的。人出生时只具有日后发展成高度复杂心理和行为的可能性。学生在适当的社会环境和教育下长大成人,其发展主要表现在三个方面:

1. 活动不断地向复杂、抽象发展

这就是说,随着学生的成长,其心理活动和情感活动会越来越复杂,越来越抽象、概括。

2. 意志活动逐渐增加

注意、记忆、情感等心理活动,都是从最初的无意的发展成为有意的。即学生从直接受外界影响和受成人支配,发展到越来越能按照自己的目的来行动。他们活动的随意性、自觉性在不断提高。

3. 逐渐形成独特的个性

个性是指人的稳定的心理特征，个性是人的共同性和差别性在个体身上的统一。在学生成长的过程中，学生会在人的共同性的基础上，逐渐凸显出他的独特性。

第二节 学生的社会角色

考点提示及练习 7–2

“角色”是从电影、戏剧中借用而来的。它的原意是指演员在戏剧舞台上根据剧本所扮演的某一特定人物的专门用语。演员的行为举止、言谈都是剧本规定好的，而且必须按照这些规定行事。后来，心理学家们将“角色”用来解释现实生活中人的行为表现，提出了“社会角色”的概念。对于社会角色的含义，不同的研究者虽作出了不同的阐释，但趋向一致的观点认为：某一角色，即是与某一特殊位置有关联的行为模式。换句话讲，每一个社会角色都代表着一套有关行为的社会标准，这些标准规定了个体在扮演某一特定社会角色时所应有的作为与行动。也可以说，角色乃是社会对个人职能的划分，它指出了个人在社会中的地位和社会关系的位置，也代表了每个人的身份。所有的角色都不是自己认定的，而是社会规定的。不但个人对其自身所要扮演的角色的种种行为规范与标准要有一个准确的认识，角色同时也包含了社会其他成员的期待，所以每个人如果要想做一个符合社会要求的合格社会成员，就必须学会角色扮演。作为具有社会意义的学生，在不同的情境中也需要扮演不同的社会角色。

一、角色理论的内容

角色理论由美国心理学家、文化人类学家乔治·米德于 1935 年创立。角色理论与精神分析理论不同，它把人看成没有个性的人，内因在行为中不起作用。它没有使用类似个性、态度、动机这样一些概念，而是试图纯粹根据人们所处的地位，并根据角色期望和要求、角色技能、对社会相互作用参与者起作用的有关组织来解释行为。因此，角色理论最具有社会性，其主要内容如下。

（一）角色扮演

角色扮演的内涵包括：(1) 个人扮演角色的数量；(2) 扮演角色所花的精力；(3) 扮演角色所花的时间。在不同时间和不同场合中，人们所扮演的角色当然不是一种，而是两种甚至许多种。心理学家们认为，如果在各种情况下，各种角色都扮演得很成功的人，很可能过着良好的正常生活。反之，扮演各种角色不太成功的人，则很可能在不同的生活情境下遇到困难。

测量一个人扮演多少角色并不难，只要观察那个人所处的不同情境并对他所演的角色分类就可以。对扮演角色所花的精力，可以从个体介入的程度上来测量。扮演角色所花的时间，则可以用量化的方式来计算。

（二）角色学习

个体社会角色的获得，是在对自我认识的基础上学习而得的。角色学习的内容，一方面是指学习角色的责任和权利；另一方面是指学习角色的态度与感情。例如：一个工厂的厂长，首先要明确自己的职责、地位和权力；其次，要学习管理决策、用才、控制的艺术，还要协调人际关系，关心群众生活，注意工作方式，从各种反馈信息里体验群众的情绪反应，肯定积极情绪，克服消极情绪，使自己成为一个有才干的称职的管理人员。

（三）角色期望

处于社会关系中的每个人，总是处在一定的地位上，扮演一定的角色，人们假设和希望他以特定的方式行动。所谓角色期望，是指人们对某个人的行为的假设和希望。例如：父母希望子女成才；领导者希望下属充分发挥自己的聪明才智；教师希望学生真正学到知识，能力水平得到提高等。心理学研究证明，领导者对下属的角色期望越强烈，其下属达到要求的比例也就越高。但也要认识到，角色期望要产生效果就必须为被期望者所领会，否则，单方面的期望是不会有效的。

（四）角色冲突

所谓角色冲突，是指因角色期望不一致而使个体在角色扮演上左右为难的现象。在现实生活中，当一个人同时处于几个互不相容的地位时，或当一个角色具有几个互不相容的期望时，就会产生角色冲突。角色冲突有两种不同的情况：角色内冲突与角色间冲突。

1. 角色内冲突

对于每一种角色，不同的人可能会有不同的角色期望，这就会使个体在扮演某种角色时会面临相互矛盾的角色期望。

2. 角色间冲突

个体每天都在扮演着两种以上的角色，人们对这些角色的期望有可能产生矛盾。

二、学生社会角色的特征

（一）学生社会角色的模糊性

从学生角色的社会属性来观察，首先可以明显看到学生附属于多重的社会群体中，却又无法完全融入其所属的任何一个团体，因此具有浓厚的边缘人的味道。这种属性除了来自学生正在发展的身心状态以及尚未找到固定的社会地位之外，更来自学生生活在三种性质不同的社会中。就学生的生活重点来看，他是分属于家庭、学校以及同辈团体三个不同的社会中，而这三个社会的文化（价值取向、道德规范、行为方式等）性质不同，使得学生成为一种跨社会的存在。学生所依附的三个团体各有其特色。就家庭而言，家庭的特点在于先天存在的联结关系，与学校及同辈团体的后天加入才产生个人与团体之间的关联是不同的。就学校而言，学校对学生的影响是有计划的，但是影响是局部性的，这与家庭及同辈团体的无计划性以及全面影响性是不同的。就同辈团体而言，学生加入同辈团体是自愿的，而且在同辈团体中其地位是平等的。学生就好像是社会的边缘人，同时归属于不同的社会群体，却又不能完全归属于其中任何一个群体。

（二）学生社会角色的转换性

学生每天在家庭、学校以及同辈团体三个不同的场景中迅速地更换自己位置与角色，产生了三重社会及其社会位移的现象。位置或角色更换得顺畅与否，关系到学生社会生活的成败。美国学者菲兰等人把这种从一个社会环境中移入并适应另一个价值、规范、期待、行为方式不同的社会环境中的“社会位移”的现象，称为“越界”。[①] 依据菲兰等人的见解，学生所处的社会环境，依其关系的和谐程度来分，可以是和谐的、失谐的以及边界互闭的；依其转换的难易度来分，则可以分成顺畅的、可设法实现的、运气的以及无望实现的。学生在所属的社会和谐程度不同以及社会位移的难易不同，将决定学生角色扮演成功与否，这是对学生社会角色理解的重要参考架构。

三、学生社会角色分析

家庭、学校以及同辈团体是学生最为重要的三个社会，学生所依附的三个团体各有其特色，学生在其中受到不同的影响，扮演着不同的角色。

（一）作为家庭成员的学生

学生除了是学校中的一名成员，更是家庭中的成员，其在家庭中所受到的教育，对他的一生都有深远的影响。学生所处的家庭不同，其所受到的社会化教育自然不同，而这些由家庭所带来的差异，更进一步成为学业成就不同的根本原因。家庭对于学生的影响，主要表现在四个层面，即物质与文化的资源、价值与态度的养成、知识与理解的能力以及认知与表达的技巧，学生受此不同的影响，对其在校角色的承担将有不同的结果。

1. 物质与文化的资源

物质与文化的资源对于学生而言，具有重要的影响力。学生的学习表现，很大的部分是由这两种资源决定的。许多研究都已证实：拥有足够而良好的物质与文化资源，使学生在校生活成功的可能性大增。反之，缺乏了必要的物质与文化资源，学习就会受到限制。良好的物质资源是指家庭经济丰裕，可以支持学生的学习，而无后顾之忧。良好的文化资源是指让学生有机会接触社会的精致文化，例如：让学生有机会接触社会的高层知识分子，父母具有足够的知识可以协助解决孩子学习上的难题，父母能够提供孩子生涯规划的榜样与必要的帮助。这些物质与文化的资源对于儿童承担学生角色具有极大的作用。

2. 价值与态度的养成

造成学生学习差异的因素，除了家庭的物质与文化的资源之外，还有学生对学校以及整个社会的价值与态度，而这些价值与态度的养成，主要是家庭生活的产物。有研究指出，不同的父母对儿女的价值与态度有不同的强调，不同的父母对其儿女的要求也有差异。有的父母比较强调儿女对于事物发生的原因与方式表现出兴趣；有的父母则比较强调儿女的服从性。有的父母比较强调工作的重要性、工作中的自主程度以及在工作中所能发挥自己能力的机会；而有的父母

---

① 吴康宁 . 教育社会学[M]. 北京：人民教育出版社，1998 ：230–235.

则比较强调薪资的高低、额外福利以及工作的安全性等。所以，儿童是具有自我引导的价值与态度，还是具有顺从的价值与态度，这是生为不同家庭成员所造成的结果。

3. 对外部世界的认识与理解的能力

在现代化的社会中，儿童所接触的社会环境日益扩大，此种社会环境也就是儿童的生活空间，包括物理的空间，以及心理的自由感或拘束感。当儿童的物理空间由摇篮扩充到客厅，再到屋前的马路、邻居的家里、相邻的城镇，他的心理与知识的空间也在同时扩充中。不同的家长对于儿女物理空间的扩充有不同的限制，有的父母比较强调带儿女到各处去旅行、去接近对身心有益的事物，并为儿女解释周遭世界所发生的一切事件；相反，有的父母则未能为儿女提供扩大眼界的机会，也无法让他们理解社会所发生的事物背后的意义。这种对外界认识的多寡影响了儿童生活空间的广狭，对于儿童进入学校之后的学习产生明显的作用。

4. 认知与表达的技巧

不同的父母对儿女的认知与表达能力的培养有极大的差异。有的学生在认知的发展上快许多。不同儿童认知能力差异很大，这是由其生长环境的差异造成的。此外，有的学生在对抽象事物的理解能力上比其他学生强许多；语言能力在不同学生身上也存在差异。伯因斯坦曾对儿童的语言形式加以分析，他发现儿童对于日常语言的使用都能达到精熟阶段，这种日常语言的主要特色是文法简单，用刻板印象的表达方式，对于观念以及情绪的描述并不精确，依赖肢体语言、音调以及进一步补充说明的帮助。伯因斯坦称此种语言形式为大众的或限制的语言；但是有的儿童除了学会这种语言形式之外，还学会所谓的形式的或精致的语言，而这是学校所用的语言形式。

（二）作为同辈团体成员的学生

1. 同辈团体的本质

同辈团体包含许多类型，从非正式的游戏伙伴到有正式组织的少先队和共青团，或是有严密组织的帮派，每位学生在成长的过程中，或多或少都有自己的同辈团体，并且在其中得到宝贵的成长经验。每个同辈团体都有自己独特的规矩、独特的内部组织，以及对于团体成员的独特期待。尽管如此，就本质而言，所有同辈团体都是为了让下一代能够脱离大人的掌控，而自然形成的一种能如实反映真我的一种团体。同辈团体具有三大特质。

(1) 排除大人。学生的同辈世界是与家庭及学校世界完全不同的。这个世界的最大特征就是完全由同年龄层的学生自己做主，而排除了大人的干预。虽然排除的程度并非完全相同，同辈团体是属于学生的专属天地，大人无法真正进入其天地中。

(2) 反映真实的自我。不管大人对学生有多么了解与关怀，他们的感觉是不自在的，有处处受到监督之感。相反，学生在属于自己的同辈团体中，其所接触的是地位平等的人，由于年龄相同，没有上下权威监督，没有地位高低之感，能够自由自在地表达自己的态度、意见、判断，并且发现自己与他人的关系。

(3) 自然形成。同辈团体与家庭或学校的最大不同在于它并非社会上的正式化与制度化的组织,并无法定的定义,也没有正式的功能或责任。换句话说,同辈团体是在自然的情境下形成的。尽管如此,这种自然形成的团体对于儿童的成长具有极其重要的功能。

2. 同辈团体的形成

同辈团体的影响力在小学入学前开始出现,而在初中及高中阶段达到顶端。影响同辈团体形成的三个因素分别是年龄、性别以及兴趣爱好。

(1) 年龄的因素

就年龄而言,同辈团体的形成可以分成三个阶段,即学前阶段、小学阶段以及中学阶段。学前阶段的同辈团体具有小规模、非恒久以及不分性别三个特征。这种特征到了小学一二年级还存在,但这时学生已经开始区分性别,不跟异性来往。到了小学中年级,同性交往的情形已经十分明显,而且团体的规模也逐渐加大。到了小学高年级,同辈团体原有的小规模、非恒久以及不分性别的三个特征已经变成大规模、结构性、恒久性、性别区分等特征。到了中学阶段,同辈团体的类型增多,但是学业成绩是否优异通常不是同辈团体所瞩目的焦点。

(2) 性别的因素

就性别言,女生的同辈团体规模比较小,结构较不严谨,关系较为亲密,也比较遵从学校及社区的规范。此外,男女生的同辈团体所做的休闲类型并不一致,男生是为了结伴寻找快乐,女生则是为了有人倾听其内心的秘密。

(3) 兴趣爱好的因素

不同的同辈团体所表现出来的兴趣爱好不同,比如有的喜欢运动,有的喜欢文艺创作,有的喜欢游戏,等等。

3. 同辈团体的功能

同辈团体的主要功能在于协助个人完成社会化的历程,使个人能够肯定自己的一切,并能顺利地转化为成年人。此外,在此同辈团体中所取得的成就地位,是其将来承担社会责任的基础。吴康宁将同辈的主要功能归纳为两项:一是保护的功能;二是发展的功能。

(1) 保护的功能

就保护的功能而言,学生生活在有大人存在的群体中,感受到的是各种不平等的要求与束缚,在各种权威的支配下以及各种评价的威胁下,学生通常所呈现的自我是经过修饰的自我,长此以往,对于正常人格的发展是十分不利的。由于有同辈团体的存在,并且提供了一个自由平等的环境,使学生得以言所欲言、为所欲为,这对学生正常人格的成长具有保护作用。此外,学生在日常生活中所受的各种伤害与委屈,也需要一个心灵疗伤的场所。此时,同辈团体所提供的体谅与关怀,正是使个人忘却烦恼的主要原因。

(2) 发展的功能

同辈团体除了具有保护的功能,更具有发展的功能,让学生的社会能力在一个适宜的环境中发展。此处所谓的社会能力包括表达自我的能力、展现自我的能力、相互沟通的能力、竞争与合作的能力等。此种能力如果不与他人接触是无法得到发展的，而且越是平等无压力的情境，越能促进这些能力的快速发展，因此，学生的许多能力的习得，并非在扮演家庭成员或学校成员时所学的，而是在同辈团体中不断演练其不受扭曲的真我角色，才有展现各种能力的机会，所以说，同辈团体具有让学生发展自我能力的功能。

（三）作为班级成员的学生

作为学校成员的学生，其实大部分时间是在教室中与同学共同度过，所以了解教室的本质，将有助于对学生社会角色的了解。对教师而言，教室是一个进行教学的场所，然而对于学生而言，教室是一个优胜劣汰的竞争场所，或是一个粉墨登场的生命舞台。学生每天在此扮演不同的角色，上演着不同的戏码，体验着不同的人生，让教室成为一个多彩多姿的地方。作为教室成员的学生，依其所扮演的角色不同可以分成三种主要的类型，即顺从者、反叛者以及投机取巧者。

1. 顺从者

顺从者完全遵照学校的期望，将学校的规范与价值完全内化。他们安于现有地位，努力工作，遵从规定，完全以学校对自己的看法看待自己，成为所谓的模范生。要当模范生，除了功课要好之外，还有许多功课以外的要求，例如服从、自制、守时、守信、尊师、有耐心等。一个学生能够熟练地运用这些非学业的技巧，才能真正地在“教室”这个舞台上成功地演出。顺从学校的学生是有所收获的。多数学校都会给顺从的学生提供最好的课程、最有教学热忱的教师、最好的服务与资讯，以及别人所无法享受的特权。这种学生是学校中最受照顾的团体。

2. 反叛者

反叛者与顺从者刚好相反，他们积极地拒绝学校所分配的责任，违反学校的要求与期望，他们对于学校的基本假设加以怀疑，认为学校的用意都是阻碍个人的欲望与需求。只要学校的要求与个人的欲望相违背，反叛的行为便会出现。有时学生虽然愿意遵从学校的期望，但是却没有能力去达成，因此学生的意愿与能力之间存有一种差距，这也是反叛行为的根源。尽管教师有意将学生的反叛归诸学生或其家庭的因素所造成，事实上教师经常是造成学生反叛的主要原因。学生受到教室内无情的评鉴，只要无法达成学校的期望，他们就会被贴上无形的失败的标签。对某些学生而言，这个标签在很早的时候就被贴上，而且要一直追随他们直到离开学校为止，这种负面的标签，使学生与众不同，促使其他学生将他们视为偏差者，并迫使这些学生成为其标签所描述的样子。

虽然造成反叛的原因甚多，但是反叛的经验则是大同小异。他们对于学生的角色感到不安，得不到认同，感到被疏远的痛苦，并寻找与自己境遇相同之人共同组成学校的局外人。局外人的角色更增加了他们的疏离感，更增强了反叛者的社会化历程。只要法律许可，这些学生会立即离开学校，对他们而言，学校生活无疑是一种监狱般的生活。即使无法离开学校，他们也会逃学、逃课。学术知识与学校权威在他们的眼中一文不值。他们向学校以及代表学校的权威挑战，并由此得到一些归属的感觉与自尊。

3. 投机取巧者

完全接受机构的角色期望，并遵从机构的所有规定，顺从机构的意志，这被称为初级的调适。如果只有部分接受机构的期望与规定，而设法以各种巧妙的手段逃避自己应该扮演的角色，那便是次级的调适手段。许多学生采用次级的调适手段，使学校生活不再那么无聊，或不再那么有效。这种学生的比例依据学校性质、阶段、独特的校园气氛而有所不同，但是其人数比顺从者与反叛者的总和要多，有 60%～80% 的学生是如此度过学校生活的。他们不参加学校的部分活动，不完全顺从学校所期望的角色行为，但也不公开反叛学校的规定。其所用的手段众多，诸如：使用秘密的空间；使用秘密通信的方法，例如上课传纸条等；装乖，以避免检查；曲意逢迎以赢取教师的欢心；逃课与逃学；破坏公物等。

经过教室舞台的角色分配与戏码演出之后，教室中的成员就形成了不同的身份与地位。在他人眼中，不同学生在教室中所受欢迎与排斥的情况是有所区别的，这样就形成了不同的学生群体：第一种群体是受欢迎者，其特征是受欢迎的多，而受排斥的少或无；第二种群体是受争议者，其特征是受欢迎与受排斥的比例一样多；第三种群体是受孤立者，其特征是受欢迎的少或无，而受排斥的多；第四种群体是受忽视者，其特征是在教室中不具有影响力，愿意与其交往或不愿意与其交往的人都很少；第五种群体是受遗忘者，其特征是默默无闻，被同学甚至教师遗忘了。

第三节　学生的权利和义务

学生作为独立的社会个体，具有基本人权，学生的特殊身份决定了其享受特殊保护。1989 年 11 月 20 日，联合国大会通过了《儿童权利公约》，标志着保护儿童权利已成为国际行为。《儿童权利公约》体现了儿童权利保护的核心精神，其基本原则是：儿童利益最佳原则、尊重儿童尊严原则、尊重儿童观点与意见原则、无歧视原则。

考点提示及练习 7-3

一、学生的权利

根据《儿童权利公约》及《中华人民共和国教育法》《中华人民共和国义务教育法》《中华人民共和国未成年人保护法》等法律法规，我国学生拥有下列基本权利。

（一）生存权

儿童自出生之日起，即获得了作为自然人的生命权。儿童的生命和生存权，受到国家法律的保护，任何人都不得非法剥夺儿童的生命，不得侵犯儿童生存的权利；同时必须为保护儿童的生命，保障儿童的生存和发展提供最好的条件。

（二）健康权

《儿童权利公约》第二十四条第一款规定：“缔约国确认儿童有权享有可达到的最高标准的健康，并享有医疗和康复设施，缔约国应努力确保没有任何儿童被剥夺获得这种保健服务的权利。”《中华人民共和国未成年人保护法》第五十九条规定：“任何人不得在学校、幼儿园和其他未成年人集中活动的公共场所吸烟、饮酒。”第九十条规定：“卫生健康部门应当依法对未成年人的疫苗预防接种进行规范，防治未成年人常见病、多发病，加强传染病防治和监督管理，做好伤害预防和干预，指导和监督学校、幼儿园、婴幼儿照护服务机构开展卫生保健工作。”《中华人民共和国食品卫生法》和其他卫生保健法律、法规，也都对儿童健康权的保护做了规定。

（三）受教育权和享用教学设施权

《中华人民共和国教育法》第四十三条规定学生有权“参加教育教学计划安排的各种活动，使用教育教学设施、设备、图书资料”。《中华人民共和国义务教育法》第四条规定：“凡具有中华人民共和国国籍的适龄儿童、少年，不分性别、民族、种族、家庭财产状况、宗教信仰等，依法享有平等接受义务教育的权利，并履行接受义务教育的义务。”《中华人民共和国未成年人保护法》第二十八条规定：“学校应当保障未成年学生受教育的权利，不得违反国家规定开除、变相开除未成年学生。”第八十九条第三款规定：“地方人民政府应当采取措施，防止任何组织或者个人侵占、破坏学校、幼儿园、婴幼儿照护服务机构等未成年人活动场所的场地、房屋和设施。”《儿童权利公约》第二十八条指出：“缔约国确认儿童有受教育的权利。”

（四）姓名权、肖像权、国籍权

儿童和其他公民一样享有姓名权。姓名权是公民特定化的标志，是人格权的一种。《中华人民共和国民法典》第一千零一十四条规定：“任何组织或者个人不得以干涉、盗用、假冒等方式侵害他人的姓名权或者名称权。”肖像权是指公民对自己的照片、画像、雕像、录像、全息摄像及其他有载体的视感影像依法享有的不受非法侵犯的权利。《中华人民共和国民法典》第一千零一十九条规定：“未经肖像权人同意，不得制作、使用、公开肖像权人的肖像，但是法律另有规定的除外。”国籍权是指个人作为特定国家成员的资格的权利。《儿童权利公约》第七条第一款对儿童的姓名权、国籍权作了规定：“儿童出生后立即登记，并有自出生起获得姓名的权利，有获得国籍的权利。”第二款规定，缔约国应履行义务，“尤应注意不如此儿童即无国籍之情形”。第八条第一款规定：“缔约国承担尊重儿童维护其身份包括法律所承认的国籍、姓名及家庭关系而不受非法干扰的权利。”

（五）名誉权、荣誉权和智力成果权

儿童依法享有名誉权。《中华人民共和国未成年人保护法》第四条规定“尊重未成年人人格尊严”，第二十七条规定：“学校、幼儿园的教职员应当尊重未成年人人格尊严，不得对未成年人实施体罚、变相体罚或者其他侮辱人格尊严的行为。”荣誉权是指公民依法享有的保持自己所得的嘉奖、光荣称号等荣誉，并不受非法剥夺的权利。智力成果权亦即知识产权，指公民或法人对自己创造的智力活动成果依法享有的人身权利和财产权利，是诸如著作权、专利权、商标权、发现权、发明权和其他成果权的总称。儿童尽管是未成年人，但也依法享有智力成果权。

（六）隐私权

隐私权是指个人私生活的保密权。《中华人民共和国未成年人保护法》第四条规定要“保护未成年人隐私权和个人信息”。未成年人的隐私权就是未成年人所享有的不公开其生活秘密的权利。凡个人不愿告诉别人或不愿公开的生活秘密，都属于个人隐私，如：日记、信件、生理方面的疾病，以及曾经受过的侮辱、经历过的痛苦、生活习惯、生活方式等。

（七）司法保护权

《儿童权利公约》第三十七条规定，缔约国应确保“任何儿童不受酷刑或其他形式的残忍、不人道或有辱人格的待遇或处罚”。“对儿童的逮捕、拘留或监禁应符合法律规定并仅应作为最后手段，期限应为最短的适当时间”。“所有被剥夺自由的儿童应受到人道待遇，其人格固有尊严应受尊重，并应考虑他们这个年龄的人的需要的方式加以对待。”无论是民事诉讼、行政诉讼，还是刑事诉讼，国家相关法律都规定了对未成年人合法权利的保护。尤其是在刑事诉讼中，这种保护更为突出。

资料夹 7–3

让学生补作业侵犯了其受教育权吗？①

某教材在讲述学生受教育权利时列举了这样一个案例：“李波（化名）的作业又没有完成。对此，老师实在没有了招数。上课了，老师令他站到教室外面去，等把作业做好了再回教室听课。”王顺华认为，教材用此案例说明“教师的行为侵犯了学生受教育权”值得商榷。

● 停课让学生补作业是为了端正学习态度

从案例中可知，李波的作业又没有完成。一个“又”字表明该生不是一次没有完成作业，而是若干次没有。没有完成作业的原因可能是：基础太差，无法完成；作业量太多，不能按时完成；能够完成，但懒惰不愿意完成。从案例中教师的处理方式来看，前两种情况几乎不存在，只可能是第三种情况：学习态度不端正。既然李波有能力完成作业，作业量又不是很大，教师为了端正其学习态度，要求其补完作业再上课，虽然带有惩罚性质，但这是在督促他学会行使自己受教育的权利和履行受教育的义务。

● 完整教育需要适度的惩罚

从案例中“老师实在没有了招数”来看，教师认为有必要让李波补写作业。既然李波是不按时按量完成作业的“常客”，教师的耐心教育和帮助对他几乎没作用。说服教育不是万能的，原谅也不是万能的，完整教育需要一定的惩罚。适当、适度地进行惩罚，所达到的教育效果往往比一味地说服教育、原谅学生错误等方法好得多。表面上，李波耽误了一节课的学习，但从长远看，教师对他做出停课处理是值得的，能够促使其今后更好地行使自己的受教育权。案例中教师的处罚，对其他学生也有一定警示作用。否则，李波可以不完成作业，张波、王波、袁波等也可以不完成作业。

① 王顺华．让学生补作业侵犯了其受教育权吗？［J］．中学政治教学参考，2015(8)：6．引用时有修改。

● 全面理解学生的受教育权

受教育权是学生的一项最基本的权利。受教育权内容包括:德、智、体、美、劳和有关的社会生活知识、生理知识等诸多方面。这是《中华人民共和国义务教育法》的规定。其中,通过课堂接受各学科教师对文化知识的传授和讲解,是学生行使受教育权的重要形式。而学生完成教师布置的作业,是对课堂所学知识的强化和巩固,是学生行使受教育权的延伸和必不可少的阶段。每个学生花在家庭作业上的时间因人而异,但这是必须,也是必要的。对若干次没有按时按量(且不谈按质)完成作业的李波进行惩罚,非但没有侵犯他的受教育权,反而是为了更好地维护其受教育权。学生只上课而不完成相应作业,他的受教育权是不完整的,是有重大缺陷的。

● 关注学生个体差异,因材施教

李波因补作业耽误了课堂学习,但只要他一心向学,任课教师在课后定会想办法给他补齐落下的课程。在实际教学中,绝大多数教师都是这么做的。因此,教师让学生停课补作业并不存在侵犯学生受教育权的问题,而是关注学生个体差异,因材施教。《中华人民共和国义务教育法》第二十九条规定:"教师在教育教学中应当平等对待学生,关注学生的个体差异,因材施教,促进学生的充分发展"。《中华人民共和国未成年人保护法》也规定学校应当尊重未成年学生受教育的权利。由此可见,教师让学生停课补作业的行为是符合法律规定的。

● 学生受教育权具有双重性

受教育权既是学生的一项最基本的权利,又是一项最基本的义务。《中华人民共和国义务教育法》第四条规定:"凡具有中华人民共和国国籍的适龄儿童、少年,不分性别、民族、种族、家庭财产状况、宗教信仰等,依法享有平等接受义务教育的权利,并履行接受义务教育的义务。"作为初中生,最基本的义务是:按时入学,接受规定年限的义务教育;遵守法律和学校纪律,尊敬师长;努力完成规定的学习任务。既然"努力完成规定的学习任务"是学生最基本的义务之一,那么,让学生完成属于学习任务重要内容的作业就是情理之中的事。作为义务,每个人必须自觉履行。

二、学生的义务

学生的义务是在公民义务的基础上,针对学校、教育及学生的特点而对学生行为提出的限制和要求。它一般体现在具体的法律条文和学校的各种规章制度中。未成年学生作为法律的主体,在享有法律规定的各项权利的同时,也必须履行法律规定的各项义务。

那么,学生应该履行什么义务呢?《中华人民共和国教育法》第四十四条规定,受教育者应当履行下列义务:

(1) 遵守法律、法规;

(2) 遵守学生行为规范，尊敬师长，养成良好的思想品德和行为习惯；

(3) 努力学习，完成规定的学习任务；

(4) 遵守所在学校或者其他教育机构的管理制度。

权利和义务是统一的，没有对义务的履行，就不能很好地享受权利。权利的享受是以履行义务为前提的，有些权利同时又是义务，比如接受义务教育既是学生的义务，同时又是学生的权利。学生的义务可以使学生明确自己的责任，约束自己的行为，对自己的某些行为负责。所以，对学生义务的规定既要符合国家、社会、学校和教育的要求，又要符合学生的行为特点，体现学生的身心发展需要。超越学生实际的义务是不可行的，它不但不能约束学生，有时还会引起学生的逆反心理和反抗行为，给社会和学校造成危害。

第四节　师 生 关 系

考点提示及练习 7–4

师生关系是指教师和学生在教育教学过程中形成的关系，包括彼此所处的地位、作用和相互对待的态度等。它是一种特殊的社会关系和人际关系，是教师和学生为实现教育目标，以各自独特的身份和地位通过教与学的直接交流活动而形成的多性质、多层次的关系体系。良好的师生关系是顺利完成教学任务的重要保障。

一、良好师生关系的意义

良好的师生关系是做好教育工作的前提条件之一。良好的师生关系一旦形成就会发挥十分显著和独特的作用。

（一）良好的师生关系有助于提高教学效果

教育活动是最能体现人与人关系的社会活动。师生关系本身既是人与人关系在教育领域中的体现，更是教师和学生作为人而存在和发展的独特方式，具有无可比拟的教育力量。大量的教育教学实践证明，只具有广博的知识和教育教学能力而不善于与学生建立友好、真诚的合作关系的教师，教育教学不能取得事半功倍的效果。良好的师生关系能够激励师生双方活动的积极性、主动性、创造性，有利于形成生动活泼、轻松愉快的教学气氛，有利于提高教学信息传输的效率，是有效地进行教学活动和完成教学任务的必要条件。在这种和谐的师生关系中，师生双方感情融洽，亲密合作，教师会“诲人不倦”，千方百计把学生教好，学生会亲师信道，“学而不厌”，愉快地接受教育。

（二）良好的师生关系有助于提高教师的威信

教师的威信对学生的成长有很大的作用，学生对教师的依赖与信任也是教育教学取得良好效果的重要前提。教师的威信受很多因素的影响，深深扎根于良好的师生关系之中。良好的师生关系有助于师生双方在教育目标、工作任务上取得共识，避免和消除人际冲突，有助于相互间减少摩擦，消除矛盾，达到和谐，形成集体归属感和荣誉感。

（三）良好的师生关系有助于师生心理健康发展

良好的师生关系能使学校、班级产生温馨和谐的气氛、奋发向上的生机，使师生的心情欢畅、心理相容、携手前进，使不良错误思想和行为得以抑制、淡化，既有利于学生的身心健康，又有利于学生完善人格的形成。同时，教师由于得到学生的尊重和支持而感到欣慰、受到鼓舞，内心充满愉悦而不断产生向上的动力。

（四）良好的师生关系有助于优化校园文化

师生关系是学校中最基本、最重要的人际关系，是一所学校的精神风貌、校风、教风、学风的整体反映和最直观反映。师生关系状况投射出学校的价值取向、人际关系状况、管理水平等。师生关系作为校园文化的组成部分，对学校精神文化的建设、对学生的发展和成长都起着重要的作用。

二、师生关系的特点与类型

（一）师生关系的特点

1. 尊师爱生，民主平等

尊师爱生，民主平等，体现了师生在教育过程中相互尊重人格和权利、相互开放、平等对话、相互理解、相互接纳的关系。这是教育活动的基础和出发点，而这一点在传统的师生关系中由于功利主义和工具主义的盛行而难以体现。教师与学生只有在平等互尊的基础上，才能彼此敞开心扉，进行真正的对话与沟通，从而相互理解。教师与学生在教学过程中，不只是进行知识的授受活动，更要进行情感的交流、智慧的碰撞等，这些都是在平等互尊的交往中完成的。在这种关系中，教师不再代表知识的权威，不再是教学过程的主宰者，也不再是学生的对立面，而是“平等中的首席”；教学不但要体现教师的人生价值，学生也会在教学中体验到平等、自由、民主、尊重、信任、友善、理解、宽容、亲情与关爱，同时感受到激励、鞭策、鼓舞、感化、召唤、指导和建议，形成积极的、丰富的人生态度与情感体验。平等互尊不仅是现代社会民主化趋势的需要，而且是教学人文性的直接要求和现代人格的具体体现。

> 讨论：
> 你认为学生与教师应该是一种怎样的关系？理由是什么？

2. 相互启发，合作对话

以往师生之间的关系突出表现为领导与被领导、权威与听众的关系，教师和学生是上下级的尊卑关系，彼此之间缺乏平等的交流和对话，学生在这样的人际关系中会感到主体性丧失。而在合作对话关系中，教师和学生以完全平等的地位、真诚信赖的态度协同开展教学活动。在没有任何强制的条件下，学生充分发挥主动性和独立性，在高效状态下进行学习。在这种关系中，教师从不作为知识的占有者和给予者，而是通过合作与对话的方式启迪学生的智慧。对话的本质并非将一种观点强加给对方，而是改变双方的观点，达到一种新的视界。因此，真正的对话总是蕴含着一种伙伴关系或合作关系，会将学生从教师单独控制的思想牢笼中彻底解放出来。在自由的对话中，死寂沉闷的传统课堂被充满生命活力和魅力的课堂生态所取代。“通过对话，教师的学生（students-of-the-teacher）及学生的教师（teacher-of-the-students）等字眼不复存在，新的术语随之出现：教师学生（teacher-student）及学生教师（students-teachers）。”[①] 在对话中，言说者和倾听者的角色是相互转化的，即学生不只是倾听者，教师也不只是言说者，二者都可以是倾听者与言说者。这样，师生就建立了真正的相互交流、相互理解的对话关系。这种师生关系彰显着一种真正的民主式对话教学，对话双方没有高低之分，只有双方的相互启发。

3. 相互促进，共同成长

在这种师生关系中，教师不仅仅是讲授者，他本身也受益，学生在被教的同时也反过来影响教师，他们在课堂生态系统中共同展现着自身的生命价值，在充分发掘自己的生命潜能中共同生长、共同进步。《礼记·学记》就曾指出：“学然后知不足，教然后知困。知不足，然后能自反也。知困，然后能自强也。故曰：教学相长也。”在教学过程中，教与学互相影响和促进，都会得到提高，教师和学生都能够在双方共同构建的教学活动中不断进行学习、总结、反思，形成彼此受益、互惠互利、互动双赢的教学关系。

（二）师生关系的类型

师生之间的现实关系是不断变化和丰富多样的，可以从哲学、教育学、心理学、文化学、管理学、社会学、政治学等多学科视角进行探讨，师生关系也就相应地表现为多种类型。下面对师生之间的社会关系、教育关系、心理关系、伦理关系进行简要论述。

1. 社会关系

以年轻一代的成长为目标的社会关系，是师生关系在教育教学中的反映。

第一，师生之间存在代际关系。教师代表着上一代人特别是父母对下一代负有的关心、爱护的责任和义务，学生需要依靠教师才能更好地成长，更好地社会化，成为未来人类社会发展的现实力量。

第二，师生之间存在政治关系。师生关系总是在一定的时代背景下产生的，其性质总是由社会的整体性质来规约的。具体来说，教师的教育和学生的发展不能离开一定社会的政治需要，师生关系要反映社会的政治需要，包括培养公民素质或政治人才。

第三，师生之间存在科学文化的授受关系。教师闻道在先，术业有专攻，是人类已有科学文化的掌握者，而学生拥有的科学文化资源相对不足，这种科学文化势差的缩小客观上使教师和学生构成了传授和接受的关系。

第四，师生之间存在道德关系。在教育教学过程中师生的活动必然受到社会道德规范（如公平、正义、秩序等）的约束，教师和学生都必须共同遵守社会道德规范。同时教师和学生之间的交往也必须合乎教育内部的道德规范。教师作为教育者还必须把自己的道德作为一种有效的教育资源，发挥其示范、陶冶作用。

第五，师生之间存在法律关系。教师和学生作为公民具有法律保护的权利、义务、责任，学生作为未成年人，还拥有《中华人民共和国未成年人保护法》等法律赋予的

---

① 保罗·弗莱雷. 被压迫者教育学[M]. 顾建新，等译. 上海：华东师范大学出版社，2001：31.

权利。教师要尊重和维护学生的权益,学生也要尊重教师的合法权利。

2. 教育关系

教育关系是指教师和学生在教育教学活动中为促进学生的整体发展和自主发展而结成的教育与被教育、组织与被组织、引导与被引导等主体间的关系。

第一,从教育过程的主体作用来说,教师和学生是教育和被教育的关系。教师和学生都是教育过程中的主体,但各自的主体作用不同。教师作为专业人员是整个教育活动的促进者、组织者和研究者,是引导学生学习、促进学生主动发展的人。而学生一般是参与者、学习者,同时又是学习的主体和自我教育的主体。

第二,从教育作为一种组织来说,教师和学生共同生活在学校、班级中,构成了组织和被组织的关系。教师是班级中的"领袖",因此保持必要的权威、维护一定的秩序,对于集体凝聚力、团队精神的形成起着至关重要的作用。所以,总体来看,是教师组织学生而不是学生主导集体。

第三,从教育活动的实施来说,教师和学生是平等的交往关系和对话关系。教师与学生主要是通过语言交往、精神交往来传递信息、表达思想,并完成教育教学目标的。通过对话,双方都获得了理解和沟通,获得了精神的交流和意义的分享,最终实现了各自精神层面的发展。

3. 心理关系

以维持和发展教育关系为目的的心理关系包括人际认知关系、情感关系、个性关系等。师生心理关系的实质是师生之间的情感是否融洽、个性是否冲突、人际关系是否和谐。

第一,师生之间的认知关系是师生心理关系的基础。师生之间的认知和评价具有相互反馈的特点。教师对学生的认知影响学生对教师的认知,反之亦然。师生之间在教育活动中达到积极肯定的认知和相互理解,有利于教育目的实现和教育任务的完成。

第二,情感关系是师生心理关系的另一个重要方面。它是伴随着教学活动的开展而自然形成的,是教学活动中一种客观而基本的师生关系,受到教学过程和教学结果的直接影响。富有魅力的教学过程和高效优良的教学结果,会促使师生的情感关系更加融洽和谐,反之,则可能使师生的情感关系恶化。

4. 伦理关系

师生之间的伦理关系是指在教育教学活动中,教师与学生构成一个特殊的道德共同体,各自承担一定的伦理责任,履行一定的伦理义务。这种关系是师生关系体系中最高层次的关系形式,对其他关系形式具有约束和规范作用。学生道德观念的一部分是从教师那里直接获得的,教师会潜移默化地对学生施以道德方面的影响。这就需要教师不仅要有广博的知识,还应该有高尚的人格和正确的道德思想,而这正是建立良好的师生伦理关系的关键。从古代社会的尊师重道、爱生忠诲到现代社会的尊师爱生、教学民主,都证明了教育中师生伦理关系的客观存在。伦理关系既是教育文明的主要标志,又是顺利开展教育活动的必要保障。教育中的师生伦理关系,既是社会伦理关系的投射,又体现着教育的伦理特性。

上述师生关系中,教育关系是一种基本关系,其他师生关系皆服务于这一关系。社会关系是一种背景关系,是教师和学生作为社会人的身份和角色在教育教学中的直接反映,具有规范性、稳定性等特点,常以比较强硬的方式投射到师生之间的教育关系、心理关系和伦理关系之中。心理关系是教育关系的基础和深化,常以内隐方式、感性方式反映社会关系并直接影响教育关系,与前两种关系相比,它具有情境性、弥散性等特点。伦理关系是社会伦理关系在教育教学中的投射,对其他关系具有约束和规范作用。

资料夹 7–4

中小学存在的师生关系类型(见表 7-1)

表 7–1 师生关系类型[①]

类型	师生相互态度	师生感情关系	师生课堂合作状态	效果
对立型	教师简单、粗暴,学生畏服	学生情绪不愉快,师生关系疏远、紧张、对立	教师不允许学生有不同意见,往往以教师的主张、决定为准;学生的主动性、积极性受到压抑,独立思维受阻	师生交往呈明显的单向性,易发生冲突,教学效果极差
依赖型	教师以领导者自居,学生采取服从的态度	师生之间感情平衡,无冲突	教师包揽一切活动,学生跟着教师设计的路子走,明显缺乏学习的主动性、创造性	从知识的掌握来看,有一定的教学效果,但学生独立思考、独立解决问题的能力差
自由放任型	教师对学生没有严格要求,放松指导责任,学生对学习采取自由的态度	课堂气氛淡漠	教师让学生自主学习,学生各行其是,教师能够解答学生的问题,但不能及时给予正确指导,不认真检查学习结果	教学效果明显不好
民主型	教师对学生严格要求,热情、和蔼、公正,尊重学生,发扬教学民主;学生尊敬教师,接受指导,主动地进行学习	情绪热烈、和谐,课堂气氛活跃	师生之间呈现积极的双向交流,学生积极思考、提出问题、各抒己见,教师认真引导	教学效果良好

① 傅道春. 教育学:情境与原理[M]. 北京:教育科学出版社,1999. 引用时有修改。

三、良好师生关系的准则与构建

师生关系总是建立在一定社会背景之中，与师生双方密切相关，受多种因素的制约。但就教育内部而言，教师在师生关系建立与发展中占有重要地位，起着主导作用。良好师生关系有什么标准？又该如何建立？

（一）良好师生关系的准则

良好的师生关系大致有三个准则：在教育内容上是授受关系，在人格上是平等关系，在道德上是相互促进关系。

1. 在教育内容上是授受关系

在教育教学活动中，教师处于主导地位。从教育内容上而言，教师是传授者，学生是接受者。具体而言，在知识上，教师知之较多，学生知之较少；在智力上，教师是较发达者，学生是相对不发达者；在社会经验上，教师是较丰富者，学生是较欠缺者。所以，师生在教育内容上是授受关系，但这种授受并不是单纯的单向传递，而需要学生积极地、富有创造性地参与。教师对学生的主体性的培养，目的在于促进学生自主性的发展，教学生学会学习、学会判断、学会选择，而不是牵着学生走。

2. 在人格上是平等关系

学生是一个独立的个体，有自己的尊严和人格，有自己的思考与判断，教师首先要把学生当人看，而不是当成知识的储存器。以教师为中心的师生关系和以学生为中心的师生关系都存在着某种弊端。良好的师生关系强调尊重学生的人格，平等地对待学生，热爱学生；同时，又要看到学生是处于不成熟状态的、发展中的个体，需要对他们进行正确的引导与严格要求。

3. 在道德上是相互促进关系

教书育人是人民教师的神圣职责，也是教师工作的基本任务。教师对学生的影响不仅是知识与技能方面，更重要的是思想上、精神上的引导与熏陶。教师真正的威信来源于自己人格的力量，这会对学生产生终身的影响。同时，学生不仅会对教师的知识与技能水平做出反应，对教师的道德水平、精神风貌、人格人品等更会做出反应，并会用各种形式表现出自身对教师的评价和态度，进而促进教师的道德成长。因而，在道德上师生是相互促进的关系。

（二）良好师生关系的构建

1. 树立正确的学生观

学生观就是教师对学生的基本看法，它影响教师对学生的认识、态度与行为，进而影响学生的发展。因此，教师必须转变传统的角色心理和行为习惯，树立正确的学生观。传统的学生观将学生看作被动的受体、教师塑造与控制的对象，学生在教育中处于边缘位置，对学生的教育是规范、预设的。现代学生观认为，学生具有巨大的发展潜力；学生的不成熟性具有成长价值；学生具有主体性，特别是创造性；学生是权责主体，有正当的权利和义务；学生是一个整体的人，是知、情、意、行的统一体。正确的学生观来自教师对学生的观察和了解，来自教师向学生的学习和对自我的反思。

2. 了解和研究学生

了解和研究学生是形成良好师生关系的基础。它包括了解学生个体的思想意识、道德品质、兴趣、需要、知识水平、学习态度和方法、个性特点、身体状况和班集体的特点及其形成原因。为了能有效地理解学生,教师必须经常与学生进行心理换位思考,设身处地为学生着想,这样才能理解学生的想法,耐心听取学生的意见,满足学生的正当要求,使学生感受到教师对他们的支持与认可,从而也使教师得到学生的拥护和爱戴。

3. 热爱学生,尊重学生,公平对待学生

爱是教育的灵魂,是教育的原动力,是照亮学生心灵的点点灯光。真正胸怀教育爱的教师会让学生在心灵深处生发出高度自觉的内驱力和自策力,从而赢得学生的心理认同和钦佩。爱能在教师与学生之间建立起一种相互依存、相互协调的情感纽带,使学生的精神格外亢奋和充实,使教学由单一的认知活动进入全面的心灵对话,因而教育爱对教学具有极为重要的意义。热爱学生包括热爱所有学生,对学生充满爱心,经常走到学生之中,忌讳挖苦学生、讽刺学生、粗暴对待学生。尊重学生特别要尊重学生的人格,保护学生的自尊心,维护学生的合法权益,避免师生对立。教师处理问题必须公正无私,使学生心悦诚服。

4. 主动与学生沟通,善于与学生交往

师生关系一般要经历生疏、接触、亲近、依赖、协调、默契等阶段。师生初次接触难免有生疏感,学生难免有敬畏心理,教师应善于打破学生的这种心理障碍,主动创造自然和谐的气氛;经过多次良好的接触,学生感到教师平易近人,从而产生愿意同教师沟通的感情;有了亲近感,在学习与生活中教师的诚挚关怀、耐心引导被学生理解,或在共同活动中激发起学生的浓厚兴趣,从而产生感情上的共鸣;师生之间有了感情上的共鸣,再坚持情感的交流,就会把学生引上学习与进步的成功之路,学生必然信赖教师,师生之间心相通、情相近,学生的心窗向他们信赖的教师敞开着。这种师生关系是教育的结果,也是进行教育教学的重要条件。同时,教师也要注意和学生的心理交往,多和学生谈心、讨论问题,这样才能沟通思想,了解真实情况。良好的师生关系是教师经常深入到学生中间,与学生的交往不断深化而形成的。

5. 努力提高自我修养,健全人格

教师良好的文化科学素质是构建理想师生关系的重要因素。扎实而深厚的基础知识和专业知识是教师进行教育教学的必要条件,也是赢得学生尊重,树立教师威信的重要前提。为此,教师必须加强学习和研究,使自己成为专家型教师,经常进行自我反思,正确评价自己,克服个人的偏见和定势,培养自己多方面的兴趣和积极向上的人生观,学会自我控制,培养耐心、豁达、宽容、理解等个性品质。

本章小结

在教育过程中学生是一个完整的人、发展中的人和以学习为主要任务的人。研究学生并促进其发展与成长,是学校教育的出发点和归宿。成功的教育必须以对学生的正确认识为前提。学生的发展不仅是机体的生物成熟过程，而且是认识发展过程、个性和社会性发展过程。学生身心发展具有独特性和复杂性。

良好的师生关系的建立、维系和发展，既是教育的基本要求，也是教育教学活动的保证。

案例分析

以学生为镜①

那节作文课上，为了激发学生的创作欲望，在动笔之前，我别出心裁地要求学生认真思考，再现身边人物的习惯性或标志性言行，供大家一起分析和揣摩。

“请大家做勇于自荐的毛遂，做慧眼识才的伯乐。”在我的鼓动下，学生们开始了“得意忘形”的表演。一些个性鲜明的师生生活细节，成了大家“品头论足”的对象，惟妙惟肖地再现在学生的面前。被“克隆”的学生尤为兴奋，被间接表扬的自然乐不可支，被揭短的也并不恼怒。有的还嫌点评得不到位，干脆“现身说法”。教室里一片欢笑声、喝彩声，让我觉得十分高兴。

这时，小梁“出山”了，脸上挂着神秘的笑容，健步登上讲台。这是个有趣的小家伙，他表演的小品、哑剧经常是全校文艺汇演的压轴戏。

只见他站得笔直、两眼瞪圆，表情严肃地大喝一声：“上课！”声音洪亮，底气十足，让人心神一振。我眯起眼睛，心中暗自赞许：嗯，很有阳刚之美，真是有其师必有其徒，孺子可教！“上课都坐直了！你有病吗？是思想上的病还是生理上的病？”他拿起黑板擦指着下面，然后像拍惊堂木似的一摔，“啪！”我的心一下子抽紧了。“抬起头看这儿！”“啪啪！”黑板擦在黑板上敲打着，粉尘飞溅中，更衬出他的“狰狞”面目。此刻，我眼发花、脸发烫，心脏“突突”狂跳，额头沁出了汗珠。显然，他夸大了我的做派，但我却不得不承认，这就是我平日的“光辉形象”。

最可气的是，这家伙最后还故意说：“此人远在天边，近在眼前……”学生们再也憋不住了：“哈，就是董老师，简直太像了……”我的脸上顿时像挨了一记响亮的耳光，火辣辣的，一直痛到心尖儿。察觉到我复杂的表情，小梁吐了吐舌头，像一只小猫似的缩回座位。

偏偏又有学生站起来慷慨陈词：“这是一种光明磊落、潇洒果断的处事方式，体现了严师出高徒的古训……”我只觉得两耳“嗡嗡”作响。这些平日听起来让我飘飘然的话，现在却使我如坐针毡，唯一的期盼是学生“口下留情”。我强撑着，尴尬地笑着说：“大家表现都非常好，请大家动笔作文吧。”

事后我郁闷了很久，并不是懊恼学生们“揭短”，而是为自己当时没有勇敢地解剖自己而内疚。原来，自己曾经引以为荣的言行，经过“换位”观照以后，竟然是那么可笑甚至可憎！这无疑反映了我自己在教育观念上不民主和缺乏人文

---

① 董建明．以学生为镜[J]．人民教育，2003(Z2)：11．引用时有修改。

关怀。而最让我觉得惭愧的是，这些言行正在玷污和扭曲着学生们纯洁的心灵。

这件事使我明白了，学生是教师的一面镜子，能客观地反映出教师的思想和言行的优劣美丑。我们可以从学生身上看到自己的影子。教师要以学生为镜，经常“揽镜自照”，既看到自己的“亮点”，也要看出一些“瑕疵”。这的确应成为每一位教师的必修课。

运用所学师生关系原理对上面案例进行分析和评点。

反思与探究

1. 如何认识与理解学生的本质属性与时代特征？

2. 请阅读《中华人民共和国义务教育法》和《中华人民共和国教育法》，了解受教育者的权利与义务，并对照相关法律条文，结合中小学生实际，谈谈受教育者权利的享受和义务的履行情况。

3. 开展讨论：(1)“外塑论”与“内发论”学生发展观的合理性和不合理性。(2) 师生之间理想的关系应该是怎样的？如何建构？

推荐阅读

1. 覃川．今天怎样做教师[M]. 北京：中国轻工业出版社，2006.

2. 朱永新．我的教育理想[M]. 南京：南京师范大学出版社，2000.

3. 卢梭．爱弥儿：论教育[M]. 李平沤，译．北京：人民教育出版社，2001.

4. 核心素养研究课题组．中国学生发展核心素养[J]. 中国教育学刊，2016(10)：1–3.

5. 辛涛，姜宇，林崇德，等．论学生发展核心素养的内涵特征及框架定位[J]. 中国教育学刊，2016(6)：3–7，28.

第八章
课程与课程改革

【学习目标】

- 了解课程的词源。
- 理解多维视角下的课程含义。
- 理解不同取向的课程理论。
- 掌握课程的不同类型。
- 掌握我国课程改革的理念、目标和内容。

【知识导图】

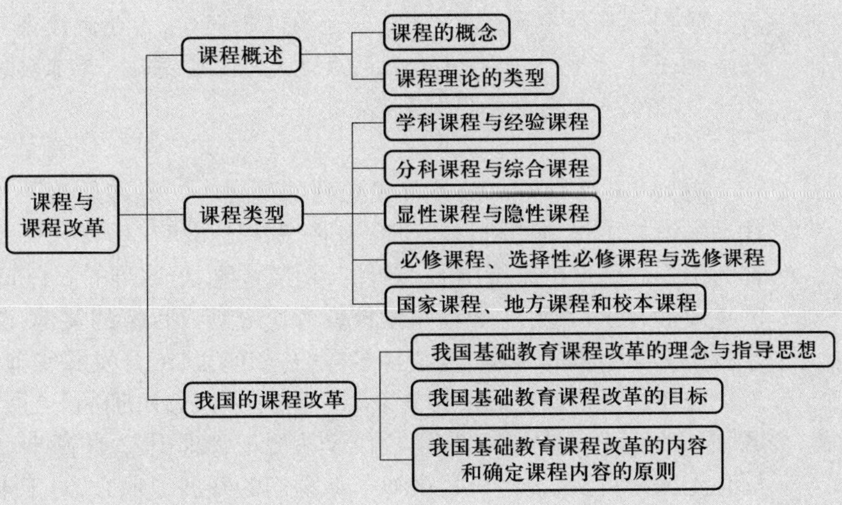

【引子】

动物学校

很久很久以前，动物们决定创办一所学校以应对日益变化的世界的需要。这所学校设置了一组由跑、跳、爬、游泳、飞行等科目组成的活动课程。为了便于管理，所有的动物都要学习所有的科目。

第一批学员有鸭子、兔子、松鼠、鹰以及泥鳅。

鸭子在游泳这门课上表现相当突出，甚至比他的老师还要好，可飞行课却只能勉强及格，而对于跑则感到非常吃力。由于跑得慢，他不得不每天放学后仍留在学校里，放弃心爱的游泳以腾出时间练习跑步。他不停地练呀练呀，脚掌都磨破了，终于获得了勉强及格的成绩。而他的游泳科目，由于长期得不到练习，期末时只获得了中等成绩。学校对中等成绩是能够接受的，所以除了鸭子本人以外没有人在乎这一点。

兔子在刚一开学时是班里跑得最快的，由于在游泳科目中有太多的作业要做，结果精神都快崩溃了。

松鼠的成绩一向是班里最出色的，但他对飞行感到非常沮丧，因为他的老师只许他从地面上起飞，而不允许他从树顶上起飞。由于他非常喜欢跳跃，并花了很多时间致力于发明一种跳跃的游戏，结果期末时爬行只得了C，跑步只得了D。

讨论：
对于“动物学校”的课程设置，你有何建议？

鹰由于活泼爱动受到老师们严格管制，在爬行课上的一次测验中，他战胜了所有的同学，第一个到达了树的顶端，但他用的是自己的方式而不是老师所教的那种方式，因此他并没有得到老师的表扬。

学期结束公布成绩时，普普通通的泥鳅同学，由于游泳还马马虎虎，跑、跳、爬成绩一般，也能飞一点，因此他的成绩是班里最高的。毕业典礼那天，他作为全体学员的唯一代表在大会上发了言。①

看到“课程”两个字，你首先想到的是什么？或许是教科书，或许是犹如上述动物学校中设置的科目。研究表明，课程远非只是教科书。课程（curriculum）作为学校教育这个系统中的“软件”，是最重要、最繁难的教育问题之一。② 课程的重要性在于，良好的课程是学校教育达成育人目标的关键；课程的繁难在于，学校中的学生都是独特、复杂且多样的，如何设计、开发并实施真正满足每个人发展需要的课程就显得极为复杂。上述动物学校中的科目之所以只能培养出整齐划一的庸才，是因为动物学校仅仅从便于管理出发，将重要、繁难的课程问题简化为固定科目，这些科目束缚了动物们的发展。那么，对于未来的教师而言，课程的含义到底是什么？不同的课程理解是如何形成和发展的？根据不同的分类标准，课程有哪些类型？为了实现每位学生发展的教育理想，我国进行着怎样

---

① 胡东芳. 动物学校[J]. 内蒙古教育，2000(10)：13.

② 钟启泉. 现代课程论[M]. 新版. 上海：上海教育出版社，2003：3.

的课程改革?

第一节　课 程 概 述

1918 年博比特(J. F. Bobbitt)出版了西方教育史上第一本课程论专著《课程》,课程作为一个领域正式诞生了,至今课程研究的历史不足一百年,然而课程概念却是多元而复杂的。正如派纳(W. F. Pinar)所言:“成熟的学者和初学者一样都为太多的课程概念而哀叹。”不过,派纳又指出:“但我们并不将之视为一个可怕的问题。”[①] 课程概念之所以是多元的,是因为任何课程概念都是在特定的历史和社会条件下形成的,同时还受课程研究者的认识论的影响。为此,请你带着曾经的课程学习经历,一起走进“课程”概念的理解中。

考点提示及练习 8–1

一、课程的概念

为了梳理出一种理解课程概念的可能方式,下面从词源剖析课程含义的基础上,阐释关于课程概念的主要观点。

(一) 课程的词源分析

据考证,在我国,“课程”一词最早大约出现在南北朝时期翻译的佛经中。[②] 姚秦三藏法师鸠摩罗什译的《众经撰杂譬喻》中说:“昔无数世时,有一佛图,中有沙门数千余人止住其中,遣诸沙弥数百人行分卫供给众僧,日输米一斛,师便兼课一偈。”这里的“课”是教的意思。北魏凉州沙门慧觉翻译的《贤愚经·阿难总持品第三十八》中说:“尔时有一比丘,畜一沙弥,恒以严软,教令诵经,日日课程。”这里的“课程”的含义由“课”“程”两字的含义合成而得,是一个动宾词组。“课”是检查、考核的意思,“程”是规定的期限和进度。“日日课程”即日日课其程,天天考核诵经的进度。到了唐朝,孔颖达在《五经正义》里为《诗经·小雅·巧言》中“奕奕寝庙,君子作之”一句注疏:“以教护课程,必君子监之,乃依法制。”《诗经》里的“奕奕寝庙,君子作之”可以直解为好大的殿堂,由君子主持建成。“奕奕”形容“宏伟”状,“寝庙”指殿堂、庙宇,喻伟大的事业;“君子”乃指有德者。全句的喻义为:“伟大的事业,乃有德者维持。”[③] 孔颖达用“课程”一词指“寝庙”及其喻义“伟业”,其含义必然十分宽泛,远远超出了学校教育的范围。宋朝朱熹在《朱子全书·论学》中频频提及“课程”,如“宽着期限,紧着课程”“小立课程,大作功夫”等。朱熹的“课程”主要指“功课及其进程”,或“学习的范围、时限、进程”,或“教学与研究的专门领域”,这与今天日常语言中的“课程”的意义已极为相近。

在西方,课程一词相当于英语的 curriculum,俄语的 Курс,德语的 Lehrplan。从西方教育史看,英格兰人早在 1820 年就开始使用 curriculum 一词。此后,英国

① 派纳,雷诺兹,斯莱特里,等. 理解课程[M]. 张华,等译. 北京:教育科学出版社,2003:25.

② 姜国钧. “课程”与“教学”词源小考:兼与章小谦先生讨论[J]. 华东师范大学学报(教育科学版),2006,24(4):69.

③ 张华. 课程与教学论[M]. 上海:上海教育出版社,2000:66.

著名哲学家、教育家斯宾塞(H. Spencer)在1859年发表的一篇著名文章《什么知识最有价值》(*What Knowledge is of Most Worth*)中解释了curriculum(课程)一词,意指“教学内容的系统组织”。该词源于拉丁语currere。currere是一个动词,意为“奔跑”。curriculum则是名词,原意为“跑道”(race-course)。根据这个词源,西方最常见的课程概念是“学习的进程”(course of study),简称“学程”。由于斯宾塞界定curriculum一词的原意是静态的跑道,它在教育中过多地强调了课程作为静态的、外在于学习者的“组织起来的教育内容”的层面,忽略了学习者与教育者的动态的经验和体验的层面,因此,在当代的课程理论文献中,许多课程研究者对curriculum的词源currere表现出了浓厚兴趣,因为currere原意指“跑的过程与经历”,它可以把课程的含义表征为学生与教师在教育过程中的活生生的经验和体验。与curriculum相比,currere是“过程课程”。

任务: 结合你的求学经历,请思考你是如何理解不同视角下的课程的。

(二)课程的语义

课程概念众说纷纭,较早地系统梳理课程概念的是赛勒(Saylor,J. G.)、亚历山大(Alexander,W. M.)与雷威斯(Lewis,A. J.),他们在剖析过去与现在的课程概念之后,提出了四种课程概念,即学科与教材(subjects & subject matter),经验(experiences),目标(objectives),有计划的学习机会(planned opportunities for learning)。此外,斯腾豪斯(Stenhouse,L)提出课程即研究假设,还有学者提出课程即社会改造的过程。据此,课程概念大致可以归为如下六类:

1. 课程即学科

这种观点认为,课程可以是一门、多门或所有学科。菲尼克斯(Phenix,P. H.)是“课程即学科”的代表人,他认为“课程应完全包含学科的知识”。目前较为典型的定义有:课程是指所有学科(教学科目)的总和,或学生在教师指导下各种活动的总和,这通常被称为广义的课程;狭义的课程则是指一门学科或一类活动。将“课程”视为学科,通常是教师、学生、家长及社会大众最熟悉的一种课程概念,也是最传统、最普遍的课程概念之一。学科通常是指学校教学的内容,也是学校教育人员与一般社会大众的“知觉课程”(perceived curriculum)。

这种课程概念的意义在于,严格地区分学科,比如语文、数学、英语等,既便于学校设计和安排课程表,又便于课程管理;课程设计人员可以选取每一学科的精华作为教学内容。其局限性在于,把课程内容与教学过程割裂开来并片面地强调内容,还把课程内容仅限于源自文化遗产的学科知识;忽略了学生在学习活动中的主动性,易使学生被动地接受学科知识;最大缺陷是把课程视为外在于学生的静态内容,对学生的经验重视不够,忽视学生的个体差异。

2. 课程即经验

这种观点倾向于把课程视为学习经验或体验,“是学习者、学习内容与教学环境之间的交互作用,以及交互作用之后所产生的经验历程与实际结果,即‘课程’是指学生从实际学校生活中所获得的学习经验”。[①] 杜威是“课程即经验”的倡导者。之后,将课程理解为现象学文本、自传文本的学者力主“课程即

① 黄光雄,蔡清田. 课程设计:理论与实际[M]. 南京:南京师范大学出版社,2005:7.

经验”的观点，这里的经验主要指个体的存在经验。

这种课程概念的突出特点是把学生的直接经验置于课程的中心位置，从而消除了课程中“见物不见人”的倾向；强调学习者的个别差异，尊重学习者个人的主体性；消解了内容与过程、目标与手段的二元对立。不过，这种观点也存在多种争议，这些争议主要聚焦在对经验的区分上，如学校内外的经验、与教学目标相关与否的经验、已实现的和潜在的经验等。

3. 课程即目标

这种观点认为，课程是一连串预定的且有组织的目标，这些目标包括各个层级的目标，涵盖教育目的、宗旨、一般目标、具体目标、行为目标或表现目标，等等。持这种观点的学者，往往将课堂视为工厂中的生产流水线，目标的拟定必须具体、明确、清楚。课程领域的鼻祖博比特倡导“课程即目标”，他认为：人们从事（成人）事务所需的能力、态度、习惯、鉴赏力和知识形式将会显现出来成为课程目标。这些课程目标将是众多的、明确的、详尽的。因此课程是儿童及青年获得这些目标所必须具有的一系列经验。虽然博比特谈到了儿童的经验，不过，博比特真正关心的是如何选择和组织那些处理成人事务必须具备的经验目标，而非儿童的经验本身。博比特之后，泰勒（R. Tyler）也持这种观点，他主张用行为及内容的双向分析表来协助课程设计人员撰写具体的课程目标，依据课程目标选择课程内容，以社会需求为主，兼顾学生兴趣与能力。

这种课程概念具有统一教育目标、容易进行课程评价的优点；重视课程目标的明确性与可观察性，采取可观察或可测量的课程评价方式，指出学生学习的终点，以引导教学活动的进行。其局限性在于，把课程视为教学过程之前或教育情境之外的东西，把课程目标、计划与课程过程、手段割裂开来并片面强调前者。此外，忽略了学习者的现实经验，还忽略了教师在课程设计与发展的过程当中扮演的主动角色。

4. 课程即计划

课程即学科，提供了学生学习的核心知识；课程即经验，强调了学生自身经验对于学习的重要性；课程即目标，强调了目标指引对学习的价值。不过，对于任何课程而言，实际上都应该是学科、经验、目标的融合。据此，赛勒等人在剖析上述课程概念的基础上提出：课程是为接受教育者提供学习机会的一种计划。具体到我国当前的课程改革而言，这里所指的学习机会，涵盖由国家课程、地方课程、校本课程等提供的一切机会。需要指出的是，该定义中的“计划”不是蓝图，而是一种意向，这种意向可以是书面的，也可以是存在于脑海中的。课程即计划体现在不同层次中，可以是全国性的、地方性的、学校性的或班级性的，这样，课程计划人员既可以是课程专家、学科专家、教育行政人员，也可以是学校行政人员或班级的任课教师、学生。

这种课程概念的价值在于，以整体呈现的方式为学生提供学习的机会，具有结构完整的优点；可以事先加以预设，便于层级规划。其局限性在于，课程计划往往只重视正式的、理想的或文件上的内容，甚至是官方的命令与规定，偏向行为主义课程理论取向的观点，难免有时会忽略课程背后的目标的合理性。

5. 课程即研究假设

在英国学者斯腾豪斯看来，上述种种课程概念尽管为理解课程概念提供了重要而丰富的视角，然而却忽视了教师在学校里实施课程的实际情境。考虑到实际情境的课程应该是一套学习内容与教学方法的建议，以说明在怎样的逻辑前提下具有教育价值，在何种条件下可以在教室里进行实际教学。据此，斯腾豪斯认为，“课程即研究假设”(curriculum as hypothesis)。“课程即研究假设”，意即课程是一种在教室情境中有待验证的研究假设，需要师生合作进行课程探究以获得理解。这种观点的基本假设是：外来的课程计划人员可以从教室情境之外提供课程法则，并要求教师遵循其课程指示，但无法完全保证学生能够进行有效学习。学生各不相同，而且教室情境也是有所差异的，因此，每位教师都必须根据个别教室情境中的实际经验，去接受、修正或拒绝任何普遍性的规则或原理。①

这种课程概念的价值在于，课程随着时代的变迁革新，要重视课程革新及学校教师的专业发展与教育自主性，并且要将教学方法与课程实施进行有效的联结。其局限性在于，具有实验性质的课程与教学研究过程，容易给教师带来压力，使其产生恐惧，甚至给教师造成无所适从或孤立无助的教学困境。此外，学生是否对自己所扮演的实验研究角色有充分的认知，仍有待深入探究。

6. 课程即社会改造的过程

一些激进的教育家认为，课程不是要使学生适应或顺从社会文化，而是要帮助人们摆脱社会制度的束缚。有学者提出了“学校敢于建立一种新的社会秩序吗？”的著名命题，他们建议课程把重点放在当代社会的主要问题和主要弊端、学生关心的社会现象，以及改造社会和规划社会活动等方面。课程应该有助于学生在社会方面得到发展，帮助学生学会如何参与制订社会规划，这些都需要学生具有批判意识。

美国学者古德莱德(J. I. Goodlad)归纳出五种不同的课程：(1) 理想的课程，指由一些研究机构、学术团体和课程专家提出应该开设的课程。这种课程的影响取决于是否被官方采纳并实施。(2) 正式的课程，指由教育行政部门规定的课程计划和教材等。(3) 领悟的课程，指任课教师所领会、理解的课程。我国学者将这种由教师重构后的课程称为“师定课程”。(4) 实行的课程(运作的课程)，指在课堂里实际展开的课程。(5) 经验的课程，指学生实际的体验，也叫“生定课程”。

(三) 课程的表达

课程内容是构成课程的基本要素，是课程内在结构的核心部分。课程的内容包括课程方案、课程标准、教科书和课程资源。

1. 课程方案

课程方案是根据教育目的和不同类型学校的教育任务，由国家教育主管部门制定的有关学校教育教学工作的指导性文件。它规定了不同类型的课程组织

---

① 黄光雄，蔡清田．课程设计：理论与实际[M]．南京：南京师范大学出版社，2005：15.

结构（如学科课程、活动课程及综合课程等），也规定了不同课程在管理及学习方式上的要求，以及所占比例（如必修课、选择性必修课、选修课的比例）；同时对学校的教学、劳动、课外活动等作出全面安排，具体规定了学校应设置的课程、课程开设的顺序及课时分配，并对学期、学年、假期进行划分。

课程方案由五个部分组成，具体包括：(1) 培养目标，即预期的课程学习结果。(2) 基本原则，即为落实培养目标应遵循的原则。(3) 课程设置，即某级或某类学校的课程类别、科目设置和教学时间。(4) 课程标准编制与教材编写。(5) 课程实施，即制订课程实施方案、深化教学改革、改进教育评价、强化专业支持、健全实施机制。

2. 课程标准

课程标准是国家课程标准的简称，是根据课程方案以纲要的形式规定的某一学科的性质、课程目标、内容标准、实施建议的指导性文件。课程标准是教材编写、教学、评估和考试命题的依据，是国家管理和评价课程的基础，也是衡量各门课程教学质量的重要标准。现在“课程标准”已取代过去的“教学大纲”。

课程标准一般分为前言、课程性质与基本理念、学科核心素养与课程目标、课程结构、课程内容、学业质量、实施建议、附录八个部分。前言部分对课程的指导思想、基本原则、主要内容进行描述，并对课程标准设计的思路作详细说明。课程性质与基本理念部分规定课程的性质，并提出课程的基本理念。学科核心素养与课程目标部分，罗列学科育人价值集中体现在培养学生哪些方面的学科核心素养，以及学生通过课程学习达到的目标。课程结构部分包括设计依据、结构、学分与选课等内容。课程内容包括必修课程、选择性必修课程、选修课程三部分。学业质量部分列出学业质量水平的划分情况，并说明学业质量水平与考试评价的关系。实施建议部分提供教学与评价建议、考试命题建议、教材编写建议、课程资源开发与利用建议、地方和学校实施课程的建议等。附录部分，对课程标准中出现的一些重要内容进行解释和说明，或者提供教学与评价案例，便于使用者能够更好地理解与把握。

3. 教科书

教科书又称课本，是根据课程标准系统阐述学科内容的教学用书，是课程标准的具体化。可以说，教科书是教学内容选择和组织的物化形态，其规定的内容限定了教学的范围，成为师生双方进行教学与学习的最重要的资源。凡是在课程方案中规定的课程，一般都有相对应的教科书。

(1) 教科书与教材的区别

教材是师生用于教与学的所有的材料，教科书是教材的重要组成部分。教材包括文字教材和音像教材，其中文字教材有教科书、教学参考书、自学指导书等，音像教材有影片、教学课件、光盘、网络资源等。两者不可混淆。

(2) 教科书的编写原则

第一，为学生的学习和教师的教学提供帮助；第二，具有良好的普适性与选择性；第三，具有鲜明的时代性；第四，强调内容的基础性；第五，协调学科知识结构与学生心理结构之间的平衡。

(3) 教科书的内容与编排要求

第一,教科书在内容阐述上要层次分明,文字表述要简练、精确、生动、流畅,要详略得当。第二,教科书在编排形式上要有利于学生学习,符合教育学、心理学和美学的要求。第三,标题和结论要用不同的字体或符号标出,使之鲜明、醒目。封面、表格、插图等要力求清晰、美观。第四,字体大小要适宜,装订要牢固,规格大小、薄厚要合适,便于携带。

4. 课程资源

广义的课程资源是指有利于实现课程目标的各种因素,狭义的课程资源是指教学内容的直接来源。根据不同的标准,课程资源可以分成不同的类别。根据来源划分,课程资源可分为校内课程资源、校外课程资源;根据载体划分,课程资源可分为文本资源和非文本资源;根据存在方式划分,课程资源可分为显性课程资源和隐性课程资源;根据功能特点划分,课程资源可分为素材性课程资源和条件性课程资源;根据学习方式划分,课程资源可分为教授化课程资源和学习化课程资源;等等。

(四) 课程的基本要素

一般而言,课程由课程目标、课程内容、课程实施和课程评价四个要素构成。

1. 课程目标

课程目标,就是预先确定学生通过某门课程的学习所应达到的学习结果,或者说学生通过某门课程的学习而在相关素质或特征方面所应发生的变化。

一般而言,课程目标确定的依据有四个方面:(1) 教育目的和培养目标;(2) 学生的身心发展特点;(3) 社会的要求;(4) 学科的发展。

课程目标的类型有四种:(1) 普遍性目标,指将一般教育宗旨或原则直接运用于课程领域,成为一般性、规范性的课程目标;(2) 行为性目标,指以显性的、精确的、具体的、可操作的行为形式加以陈述的课程目标;(3) 生成性目标,指在教学情境之中随着教学过程的展开而自然生成的课程目标;(4) 表现性目标,指在真实的教学情境下,每个学生个性化地、创造性地表现的课程目标。

课程目标是确定课程内容、教学目标和教学方法的基础,可以说,课程目标是指导课程设置、内容编排过程中最关键的因素。

2. 课程内容

课程内容就是根据课程目标,有目的地选择的一系列直接经验和间接经验的总和,是从人类的经验体系中选择出来,并按照一定的逻辑序列组织编排而成的知识体系和经验体系。一般而言,课程内容以间接经验为主,但并不排除直接经验。课程目标是课程内容选择的直接依据,但社会因素、学生因素和学科因素也是重要影响因素,尤其要注意考虑受教育者的身心发展规律和发展水平。

内容选择完之后,最大的问题是如何组织与编排。早在 20 世纪 40 年代,泰勒就明确提出了课程内容编制和组织的三条逻辑规则,即连续性、顺序性和整合性。就现实而言,中小学课程内容的编排要处理好以下三种逻辑关系:

⑴ 直线式和螺旋式

直线式是把课程内容组织成一条在逻辑上前后联系的“直线”，前后内容基本不重复，即课程内容直线前进，前面安排的内容不会在后面呈现。螺旋式是指在不同阶段、不同单元或不同课程门类中，课程内容前后重复出现，逐渐扩大知识面，加深知识难度，即同一课程内容多次重复出现，前面内容是后面内容的基础，后面内容是前面内容的不断扩展和加深，层层递进。

⑵ 纵向组织和横向组织

纵向组织是指按照知识的逻辑顺序，从已知到未知、从易到难、从简到繁、从具体到抽象等先后顺序组织安排课程内容。横向组织是指打破学科的知识界限和传统的知识体系，按照学生发展的阶段，以学生需要探索的社会和个人最关心的问题为依据，组织课程内容，构成一个个相对独立的专题。

⑶ 逻辑顺序和心理顺序

逻辑顺序是指根据学科本身的体系和知识的内在联系来组织课程内容。心理顺序是指按照学生心理发展的特点来组织课程内容。

3. 课程实施

课程实施是把一项课程计划付诸实践的动态过程，也是一个相互调适的过程。

⑴ 课程实施的取向

第一，课程实施的忠实取向，指认为课程实施过程即忠实地执行课程计划的过程。衡量课程实施成功与否的基本标准是课程实施过程实现预定的课程计划的程度。

第二，课程实施的互动调适取向，指课程实施过程是课程计划与班级或学校实践情境在课程的目标、内容、方法、组织模式诸方面相互调整、改变与适应的过程。

第三，课程实施的创生取向，指把课程实施视为师生在具体的课堂情境中共同合作、创造新的教育经验的过程。真正的课程并不是在实施之前就固定下来的，它是情境化、个性化的。课程实施本质上是在具体的课堂情境中创生新的教育经验的过程。

⑵ 课程实施的影响因素

影响课程实施的主要因素可以归为四大类：第一，课程改革本身的性质，包括改革的必要性及其相关性、改革方案的清晰程度、改革内容的复杂性、改革方案的质量与实用性。第二，社区的整体情况，包括地方、学校和教师对改革的需要程度、实施者对改革的认知程度。第三，学校水平，包括校长的作用、教师之间的关系、教师的特点及行为取向等。第四，外部环境，包括政府部门的重视、外部机构的支持以及社区与家长的协助等。

4. 课程评价

课程评价是一个价值判断的过程。具体来说，课程评价指的是依据一定的评价标准，通过系统地收集有关信息，利用多种方法，对课程的计划、实施、结果等有关问题作出价值判断并寻求改进途径的一种活动。课程评价的模式主要有

以下四种:

(1) 目标评价模式

1949 年,美国学者泰勒出版的《课程与教学的基本原理》提出了课程的"四段论",形成了著名的课程编制模式—— "泰勒原理",开创了课程评价、教育评价之先河。该模式主要对比目标与结果,过分强调预设性目标的达成,其评价范围狭隘、形成性功能不足。

(2) 差距评价模式

普罗弗斯运用系统管理科学理论,针对目标评价模式评价范围狭隘、形成性功能不足的弊端,提出差距评价模式,在设计、配置、过程、成果、成本五个方面与标准进行对比。

(3) CIPP 评价模式

CIPP 是背景(context)、输入(input)、过程(progress)和成果(product)这四个词语的英文首字母组成的缩略语,该模式由斯塔弗尔比姆及其同事于 20 世纪 60 年代末 70 年代初提出。CIPP 评价模式运用最为广泛,尤其是其新版本把评价环节扩充为 7 个,对评价模式作出了又一次重大突破。

(4) 应答评价模式

著名评价专家斯泰克提出了应答性评价,它不同于预定式评价(实现设定好的标准)的是,主张应答实践者、利益相关者的要求和价值。一言蔽之,该模式就是以利益相关者所关心的问题为中心的一种评价。

二、课程理论的类型

以中小学教师为核心的课程实践者往往只关注课程实施操作层面的模式、方法、步骤等,却不愿意从课程理论层面思考课程实践问题。换言之,他们只关注"怎么做"的问题,鲜有机会思考"为何做""做什么""有何用"等问题,其结果是他们只能沦为课程的执行者和简单的复制者。课程历史早已揭示,假如中小学教师缺乏从课程理论层面思考课程实践问题,就很容易迷失课程实践的大方向。课程理论的主要功能是描述、解释、批判和指引课程实践。学者们一般从课程的来源和课程的基本取向出发,将课程理论划分为不同的类型。这里主要以分类的适切性为据,介绍格拉松(Glatthorn, A. A.)的课程理论。他在剖析不同分类方式的基础上提出可以将课程理论分为结构取向、价值取向、内容取向、过程取向四种。考虑到内容取向的课程理论是教师最为熟悉的,因此,如下重点介绍该取向,简要论及其他三种取向。

(一) 内容取向的课程理论

内容取向主要以规定性的方式描述影响课程内容的选择与组织的主要来源。按照课程内容选择和组织的来源不同,可以把课程分为三种:儿童中心课程、知识中心课程和社会中心课程。

儿童中心课程主张儿童是课程的起点和决定者,认为课程的价值在于为发展成熟自主的个人而努力。儿童中心课程论者虽然认可正在成长中的儿童需要学习学科知识,但是他们认为学科知识只是学习内容之一。他们也认可社会环境对儿童发展的影响，不过他们认为社会需要并不是最重要的，因为社会环境并不是决定课程的最重要因素，社会应该接纳并为成熟自主的个体服务，这样才可能达到社会发展的最佳状态。

知识中心课程主张课程内容的选择和组织应由知识体系或学科来决定。知识中心课程论者虽然认可儿童的经验和发展历程会影响课程的安排，但是他们更关心知识的本质或学科结构。他们虽然也认可儿童是在社会中生活并成长的，但是他们认为社会只是影响课程发展的次要因素。一般而言，知识中心课程可以分为两类，即学科结构课程和认知方式课程。

社会中心课程主张社会秩序是选择和组织课程内容的决定因素。不过，社会中心课程论者对于学校是否应该维持既有的社会秩序有着迥异的观点。依据这些不同的观点，社会中心课程论者大致可以分为顺从者、改革者、未来者、激进者。顺从者（如博比特）相信既有社会是最完备、最美好的；他们相信课程的主要任务就是协助学习者了解社会历史、珍视社会价值，并能在社会中履行自己的职责。改革者（如康茨）认为既有社会基本上是好的，不过在社会秩序方面应作出重要改革。他们认为，课程的任务在于让学生能够敏锐地感知到新的社会议题，并赋予他们解决社会问题的智力工具。未来者（如谢恩）不寻求与既有的社会保持一致，而是认为人有权利选择和建构自己的未来，因此他们强调学校应该教给学生能创造美好未来的知识和能力，课程应能帮助学生自主决定自己的志向。激进者（如弗莱雷）认为社会是有重大缺陷的，年轻人应进行激进的变革。在弗莱雷的代表作《被压迫者教育学》中，他指出教育旨在帮助学生实现意识觉醒，课程内容应呈现既有社会的主要问题，引导学生变革现有不平等的社会秩序。

（二）其他三种取向的课程理论

结构取向的课程理论以描述和解释的方式，分析组成课程的基本要素、要素之间的相互关系以及课程决定的结构。结构取向的课程理论可分为宏观和微观两个层次。宏观层次的结构取向课程理论试图发展整体的课程理论，以此揭示影响课程的关键因素，其代表人物是古德莱德。古德莱德等人认为，宏观的课程理论包括四个相互独立又相互影响的层级，分别是：第一，社会层级，该层级主要涉及国家或地方在政策上作出课程决策时的重大问题；第二，机构层级，该层级主要指学校层级的课程决策的相关因素，即学校是如何通过与社会层级的课程决策相互作用后，决定学校的课程内容及其安排等问题；第三，教学层级，该层级主要指与教室层面的课程决策相关的因素，即教师是如何根据学校的课程决策安排教学计划和教学进度的；第四，个人层级，该层级主要指与学生个人层面的课程相关的因素，包括学生的家庭背景、已有经验、学习动机、抱负水平等。微观层次的结构取向课程理论特别关注发生在机构和教学层级的课程现象，其代表人物是波斯纳（Posner G.）和斯特赖克（Strike K.），他们提出了课程内容顺序安排的五种原理，即与世界有关的原理、与概念有关的原理、与探究有关的原理、与学习有关的原理和与效用有关的原理。

价值取向的课程理论主要关注师生“教育意识的提升”，以批判的方式分析课程工作者的价值观、基本假设等。该取向可进一步分为个人取向和社会政治环境取向。个人取向课程理论的代表人物是麦克唐纳(MacDonald J.B.)。麦克唐纳主张:个人是意义的主动创造者,而非知识的被动接受者;教育目的是协助个人达成自主的发展及自我实现;课程价值的差异源自三种基本的认知兴趣,即控制、一致和解放。社会政治环境取向课程理论的代表人物是阿普尔。阿普尔借用社会学家葛兰西(Gramsci A.)的霸权概念来揭示意识形态对社会、教育与课程的统治机制。

过程取向的课程理论主要关注课程开发的基本方式。该取向的代表人物是休特(Short H.G.)。休特提出了课程开发策略,指出课程开发主要应考虑四种因素:课程开发的场所、参与者及其资格(关键因素)、拟运用该课程的场域概况、参与者的价值观与基本假设。

第二节 课程类型

课程类型是阐释课程形态及其分类的一种概念。根据不同的分类标准,课程可以分成不同类型。不同的分类各有优缺点,下面简要介绍最常见的五种分类。

一、学科课程与经验课程

根据内容的固有属性不同,课程可以分为学科课程与经验课程。

(一)学科课程

考点提示及练习 8-2

学科课程是以文化遗产和科学为基础组织起来的各门学科最传统的课程形态的总称。[①] 学科课程一般按照特定的价值标准,从不同领域选择一定内容,根据学科知识的逻辑体系,将选定的内容组织起来,其主导价值在于帮助学生掌握、传承并发展人类文化遗产。

学科课程的优势有三个方面:第一,可以系统地授受文化遗产。第二,可以最大限度地发展智力。第三,以传统知识为基础容易组织教学,也容易进行评价。[②] 学科课程的局限性也是明显的,主要有三个方面:第一,注重逻辑系统,因此在展开教学时,容易重记忆而轻理解。第二,在教学方法上容易偏重知识的授受,而忽视儿童的社会性发展和身心健康。第三,教学方法划一,不能充分实施适应能力的个别化教育。[③]

(二)经验课程

与以传统学科为中心,依据科学和学问的逻辑性编制的学科课程不同,经验课程是以儿童的主体性活动的经验为中心组织的课程,也称作"生活课程""活动课程""儿童中心课程"。[④] 如本章第一节"课程即经验"部分所指出的,

① 钟启泉.现代课程论[M].新版.上海:上海教育出版社,2003:241.
② 钟启泉.现代课程论[M].新版.上海:上海教育出版社,2003:241.
③ 钟启泉.现代课程论[M].新版.上海:上海教育出版社,2003:241.
④ 钟启泉.现代课程论[M].新版.上海:上海教育出版社,2003:242.

经验课程是在杜威的经验主义课程理论的基础上发展起来的。经验课程以开发与培育主体内在的、内发的价值为目标，旨在促进儿童获得丰富的经验，有个性地成长。儿童的兴趣、动机和经验等是经验课程的主要内容来源，其主导价值在于帮助学生感知和体验真实世界。

我国基础教育课程改革提出并设置的综合实践活动课程，就是经验课程的一种。2017 年 9 月 25 日，教育部颁发了《中小学综合实践活动课程指导纲要》，指出：综合实践活动是从学生的真实生活和发展需要出发，从生活情境中发现问题，转化为活动主题，通过探究、服务、制作、体验等方式，培养学生综合素质的跨学科实践性课程。中小学综合实践活动的主要方式分为四类：(1) 考察探究。考察探究是学生基于自身兴趣，在教师的指导下，从自然、社会和学生自身生活中选择和确定研究主题，开展研究性学习，在观察、记录和思考中，主动获取知识，分析并解决问题的过程，如野外考察、社会调查、研学旅行等，它注重运用实地观察、访谈、实验等方法，获取材料，形成理性思维、批判质疑和勇于探究的精神。(2) 社会服务。社会服务是指学生在教师的指导下，走出教室，参与社会活动，以自己的劳动满足社会组织或他人的需要，如公益活动、志愿服务、勤工俭学等。它强调学生在满足被服务者需要的过程中，获得自身发展，促进相关知识技能的学习，提升实践能力，成为履职尽责、敢于担当的人。(3) 设计制作。设计制作是指学生运用各种工具、工艺（包括信息技术）进行设计，并动手操作，将自己的创意、方案付诸现实，转化为物品或作品的过程，如动漫制作、编程、陶艺创作等，它注重提高学生的技术意识、工程思维、动手操作能力等。(4) 职业体验。职业体验是指学生在实际工作岗位上或模拟情境中见习、实习，体认职业角色的过程，如军训、学工、学农等，它注重让学生获得对职业生活的真切理解，发现自己的专长，培养职业兴趣，形成正确的劳动观念和人生志向，提升生涯规划能力。

经验课程的特点有四个方面：第一，本土性。以儿童所在社区的课题为题材。第二，综合性。打破传统的学科框架，以生活题材为学习单元。第三，主体性。尊重学生的主动精神，以自律性学习的指导为重点。第四，经验性。学生通过解决各种问题，重建经验。①

二、分科课程与综合课程

根据内容组织形式的不同，课程可以分为分科课程和综合课程。

（一）分科课程

分科课程是一种单学科的课程组织模式，它强调不同学科门类之间的相对独立性，强调一门学科的逻辑体系的完整性。② 其主导价值在于帮助学生掌握不同门类的理论知识及其体系。

分科课程的优点是便于学生在短期内快速掌握特定门类的知识体系，便于组织教学、开展评价、提高教学效率。其不足在于，分科课程使得不同学科之间

① 钟启泉．现代课程论[M]．新版．上海：上海教育出版社，2003：242.
② 张华．课程与教学论[M]．上海：上海教育出版社，2000：276.

界限分明，学科之间的联系被人为分割开，既不利于学生对客观世界形成整体的认知，又易导致学生的学习与生活分离。

（二）综合课程

综合课程是指有意识地将来自两门或两门以上学科的课程内容以一定的方式去研究一个中心主题或问题的课程。其主导价值在于帮助学生整体地认知世界；帮助学生探寻不同学科知识之间的内在联系；提升学生的知识整合能力和整体的问题解决能力。

综合课程的优势有三个方面：第一，打破了学科之间的界限，实现了不同学科内容与价值的整合；第二，减少了课程的门类，有利于促进学生的整体发展；第三，加强了课程内容与学生生活之间的密切关系。其不足之处包括三个方面：第一，无法为学生提供系统的理论知识；第二，课程组织较难，若组织不当，极易使综合课程误入形式化的歧途；第三，实施难度较大，对教师的专业素养提出了更高的要求。

2001 年教育部颁布的《基础教育课程改革纲要（试行）》指出：整体设置九年一贯的义务教育课程，小学阶段以综合课程为主，初中阶段设置分科与综合相结合的课程。高中以分科课程为主。从小学至高中设置综合实践活动并作为必修课程。由此可见，综合课程在我国课程体系中占有重要地位。

三、显性课程与隐性课程

根据在学校中呈现方式的不同，课程可以分为显性课程和隐性课程。

（一）显性课程

显性课程是指学校教育中为实现特定的教育目标，有计划、有组织加以实施的“正式课程”或“官方课程”。显性课程有明确的教育目标，要求学生必须学习并通过考核，以获取特定的教育学历。

显性课程的主要特点包括：第一，计划性。显性课程是列入学校教育计划中的，且在不同学段有计划地加以实施的。第二，直接性。显性课程是在学校情境中以直接的、明显的方式呈现的课程，对学生的学习产生直接影响。

（二）隐性课程

隐性课程又称潜在课程、隐蔽课程，指“学生在学习环境（包括物质环境、社会环境和文化体系）中所学习到的非预期或非计划性的知识、价值观念、规范和态度”[1]。隐性课程主要通过感染、同化、激励和心理暗示等多种途径来改变学生的情绪和情感、态度、行为和生活方式，对学生起着潜移默化的影响。在学校教育领域，隐性课程既可以是教师精心设计的，也可以是无形的、自发的。它通常包括学校的物质文化、学校的制度文化和师生交往所形成的心理文化。

从隐性课程对学生产生的影响来看，隐性课程的主要特点包括：第一，普遍性。对于学生而言，隐性课程的影响无处不在。第二，持久性。学校的制度文化、师生关系、同伴关系等都持续长久地影响着学生的成长。第三，兼具积极性

---

① 张华. 课程与教学论[M]. 上海：上海教育出版社，2000：310.

和消极性。隐性课程对学生的教育影响既可能是积极的，也有可能是消极的。教师要挖掘隐性课程对学生成长的积极教育影响，尽最大努力减少其消极教育影响。

四、必修课程、选择性必修课程与选修课程

根据课程修习要求的不同，课程可以分为必修课程、选择性必修课程和选修课程。教育部印发的《普通高中课程方案（2017 年版 2020 年修订）》就采用了这种课程分类。

（一）必修课程

必修课程是指某一教育系统规定的、所有学生必须全部修习的课程。在我国基础教育领域，必修课程是为保证所有学生的基础学历，同一年级所有学生必须修习的课程。必修课程的主要特点是强制性。

必修课程的优势有三个方面：第一，能够完整而全面地反映课程标准的要求，是实现既定培养目标的主要路径。第二，能为学生提供必要的知识基础，培养学生的基本素养，帮助学生更好地适应社会生活。第三，必修课程的组织、实施、评价相对比较容易。其不足在于，必修课程因过分强调课程的共性而忽略了学生的个性发展。

（二）选择性必修课程

选择性必修课程，由国家根据学生个性发展和升学考试需要设置。参加普通高等学校招生全国统一考试的学生，必须在本类课程规定范围内选择相关科目修习；其他学生结合兴趣爱好，也必须选择部分科目内容修习，以满足毕业学分的要求。

（三）选修课程

选修课程是指某一教育系统为满足学生的兴趣与需要，当地社会、经济、文化发展的需要，而开设的、在一定程度上可供学生自主选择修习的课程。选修课程的主要特点是多样性。选修课程包括限定选修课程和任意选修课程。

与必修课程相比，选修课程的优势有三个方面：第一，选修课程具有变通性，能适应不同地区经济文化发展的差异；第二，选修课程能适应不同学校的发展需要，不同学校能根据自身优势和学生发展需要开发多样化的选修课程；第三，能适应学生个性化发展的需要，包括学生的兴趣爱好、发展方向、文化背景等方面的个性化发展需要。其不足在于，如果学校过度设置选修课程，则容易造成学生的学业负担；如果选修课程缺乏教师引导，则易导致学生的盲目选择。

五、国家课程、地方课程和校本课程

根据课程设计、开发和管理主体的不同，课程可以分为国家课程、地方课程和校本课程。

1. 国家课程

国家课程是指由国家统一组织设计和开发，并在全国范围内实施的课程。国家课程具有基础性和同一性的特点，反映了国家教育的基本标准，是国家意志

的集中体现。国家课程从总体上规定了不同学段的教育目标，既体现了国家对学生发展的基本要求和质量标准，又对政治方向的把握、教育方针的贯彻、培养目标的落实起着决定性作用。

2. 地方课程

地方课程是指由地方组织开发，并在本地实施的课程。具体而言，地方课程是由地方教育行政部门根据国家教育方针、国家课程标准和课程管理政策，结合本地区的传统和优势，充分利用当地的课程资源，自主开发、实施并管理的课程。地方课程具有鲜明的地域性，是不同地方对国家课程的补充，反映了地方社会发展状况对学生素质发展的基本要求。地方课程既能培养学生的社会责任感、提升学生参与地方社会生活的能力，同时，地方课程的开发、实施和管理又有利于充实地方的课程开发力量。

3. 校本课程

校本课程是学校根据本校的办学思想及教育教学实际，自主开发并在本校实施的课程。具体而言，校本课程是学校在充分考虑本校的课程资源、教师资源和学生需求的基础上，在专家指导下，组织学校教师、学生、家长和社区有关人士共同参与，自行开发的旨在满足学生多样化的发展需要及个性成长的课程。与国家课程、地方课程不同，校本课程的主要特点是尊重学校实际、满足学生独特性和差异性发展的需要。

第三节 我国的课程改革

指引我国2000年以来开展的基础教育课程改革的纲领性文件有四个，分别是2001年教育部印发的《基础教育课程改革纲要（试行）》、2017年教育部印发2020年修订的《普通高中课程方案(2017年版2020年修订)》、2019年颁布的《中共中央 国务院关于深化教育教学改革 全面提高义务教育质量的意见》、2022年教育部印发的《义务教育课程方案（2022年版）》，这四个政策文件明确了我国基础教育课程改革的理念与指导思想、目标和内容。

一、我国基础教育课程改革的理念与指导思想

考点提示及练习8-3

与以往的课程改革不同，我国2000年以来开展的基础教育课程改革提出了课程改革的理念。教育部在《普通高中课程方案(2017年版2020年修订)》和《义务教育课程方案（2022年版）》中明确了我国基础教育改革的指导思想。

（一）基础教育课程改革的理念

2000年以来，我国基础教育课程改革的核心理念是：为了中华民族的复兴，为了每位学生的发展。这一核心理念旗帜鲜明地表明，课程改革的大方向是：既要满足社会发展的需要，又要满足儿童发展的需要。该理念也体现在教育部印发的课程方案中。

讨论：
你是如何理解我国当前的课程改革理念的?

在这一理念中，理解“为了每位学生的发展”的含义是难点所在。“为了每位学生的发展”的含义主要体现在以下方面：

1. 关注学生作为“整体的人”的发展

“整体的人”（whole person）包括两层含义：人的完整性和生活的完整性。[①] 人的完整性意味着人是一个智力和人格和谐发展的有机整体，生活的完整性意味着学生的生活是学习生活和日常生活有机交融的整体世界。人的完整性根植于生活的完整性，并丰富和改善生活的完整性。据此，国家、地方和学校要为学生提供谋求其整体发展的课程。这样的课程要突破以往的分门别类的课程体系，杜绝简单地增删课程门类，而是以课程改革的核心理念为出发点，将自然、社会与自我作为课程开发的基本维度，据此形成符合学生发展需要的课程体系。

2. 统整学生的生活世界与科学世界

德国现象学大师胡塞尔（Husserl，E.）早就深刻地指出：“生活世界是自然科学的被遗忘了的意义的基础。”[②] 在胡塞尔看来，生活世界是最值得重视的世界，是通过知觉可以直观体验的世界，是一个有人参与其中，保持着目的、意义和价值的世界，对学生的整体发展而言，生活世界至关重要。据此，除了对科学世界（指建立在数理、逻辑结构的基础上，由概念、原理和规则构成的世界）的学习外，对生活世界的探究和意义建构同样重要。然而在科技高度发展的现代社会，人在日益科学化的世界里被异化为单向度的人。回顾我国以往的学校课程体系，不难发现，科学世界主宰着学校的课程体系、课程内容，学生在被动地接受这样的课程内容的过程中，不仅迷失了发展的方向，更体会不到自身和他人的存在价值。为了统整学生的生活世界与科学世界，基础教育课程改革提出了“增强课程的生活化、凸显课程的综合化”的理念。

3. 寻求学生在知识建构中的主体地位

传统的课程体系和课程内容信奉客观主义知识观，视知识为普遍的、外在于人的、供人接受的真理，这意味着学生个体的建构在既定的课程知识面前毫无价值。诚如罗素（Russell，B）所言：“就整个社会所搜集的知识总量来说，社会的知识包括百科全书的全部内容和学术团体会报的全部文献，但是关于构成个人生活的特殊色调和纹理的那些温暖而亲切的事物，它却一无所知。”[③] 基础教育课程改革构建了新的知识观，确保了学生在知识建构过程中的主体地位。

（二）《普通高中课程方案（2017 年版 2020 年修订）》及《义务教育课程方案（2022 年版）》的指导思想

1.《普通高中课程方案（2017 年版 2020 年修订）》的指导思想

《普通高中课程方案（2017 年版 2020 年修订）》的指导思想是：以马克思列宁主义、毛泽东思想、邓小平理论、“三个代表”重要思想、科学发展观、习近平新时代中国特色社会主义思想为指导，深入贯彻党的十八大、十九大精神，落实全国教育大会精神，全面贯彻党的教育方针，落实立德树人根本任务，发展素质教育，推进教育公平，以社会主义核心价值观统领课程改革，着力提升课程思想

① 钟启泉，崔允漷．新课程的理念与创新：师范生读本［M］．北京：高等教育出版社，2003：3.

② 胡塞尔．欧洲科学危机和超验现象学［M］．张庆熊，译．上海：上海译文出版社，1988：58.

③ 罗素．人类的知识：其范围与限度［M］．张金言，译．北京：商务印书馆，1983：9.

性、科学性、时代性、系统性、指导性，推动人才培养模式的改革创新，培养德智体美劳全面发展的社会主义建设者和接班人。

2.《义务教育课程方案（2022年版）》的指导思想

《义务教育课程方案（2022年版）》的指导思想是：以习近平新时代中国特色社会主义思想为指导，全面贯彻党的教育方针，遵循教育教学规律，落实立德树人根本任务，发展素质教育。以人民为中心，扎根中国大地办教育。坚持德育为先，提升智育水平，加强体育美育，落实劳动教育。反映时代特征，努力构建具有中国特色、世界水准的义务教育课程体系。聚焦中国学生发展核心素养，培养学生适应未来发展的正确价值观、必备品格和关键能力，引导学生明确人生发展方向，成长为德智体美劳全面发展的社会主义建设者和接班人。

二、我国基础教育课程改革的目标

教育部印发的《基础教育课程改革纲要（试行）》《普通高中课程方案（2017年版2020年修订）》《义务教育课程方案（2022年版）》分别提出了基础教育课程改革的具体目标、普通高中教育的培养目标和义务教育的培养目标。

（一）基础教育课程改革的具体目标

2001年，教育部印发的《基础教育课程改革纲要（试行）》提出了基础教育课程改革的具体目标，内容如下：

(1) 改变课程过于注重知识传授的倾向，强调形成积极主动的学习态度，使获得基础知识与基本技能的过程同时成为学会学习和形成正确价值观的过程。

(2) 改变课程结构过于强调学科本位、科目过多和缺乏整合的现状，整体设置九年一贯的课程门类和课时比例，并设置综合课程，以适应不同地区和学生发展的需求，体现课程结构的均衡性、综合性和选择性。

(3) 改变课程内容“难、繁、偏、旧”和过于注重书本知识的现状，加强课程内容与学生生活以及现代社会和科技发展的联系，关注学生的学习兴趣和经验，精选终身学习必备的基础知识和技能。

(4) 改变课程实施过于强调接受学习、死记硬背、机械训练的现状，倡导学生主动参与、乐于探究、勤于动手，培养学生搜集和处理信息的能力、获取新知识的能力、分析和解决问题的能力以及交流与合作的能力。

(5) 改变课程评价过分强调甄别与选拔的功能，发挥评价促进学生发展、教师提高和改进教学实践的功能。

(6) 改变课程管理过于集中的状况，实行国家、地方、学校三级课程管理，增强课程对地方、学校及学生的适应性。

（二）普通高中教育的培养目标

教育部印发的《普通高中课程方案（2017年版2020年修订）》提出了普通高中教育的培养目标：普通高中课程在义务教育的基础上，进一步提升学生综合素质，着力发展学生核心素养，使学生成为有理想、有本领、有担当的时代新人。具体包括：第一，具有理想信念和社会责任感；第二，具有科学文化素养和终身学习能力；第三，具有自主发展能力和沟通合作能力。

（三）义务教育的培养目标

教育部印发的《义务教育课程方案（2022年版）》提出了义务教育的培养目标：义务教育要在坚定理想信念、厚植爱国主义情怀、加强品德修养、增长知识见识、培养奋斗精神、增强综合素质上下功夫，使学生有理想、有本领、有担当，培养德智体美劳全面发展的社会主义建设者和接班人。

三、我国基础教育课程改革的内容和确定课程内容的原则

在课程改革理念和指导思想的指引下，为了实现上述目标，我国基础教育课程改革已经明确了具体的改革内容和确定课程内容的原则。

（一）基础教育课程改革的内容

1. 重建课程结构

课程结构的重建是实现课程改革理念和目标的突破口。何谓课程结构？“课程结构是指在学校课程的设计与开发过程中将所有课程类型或具体科目组织在一起所形成的课程体系的结构形态。”① 课程结构的重建涉及的主要问题是：“从纵向看，即怎样依照党的教育方针和素质教育的理念来设计基础教育的各个阶段及其管理职责的分配，以确保每一位儿童都享有学习的权利；从横向看，即在每一个教育阶段怎样有计划地安排儿童的学习机会以及基本标准，以利于每一位儿童的全面的、均衡的发展。”② 据此，课程结构重建的关键是要处理好分科性与综合性、统一性与选择性、持续性与均衡性之间的关系。针对过去课程结构在分科性、统一性和持续性方面考虑得较充分，相对忽视综合性、选择性和均衡性，基于基础教育课程改革的理念和目标以及国际上课程结构改革的发展趋势，课程结构重建确立了如下三个要点：(1) 强调综合性，克服学科门类过多、相互独立的倾向；(2) 加强选择性，以适应地方、学校、学生发展的多样化需求；(3) 确保均衡性，促进学生全面、和谐的发展。

课程结构重建的一大突破是，设置了综合实践活动课程。综合实践活动课程是一种与各学科课程领域有着本质区别的新的课程领域，其本质是“让儿童自由探究生活”③，以自然、自我和社会作为综合实践活动课程开发的三个维度，以此实现学生作为“整体的人”的发展。

2. 编制课程标准

构建开放、充满生机、富有中国特色的基础教育课程结构体系需要解决的关键问题是编制课程标准。《基础教育课程改革纲要（试行）》明确提出了对课程标准的基本理解：(1) 课程标准主要是对学生经过某一学段学习后的学习结果的行为描述，而非对教学内容的具体规定（如教学大纲或教科书）。(2) 它是国家制定的某一学段的共同的、统一的基本要求，而不是最高要求。(3) 学生学习结

① 钟启泉，崔允漷，张华．为了中华民族的复兴　为了每位学生的发展：《基础教育课程改革纲要（试行）》解读[M]．上海：华东师范大学出版社，2001：55.

② 钟启泉，崔允漷，张华．为了中华民族的复兴　为了每位学生的发展：《基础教育课程改革纲要（试行）》解读[M]．上海：华东师范大学出版社，2001：7.

③ 张华．综合实践活动课程研究[M]．上海：上海科技教育出版社，2007：导言．

果行为的描述尽量是可理解的、可达到的、可评估的，而不是模糊不清、可望不可及的。(4) 它隐含着教师不是教科书的执行者，而是教学方案(课程)的开发者，即教师是“用教科书教，而不是教教科书”。(5) 课程标准的范围应涉及作为一个完整个体发展的三个领域——认知、情感与动作技能，而不仅仅是知识方面的要求。①

编制课程标准的逻辑起点是，从知识论、认识论、社会文化论、学习论等视角进行总体的理论思考，明确课程标准的构成要素及其内涵。课程标准的基本要素包括课程目标、课程内容、课程实施、课程评价。

3. 实施新的课程政策

《基础教育课程改革纲要(试行)》提出了新的课程管理政策——三级课程管理。三级课程是指国家课程、地方课程和校本课程。国家课程体现了国家对儿童发展的最低限度的要求，是人人必须达到的“义务课程”；地方课程体现了本地区、本社区需要的“特色课程”；校本课程则是体现本校、本班实际和周围环境特点的，由师生不断生成的“补充课程”。它们三位一体，构成了现实的学校课程。

为了确保三级课程的顺利实施，我国基础教育课程改革采取以“自上而下”为主、“自下而上”为辅的双向课程管理制度。国家课程管理的职能部门是教育部，其主要职责是制定基础教育阶段的培养目标、课程方案和课程标准等宏观政策，并监督地方和学校贯彻执行这些方针政策。地方课程管理的职能部门是地方教育行政部门，其主要职责是严格执行国家课程的有关方针政策，按地方的实际情况与发展需要，为落实国家课程标准制定具体的方案，开发好地方课程，以及指导学校合理地实施地方制定的课程方案。学校在课程管理的职责是，确保国家课程和地方课程的有效实施，进行校本课程的合理开发。②

(二) 普通高中教育课程内容确定的原则

《普通高中课程方案(2017 年版 2020 年修订)》明确指出：国家通过课程标准规定普通高中课程的主要内容和要求。确定课程内容应遵循如下基本原则：

1. 思想性

坚持辩证唯物主义和历史唯物主义，加强中国特色社会主义教育，充分反映习近平新时代中国特色社会主义思想，全面落实社会主义核心价值观的基本内容和要求，提升道德修养，有机融入中华优秀传统文化、革命文化、社会主义先进文化、法治意识、国家安全、民族团结和生态文明等教育，充分体现中国特色。

2. 时代性

充分反映马克思主义中国化最新成果、当代社会进步、科技发展和学科发展前沿，充分体现先进的教育思想和教育理念，紧密联系学生生活经验，及时更新教学内容。

---

① 钟启泉，崔允漷，张华. 为了中华民族的复兴　为了每位学生的发展：《基础教育课程改革纲要(试行)》解读[M]. 上海：华东师范大学出版社，2001：172.

② 钟启泉，崔允漷，张华. 为了中华民族的复兴　为了每位学生的发展：《基础教育课程改革纲要(试行)》解读[M]. 上海：华东师范大学出版社，2001：355-356.

3. 基础性

面向全体学生，依据学生发展核心素养，精选学生终身发展必备的基础知识和基本技能，打牢学生成长的共同基础。注重培养学生的学习兴趣、学习能力和探索精神，注重培养分析问题、解决问题的能力。合理控制学生的课业负担。

4. 选择性

适应国家人才培养需要，在保证每个学生达到共同基本要求的前提下，充分考虑学生不同的发展需求，结合学科特点，遵循学习科学的基本原理，分类分层设计可选择的课程，满足学生不同学习需要，促进学生发展。

5. 关联性

注重学科内容选择、活动设计与学生发展核心素养养成的有机联系。关注学科间的联系与整合。增强课程内容与社会生活、高等教育和职业发展的内在联系。

（三）义务教育课程内容确定的原则

《义务教育课程方案（2022 年版）》提出了义务教育阶段确定课程内容的五大原则：

1. 坚持全面发展，育人为本

构建德智体美劳全面培养的课程体系。贯彻新时代党对教育的新要求，坚持德育为先，提升智育水平，加强体育美育，落实劳动教育。九年一贯设置课程，完善课程类别与结构，优化科目的课时比例，确保“五育”并举，促进学生健康、全面发展。

2. 面向全体学生，因材施教

为每一位适龄儿童、少年提供适合的学习机会。把握学生身心发展的阶段特征，注重幼儿园、小学、初中、高中各学段之间的衔接，体现不同学段目标要求的层次性。打好共同基础，关注地区、学校和学生的差异，适当增加课程选择性，提高课程适应性，促进教育公平。

3. 聚焦核心素养，面向未来

依据学生终身发展和社会发展需要，明确育人主线，加强正确价值观引导，重视必备品格和关键能力培育。精选课程内容，注重培养学生的爱国情怀、社会责任感、创新精神和实践能力，奠基未来。

4. 加强课程综合，注重关联

加强课程内容与学生经验、社会生活的联系，强化学科内知识整合，统筹设计综合课程和跨学科主题学习。加强综合课程建设，完善综合课程科目设置，注重培养学生在真实情境中综合运用知识解决问题的能力。开展跨学科主题教学，强化课程协同育人功能。

5. 变革育人方式，突出实践

加强课程与生产劳动、社会实践的结合，充分发挥实践的独特育人功能。突出学科思想方法和探究方式的学习，加强知行合一、学思结合，倡导“做中学”“用中学”“创中学”。优化综合实践活动实施方式与路径，推进工程与技术实践。积极探索新技术背景下学习环境与方式的变革。

本章小结

加强对课程含义的考察和理解是未来教师走进课程领域的逻辑起点。不同取向的课程理论则为未来教师描述、解释、批判和指引课程实践提供了广阔的视野和可能的学理依据。课程类型是阐释课程形态及其分类的一种概念，是未来教师了解课程的基本指南。洞察我国的课程改革，有助于未来教师更理性地审视和反思课程实践中的基本问题。

反思与探究

1. 根据词源，比较分析“课程”与“curriculum”的不同含义。
2. 根据不同的分类标准，课程可以划分为哪些类型？
3. 我国课程改革的理念、目标、内容各是怎样的？
4. 结合实例，分析课程的不同类型。

推荐阅读

1. 泰勒．课程与教学基本原理[M]．施良方，译．北京：人民教育出版社，1994.

2. 钟启泉．现代课程论[M]．新版．上海：上海教育出版社，2003.

3. 钟启泉，崔允漷，等．从失衡走向平衡：素质教育课程评价体系研究[M]．北京：经济科学出版社，2014.

4. 钟启泉，崔允漷．新课程的理念与创新：师范生读本[M].2 版．北京：高等教育出版社，2008.

第九章
教学理论与实践

【学习目标】

- 了解教学的特点。
- 理解教学的概念和意义
- 理解教学过程的本质。
- 掌握教学过程的基本规律。
- 掌握中小学常用的教学原则。
- 选择某一教学内容,应用中小学常用的教学方法设计该内容的教学。
- 理解教学评价的不同类型。

【知识导图】

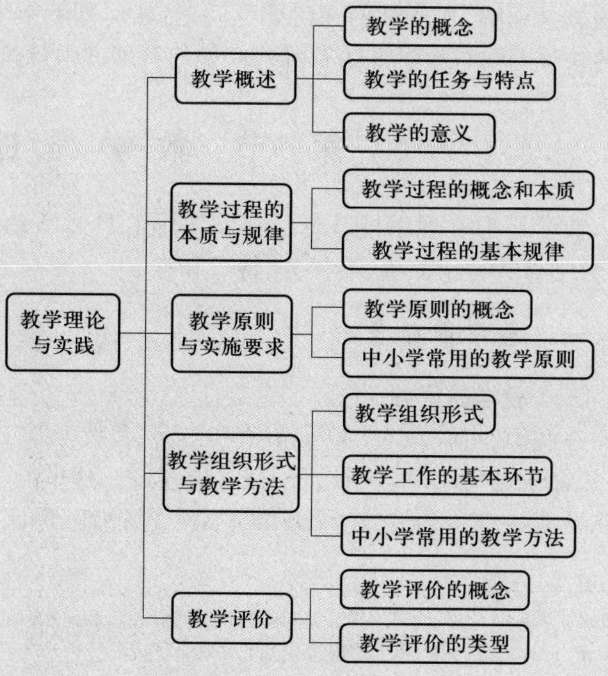

【引子】

回到书本

这节课的教学内容是“国家利益和个人利益的关系”。李老师提出了如下问题:“国家利益和个人利益的关系如何?”,同时提醒学生:“请大家看书,注意体会,并从书本上找出答案。”大约两分钟后,李老师请了第一位同学回答,该同学念了书本上的句子“国家利益是个人利益的集中体现”,李老师表示满意。

接着,李老师继续提问:“怎么理解这个观点?”

第二位同学说:“如:上海的交通建设包括隧道、轨道等的建设。”第三位同学说:“还有地铁。”李老师显然对这两位同学的回答不满意,她说:“书本上的哪句话可以概括你们的例子?”学生很快就从书本上找到了答案:“只有国家安定了,才会有社会设施的建设工作。”“对的”,李老师高声回应道。

在这节课中,李老师不断提醒“请同学继续看书本上”,但部分同学仍然找不到相应的教学内容,李老师马上给予提示:“回到前面,第 40 页,再翻到前面。”唯恐学生不认真看书,李老师使出最后的法宝:“一定要看清楚,考试时要分点给分的,要在书本上找出每一小点。”①

从上述案例我们不难看出,在李老师看来,教学即教授教科书的内容,要求学生掌握这些内容并在考试中按照教科书的要点作答。尽管当前的基础教育课程改革明确提出,教师要从“教教科书”向“用教科书教”转变,但是,由于种种外部压力,在不少一线教师的眼中,教学仍然是将教科书作为唯一的内容传授给学生。这样的教学理解是否就是教学的唯一含义呢?为了帮助每位教师形成自己的教学理解,本章试图探讨如下问题:如何理解教学、教学过程?教师应该了解的教学原则与教学方法有哪些?如何开展教学评价?

第一节 教学概述

考点提示及练习 9-1

教学是为实现学校教育目标而实施的具体活动。作为教育科学的专门术语,教学有其特定的概念、任务、特点和意义。

一、教学的概念

(一) 教学的词源

在我国,古代只有“教”和“学”二字,“教学”二字连用最早出现于《书·商书·说命下》:“斆学半”(斆,音 xiào,指教)②。这里的“斆学”二字有两种理解:一种认为是一字一音一义,“斆”即“学”也;另一种认为是二字二音二义,“斆”

① 作者于 2006 年 11 月 15 日采写自上海市浦东新区 H 中学,已征得该老师的同意。

② 阮元. 十三经注疏[M]. 上海:上海古籍出版社,1997:175.

即教也。自唐至清的学者多认为，“斅”与“学”二字既有区别，又有联系。《学记》引用它作为“教学相长”思想的经典依据：“学然后知不足，教然后知困；知不足然后能自反也，知困然后能自强也。故曰：教学相长也。”《兑命》曰：“学学半，其此之谓乎。”①

《说文解字》将教学释为：“教，上所施，下所效也；学，觉悟也。”“上”是指有道德品格与知识涵养的成熟个体，一般是指教师、长辈、父母等；“下”是指道德品格与知识涵养都需要更丰富、成熟的个体，一般是指学生、晚辈、子女等。“施”是指教导、指示、示范等互动方式，“效”是指仿效、服从、学习等过程。“觉悟”是指对事物已达到认知理解的境界。据此，《说文解字》中关于教学的含义可概括为：教育者对受教育者的道德品格与知识涵养进行教导并使其有所觉悟的过程。

到了近代，由于班级授课制的出现以及赫尔巴特教学思想的传入，教学的重心由“学”向“教”转移。此时，“教学”又等同于“教授”，这种理解导致了重教轻学的局面。直到陶行知提出“教授”一词的提法有忽视学生的嫌疑，遂又改“教授”为“教学”，陶行知所指的“教学”的含义是“教学生学”。

到了当代，人们一般认可：教学是教师教和学生学的统一活动。如《中国大百科全书·教育》指出，教学是“教师的教与学生的学的共同活动。学生在教师有目的有计划的指导下，积极主动地掌握系统的文化科学基础知识和基本技能，发展能力，增强体质，并形成一定的思想品德”②。

由上可见，“教学”在我国古代是指教弟子学，在近代则指教授(有别于管理和训育)，现代一般指教与学的联结。

英文中的“teach”“learn”“instruction”都有教学之意。teach、learn 在词源上是相通的，两者在早期是同义的。learn 源自中世纪英语中的 lernen 一词，意即“学”或“教”。lernen 的词干是 lar，lar 是 lore 的词根。Lore 的本义是学习和教导，现在的延伸义是指教的内容。teach 的本义是“教”，词源同 learn。teach 还有一派生形式，该派生形式源自古英语中的 taecan 一词，taecan 又是从 taikjan 一词派生来的。taikjan 的词根是 teik，意思是拿给人看。

此外，teach 的词义还与 token 有关，token 意即使用信号或符号向某人展示某事物，或引发某人对特定人或事物的反应。token 一词源自古希腊语的 taiknom。这个词与 taikjan(后来成为古英语的 taecan)同源，意思是“教”。由此可见，token 和 teach 这两个词在历史上是有联系的。根据这一派生，teach 的意思就是通过信号或符号引起别人对事物、人物、观察和研究的结果等做出反应。从这种派生关系看，teach 与使教学得以顺利进行的媒介有关。此外，teach 还有两种含义：一是 impart，即给予信息，向某人展示如何做及进行某科目的练习等，亦即由外向内地传授。二是 inquiry，即引导学习者进行探究，指师生间进行教育性的论辩，讨论有意义的议题。由此可见，在英文中“教学”有学习内容、展示某

① 高时良. 学记研究[M]. 北京：人民教育出版社，2005：63-65.

② 中国大百科全书出版社编辑部. 中国大百科全书：教育[Z]. 北京：中国大百科全书出版社，1985：150.

物、给予信息、开展探究等含义，相比较汉语中的解释而言，英语中的解释对于作为“活动”的教学之“活动”有更清晰的界定。

teaching 和 instruction 两者经常替换使用。但两者仍有区别：teaching 涉及整个教学情境中的师生互动关系，范围较广，包括计划、准备、评价等全部教学活；instruction 范围较窄，专指在教室中所执行的常规技能的训练。与汉语中的“教”源自“学”有所不同，英文中 teach 和 learn 是同一词源派生出来的。

（二）教学的不同定义

1. 教学即对话

巴西教育家弗莱雷认为教学即对话。对话并非一种技巧、策略或者机械的方法，而是“人与人之间的接触，以世界为中介，旨在命名世界”①。对话的核心是认知过程的社会性特征，以参与认知的所有主体的真正投入为据，是共同探究的过程。也就是说，对话并不是一种纯粹的技巧，而是一种途径，对话的特征表现在认识论关系中。

2. 教学即研究

美国教育家达克沃斯认为，教学即研究。达克沃斯强调，这里的研究不是为了发表成果而展开的学术研究，而是“使学习者置身于现象之中，并努力理解他们所创造的意义”② 的过程，这样，教学就是学生在教师和同伴的帮助下建构知识的过程。这样的教学关键有两点：一是教师能否创设情境并引导学生进入即将学习和探究的现象中；二是教师是否善于倾听学习者解释，同时能否引导学习者之间进行相互解释。

3. 教学即知识或技能的传授

教学的描述性定义（或传统意义）可以表述为“教学是传授知识或技能”③。从教学的词源来看，教学用来指所教的内容；教学是通过符号或象征向某人展示某事物，即教学可以描述为：教学是提供信息；教学是向某人演示如何做某事；教学是就某一问题授课；等等。

4. 教学即成功

教与学两者有着密不可分的关系，即：学包含于教，教必须保证学。④ 意即学生学习教师所教的东西应有所成效，假如学生没有学会教师所教的内容，则教师的教学没有任何意义。

5. 教学是有意识的活动

胡森认为，教学是有意识的活动。⑤ 该观点从教师的角度出发，认为教学就是教师有意识地在特定环境中想方设法使学生学会某事。我们可以从两个层次来理解：第一，教学的意识性体现在它的目的是激发学习；第二，教师的教学行为或活动受问题情境与教师的信念影响。

---

① 弗莱雷. 被压迫者教育学[M]. 顾建新，等译. 上海：华东师范大学出版社，2001：38.

② 达克沃斯. 精彩观念的诞生：达克沃斯教学论文集[M]. 张华，等译. 北京：高等教育出版社，2005：184.

③ 邓金. 培格曼最新国际教师百科全书[Z]. 教育与科普研究所，编译. 北京：学苑出版社，1989：7-8.

④ 邓金. 培格曼最新国际教师百科全书[Z]. 教育与科普研究所，编译. 北京：学苑出版社，1989：8.

⑤ 胡森，等. 国际教育百科全书：第九卷[Z]. 贵阳：贵州教育出版社，1990：123.

(三) 教学的相关概念辨析

在现实中,教育、智育、上课、自学等都是我们耳熟能详的概念,那么教学与它们是什么关系?为了准确地理解教学,有必要对教学与这些概念的关系进行简要的分析。

1. 教学与教育

教学与教育是部分与整体的关系。教育包括教学,教学只是学校进行教育的基本途径。除了数学以外,学校还可以通过课外活动、生产劳动、社会实践等途径对学生进行教育。

2. 教学与智育

智育是全面发展教育的一个组成部分,主要通过教学来实现,但智育也需要通过课外与校外活动等途径才能全面实现。教学不仅是智育的实施途径,也是德育、体育、美育、劳动教育的实施路径。

3. 教学与上课

教学与上课是整体与部分的关系。教学既包括上课,又包括备课、作业的布置与批改、课外辅导、学生学业成绩的检查和评定等环节。上课是教学工作的中心环节,教学任务主要是通过上课完成的。

4. 教学与自学

教学与自学的关系比较复杂,因为学生的自学有两种:一种是在教学过程内,在教师指导下的自学。它包括配合教学进行的预习、复习、自习和作业,是教学的组成部分。另一种是在教学过程以外,学生自主进行的自学,其内容广泛。教学不包括这种学生自主进行的自学。

从以上辨析可以推断教学至少包括下列几层基本含义:(1) 教学是教师的教与学生的学组成的双边活动;(2) 在教学活动中,教师起主导作用,学生处于主体地位;(3) 教学的最终目的是促进学生全面发展。

二、教学的任务与特点

(一) 教学的基本任务

1. 培养良好的思想品德

教学在使学生形成科学的世界观、培养优良的道德品质方面起着重要作用。学生在教学中进行的学习和交往,是他们生活中认识世界和进行社会交往的组成部分。他们在掌握自然科学知识和社会科学知识的过程中提高自己的道德修养和审美情趣,在班级集体活动中依据一定的规范和要求来调节自己的思想和行为,这些都为学生形成科学的世界观提供了坚实基础。

2. 引导学生掌握知识、技能

教学的首要任务是使学生掌握系统的科学文化基础知识,形成基本技能,其他任务的实现都是在完成这一任务的过程中和基础上进行的。其中,基础知识和基本技能即教学中的“双基”教育。所谓基础知识,是指形成各门学科的基本事实,相应的基本概念、原理和公式等。技能是指学生运用所掌握的知识去完成某种实际任务的能力,而基本技能则是指各门学科中最主要、最常用的技能,如语文和英语的阅读、写作技能，数学的运算技能等。

3. 发展学生智力，培养学生创造能力

教学的任务不仅要使学生掌握知识，而且要着力发展学生的智力。特别是要通过发展性教学，启发诱导学生进行推理、证明、探索和发现，培养学生独立学习的能力、分析和解决问题的能力，以适应科学技术发展的时代要求。

4. 增强学生体质，提高学生的健康水平

体质主要指身体的正常发育成长与身体各个器官的活动能力。教学不但要适应学生身心的发展水平和需要，减轻学生过重的学业负担，同时还要使学生掌握锻炼身体的知识和技能，养成锻炼身体的习惯，达到增强体质、促进发展的目的。

5. 促进学生的个性发展

现代教学论关注学生的个性发展，以马克思主义关于人的全面发展学说为指导，协调学生的知识、智力、兴趣、情感、意志、性格等各方面因素，追求教学与教育的统一，促进学生的个性发展。为此，教学要激发每个学生的主体能动性，不仅使他们有现代科技文化知识，而且有自觉能动性、独立性和开拓创新性，有强烈的竞争意识、平等观念和合作精神。

（二）教学的特点

1. 教学以培养全面发展的人为根本目的

全面发展是指人在德、智、体、美、劳诸方面和谐发展。教学除了担负智育任务外，还担负着其他各育的任务，包括德育、体育、美育和劳动教育。2019 年颁布的《中共中央国务院关于深化教育教学改革　全面提高义务教育质量的意见》指出："坚持'五育'并举，全面发展素质教育。"关于"五育"并举的主要意见是，突出德育实效，提升智育水平，强化体育锻炼，增强美育熏陶，加强劳动教育。

2. 教学由教与学的活动组成

教学既非教师单方面传授知识的过程，也非学生单独学习的活动，教学是教师的教和学生的学的共同的、统一的活动。在教学活动过程中，师生双方相互作用、彼此依存；教离不开学，学离不开教，两者相辅相成。

3. 教学具有教育性

教学既是教师向学生传授知识和学习方法的过程，又是对学生进行思想品德教育，培养其成才的过程。教学必然要对学生进行思想品德教育，这是由教学活动的特点所决定的，构成教学活动的每个要素都包含着极其丰富的教育因素，这些教育因素必然在教学活动中发挥思想品德教育作用。从教学活动的整个过程来看，学生掌握知识的过程，就是教师指导学生能动地认识客观世界的过程，诚如赫尔巴特所言"我想不到任何无教育的教学"。

三、教学的意义

教学既是学校教育中最基本的活动，又是学校工作的核心。学校要实现培养全面发展的人的目标，就必须以教学为中心，并围绕教学这一中心安排其他工作。

（一）教学是传授系统知识、促进学生发展的最有效形式

教学是一种专门组织起来的有计划、有目的的活动。教学能较简洁地将人类积累起来的科学文化知识和经验，转化为学生个人的精神财富，从而实现人类社会历史经验向个体经验的转化，促进学生德、智、体、美、劳诸方面全面发展。

（二）教学是全面发展素质教育，实现教育目的的基本途径

素质教育是以提高国民素质为根本宗旨，以培养学生的创新精神和实践能力为重点，造就德、智、体、美、劳诸方面全面发展的时代新人的教育。教学的首要任务就是研究如何从学生素质发展的需要出发，依据课程标准，明确教学任务。教学作为教育中组织性、系统性最强的活动，自然承担了培养时代新人的重要使命。

教学是在国家教育目的的规范下，由教师的教与学生的学共同组成的活动。教学能够为个人的全面发展提供科学的理论基础和实践经验，能够有目的、有计划地将教育的各个组成部分（包括德、智、体、美、劳诸方面）的基本知识和基本技能传授给学生，促进学生向预期的方向发展，从而实现教育目的。

（三）教学是学校的中心工作，学校工作必须坚持以教学为主

从教育自身来看，教学是构成学校教育工作的主体工作。学校工作以教学为主，是新中国成立以来教育工作经验的总结。教学是实现素质教育，完成学校教学任务的主要途径。如果学校坚持以教学为主的原则，教育质量就能提高；反之，教育质量就下降。因此，要办好学校，提高教育质量，培养优质人才，就必须坚持以教学为主，统筹安排。学校在坚持教学为主的同时，要注意处理好教学与其他学校工作之间的关系。

第二节 教学过程的本质与规律

● "臭"字探疑①

那天上课，我引用杜甫"朱门酒肉臭，路有冻死骨"的诗句来比较分析剥削阶级和被剥削阶级的社会处境，我解释道："大户人家的酒肉多得发臭，而路上却有贫穷人被冻死的尸骨。"我还未说完，发现余有斌（化名）举起了手。

"请问你有什么问题？"

"郑老师，我觉得你对杜甫诗句的解释不合理。"

"为什么？"

"因为从诗句中可以判断是冬天，既然能把人都冻死，那么肉就不会发臭，怎么能闻到臭味呢？更何况酒是不会发臭的。再说，封建社会的生产力发展水平总体上是较低的，说豪门贵族家里的酒肉多得发臭也不符合当时的生活实际。"

余有斌说完后，学生们并没有议论纷纷，反而静得出奇。

考点提示及练习 9-2

① 傅道春.新课程中教师行为的变化[M].北京：首都师范大学出版社，2001：76-77.引用时有修改。

不少同学看看我又看看提问的同学，脸上露出了惊奇的表情。面对学生的提问，我也颇感意外，但很快便镇定下来，对余有斌说：

“那你认为该如何解释呢？”

“我也不知道，只是觉得老师的解释不合理。”

“同学们，从气候的特点和当时的社会实际分析，余有斌的提问是有道理的。老师也没注意到这一细节，所以一时也不能给大家作出更科学的解释。课后大家再去查找一些资料，下节课我们来共同解决。”

下课后，我便查了资料，其解释是“唐杜甫（自京赴奉先县咏怀五百字诗中）的名句。意思是豪门贵族家里酒肉吃不完都放臭了，而道路上却暴露着冻饿致死的人的白骨，典型地反映了剥削阶级统治的社会里贫富悬殊的情况。”显然，这样的解释和我在课堂上讲的是一致的。于是，我又查了“臭”的读音，它还读作“xiù”，意思是“用鼻子辨别气味”。这样，答案就清楚了。

第二天上课，我并不急于告诉学生结果，而是向学生要答案。

“郑老师，我们查过资料，解释和你说的一样。”政治课代表回答道。

看到其他同学也没有补充，想必是没有找到满意的答案，于是，我便给同学们解释：“同学们，上次余有斌同学的疑问是有道理的，原来的解释确实有误。‘臭’在此处应读‘xiù’，意思是‘用鼻子辨别气味’。诗句的正确解释是，大户人家的酒肉香味不停地飘出来，而路上却有贫穷人家冻饿致死的尸骨。表明两大阶级截然不同的处境，反映了封建社会的阶级实质。余有斌同学善于思考，大胆质疑。希望同学们向他学习，培养自己的创新思维。”

教学过程是达成教学目标、实施教学的核心环节和基本途径。请结合上述案例的相关内容，分析案例中体现的教学过程的基本规律。

一、教学过程的概念和本质

（一）教学过程的概念与构成要素

1. 教学过程的概念

教学过程是教师和学生协同活动的过程，是学生在教师指导下，依据课程标准和课程计划的要求，积极主动地掌握系统的科学文化知识和基本技能，提高身体素质、心理素质和社会文化素质，并形成一定思想品德和心理品质的过程。[①]

2. 教学过程的构成要素

教学过程由哪些要素构成？对此学术界一直存在着争论，比较典型的有三要素说（教师、学生、教学内容）、四要素说（教师、学生、教学内容和教学手段）、五要素说（教师、学生、内容、方法和媒体）、六要素说（教师、学生、内容、方法、媒体与目的）、七要素说（学生、目的、课程、方法、环境、反馈和教师）和三三构成说（教学过程由三个构成要素和三个影响要素整合而成，其中三个构成要素是学生、教师和内容，三个影响要素是目的、方法和环境）等。

一般认为，教师、学生、教学内容是构成教学过程的基本要素。教师在教学

① 钟启泉．课程与教学概论［M］．上海：华东师范大学出版社，2003：154．

活动中起主导作用，是教学活动的设计者、组织者和实施者；学生是学习的主体，也是教学活动的对象；教学内容作为教和学双边活动的中介，使教和学双方发生相互作用。

教学过程存在诸多矛盾，其中教师提出的教学任务与学生完成这些任务的需求、实际水平之间的矛盾（即学生与其所学知识之间的矛盾）是教学过程的主要矛盾，这个矛盾是否解决直接关系教学工作的成败。

（二）教学过程的本质

教学过程的本质属性就是教学过程所固有的，由其内在矛盾的特殊性所规定的，是教学过程与其他非教学过程区别开来的根本属性。

1. 教学过程本质上是一种认识过程

教学过程是教师指导学生认识世界的过程，包括教师的教与学生的学这两个既有区别又相互依存的、有机统一的活动。教学过程的内在发展动力是教师提出的教学任务与学生完成这些任务的需要、实际水平之间的矛盾，这一矛盾的解决受人类认识过程的普遍规律的制约。

2. 教学过程是一种特殊的认识过程

教学过程是人类认识过程的一种特殊形式，其特殊性表现为四个方面：(1) 认识的间接性。间接性是相对认知对象而言的，一般而言，学科学习中，学生认知的对象主要是教材，教材是对客观世界的间接反映，即学生学习的内容是已知的间接经验。学生是通过学习教材来最终达到认识客观世界的目的。(2) 认识的交往性。教学活动既是教师的教和学生的学共同组成的双边活动，又是发生在师生之间的一种特殊的交往活动。(3) 认识的引导性。学生的个体认识始终是在教师的指导下进行的，区别于一般的认识过程。教学是教师指导学生认识世界的过程。(4) 认识的简洁性。学生通过间接知识认识世界，可以减少探索的时间，避免探索的弯路，能够尽快掌握人类的文化精华，因而认识具有简洁性。

（三）教学过程的阶段与特点

1. 教学过程的基本阶段

一般而言，教学过程由激发动机、领会知识、巩固知识、运用知识和检查知识五个阶段组成。

(1) 激发动机。学习兴趣和求知欲是直接推动学生学习的动力，是学生进行学习的基本条件和心理起点。所以，教学首先要激发学生的学习动机。

(2) 领会知识。这是教学过程的中心环节。领会知识包括学生感知和理解教材。感知教材就是将教材承载的抽象、理性的知识与直观的、生动的形象联系起来；理解教材是在感知的基础上，在教师的引导下，学生通过自己的思维加工形成自己对教材的理解。

(3) 巩固知识。这是教学过程的一个必要环节。学生以学习书本知识、接受间接经验为主，如果不及时巩固就会很容易遗忘。因此教师在教学中需要定期安排复习，这对巩固知识是十分必要的。

(4) 运用知识。掌握知识就是为了运用知识。将学习的知识用于实践，这样可以帮助学生加深对所学知识的理解，提升分析问题与解决问题的能力。

(5) 检查知识。检查知识是指教师通过作业、提问等各种方式检查学生掌握知识的程度,以便及时获取有关教学效果的反馈,进而调整教学进程。

2. 教学过程的特点

(1) 双边性与周期性。教学过程是教师与学生、教与学组成的双边活动过程,是教师的教与学生的学的矛盾统一。师生的双边活动,师生之间相互作用,不断发生碰撞、交流和融合。通过碰撞、交流达到融合以后,又出现了新的矛盾——新知与旧知、未知与已知的矛盾,从而产生新的碰撞和交流,整个过程是波浪式前进的。这种教学周期的运转形成了教学的过程。

(2) 认知性与个性化。教学过程是学生在教师的指导下的特殊的认知过程。与人类其他的认知活动相比,它不是为了直接创造社会价值,而是为了实现学生个人的思维创造,即人类的“再创造”,因而,这种认知活动关注认知的结果,但更注重认知的过程,关注学生个体在认知活动中的发展。随着社会的发展和教学改革的推进,教学过程会越来越生动化和个性化。

(3) 实践性与社会性。教学过程是学生在教师指导下进行的学习实践活动。与此同时,教育教学活动是自人类社会产生以来就具有的一种社会活动。新生一代通过接受、继承和发展上一代传授的文化成果得以生存和发展,体现出鲜明的社会性。

(4) 预设性和生成性。任何教学都是根据预设的方案展开的,教学目标、教学过程、教学资源等都有一定程度的预设,良好的预设是教学成功的前提。但教学是师生双边活动的过程,在教学过程中会出现各种非预设的情况,这就需要教师适时调整,从中生成新的方法与策略,产生新的智慧。

二、教学过程的基本规律

教学规律是指教学现象中客观存在的,具有必然性、稳定性、普遍性的联系。教学过程的基本规律是正确处理教学过程中诸多关系的指南。

(一) 教师的主导作用与学生的主体作用相结合的规律

教师的主导作用是指教师统领教学全局并引领学生成长,学生的主体作用是指学生在学习过程中所起的作用。在教学过程中,教师主导和学生主体相互依存、缺一不可,其具体意蕴包括以下三个方面:

1. 教师引领教学方向,在教学过程中起主导作用

如果从教育哲学的角度来看待师生在教学过程中的关系,那么,更确切的表述应该是:师生皆为教学过程中的主体。但如果从师生在教学过程中的分工和所起作用的角度来说,教师在教学过程中起主导作用。教师主导,既是社会赋予教师的神圣使命,又是教师职业的特有属性,即教师对学生的学习的主动性、积极性起着方向性的引导作用。

2. 学生发挥主动性,在教学过程中起主体作用

学生的主动性主要表现在两个方面:其一,学生不是被动接受知识的容器,而是具有主动性的有内在发展需求的个体,因而,学生的学习受自身的兴趣、需要、动机等的影响,这样,学生对教师教学的选择具有相对独立性和能动性。其

二，随着学生年龄的增长，其主动性也在不断发展，这意味着教师需要引导学生从对教师的依赖向自身独立发展。

3. 建立信任、合作、民主、平等的师生交往关系

教师的主导作用与学生的主体作用相结合的规律的理想境界是，师生之间能通过积极互动，逐步建立信任、合作、民主、平等的师生交往关系。积极互赖的师生关系既是达成培养目标的保证，又是更有效地发挥教师主导作用、学生主体作用的助推器。在这样的师生交往关系中，学生更容易融入班集体，主动参与学习，发展自身个性，同时也可以提升教师的教学效能感，减少其教学倦怠。

（二）传授知识与思想品德教育相结合的规律

在教学过程中，不管教师的主观意愿如何，学生的思想在客观上都会受到社会环境、政治立场、道德观念等的影响，因此，教师不仅要传授知识，更要有效地开展思想品德教育，只有这样才有可能使学生真正成为对社会有用的时代新人。在教学过程中，传授知识和思想品德教育相辅相成、缺一不可，其具体意蕴包括以下三个方面：

1. 知识是思想品德形成的基础

知识是人类对物质世界和精神世界探索结果的总和。人类在探索客观世界和积累知识的同时，也对客观世界形成自己的价值判断，这样的价值判断是思想品德形成的基础。与此同时，中小学各门学科的知识本身具有一定的思想品德教育的因素，因此，传授知识的过程同时也是引导学生形成自己的价值观和人生态度的过程。由此不难看出，学生思想品德的形成需要以知识作为基础。

2. 思想品德的提高有助于学生学习知识

学生的思想觉悟与其对学习的投入密切相关，凡是对学习的价值有积极认知的学生一般能更加主动地投入学习。因此，在教学过程中，教师要引导学生对学习形成正确的认知，这样，学生对学校学习的目的、态度、价值等思想品德要素就能促使学生积极主动地学习知识。

3. 避免只重知识教学或只重德育的片面思想

在教学过程中，教师应把知识教学与思想品德教育有机结合，既注意挖掘教学内容的思想因素，做到既教书又育人；又要防止在教学中进行思想品德教育的片面说教。教师要寓德育于教学之中，通过教书育人促进学生全面发展。

（三）直接经验与间接经验相结合的规律

直接经验是指由学生亲身实践所获得的知识与能力的总和。间接经验是指他人认识世界的成果的总和，主要指人类在认识世界的过程中长期积累并形成的知识体系。在教学过程中，直接经验与间接经验相结合的规律意指以下两个方面：

1. 学生以学习间接经验为主

至今，世界上已积累了大量的科学文化知识，学生没有时间也没有必要逐一去亲身实践这些知识。在教学过程中，教师应当组织学生对以间接经验为主的知识的学习，使学生能够在最短的时间内掌握大量的已有知识，帮助其在新起

点上继续认识客观世界、继续开拓新领域。

2. 学生学习间接经验要以直接经验为基础

根据建构主义学习理论，个体在认识新事物时，必须将新事物与个体已有的经验相联系，否则个体很难形成对新事物的有意义理解。据此，学生对间接经验的学习必须以直接经验为基础。教师在传授间接经验的过程中，应该充分利用现有的教学条件为学生创造获得直接经验的环境，为其深入理解所学知识提供基础。教师在教学过程中要特别注意避免只重视直接经验或间接经验的片面做法。

（四）知识掌握与智力发展相统一的规律

知识掌握是指个体运用已有知识学习新知识，并将其运用于问题解决的过程。智力发展是指个体的智力在社会生活条件和教育的影响下，随年龄的增长而发生的有规律的变化。知识掌握与智力发展是相互依存、相互促进的，二者辩证地统一于教学过程中。在教学过程中，知识掌握与智力发展相统一的规律意指以下三个方面：

1. 知识掌握是智力发展的基础

知识既是学生智力活动的内容，又是学生智力活动的结晶。同时，学生的智力是在掌握和运用知识的过程中得以发展的。

2. 智力发展是知识掌握的重要条件

智力发展程度直接影响学生掌握知识的广度、深度，以及学生对知识的巩固程度和运用程度，因而，智力发展是知识掌握不可或缺的重要条件。较高的智力发展有利于学生快速高效地完成学习任务，因此，在教学过程中，教师应当重视学生智力的发展，促进学生自主高效地掌握所学知识。

3. 知识掌握与智力发展相辅相成、相互转化

在学习过程中，学生的智力发展总是与其所掌握的有关领域的知识相联系的，如果没有知识掌握，就很难有智力发展。与此同时，知识不等于智力，只有当学生能将学习的知识生成自身的想法和观念时，知识掌握才有可能促进智力发展。因此，在教学过程中，教师应该根据知识掌握与智力发展之间的辩证关系，有效设计教学活动，通过让学生掌握知识来更好地发展他们的智力。

第三节 教学原则与实施要求

考点提示及练习 9-3

● 小企鹅自己会怎么想①

在《小企鹅和妈妈》的教学接近尾声的时候，我提出了一个问题："小企鹅长大之后想出去闯闯，你们说，她还会看到些什么呢？"

这一拓展性问题的提出引起了孩子们强烈的兴趣。他们有的马上在小组中发表自己的见解，有的双手托着下巴思考……不一会儿，一双双小手纷纷出现在我的眼前。

---

① 宋丽娜. 小企鹅自己会怎么想？［J］. 基础教育，2004(5)：49.

有的说："小企鹅长大了，出去闯闯，看到了一片茂密的树林，绿油油的，真美啊！"有的说："小企鹅长大了，出去闯闯。她来到了上海，看到了东方明珠电视塔，觉得很新奇。"有的说："小企鹅长大了，出去闯闯。她来到了金茂大厦，从高处眺望到了黄浦江两岸的美景。"有的说："小企鹅长大了，出去闯闯。她看到了蓝蓝的大海，真是一眼望不到边。"

听到这些同学的发言，我不禁从心底里感到高兴。正当我想要结束交流的时候，忽然发现平时不太爱发言但想法独特的T(原文如此)正高高地举起小手，T会有些什么与众不同的想法呢？我忍不住想探个究竟，便点名让T起来发言。T站起来说："如果我是那只小企鹅，我会好好地住在冰天雪地的南极，哪儿也不去。"听完T的发言，同学们都用一种奇怪的眼神看着T。我不禁有些后悔了，为什么要让T来回答呢？T见我没有什么表示，也不知道怎么办才好，呆呆地站在那儿。于是我摆手示意T坐下，说："外面的世界那么精彩，难道你只想住在南极，做一只无知的小企鹅吗？"

下课了，我把T叫到了办公室，对T说："小企鹅长大了，一定想出去见见世面，为什么你认为它只想待在南极呢？"T轻轻地说道："我从书上了解到，企鹅有一种耐低温的特异功能。它适合生活在冰天雪地的南极，捕食一些新鲜的鱼虾。我曾经在动物园看到过企鹅，虽然照顾它们的叔叔阿姨给它们喂一些它们喜欢吃的东西，还为它们开空调，可我总觉得它们没有我在电视中看到的那些生活在南极的企鹅开心。为什么不问问小企鹅自己是怎么想的呢？"听到这里，我的心被震撼了，T说得对呀！为什么人类总喜欢按照自己的需要来安排其他一些生命，而不问问它们自己的想法呢？由此联想到我们的教育，老师们总喜欢按照自己的想法来安排孩子们的学习，给他们一个思维定式，来主宰他们的意识。这同把小企鹅关在密封的玻璃房里，给它们喂食，有什么两样？

第二天的晨会课，我把T提的问题告诉大家，请大家发表自己的意见。同学们一开始还转不过弯来。我让T把自己的想法原原本本地再说一遍，大家的思绪才放开了，有的说："我从电视里看到，科研人员把大熊猫放回原始森林，就是为了让他们自由自在地生活。"有的说："现在地球上野生动物越来越少，这和人们的乱捕滥杀是有关系的。"有的说："人和动物是朋友，如果朋友要到我们家里来，我们就热情接待它们；如果朋友不愿意来，我们也不能勉强。"

有了这一次讨论，同学们的思维活跃多了。因为他们知道，我希望每个小朋友都能发表自己独特的意见，做学习的主人。

教学原则是在总结教学实践经验的基础上制定而成的，对教学活动起指导和制约作用。

任务：
请结合案例"小企鹅自己会怎么想"的相关内容，分析案例中体现的教学原则。

一、教学原则的概念

教学原则是根据一定的教学目的，而制定的反映教学过程规律、指导教学工作的基本要求或行动准则。教学原则的概念体现了教学原则的合目的性，即教学原则如果要指导教学工作，就必须符合国家所规定的教学目的，且有利于这些目的的实现。同时，教学原则的概念还体现了教学原则的合规律性。在历史长河中，只有那些经过长期实践证明确实能给予教学工作正确指导的原则，才可能是真正符合教学规律的。

教学原则和教学规律的主要区别是，教学规律是客观存在且不以人的意志为转移的；教学原则是人们根据教学规律制定的，在制定和执行过程中难免受主观意识的影响。教学规律本身是一个不断发现和完善的过程，相应地，教学原则也需要不断发展和完善。

二、中小学常用的教学原则

从古至今，教育家们根据各自的理论和立场，提出了不少教学原则。对我国中小学而言，常用的教学原则有以下六条：

（一）科学性与思想性相统一的原则

科学性与思想性相统一的原则是指教学要以马克思主义为指导，授予学生科学知识，并结合知识教学对学生进行品德修养和正确人生观、科学世界观的教育。这既是培养德、智、体、美、劳全面发展的人的要求，又是建设社会主义物质文明和精神文明的要求，体现了我国教育的根本方向；同时，这也是对知识的思想性、教学的教育性规律的反映。教学的科学性与思想性是相辅相成、相互促进的。一般而言，科学性是思想性的基础，思想性是科学性的内在属性。该原则的实质是要求把智育和德育、教书和育人有机结合。

教学中贯彻科学性与思想性相统一原则的基本要求包括：第一，教师要确保教学的科学性；第二，教师要结合教学内容的特点对学生进行品德教育；第三，教师要通过教学活动的各个环节对学生进行品德教育；第四，教师要不断提高自己的业务能力和思想水平。

（二）理论联系实际原则

理论联系实际原则是指教学要以学习基础知识为主，以理论与实际相联系的方式理解知识，注意运用知识去分析问题和解决问题，达到学懂会用、学以致用。该原则是根据教学过程的基本规律之一——直接经验与间接经验相结合提出的。

教学中贯彻理论联系实际原则的基本要求包括：第一，理论知识的教学要注重联系实际。理论知识反映了自然界、社会和人类思维发展最普遍的规律，这些知识的学习要联系学生学习、生活的实际与社会实践，帮助学生获得必要的直接经验和事实材料，以便他们真正了解所学理论知识的实际意义，更好地掌握理论知识和间接经验。第二，重视培养学生运用理论知识解决实际问题的能力。在教学中，教师要引导学生把所学的理论知识运用于实践，如练习、实验、参观、研习等，组织学生从事与他们年龄相适应的科学观察、发明创造、生产劳动，帮助学生学会独立、创造性地运用理论知识解决实际问题。

（三）直观性原则

直观性原则是指在教学过程中，教师根据教学的需要，为学生提供与教学内容相关的实物或形象材料，引导学生观察所学事物，丰富其感性认识和直接经验。直观性原则是根据认识过程从感性认识到理性认识、再从理性认识到实践的客观规律提出的，与学生的年龄特征、思维发展特点相适应。教学中贯彻直观性原则能促使学生的具体感知与抽象思维相结合，既能解决学生掌握抽象概念的困难，又能促进学生的思维从具体向抽象发展。

教学中贯彻直观性原则的基本要求包括：第一，教师应根据学生的年龄特点、认知发展水平、教学内容的要求选择各种恰当的直观教具和信息技术工具，否则就极易陷入为直观而直观的误区。第二，直观教具的运用要与教师适当的讲解相结合。教师在直观教具运用过程中适当地穿插讲解，有助于学生全面把握教学的要点及其相互关系，并帮助学生更深刻地掌握所学的理论知识。第三，充分发挥语言直观的作用。语言直观能充分发挥语言的力量营造形象的学习场景，摆脱实物、形象材料等依赖特定设备的限制，因此，教师要善于运用生动形象的语言，帮助学生学习抽象的内容。

（四）启发性原则

启发性原则是指教师要承认学生是学习的主体，在教学中善于调动学生学习的主动性，引导他们独立思考、积极探索。启发性原则是根据教学过程的基本规律之一——教师的主导作用与学生的主体作用相结合提出的。教师在教学过程中只有真正调动学生的积极性，引导学生自觉学习，才能使学生真正理解、巩固和运用所学内容，并把所学知识转化为自己的观点、信念与行为习惯。

教学中贯彻启发性原则的基本要求包括：第一，树立正确的学生观。每位学生都是有学习能力的能动的个体，教师要尊重学生学习的主体性，帮助学生成为学习活动的主人。第二，充分调动学生学习的积极性和主动性。教师要转变自身角色，从知识传授者向学生学习的组织者和引导者转变，通过有效组织和引导，充分调动学生学习的积极性和主动性。第三，培养学生自主学习的能力，教给他们科学的学习方法。在瞬息万变的信息社会，教学的重点不应只是知识学习，更要帮助学生学会自主学习，掌握自主学习的方法，使他们真正成为学习的主人。

（五）因材施教原则

因材施教原则是指教师要从学生的实际情况、个体差异出发，有的放矢地进行有差别的教学，使教学的深度、广度、进度适合不同学生的学习需要，帮助学生获得最佳发展。孔子是因材施教的典范，他对学生的教育和指导总是从学生的个体差异出发。对此，朱熹曾说过：“圣贤施教，各因其材。”

教学中贯彻因材施原则的基本要求包括：第一，深入了解学生，有针对性地进行教学。教师要观察和研究每位学生的个性特征、学习特点、兴趣特长，以此作为实施差异化教学的依据，真正做到有的放矢。第二，正确对待个体差异，充分发挥每位学生的潜能。学生在学习中的个体差异是客观存在的，教师在教学中要根据他们的差异，给予适宜的教学指导，使其得到最充分的发展。对于有特殊学习需要的学生，教师更应循循善诱、爱护备至，而非以贴标签的方式消极应对。第三，教师要善于发现每位学生的兴趣、需要，并尽可能创造条件，使每个学生都得到发展。

（六）循序渐进原则

循序渐进原则是指教师要根据学科逻辑和学生的认知发展水平合理安排

教学，帮助学生由浅入深、系统地掌握各门学科的知识、技能、方法，形成严密的逻辑思维。该原则是根据学科特点和学生发展特点提出的，从学科的角度来看，任何学科都有自身的内容逻辑和顺序，是有“序”可循的；同样地，从学生发展的角度来看，学生的认知发展是一个由简到繁、由直观到抽象的循“序”过程。

教学中贯彻循序渐进原则的基本要求包括：第一，教师应根据课程标准的要求和各门学科的内在逻辑展开教学。课程标准是各门学科的教材编写和教学资源建设的依据，能较好地体现学科内容的逻辑性和完整性，教师应深入研究课程标准要求及学科的内在逻辑，确保学校教学有序进行。第二，教学应遵循学生的认知发展特点。学生的认知发展是由易到难、由简到繁、由具体到抽象的过程，教师需要结合所任教的学科，了解学生的认知特点以及学生在学科教学中的具体表现，据此帮助学生在原有基础上提升认知发展水平。

第四节 教学组织形式与教学方法

考点提示及练习 9-4

● “长方体和正方体的体积”教学片段①

潘小明老师在执教“长方体和正方体的体积”一课时，设计了这样一道习题：求长 5 cm，宽 4 cm，高 3 cm 的长方体的体积。学生都会计算：$5\times4\times3=60(cm^3)$。然后教师就问：“$5\times4=20$ 表示什么意思呢？把你的想法在小组里说一说。”学生经过自主思考、小组合作交流后，出现了多种不同的答案，有的认为这是指一层，即 $5\times4\times1$ 的体积（如图 9-1 右图），有的认为 5×4 就是底面的大小（如图 9-2 右图）。教师接着说：“5×4 到底指什么呢？请阐述自己的理由，说服同学们。”

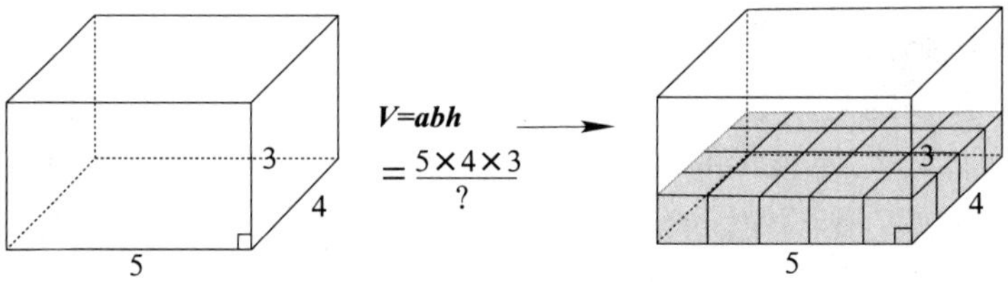

图 9-1

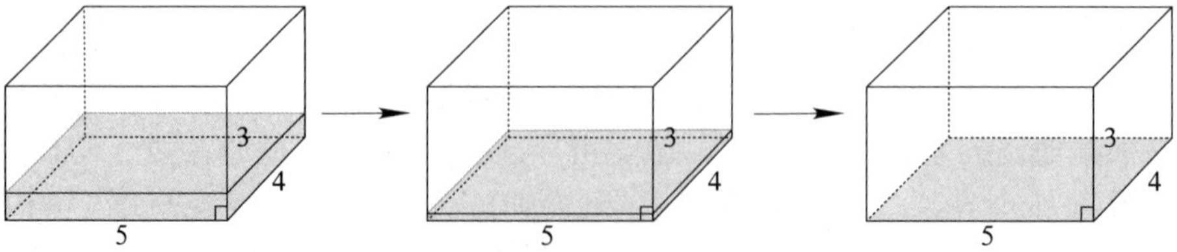

图 9-2

① 包晓燕. 简约至真：课堂教学就是一幅中国画[J]. 小学教学研究，2019(4):77. 案例的标题为编者所加，引用时有修改。

于是，学生们开动脑筋，各抒己见，教师在肯定学生们想法的同时，让学生们先从 $5\times4\times1$ 想起，说明这时候是指高是 1 cm 的时候长方体的体积；接着，教师通过动画演示，当高是 0.5 cm 的时候，长方体是怎样的，当高是 0.4 cm，0.2 cm，0.1 cm 的时候……直至极限——高为 0，这时，学生们恍然大悟，终于明白，这里的 5×4 表示的是底面积。

教学是学校工作的中心环节，是教师工作的主要阵地，也是保证学校教育教学质量的基础和前提。上述案例中潘老师运用动画演示等方式组织教学，启发学生主动思考，获得了良好的效果。那么，教师应该如何有效地组织教学，中小学常用的教学方法又有哪些？下文我们一起讨论这些问题。

一、教学组织形式

教学组织形式是根据一定的教学思想，为实现一定的教学目的，围绕一定的教育内容或学习经验，在一定的时空环境下，通过一定的媒体，教师与学生之间互相作用的方式与结构。简言之，教学组织形式就是在教学中师生相互作用的活动方式。

（一）教学组织形式的发展

随着社会政治、经济、文化、科学的发展以及人才培养需求的变化，教学组织形式也不断发展变化。

1. 古代的教育组织形式

历史上最早出现的教学形式是个别教学，它是古代社会教育教学的基本组织形式。16 世纪，随着资本主义大工场的兴起和科学技术的进步，出现了班级授课制。

（1）个别教学制。个别教学制就是教师分别对学生进行个别教学的组织形式，是历史上最早出现的教学组织形式。中国古代、古希腊和古埃及的学校教学基本上都采用个别教学的形式。个别教学形式在古代学校的普遍采用是与古代社会生产力发展水平较低的状况相适应的。这种教学组织形式的基本特征是办学规模小、教学效率低，但在一定程度上能较好地适应个别差异。

（2）班级授课制。班级授课制就是把一定数量的学生按年龄和知识掌握程度编成固定的班级，由教师按照固定的课程表和进度表，有计划地向全班学生集体进行教学的一种教学组织形式。

2. 近代教学组织形式

19 世纪出现了以适应学生个别差异为特点的新的教学组织形式。

（1）贝尔－兰卡斯特制。贝尔－兰卡斯特制也称导生制，产生于 19 世纪初的英国，由教师贝尔和兰卡斯特所创建，因此而得名。贝尔－兰卡斯特制基本特征是：以班级为基础，教师把教学内容传授给一部分年龄较大或者较优秀的学生，由他们做“导生”去教年幼或学习进度较慢的其他学生。有了“导生”的帮助，教师能够教更多的学生，但教学质量很难得到保证。

（2）道尔顿制。道尔顿制全称道尔顿实验计划，又称“契约式教育”。该组织形式是由美国教育家帕克赫斯特于 1920 年在马萨诸塞州的道尔顿中学创立的，因此称为道尔顿制。这是一种典型的自学辅导式教学组织形式，其基本特征是：废除班级授课制，指导每个学生自学不同的教材。首先，教师为学生分别指定自学的参考书、布置作业，由学生自学和独立作业，有疑难时才请教师辅导；然后，学生在完成一定阶段的学习任务后，向教师汇报学习情况并接受考查；最后，教师认为学生符合要求后，就会再布置新的学习任务，进行新的周期。道尔顿制能够较好地照顾到学生的个别差异，培养学生自学和独立作业的能力，但需要学生具有高度的学习自觉性。道尔顿制由于没有固定的班级组织，忽视了班集体的作用，不利于学生社会化的发展。

(3) 文纳特卡制。文纳特卡制是由美国教育家华虚朋于 1919 年在芝加哥市郊的文纳特卡镇公立中学实行的一种教学组织形式，因此被称为文纳特卡制。文纳特卡制的基本特征是：按单元进行小步子教学；每单元结束后需要通过学习诊断才能进行新的学习；教师随时对学生进行个别指导。文纳特卡制的小步子教学原则受程序教学影响很大。

(4) 设计教学法。设计教学法也称“单元教学法”，是由美国教育家克伯屈在 1918 年创立的，克伯屈也因此被称为“设计教学法之父”。设计教学法的基本特征是：主张废除班级授课制和教科书，打破传统的学科界限，在教师的指导下，由学生自己决定学习的目的和内容，在自己设计、自己负责的单元活动中获得相关的知识能力；强调以项目或课题为中心设计教学活动；注重问题情境的创设；强调学生的自主性，鼓励学生自己制定解决问题的目标计划并加以实施，最后对完成情况进行评价。

(5) 分组教学。分组教学是指按学生的能力或学习成绩把他们分为水平不同的组进行教学。19 世纪末 20 世纪初，一些国家为了解决班级上课不易照顾学生个别差异的弊病，采取分组教学。分组教学的类型主要有内部分组和外部分组、能力分组和作业分组等。

(6) 特朗普制。特朗普制又称“灵活的课程表”，是美国教育家劳伊德·特朗普在 20 世纪 50 年代提出的一种教学组织形式。特朗普制的基本特征是：把大班上课、小班研究或讨论和个别自学结合起来；教学实践的分配为大班上课占 40%，小组研究占 20%，个人自学占 40%；用固定的时间单位代替固定划一的上课时间，以大约 20 分钟为一个课时单位。这种教学组织形式兼容了班级授课、分组教学和个别教学的优点，但是管理起来比较麻烦。

3. 现代教学组织形式的探索

(1) 小队教学。小队教学又称协同教学，是第二次世界大战后在美国部分中小学兴起的一种教学组织形式，由几个教师共同负责一个班或几个班的教学工作。一般由首席教师或高级教师大班讲课，然后分小组讨论，个别辅导由普通教师、实习教师担任。[①] 小队教学能更合理使用教师力量，发挥教师专长，有利于年轻教师的成长，在美国 20 世纪 60 年代的教学改革运动高潮时遍及全国。

---

① 王策三. 教学论稿[M].2 版. 北京：人民教育出版社，2005：279.

(2) 合作学习。20 世纪 70 年代初,合作学习兴起于美国,并在 70 年代中期至 80 年代中期取得实质性进展,是一种富有创意和实效的教学组织形式。它在改善课堂内的社会心理气氛,大面积提高学生的学业成绩,促进学生形成良好的非认知品质等方面有显著实效。合作学习是一种结构化的、系统的学习策略,由 2~6 名能力各异的学生组成一个小组,以合作和互助的方式从事学习活动,共同完成小组学习目标,在促进每个人提高学习水平的前提下,提高整体成绩,获取小组奖励。

(3) 翻转课堂。翻转课堂也称"颠倒教室",是在现代互联网背景下产生的一种新型的教学组织形式。其基本做法如下:首先学生在课前自学基于教学目标和教学内容制作的教学微视频,完成进阶作业;然后在课堂上,师生共同解决疑难。翻转课堂是一种先学后教的模式,有利于培养学生的自主学习能力,但是对学生的要求比较高。

(二) 教学的基本组织形式

班级授课制最早出现于 17 世纪初的乌克兰兄弟会学校。1632 年,捷克教育家夸美纽斯在《大教学论》一书中首次对班级授课制进行了系统的阐述,后经德国教育家赫尔巴特的发展,班级授课制基本定型。第一次工业革命后,这种教学组织形式在欧美逐渐推广开来。1862 年,京师同文馆成为我国首个采用班级授课的学校;1903 年,癸卯学制将班级授课制以法令的形式确定并在全国推广。目前班级授课制是我国中小学普遍采用的基本教学形式。

1. 班级授课制的基本特征

(1) 以"班"为单位。班级人数和成员固定,一般由年龄和文化程度相同的学生组成,由教师进行统一教学。

(2) 以"课时"为教学时间单位,课时又称学时,一个课时即一堂课的时间,当前我国中小学一般以 35~40 分钟为一个课时。课与课之间有一定的休息时间。

(3) 以"课"为教学活动的基本单位。教师在一堂课所规定的时间内,运用各种教学方法和手段,组织学生学习一定分量的知识内容。

(4) 以"课程表"为教学活动的基本参照。课程表具体规定了一周内每天上课的科目及次序,每节课的起止时间和休息时间等。

2. 班级授课制的优点与缺点

(1) 班级授课制的优点

① 有利于大面积、高效率地培养人才。在班级授课中,一个教师可以同时根据统一的教材对全班同学进行教学。

② 有利于发挥教师的主导作用。在班级授课中,教师有目的、有计划、有组织地对全班同学进行教学,保证了在整个教学过程中,教师对学生产生直接的、多方面的影响。

③ 有利于发挥学生集体的作用。在班级授课中,学生之间会相互影响,教师在教学过程中加以引导,可以促使学生互相帮助,互相促进,取长补短,共同提高。

(2) 班级授课制的缺点

① 教学面向全体学生,难以照顾学生的个别差异。

② 教学活动多由教师做主,学生的主体性或独立性受到一定的限制。

③ 教学依据规定的课程标准,教学内容和教学方法的灵活性有限。

④ 学生主要学习接受现成的知识成果,不利于培养学生的探索精神和提高学生的创造能力和实践能力。

(三) 教学组织的辅助形式

1. 现场教学

现场教学是在实际场景中进行教学的组织形式。根据现场教学的目的和任务,可以将现场教学分为两大类:一类是根据学习某学科知识的需要,组织学生到有关现场进行教学;另一类是学生为从事某种实践活动,需要到现场学习有关的知识和技能。

2. 个别辅导

个别辅导是指教师在课堂教学的基础上针对不同学生的情况进行个别指导的教学组织形式。个别辅导主要通过个别答疑、对个别学生的课外作业和课外阅读进行个别指导。它既可以在课内实施,也可以在课外进行。

3. 复式教学

复式教学是指把两个或两个以上年级的学生编在一个班里,由一位教师分别用不同的教材,在同一节课里对不同年级的学生,采取直接教学和自动作业交替的办法进行教学的组织形式。它可以节约师资力量、教室和教学设备等,充分利用教育资源。复式教学适用于教育条件和经济条件都比较落后的山区或边远地区,有利于教育的普及。

二、教学工作的基本环节

教学工作由备课,上课,作业的布置、检查与批改,课外辅导,学业成绩的检查与评定五个基本环节构成,其中上课是教学工作的中心环节。

(一) 备课

备课就是对上课进行的准备。教师根据课程标准的要求和课程的特点,结合学生的具体情况,选择最适合的表达方式和顺序,以保证学生有效的学习。备课是教好课的前提,教师备好课可以加强教学的计划性和针对性,有利于教师主导性的发挥。

备课可以分为个人备课与集体备课两大类。备课的一般要求是做好“三备”、写好“三计划”。

1. 做好“三备”

(1) 备教材。备教材是指钻研教材,包括钻研课程标准、教科书和阅读有关的参考资料以及了解最新成果等。

(2) 备学生。备学生是指了解学生,教师应该了解学生的知识基础、学生的能力基础、学生的学习方法和学习习惯、兴趣、爱好、价值观等。

(3) 备教法。备教法是指教师要设计教法,包括如何组织教学内容,如何确定每节课的教学类型,同时也要考虑学生的学习方法等。

2. 写好“三计划”

(1) 学期(或学年)教学进度计划。在学期(或学年)开始以前制订,一般由两部分组成:一是总的说明,包括对教材和学生基本情况的分析,教学目的、总课时数,预定复习、考试和考查时间等项目;二是教学进度计划表。

(2) 单元(或课题)计划。在一个单元(或课题)的教学开始前制订,包括单元(或课题)名称、教学目的、课时分配、课的类型、教学方法、教学手段和教具使用等项目。

(3) 课时计划(教案)。上每节课前制订,一般包括班级、学科、课题、教学目的、上课时间、课的类型、教学方法、课的进程和时间分配等项目。有的还列有教具、板书设计和课后自我分析等项目。

(二) 上课

教学是实现教育目的的基本途径,而上课又是教学工作的基本环节,是教师教和学生学最直接的体现。要提高教学质量,教师就必须上好课。

1. 课的类型

根据教学任务进行划分,课可以分为传授新知识的课(新授课)、巩固新知识的课(巩固课)、培养技能技巧的课(技能课)、检查知识的课(检查课)。根据教学中所采用的主要方法进行分类,课可以分为讲授课、演示课、练习课、实验课、复习课。

2. 课的结构

课的结构是指课的基本组成部分及各组成部分的呈现顺序、时限和相互关系。新授课的基本组成部分为:组织教学、检查复习、讲授新教材、巩固新教材、布置课外作业。

3. 一堂好课的标准

(1) 目标明确。教学目标的制订应符合课程标准,满足学生的需求,上课各个环节围绕教学目标展开。

(2) 重点突出。教师把主要精力和时间放在知识体系中重要内容的教学上。

(3) 内容正确。教学内容必须具有高度的科学性和思想性。

(4) 方法得当。教师根据教学任务、教学内容和学生特点选择合适的教学方法,力求取得最好的效果。

(5) 表达清晰。教师上课用普通话,声音响亮,速度适宜,语言流畅、生动、明白易懂,板书(或课件字幕)规范、准确、清楚。

(6) 组织严密。教学有严密的计划性和组织性。教学环环相扣,教学实践分配科学,教师能机智地处理课堂偶发事件等。

(7) 教态自如。教师要教态端庄、从容、充满自信,并注意自己的肢体语言。

(8) 气氛热烈。这是上好课的最根本的要求。教师要创造民主合作、轻松愉快的课堂气氛。

(三) 作业的布置、检查与批改

课外作业是课内作业的继续,是教学工作的有机组成部分。其作用在于加深和加强学生对教材的理解和巩固，进一步掌握相关的技能、技巧。通过作业的检查与批改，教师可以及时发现学生在知识或技能掌握上的缺陷，并加以纠正。此外，课外作业对于培养学生独立思考和自觉完成作业的习惯有重要的意义。

作业大致可以分为四种形式：(1) 阅读作业，如复习、预习教科书，阅读人文社科读物和科学读物等。(2) 口头作业，如口头回答、朗读、复述、背诵等。(3) 书面作业，如演算习题、写作文、绘图等。(4) 实践作业，如观察、实验、测量、社会调查等。

《教育部办公厅关于加强义务教育学校作业管理的通知》

教师在布置作业时要注意下列几点：

(1) 作业内容要符合课程标准和教科书的要求。所布置的作业要有启发性、典型性。

(2) 作业分量要适当，难易要适度，作业时间要控制在适当范围。

(3) 作业目的性要明确，要求应具体。

(4) 作业指导要讲究方法和策略。

(5) 及时检查和批改作业，作为改进教学的依据。

（四）课外辅导

课外辅导是指在规定的课堂教学时间之外教师对学生的辅导。课外辅导一般有个别辅导、小组辅导和集体辅导三种。课外辅导的主要内容包括：给学生答疑解惑；给基础薄弱或者缺课的学生补课；为优秀学生和有专长的学生做进一步指导。

（五）学业成绩的检查与评定

学业成绩的检查与评定是教学工作的一个重要环节，对教学工作的顺利进行和教学质量的提高具有重要的意义。学业成绩的检查方式有两种：平时考查和考试。平时考查一般有课堂表现记录、作业和小测验等。考试主要有笔试、口试和实践性考试三种形式。学业成绩的评定有计分和写评语两种方法。常见的计分方法有百分制和等级制。教师通常在进行小结和总结、实践性考试、检查学生书面作业和课堂提问时采用写评语的方法。

三、中小学常用的教学方法

教学方法是指在教学过程中，教师和学生为实现教学目的、完成教学任务而采用的教与学相互作用的活动方式的总称，它包括教师的教法，也包括学生的学法，是教授方法与学习方法的有效组合。[①] 这个概念在一定程度上揭示了教学方法的三个本质特征：第一，教学方法体现了特定的教学价值观，是为实现特定的教学目标服务的。第二，教学方法受到特定的教学内容、教学组织形式的影响和制约。第三，教学方法是适合教和学的组合体，其种类、形式多种多样，应根据教学需要作出合适的选择。中小学常用的教学方法有四类：第一，以语言传递信息为主的教学方法，包括讲授法、谈话法、讨论法、读书指导法。第二，以直接感知为主的教学方法，包括演示法、参观法。第三，以实际训练为主的教学方法，

① 钟启泉，汪霞，王文静. 课程与教学论[M]. 上海：华东师范大学出版社，2008：193.

包括练习法、实验法、实习法。第四，以探索研究为主的教学方法，如发现法。[①]

下面选择中小学常用的七种教学方法简要介绍。

（一）讲授法

讲授法是指教师通过口头语言向学生系统连贯地传授知识与技能、思维方法的方法，包括讲述、讲解、讲读、讲评等方式。讲授法的优点是：教师有充分的主动性，容易控制教学进程，能够使学生在较短时间内获得大量系统的科学知识。其不足在于：学生的学习主体性受到限制，不利于学生积极参与。

运用讲授法进行教学的基本要求如下：第一，讲授内容既要具有科学性、系统性和思想性，又要尽可能地符合学生的认知发展水平。第二，讲授语言既要生动形象、富有感染力，又要准确、精练、有条理、生动形象，音量和语速适中，语调抑扬顿挫。第三，讲授过程应具有启发性，要由浅入深、循序渐进地讲清楚教学的重点和难点，使学生能够跟随教师的讲授积极思考。第四，讲授方式尽量多样化，根据需要配以板书、多媒体内容播放等。

（二）谈话法

谈话法又称问答法，是教师根据学生已有的经验和知识提出问题，通过师生之间的问答而使学生获得知识、发展能力的一种教学方法。谈话法古而有之。我国教育家孔子早就用富有启发性的谈话法进行教学，他的“叩两端”的方法就是一种谈话法，这是一种引导学生从事物的正反两方面去探求知识的方法。古希腊哲学家苏格拉底的“产婆术”也是谈话法的一种。总体而言，谈话法易于集中学生的注意力，能激发学生的思维活动，在各科教学中应用广泛。

运用谈话法进行教学的基本要求如下：第一，谈话前，教师要对谈话内容、方式、提问的程度等做充分准备。第二，所提问题要适合学生的认知程度，问题应具有启发性，问题的表达方式应通俗易懂、含义明确。第三，谈话过程中，教师要注意倾听学生的回答，并根据学生的回答作出合适的回应。第四，教师应具有较好的驾驭能力与应变能力，并对谈话内容进行归纳小结。

（三）讨论法

讨论法是指以小组的形式，教师指导学生围绕特定问题进行探讨、切磋与辩论，以获取知识的方法。讨论法的优点是：第一，能够发挥学生学习的主动性和积极性，有利于培养学生的独立思考能力与口头表达能力；第二，能提升学生的合作能力，在教师的指导下，学生在小组内或小组间集思广益、相互启发，加深对学习内容的理解。

运用讨论法进行教学的基本要求如下：第一，讨论前，教师要精心设计讨论问题。教师所设计的讨论问题应具有吸引力，事先预设讨论过程及具体要求，指导学生收集、阅读有关资料或进行调查研究，做好讨论前的准备工作。第二，讨论时，教师要善于倾听学生，不暗示问题结论。讨论要围绕中心问题，教师既要留意每个学生是否都有机会自由发表意见，又要鼓励学生敢于坚持己见但又不固执己见。第三，讨论结束后，教师要及时概括总结讨论情况，使学生获得正确

① 钟启泉，汪霞，王文静．课程与教学论[M]．上海：华东师范大学出版社，2008：198-201.

的观点和系统的知识。此外,教师还可以提出一些需要进一步思考或研究的问题,让学生自主学习和研究。

(四)演示法

演示法是指教师通过展示实物或直观教具,或进行示范性实验,或通过信息技术手段,指导学生通过观察获得或巩固知识的方法。演示法是一种辅助性教学方法,应与讲授法、讨论法等有机结合使用。演示法的优点是:能够加强教学的直观性,激发学生的学习兴趣,提高学习效果。

运用演示法进行教学的基本要求如下:第一,做好演示前的准备工作。教师应根据教学内容和学生特点,准备好演示材料。第二,在演示过程中要做好指导工作。教师要帮助学生明确演示的目的、要求和过程,让学生知道演示过程中需要重点观察的对象、内容、变化过程,指导学生边观察边思考,并做好观察记录。第三,演示后,教师要指导学生及时把观察到的现象与书本知识相联系,并根据观察结果及时得出可能的结论。

(五)参观法

参观法是指教师根据教学目的和要求,组织学生到大自然或特定社会场所进行实地观察、研究,以获得新知识、巩固或验证所学知识的方法。按照教学任务的性质,参观法可分为准备性参观、过程性参观和总结性参观。按照学科特点,参观法可分为自然科学类参观以及人文历史类参观。参观法有利于建立教学与生活实践之间的联系,能开阔学生的视野,并激发其求知欲。

运用参观法进行教学的基本要求如下:第一,参观前,做好参观的准备。教师需要让学生明确参观目的,并根据参观内容对学生提出具体的参观要求。第二,参观时,及时提供指导。教师需要为学生提供及时有效的指导,引导学生主动询问,按需做笔记,尽可能避免学生盲目参观。第三,参观后,及时总结。教师应根据参观要求,要求学生及时撰写参观总结,并根据学生的总结进行适当的点评和归纳。

(六)练习法

练习法是指学生在教师指导下,运用知识完成一定的操作,并形成某种技能或技巧的方法。练习法有多种,按照练习的内容,可分为心理技能练习、动作技能练习、行为习惯练习等;按练习的方式,可分为口头练习、书面练习、问答练习、实验操作练习等。练习法有利于学生将理论与实践联系起来,加强对教学内容的理解。

运用练习法进行教学的基本要求如下:第一,明确练习目的。教师应根据练习目的精心选择和设计练习项目,提高学生练习的积极性和自觉性。第二,练习要有计划、分步骤、系统地进行。教师应根据练习计划,科学安排练习内容,分配练习的次数和时间。第三,练习的方法应多样化。教师应根据练习内容和学生特点,设计多样化的练习方法,确保学生的练习兴趣。在练习过程中,教师要及时检查、点评学生练习的质量,指导学生掌握练习的方法。

(七)实验法

实验法是指学生在教师的指导下,运用特定的仪器和设备进行独立操作,以获得知识或验证知识、提升操作技能的一种方法。实验法是理科学习最重要的方法。其优点是：学生通过亲自动手操作，直接观察实验现象，在边操作、边观察、边思考过程中提升自身对科学概念、原理和规则的理解；同时，实验法也有利于学生体验科学方法，提升探究精神，形成求真务实、一丝不苟的科学态度。

运用实验法进行教学的基本要求如下：第一，实验前，教师应做好实验准备。教师按照实验教学目标和要求，提前准备好实验仪器、实验材料，分发实验指导手册；同时，提前对学生进行分组、分工。需要指出的是，对于复杂或有危险的实验，教师应先做示范。第二，在实验过程中，教师应做好实验指导。教师应根据学生的操作情况提供具体指导，特别是当学生操作错误时应及时予以纠正。第三，实验结束后，教师应及时进行实验总结，并要求学生及时完成实验报告的撰写。

第五节　教 学 评 价

● 多样的评价，多样的感情①

和往常一样，又到了“你评、我评、大家评”的常规栏目。也许是学习内容的新鲜生动，也许是教学组织的灵活丰富……这节课上，几乎每个学生的学习态度、学习情绪、学习效果都比较出色。所以当老师问：“今天这节课，你认为谁能得突出表现奖的红星？”有一位学生提名班长，可班长站起来，涨红着脸急匆匆地打断那个同学的发言：“老师，我能把我的红星让给张航舸（化名）吗？”老师不解：“为什么？同学们推选你，是你的光荣啊！”小家伙歪着脑袋，稍迟疑，还是道出了也许已经在心中酝酿了好久的理由：“张航舸每节课听讲都很认真，但因为很少举手总得不到红星，今天我看到她举了好几次手。我的红星已经很多了，所以想把这颗送给她。可以吗？”全班响起了掌声。接下来，有几个学生也要送出自己的红星。下课铃声响起，可还有许多小手高扬着欲赞扬自己的同伴。最后，老师宣布：“今天这节课，我们每位同学的表现都很棒！所以我建议每个人都可以奖励自己一颗红星！”“好！”顷刻间，班里一片沸腾……

教学评价是教育评价的有机组成部分。教学评价主要从教学改进的角度评价教学的质量和效果。上述案例中老师根据学生的实践情况，运用了学生自主评价来确定给哪些学生奖励小红星，最后老师认为：“每个人都可以奖励自己一颗红星！”结果班里一片沸腾。显然，老师的评价方式获得了学生的好评，那么，什么是教学评价？教学评价有哪些具体的类型？本节简要阐述。

考点提示及练习 9-5

一、教学评价的概念

教学评价是依据一定的客观标准，对教学活动及其效果进行客观衡量和科学判定的过程。② 教学评价的主要目的是对教师的教学质量和学生的学习品质

① 严育洪. 新课程评价操作与案例[M]. 北京：首都师范大学出版社，2004：100.

② 钟启泉，汪霞，王文静. 课程与教学论[M]. 上海：华东师范大学出版社，2008：273.

作出价值判断。其基本特点是:第一,教学评价是以教学目标作为主要依据;第二,教学评价是一个综合过程,包括对教师的教和学生的学进行定性或定量分析;第三,教学评价旨在为反思和改进教学提供依据。

二、教学评价的类型

根据不同的分类标准,可以将教学评价划分为不同类型。

(一) 形成性评价、总结性评价和诊断性评价

根据实施功能的不同,可将教学评价分为形成性评价、总结性评价和诊断性评价。

1. 形成性评价

形成性评价也称为过程性评价,是指在教学过程中,为改进和完善教学活动而对学生的学习过程及结果所做出的价值评定。它包括在一节课或一个课题内容教学中对学生的口头提问、随堂作业、课后作业和书面测验等。形成性评价的主要功能有:第一,了解学生的学习进展;第二,改进学生的学习;第三,获得学生学习情况的连续反馈;第四,为教师改进教学提供依据。

2. 总结性评价

总结性评价也称为终结性评价,指以预先设定的教学目标为基准,在一个大的学习阶段、一个学期或一门课程结束时对学生的学习结果所做出的价值评定。它包括学期末或学年末进行的各科考试、考核等。总结性评价的主要功能有:第一,评定学生的学习成效;第二,检验学生知识技能掌握的程度及达到教学目标的程度;第三,确定学生在后续教学活动中的学习起点;第四,预测学生在后续教学活动中学习成功的可能性;第五,为制订新的教学目标提供依据。

3. 诊断性评价

诊断性评价是指在学期开始前或某项教学活动开始前,对学生的学习准备状况及影响学习的因素进行的预测。诊断性评价既可以在教学前进行,也可以在教学后进行。诊断性评价的主要功能有:第一,检查学生的学习准备程度;第二,了解学生的学习动机、学习风格等;第三,发现学生学习存在的困难,并分析造成学生学习困难的原因。

(二) 相对性评价和绝对性评价

根据教学评价所依据的标准不同,可将教学评价分为相对性评价和绝对性评价。

1. 相对性评价

相对性评价又称常模参照性评价,是指把学生个体的学习成绩与常模参照性测验成绩进行比较,以确定学生个体在团体中相对位置的评价。它主要依据学生个体的学习成绩在该班学生成绩序列或常模中所处的位置来评价和决定该生成绩的优劣,而不考虑该生是否达到教学目标的要求。其具体做法:以常模为参照,把学生个体的学习成绩与常模相比较,根据学生在该班的相对位置和名次,确定他的学习成绩是属于“优”“中”还是“差”。

相对性评价具有甄别功能,应用范围较广,可以作为选拔人才、分类排名的

依据。其不足在于,既不能明确测出学生真实的学习水平,又不能表明学生在学业上是否达到了特定标准,此外,相对性评价对个人的努力状况和进步程度也不够重视。

2. 绝对性评价

绝对性评价又称标准参照性评价,是指运用设定的标准对学生的学习状况作出评价。它主要依据课程标准设定的目标编制试题,用所编制的试题测量学生的学业成绩,以此判断学生是否达成了目标设定的要求。需要注意的是,绝对性评价只判断学生是否达成目标,而不评价学生之间是否存在差异。绝对性评价的具体做法:在被评价对象的群体外确定客观标准,将评价对象与这一客观标准相比较,以判断其达到程度。

绝对性评价可以衡量学生的实际水平,了解学生对知识与技能的掌握情况,一般用于毕业考试、合格考试等,如当前的学业水平测试就是绝对性评价的一种。

(三)内部评价、外部评价和内外相结合评价

根据评价主体的不同,可将教学评价分为内部评价、外部评价和内外相结合评价。

1. 内部评价

内部评价是指学生对照某种标准,通过自我认识与分析,对自己的学习状况与成果作出判断的过程,因此,也称作自我评价。学生可以通过分析作业、试卷、学习过程中完成的作品等进行自我认识与分析,完成自我评价,这样,学生既是被评价者,又是评价的主动参与者。内部评价有助于提高学生学习的自主性和方向性。

2. 外部评价

外部评价是指任课教师、其他同学等他人,对照某种标准,对学生的学习状况与成果作出判断的过程,因此,也称作他人评价。比较常见的外部评价有教师评价、同学评价。教师评价是指任课教师对照某种标准,对学生的学习状况与成果作出价值判断;同学评价是指同学对照某种标准,对同伴的学习状况与成果作出价值判断。外部评价能从他者的视角,为学生更好地学习和成长提供评价依据。

3. 内外相结合评价

内外相结合评价是指由学校组织或发起,在学生自我评价的基础上,对所评价学生有关方面收集数据,形成评价的证据,并对学生的学习状况与成果作出价值判断。相较于内部评价和外部评价,内外相结合评价能更全面、多角度地评价学生的学习和成长。

(四)量化评价、质性评价和混合型评价

根据收集与分析资料的方式不同,教学评价可分为量化评价、质性评价和混合型评价。

1. 量化评价

量化评价是指对照某种标准,在评价过程中收集和某一教学有关的学生实际表现或所取得进步的量化数据,把分析所获得的数据数量化,并对教学效果作出事实判断。量化评价，即量化教学评价，其优点在于通过直接量化的方式，统计分析得出学生学习情况的量化结论，以表明学生学习的总体情形。

2. 质性评价

质性评价是指以文字、图片等描述性方式收集资料，对学生的学习情况进行全面充分的揭示，以彰显其意义，帮助教师理解学生学习多样性的过程。质性评价，也称作自然主义评价，一般通过自然情景下的数据收集，全面充分描述和揭示学生学习的各种特质，以对教学作出更全面的评价。

3. 混合型评价

混合型评价是指将量化评价和质性评价相结合的评价。量化评价主要是进行事实判断，质性评价则主要是进行价值判断。相较于量化评价和质性评价，混合型评价能更全面合理地对教学过程和结果作出事实判断和价值判断。从一定程度上讲，量化评价是质性评价的基础，而质性评价则是量化评价的出发点和结果。两者有机结合，有助于对学生学习作出更加科学客观的评价。

本章小结

对“教学”一词作词源分析是考察教学含义的逻辑起点，作为教育科学的专门术语，教学有其独特性和意义。教学过程是达成教学目标、实施教学的核心环节和基本途径。教学原则是在总结教学实践经验的基础上制订的，对教学活动起指导和制约作用。教学方法是教学过程中不可或缺的活动方式的总和。教学评价是教育评价的有机组成部分。教学评价主要从改进教学的角度评价教学的质量和效果。

反思与探究

1. 根据词源，简要概括“教学”的含义。
2. 结合实例，简要解释“教学过程是一种特殊的认识过程”。
3. 教学中如何贯彻启发性原则？
4. 教学中如何运用讨论法？
5. 简要解释形成性评价、总结性评价和诊断性评价的区别。

推荐阅读

1. 夸美纽斯. 大教学论[M]. 傅任敢，译. 北京：教育科学出版社，1999.
2. 布鲁纳. 教育过程[M]. 邵瑞珍，译. 北京：文化教育出版社，1982.
3. 张华. 研究性教学论[M]. 上海：华东师范大学出版社，2010.
4. 钟启泉，崔允漷. 核心素养与教学改革[M]. 上海：华东师范大学出版社，2018.
5. 钟启泉. 课堂转型[M]. 上海：华东师范大学出版社，2018.

第十章
德育理论与实践

【学习目标】

- 了解德育的概念、意义与内容。
- 理解国外经典德育模式及德育过程的结构。
- 熟悉德育的基本规律、原则、方法及途径。
- 应用德育的规律、原则及方法指导德育实践。

【知识导图】

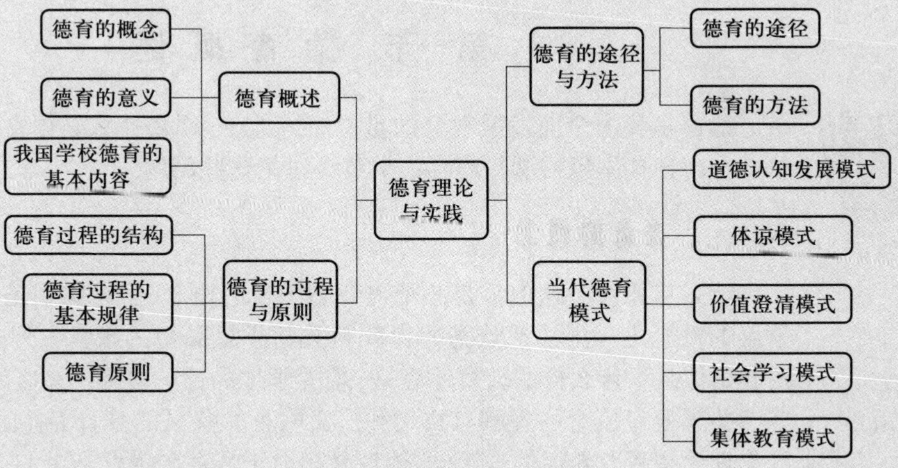

【引子】

集中营幸存者给老师的信

一位纳粹集中营的幸存者，后来当上了美国一所中学的校长。每当有新老师来到学校，他就会交给新老师一封信。信中这样说："亲爱的老师，我是集中营的生还者。我亲眼看到人类所不应当见到的情景：毒气室由学有专长的工程师建造；儿童由学识渊博的医生毒死；幼儿被训练有素的护士杀害。看到这一切，我怀疑：教育究竟是为了什么？我的请求是：请你帮助学生成长为具有人性的人。只有在使我们的孩子具有人性的情况下，读写算的能力才有其价值。"①

今天我们回顾历史，面对现实，有个问题永远拷问教育者的良知，那就是我们努力培养的，是不是真正的人——具有人性的、善良美好的人？否则，所有的教育就失去了意义。培养什么人，如何培养人，历来是党和国家教育的根本问题，党的十八大以来，以习近平同志为核心的党中央，要求全面贯彻党的教育方针，坚持教育为社会主义现代化建设服务、为人民服务，把立德树人作为教育的根本任务。党的二十大强调育人的根本在于立德。立德树人揭示了德育在人的全面发展中的突出地位，强调促进人的德性成长是教育的首要任务，是当务之急。本章将带你探索德育的基本原理与实践，去认识"育德"的原理，去感受提升人生命质量的智慧。

讨论：人何以为人？成人与成才孰先孰后？请参考党的二十大报告中关于立德树人根本任务的阐述回答此问题。

第一节 德育概述

德育是我国全面发展教育的重要组成部分，那么什么是德育？德育有什么意义？德育具体包括哪些内容？本节将讨论这些问题。

考点提示及练习 10-1

一、德育的概念

什么是德育？这似乎是一个再熟悉不过的概念，但它确实是教育学中最有争议的概念之一。一般认为德育就是关于学生品德的教育。但是，"品德"的内涵是什么？什么样的教育才算是"培养学生品德的教育"？这是争议的焦点。

讨论：德育即道德教育，即思想教育，即政治教育？

关于德育概念的理解有狭义和广义两种。狭义的德育专指道德教育，这是从伦理学体系上界定的；广义的德育是相对于智育和美育来讲的，它包括思想品质、政治品质和道德品质等方面的教育。前一种观点认为德育就是道德教育，后者将思想、政治、法制等方面的教育与道德教育加以概括，称为"社会教育"，②也称"社会性教育"。③要认识德育概念的外延，就有必要了解什么是政治教育、思

① 张志勇．创新教育：中国教育范式的转型[M]．济南：山东教育出版社，2004：186．引用时有修改。
② 陈桂生．"教育学视界"辨析[M]．上海：华东师范大学出版社，1997：215．
③ 檀传宝．德育原理[M]．北京：北京师范大学出版社，2006：4．

想教育、什么是道德教育。

道德教育主要指对受教育者进行个体与个体、个体与社会、个体与自然的行为规范的教育。道德有私德、公德及职业道德之分。私德是私人生活中的道德规范，指个人品德、修养、作风、习惯以及在个人私生活中处理爱情、婚姻、家庭问题及邻里关系的道德规范；公德是国家及社会公共生活中的道德规范，即通常所谓的国民公德与社会公德；职业道德是职业生活中的道德规范。道德教育的内容涉及私德教育、公德教育和职业道德教育。

思想教育是指一定的世界观、人生观、价值观的教育。在我国，思想教育是形成不同层次的历史唯物主义和辩证唯物主义的科学人生观和世界观的教育，在国外有的称价值观的教育。

政治教育是形成人们一定政治观点、信念和政治信仰的教育。政治教育的最终目标是使受教育者形成一定的政治态度和立场。

可见，广义的德育或大德育包括：道德教育、思想教育和政治教育三个维度。它符合我国的教育实际及德育历史。

总而言之，我们把德育的概念概括为：德育是旨在培养受教育者品德的教育，是教育者根据一定社会或阶级的要求和受教育者品德形成发展的规律，有目的、有计划地对受教育者施加道德、思想和政治影响，并通过受教育者积极的认识、体验、身体力行，以形成他们的品德和自我修养能力的教育活动。

二、德育的意义

在新时期德育有特殊重要的意义，主要包括以下三个方面：

（一）德育是我国社会主义现代化建设的重要保证

讨论：德育在素质教育中起什么作用?

我国现阶段的根本任务是进行社会主义现代化建设。德育是精神文明建设的重要组成部分，同时又贯穿于物质文明和民主政治的建设之中。

德育对精神文明建设具有重要意义。社会主义学校是培养建设人才的重要场所，是进行社会主义精神文明建设的重要阵地。加强德育不仅能使青少年学生的精神面貌发生深刻的变化，而且对改变社会风气也能产生积极的影响。全国大中小学，如果所有学校都能卓有成效地进行德育，很好地帮助学生树立良好的品德，这对全国的社会主义精神文明建设将起巨大的促进作用。

讨论：德育的经济功能是如何实现的?

加强德育对物质文明建设也有重要意义。德育具有为经济服务的功能。德育是通过培养劳动者一定的品德来作用于社会生产的。加强德育、提高劳动者的思想觉悟，能调动劳动者的生产积极性，推动经济的发展。在今天加强德育，培养和形成人们与现代生产和商品经济发展相适应的科学精神、民主法治观念、社会责任感和集体协作意识能促进现代生产和现代商品经济的发展。

（二）德育是当代青少年健康成长的特殊要求

青少年阶段不仅是一个人长身体、长知识的时期，也是一个人思想品德形成的关键时期。重视德育，符合青少年健康成长的特殊要求。青少年时期的思想特点是：朝气蓬勃，积极上进，热爱祖国，刻苦学习，乐于接受新知识和新事物，容易接受社会主义思想道德规范，但是思想、品德和心理各方面又都很不成熟，尚未定型，可塑性大，既容易接受良好的教育，也容易受到不良的影响。只有加强德育，才能引导青少年的身心健康发展。同时还要看到，全球化时代的社会情况发生了复杂而深刻的变化，影响着青少年学生的价值取向；国际国内意识形态领域的矛盾和斗争更加复杂，尤其是国际敌对势力正加紧对我国青少年一代进行思想文化渗透；个人主义、拜金主义、享乐主义等消极腐朽思想给青少年学生带来了消极影响；现代青少年见多识广、视野开阔，挑战着传统的德育方式。面对这些新情况、新问题，大力加强学校德育工作，帮助和引导青少年学生健康成长，是非常必要的。

（三）德育是实现全面发展教育目的的保证

德育是全面发展教育的重要组成部分。德育与智育、美育、体育、劳动教育有着十分密切的联系，德育与其他各育相互渗透、相辅相成，并为其他各育提供精神动力和价值方向。也就是说，德育一方面可以从思想上和政治上保证育人的方向，使学生沿着社会所期望的方向发展；另一方面又给其他各育提供动力和能源，推动学生智、体、美、劳等方面的发展，促进全面发展教育目的的实现。

资料夹 10-1

哲学家、教育家关于德育作用的见解

孔子：弟子入则孝，出则悌，谨而信，泛爱众，而亲仁。行有余力，则以学文。

孟子：设为庠序学校以教之……皆所以明人伦也。人伦明于上，小民亲于下。

约翰·洛克：在一个人或一个绅士的各种品性之中，德行是第一位的，是最不可缺少的。因此德行培养能增进人们的幸福。

夸美纽斯：道德的影响是教育的主要任务，这种任务比一般地发展儿童的智力和用知识去充实他们的头脑重要得多。

裴斯泰洛齐：德育是“整个教育体系的关键问题”，是培养“和谐发展”的“完善的人”的重要方面。

赫尔巴特：教育的唯一工作和全部工作可以总结在这一概念之中——道德。

苏霍姆林斯基：和谐全面发展的核心是高尚的道德。德育在教育任务中占有统帅全局的作用。

三、我国学校德育的基本内容

什么是德育内容？德育内容是用以形成人们品德的社会思想政治准则、法纪道德规范和宗教戒律的总和。它指的是用什么样的道德规范、政治思想和世界观去教育和培养年轻一代的问题。

德育内容具有历史性、阶级性、民族性和全人类性。所谓德育内容的历史性是指作为一定社会德育内容的品德规范总是当时社会经济政治关系状况的产物，总是同当时的社会经济政治关系状况相适应的。我国的社会主义核心价值观充分体现了当前我国德育的基本内容。在不同的社会历史条件下德育的性质、指导思想和目标要求不同，因而德育内容也不同。所谓德育内容的阶级性是指在阶级社会里不同阶级总是用本阶级的思想政治准则和道德规范去培养教育人们，以维护本阶级的利益，德育内容、品德规范被深深打上阶级的烙印。所谓德育内容的民族性是指历史上和现实中的不同民族，其德育内容是不同的。但同时不同社会和阶级之间，又有一些共同的社会道德规范存在，例如勿偷窃、尊老爱幼、维护社会公共秩序、讲究公共卫生等社会公德就为不同社会和不同阶级的人们所共同遵守。因此德育内容中还存在一些人类共同的因素，是有一定的社会共同性和历史继承性的。我们必须肯定在阶级社会中德育内容既具有社会阶级性、民族性，也包含着全人类性的因素。德育内容是社会阶级性、民族性和全人类性的统一，社会历史性和继承性的统一。

关于我国现阶段的学校德育内容，教育部于 2017 年颁布了《中小学德育工作指南》，具体概括如下。

（一）理想信念教育

开展马列主义、毛泽东思想学习教育，加强中国特色社会主义理论体系学习教育，引导学生深入学习习近平总书记系列重要讲话精神，领会党中央治国理政新理念新思想新战略。加强中国历史特别是近现代史教育、革命文化教育、中国特色社会主义宣传教育、中国梦主题宣传教育、时事政策教育，引导学生深入了解中国革命史、中国共产党党史、改革开放史和社会主义发展史，继承革命传统，传承红色基因，深刻领会实现中华民族伟大复兴是中华民族近代以来最伟大的梦想，培养学生对党的政治认同、情感认同、价值认同，不断树立为共产主义远大理想和中国特色社会主义共同理想而奋斗的信念和信心。

> 讨论：
> 你认为学校德育应注重公德教育还是私德教育？

（二）社会主义核心价值观教育

把社会主义核心价值观融入国民教育全过程，落实到中小学教育教学和管理服务各环节，深入开展爱国主义教育、国情教育、国家安全教育、民族团结教育、法治教育、诚信教育、文明礼仪教育等，引导学生牢牢把握富强、民主、文明、和谐作为国家层面的价值目标，深刻理解自由、平等、公正、法治作为社会层面的价值取向，自觉遵守爱国、敬业、诚信、友善作为公民层面的价值准则，将社会主义核心价值观内化于心、外化于行。

> 讨论：
> 什么样的理想是高尚的理想？

（三）中华优秀传统文化教育

开展家国情怀教育、社会关爱教育和人格修养教育，传承发展中华优秀传统文化，大力弘扬核心思想理念、中华传统美德、中华人文精神，引导学生了解中华优秀传统文化的历史渊源、发展脉络、精神内涵，增强文化自觉和文化自信。

（四）生态文明教育

加强节约教育和环境保护教育，开展大气、土地、水、粮食等资源的基本国情教育，帮助学生了解祖国的大好河山和地理地貌，开展节粮节水节电教育活动，推动实行垃圾分类，倡导绿色消费，引导学生树立尊重自然、顺应自然、保护自然的发展理念,养成勤俭节约、低碳环保、自觉劳动的生活习惯,形成健康文明的生活方式。

(五) 心理健康教育

开展认识自我、尊重生命、学会学习、人际交往、情绪调适、升学择业、人生规划以及适应社会生活等方面教育,引导学生增强调控心理、自主自助、应对挫折、适应环境的能力,培养学生健全的人格、积极的心态和良好的个性心理品质。

资料夹 10-2

教育改革发展的战略主题

坚持德育为先。立德树人,把社会主义核心价值体系融入国民教育全过程。加强马克思主义中国化最新成果教育,引导学生形成正确的世界观、人生观、价值观;加强理想信念教育和道德教育,坚定学生对中国共产党领导、社会主义制度的信念和信心;加强以爱国主义为核心的民族精神和以改革创新为核心的时代精神教育;加强社会主义荣辱观教育,培养学生团结互助、诚实守信、遵纪守法、艰苦奋斗的良好品质。加强公民意识教育,树立社会主义民主法治、自由平等、公平正义理念,培养社会主义合格公民。加强中华民族优秀文化传统教育和革命传统教育。把德育渗透于教育教学的各个环节,贯穿于学校教育、家庭教育和社会教育的各个方面。切实加强和改进未成年人思想道德建设和大学生思想政治教育工作。构建大中小学有效衔接的德育体系,创新德育形式,丰富德育内容,不断提高德育工作的吸引力和感染力,增强德育工作的针对性和实效性。加强辅导员、班主任队伍建设。①

第二节 德育的过程与原则

一、德育过程的结构

考点提示及练习 10-2

什么是德育过程？德育过程是教育者有目的、有计划地对受教育者施加思想道德的影响,并通过受教育者主动、积极的道德认识和道德实践,使其养成教育者所期望的品德的过程,也就是把一定社会思想道德转化为受教育者个体的品德的过程。

德育过程理论是探讨德育的本质和规律的。它是进行德育工作的科学依据,是制定德育原则的理论基础。深入理解和认识德育过程的理论,有助于理解和运用德育原则和方法,使德育工作更有成效。

讨论:学校教育者仅仅指的是学校教师吗?

德育过程是由教育者、受教育者、德育内容和方法等因素构成的。这些因素在德育中有各自的地位和作用,相互间存在着复杂的关系,德育过程是这些要素

① 教育部.国家中长期教育改革和发展规划纲要(2010—2020年).

按一定的关系构成的。

教育者是德育过程的组织者，在德育过程中起主导作用。教育者包括个人教育者和团体教育者。教育者是一定社会思想与道德的体现者。教育者的活动主要是组织整个德育过程，影响、控制受教育者思想品德的形成。

受教育者是德育的对象。它包括个体教育对象和群体教育对象。在学校德育过程中，受教育者包括学生个体和学生群体。受教育者在德育过程中既是德育的客体，又是德育的主体。当他作为教育的对象时，他是德育的客体；当他接受德育，进行自我教育或对其他教育对象发生教育影响时，便又是德育的主体。受教育者即使作为教育客体时，也并不是完全消极被动的，而是积极主动的，具有能动性的人。因此，必须调动受教育者的积极性、主动性和自觉性，发挥其教育主体的作用，才能使德育过程顺利进行并达到预期的效果。

德育的内容与方法，是德育主体影响、作用于受教育者的中介或手段。从完成特定的德育任务看，无论是德育内容、德育方法，还是教育者自身，都可以看作是教育手段。教育者的人格、情感、意志、举止都是影响受教育者的因素。因而在德育过程中，教育者和手段是融为一体的。

德育过程中的教育者、受教育者、德育内容和方法几个因素是相对独立的，即它们各有其特定的内容、地位和作用，但它们在德育过程中并不是简单相加或机械凑合，而是通过教育者和受教育者双方施教和受教的活动，使各要素间发生一定的联系和相互作用，促使受教育者的品德发生预期的变化。因此，德育过程是教育者和受教育者双方借助德育内容和方法进行施教和受教的统一活动过程，是促使受教育者形成一定品德的过程。

二、德育过程的基本规律

（一）德育过程是知、情、意、行的培养过程

学生的思想品德是由道德认识、道德情感、道德意志、道德行为（简称知、情、意、行）四个基本因素构成的。任何一种思想品德只有在知、情、意、行都得到相应发展时，这种思想品德才算形成。因此，学生思想品德的形成和发展也即知、情、意、行从低级到高级，从简单到复杂，从旧质到新质，从不平衡到相对平衡的发展过程。

知，即道德认识，是指人们对一定社会道德关系及其理论、规范的理解和掌握，对是非、善恶、美丑的认识和评价，以及在此基础上形成的道德观念、信念和评价能力。学生思想品德的发展离不开认识，认识是人确定对客观事物的主观态度和行为准则的内在依据。

> 讨论：
> 正确的认识必然导致正确的行为吗？

情，即道德情感，是人们对社会思想道德和他人行为的爱憎、好恶的态度。它伴随着道德认识而产生并对知和行起着激励和调节作用。

意，即道德意志，是指人们在实现一定的道德行为过程中，克服一切内外的阻力和困难所做出的自觉努力，是一种自我控制、自我约束的能力。人们为了实现自己的道德理想或为了改正某种错误行为，就要克服种种来自内部和外部的障碍，按照既定的目标把道德行为坚持到底，这就需要有坚强的意志。

行,即道德行为,是人们按照一定道德规范,对他人和社会作出的反应和采取的行为。道德行为是衡量一个人道德修养水平的主要标志,也是德育的最终目的。看一个人思想品德如何,不仅要“听其言”,而且要“观其行。”言行一致才是良好的道德品质。

知、情、意、行几个方面是相互关联、相互制约、相互渗透、相互促进的。即在实践的基础上产生一定的道德认识,在道德情感和意志的调节下,发展为信念,推动人们把道德认识付诸行为,行为的反复形成一定的行为方式和行为习惯,此时,某一思想品德就形成了。“行”的继续,又能增“知”、促“情”、炼“意”,使知、情、意、行在新的基础上达到新的统一,促使人的思想品德进一步发展提高。因此,组织德育过程,要做到“晓之以理,动之以情,导之以行,持之以恒”,使四要素相辅相成,全面和谐地得到发展。这样才能最有效、最牢固地培养学生的思想品德。

讨论:德育过程总是从提高道德认识着手吗?

知、情、意、行又具有相对独立性,也就是说,知、情、意、行是不能相互代替的。因此,德育具有多种开端性。进行德育,应根据学生思想品德发展中知、情、意、行的不平衡情况和德育内容的要求,从薄弱环节入手,即有时可以从知或情的培养入手,有时又可以从意志或行为的锻炼开始。但无论从何处开始,都要注意同其他因素的配合,因为知、情、意、行的独立是相对的,它们之间的不平衡是绝对的。只有使各个因素都能相互协调、配合,才能发挥其最大的整体功能,才能促进学生的知、情、意、行不断地发展。

(二) 活动和交往是学生品德形成的基础

讨论:学生品德是天生的吗?

学生的思想品德是在活动和交往中形成,又在活动和交往中表现出来并接受其检验的。形成一定品德的目的是更好地适应和参与社会活动和交往,参与社会新生活的创造。因此,从思想品德产生的根源上说,活动和交往是学生思想品德形成的基础。

活动和交往的性质、内容、方式不同,对人的影响的性质、作用也不同。德育过程中的活动和交往与一般的活动和交往不同,它是一种教育性活动和交往,其主要特点是:第一,是在教育者指导下开展的,具有明确的目的性和组织性,而不是自发的、盲目的、随意的。第二,主要是德育实践中的活动和交往,而不是一般意义的社会活动和交往,学校中的德育实践活动和教师与学生群体构成了学生思想品德形成的基本环境。第三,是按照学生思想品德形成的规律和教育学、心理学原理组织的,因而能更有效地影响学生思想品德的形成。

讨论:什么样的活动和交往有利于学生品德发展?

(三) 学生品德内部矛盾是学生品德发展的动力

学生个体品德的形成和发展离不开外部德育的影响,但外部的影响只有通过主体品德内部的矛盾斗争才能发挥作用。这种主体品德内部矛盾,是受教育者当前的内部品德发展需要或状况与原有品德发展水平或状况之间的矛盾。这种矛盾关系多种多样:个人倾向(动机、兴趣、意向)与教育要求的矛盾,认识上的知与不知、全面与片面的矛盾,思想意识上的正确与错误、先进与落后的矛盾,知、情、意、行各心理因素发展的平衡与不平衡的矛盾,内部动机与外显行为上的矛盾。教育者的任务就在于促进学生品德内部的矛盾斗争,使其向着德育要求

讨论:教育者在德育过程中能否回避矛盾、绕开矛盾?

的方向发展。

（四）德育过程是长期积累和发展的过程

良好品德的形成和不良品德的克服，都要经历一个反复的培养教育或矫正训练的过程；人的品德是在其结构的相对稳定性和不断的变动性之间的矛盾运动中形成发展的。例如，随着学生的成长和发展，社会对他的要求也在不断提高，社会本身也在不断发展变化，原有的与社会要求相适应的品德在新的社会历史条件下又有了进一步发展提高的必要。

根据思想品德形成过程的长期性、反复性这一特点，在实际工作中，必须把集中教育和分散的经常的教育结合起来，反复抓，抓反复，才能收到良好的效果。

三、德育原则

● 陶行知的四块糖

教育家陶行知当小学校长时，有一天看到男生王友用泥块砸自己班上的同学，当即喝止他，并令他放学后到校长室里去。

放学后，陶行知来到校长室，王友已经等在门口了。可一见面，陶行知却掏出一块糖送给他，并说：这是奖给你的，因为你按时来到了这里，而我却迟到了。王友惊异地接过糖。随之，陶行知又掏出一块糖放到他手里，说：这块糖也是奖给你的，因为在我不让你打人时你立即住手了，这说明你很尊重我，我应该奖给你。王友更惊异了。陶行知又掏出第三块糖塞到他手里，说："我调查过了，你用泥块砸那些男生，是因为他们不守游戏规则，欺负女生。你砸他们，说明你很正直善良，有斗争的勇气，应该奖励你啊！"王友感动极了，他流着泪后悔地说："陶校长，你打我两下吧！我错了，他们毕竟是我的同学啊！"陶行知满意地笑了，他随即掏出第四块糖递过去，说："因为你正确地认识了错误，我再奖给你一块糖，可惜我只有这一块糖了，我的糖没有了，我看我们的谈话也该结束了吧！"①

从故事里我们可以看出，陶行知取得了对王友影响深远的德育效果，对王友同学的品德成长无疑具有非常重大的意义。陶行知先生运用了什么样的德育智慧？德育工作是否有章可循？这个问题涉及德育的基本原则。德育原则是教师对学生进行德育必须遵循的基本要求。它是根据学生思想品德形成和发展的客观规律、德育的任务以及青少年身心发展的特点提出来的，也是对思想品德教育实践经验的概括和总结。正确地理解和贯彻德育原则，对于提高德育实践的自觉性和德育效果，具有重大意义。

（一）集体教育与个别教育相结合的原则

集体教育原则的首倡者是苏联教育家马卡连柯。集体教育与个别教育相结合原则是指在德育过程中，教师既要教育集体、培养集体，并通过集体的活动、舆论、优良风气和传统教育个人；又要通过教育个人来影响集体的形成和发展，把教育集体和教育个人辩证统一起来。这一原则是由社会主义教育的性质所决定

讨论：
集体是教育的手段还是教育的目的？

① 林华民．世界经典教育案例启示录[M]．北京：农村读物出版社，2003：88-89．引用时有修改。

的，它是社会主义社会人与人、个人与集体之间关系在教育领域的反映。学生集体不仅是德育的客体，同时也是德育的主体。健全的集体具有巨大的教育力量，它以有形、无形的力量影响着每个成员，把他们培养成集体主义者。正如马卡连柯所说："教育了集体，团结了集体，加强了集体，以后，集体自身就能成为很大的教育力量了。"[①] 所以，遵循这一原则也是学生思想品德形成发展的规律所要求的。

遵循这一原则又是学生个别差异所要求的。由于每个学生的气质、性格、思想基础不同，他们对待集体教育的主观态度也会有差异。这就要深入了解每个学生的特点，辅之以个别教育。

贯彻这一原则的要求是：

1. 努力培养和形成良好的学生集体

要发挥学生集体的作用，首先要把学生群体培养成为良好的学生集体，关心它的成长，指导和帮助它开展集体活动，使它形成具有共同的奋斗目标、严密的组织、坚强的领导核心和健康的集体舆论的良好的学生集体。

2. 要充分发挥学生集体的教育作用

要充分发挥学生集体的教育作用，就要使集体的奋斗目标成为鼓舞其成员前进的力量，使每个成员都自觉地为集体目标的实现而积极工作。发挥学生集体的教育作用，最重要的是指导和支持学生干部做好工作，发挥他们的积极性和组织才能，并通过学生干部把教师的教育意图变成学生集体的要求。同时要充分发挥集体舆论、优良的集体风气和传统的作用。教师要帮助学生在集体活动中确立正确的人际交往态度，形成合作、互助、关心、尊重的人际关系。还要组织和开展集体活动，通过活动教育学生，使之形成良好的品德。

3. 加强个别教育，把集体教育和个别教育结合起来

集体是由集体中的各个成员组成的，各个成员不仅有共性，同时又各具个性。如果只抓集体教育，忽视了个别教育，则个别学生的问题就会影响整个集体。反之，做好了个别教育工作，就可用典型带动全面，对集体起到推动作用。集体是个人获得全面发展的手段，个人的全面发展又是集体形成的条件。因此既要进行集体教育，又要进行个别教育，使学生的个性在集体中得到发展和表现，而每个学生的个性都充分发展了，这样的集体才是丰富多彩、朝气蓬勃的。

（二）知行统一的原则

知行统一原则要求教育者要把理论教育和实践活动结合起来，把提高学生思想认识水平同培养良好的行为习惯结合起来，培养学生言行一致、表里如一的优良品质。

知行统一是社会主义国家培养人的基本要求。社会主义国家培养的年轻一代应当是具有高度的社会主义觉悟和高尚道德品质的人，在理论和实践、知和行的关系上，要有言行一致的崇高精神。

贯彻这一原则的要求是：

---

① 马卡连柯．马卡连柯教育文集：上卷[M]．吴式颖，等编．北京：人民教育出版社，1985：79.

1. 理论学习要结合实际

学校应该对学生进行比较系统的马克思主义基本理论和社会主义道德规范教育，使学生学会运用它分析、评价、解决社会现实生活中包括自己思想行为中的问题，从根本上提高他们的社会主义觉悟。学习马克思主义理论必须紧密结合社会主义现代化建设的实际，现实生活实际，学生的学习、生活和品德实际。

2. 要组织学生参加多种实践活动

德育要以实践为基础，应引导学生积极参加集体生活、公益劳动、社会服务、社会政治活动与社会主义建设等活动，通过各种社会实践活动丰富学生的情感，磨炼学生的意志，训练和培养学生的道德行为，把认识转化为信念并贯彻到行动中去，做到言行一致、知行统一。

3. 教师要以身作则，言行一致

这对学生的言行一致、知行统一是个榜样，具有重要的教育作用。

（三）正面引导与纪律约束相结合的原则

对学生的各种品德问题，正如大禹治水，应引洪水入大海，宜疏不宜堵。正面引导与纪律约束相结合的原则要求德育必须说理启迪，疏通引导，启发自觉，调动受教育者的积极性，同时辅之以必要的纪律约束，以使学生品德健康发展。

贯彻这一原则的要求是：

1. 要正确说理，疏通引导，启发自觉

讲道理，使学生掌握马克思主义的基本理论，并经过疏通和引导，启发学生自觉地分辨是非、善恶、美丑，只有这样才能使学生知理明理讲理，打通思想，改过从善，提高品德认识水平。必须避免使用那种不讲道理、压服学生的方法。

2. 要善于以学生的积极因素克服消极因素

学生思想品德的形成和发展就是优点与缺点、正确与错误、公与私等矛盾斗争的过程。教师善于发现和依靠学生性格和行为上的优点去克服他们的缺点，对贯彻这一原则是大有作用的。

3. 要建立合理的规章制度

把耐心说服与合理约束结合起来，使学生经常自觉地据此调节自己的行动，通过实践逐步养成良好的行为习惯。

（四）发挥积极因素与克服消极因素相结合的原则

《学记》指出：教也者，长善而救其失者也。这就是今天发挥积极因素与克服消极因素相结合原则的来源。这一原则要求德育必须依靠和发扬学生品德中的积极因素，克服消极因素，并化消极因素为积极因素，促使学生品德健康顺利地发展。

贯彻这一原则的要求是：

1. 要一分为二地看待学生

既要看到他们品德中的缺点、弱点和短处，更要发现他们品德中的优点和长处。特别是后进生，他们品德中的缺点、弱点和短处很多，很明显，而优点和长处可能很微弱，往往不易被人发现，也可能本来就是很大的优点和长处，但暂时被缺点、弱点所掩盖，不易被发现。因此，教师必须善于去寻找他们品德中的“闪光点”，并加以扶植，使其不断发扬光大，进而用它去克服缺点。

2. 要使学生正确认识自己、自觉开展品德内部矛盾斗争，发扬优点，克服缺点

学生思想的进步、道德水平的提高，主要依靠他们自觉地开展品德矛盾斗争，有效地实现品德矛盾的解决和转化。解决这种矛盾斗争的前提是要对自己的品德水平有一个全面正确的认识。因此，教育者要善于帮助学生全面地认识自己品德中的优点和缺点，并促使他们自觉地开展品德矛盾斗争，发扬优点，克服缺点，不断进步。

3. 要根据学生的特点，因势利导，化消极因素为积极因素

教育者要积极组织开展各种健康有益的活动，把学生旺盛的精力引导到健康有益的活动中去，使他们在活动中得到发展，并在活动中受到教育。同时，学生品德中的优点和缺点、长处和短处是相对的，往往是矛盾地交错在一起的，并且在一定条件下可以互相转化。因此，教师要仔细地分析学生品德中的缺点、弱点和短处，从不足中找长处，并发现其中某些可以转化为优点的积极因素，通过教师耐心细致、巧妙的工作，引导其向积极的方面发展，促使其向进步的方面转化。

（五）严格要求与尊重信任相结合的原则

严格要求与尊重信任相结合的原则是马卡连柯教育工作中的一条基本原则，他说：“我的教育原则是尽量多地要求一个人，同时也要尽可能地尊重他……”① 这一原则是指进行德育要把对学生思想和行为的严格要求与对他们个人的尊重和信赖结合起来，使教育者对学生的影响与要求易于转化为学生的品德。

贯彻这一原则的要求是：

1. 教育者要尊重信任学生，对他们发展的可能性要充满信心

教育者要以平等的态度对待学生，尊重他们的人格，特别是对犯有错误的学生、后进生，不能歧视，更不能侮辱和体罚，要“让每个学生都抬起头来走路”。同成年人一样，青少年也有着强烈的被人尊重和信任的需要，他们常常以教师对自己是否尊重信任的情感体验来决定是否接受教师提出的各种要求。学生总是爱亲近尊重信任他们的老师。“亲其师”，才能“信其道”。

2. 要善于正确地向学生提出严格要求

教师向学生提出要求就是对他们进行教育和培养。为了取得好的效果，这种要求应当是正确的、简明的、有计划的和严格的。“正确”是指提出的要求应科学合理，符合学生年龄特征，切合实际，令人信服；“简明”是指要求易被学生理解、掌握，便于记住和履行；“有计划”是指对学生的要求一次不能提得过多，要由易到难，有步骤、循序渐进地提出；“严格”即严而有格。对学生的缺点和错误丝毫不能放松教育，不能因其事小，或因其年轻而原谅、姑息，要注意防微杜

① 马卡连柯．马卡连柯教育文集：上卷[M]．吴式颖，等编．北京：人民教育出版社，1985：103-104.

渐,从小培养。对学生的要求一旦提出,就要不折不扣、坚持不懈地引导与督促学生做到,决不放松,只有这样学生才能形成良好的品德。

(六)照顾年龄特点与照顾个性特点相结合的原则

● 圣人教人,各因其才

子路问:“闻斯行诸?”子曰:“有父兄在,如之何其闻斯行之。”冉有问:“闻斯行诸?”子曰:“闻斯行之。”公西华曰:“由也问‘闻斯行诸’,子曰‘有父兄在’。求也问‘闻斯行诸’,子曰‘闻斯行之’。赤也惑,敢问?”子曰:“求也退,故进之。由也兼人,故退之。”①

这个故事成了我国因材施教原则的最早范例。孔子教育学生,总是从考虑学生的个性因素出发,即到什么山唱什么歌,从而事半功倍。

照顾年龄特点与照顾个性特点相结合的原则是指在德育过程中要从学生的年龄特点、个性特点和实际品德状况出发,有针对性地进行教育。

贯彻这一原则的要求是:

> 讨论:
> 如何了解、掌握学生的特点?

1. 德育的要求、内容、形式和方法要适合学生的年龄特点

各个阶段学生的身心发展都各有特点,教育者要研究、掌握这些特点,从而使德育要求、内容增强针对性。例如少年期,抽象思维得到发展,自我意识正在迅速发展,独立性不断增强。因此对他们要用说理、解释的方法,启发自觉,尊重其独立性、自尊心,使之深刻理解道德规范的社会意义,以形成道德信念。在青年初期,学生思维具有更高的抽象性、概括性,他们已经能独立地较深刻地思考社会、道德、人生、理想等问题,自我意识发展到相当水平。因此要多引导他们进行自我教育,教给他们思考问题的立场、观点和方法,加强科学人生观和世界观教育。

2. 要针对学生的个性特点进行教育

同一年龄阶段、同一班级的学生,由于个人的遗传、环境和教育的不同,每个人的身心发展都有其特殊性,因而同一德育要求和方法运用在不同学生身上,效果就会不同,甚至相反。因此教育者就要区别对待,针对每个学生的个性特点,提出要求,运用恰当的方法,做好德育工作。

3. 从学生的思想特点出发进行德育

不同时代的青少年由于受不同社会现实的影响,他们的思想特点会有所不同。同一时代,由于不同地区、不同学校、不同班级的实际情况不同,学生又会形成一些不同的思想特点。因此教育者要了解各个学生的思想特点和品德实际情况,有针对性地进行德育。有的班主任经过调查,发现学习上的后进生大体有三种类型:第一类是聪明,只因贪玩、逃学而变成后进生;第二类是娇娃娃,娇生惯养,怕苦怕累;第三类是天天到校,也守纪律,就是学习基础差,学习成绩上不去。这三种类型的学生情况不同,教育、帮助的办法也应不同。

---

① 论语[M]. 杨伯峻,杨逢彬,注译. 长沙:岳麓书社,2018:139.

（七）教育影响的一致性和连贯性的原则

学生的思想品德是在学校、家庭、社会各方面的长期教育影响下形成的。把学校、家庭、社会等各种教育力量统一起来，相互配合，就能产生巨大的教育力量，取得良好的德育效果。否则，各行其是，要求不一致，互相抵消，就会使学生思想混乱、无所适从，就不能教育好学生。

对学生的教育应是系统的、连贯的，因为学生的观点、信念及行为习惯等都不可能在短时期内形成。随着学生知识的增长，教师应逐步提高对他们的要求，并且长期坚持，使之形成的良好行为习惯更加完善、更加巩固。

贯彻这一原则的要求是：

1. 校内各方面德育影响要一致

为此，要在学校党组织和校长的领导下，统一校内各方面教育力量，使全体教职工和各种学生组织，按照统一的培养目标，德育要求、内容和计划，分工合作，共同对学生进行教育。在一个班上，班主任、各科教师和团队组织对学生的德育影响必须一致。特别是班主任要积极主动地争取各科教师的配合，各科教师要自觉地承担起教书育人的责任，管教、管导，既教书，又育人，紧密配合班主任做好品德教育工作。

2. 学校和家庭的德育影响要一致

学校要发挥专门教育机构的职能，与学生家庭进行多种联系，向家长宣传教育方法，介绍学校教育的情况，共同分析研究学生的表现，对家庭德育进行指导，协调一致地做好学生的品德教育工作。

3. 学校与社会的德育影响要一致

学校要采取措施，对社会的影响加强控制和调节，把社会中的积极因素组织到德育中来。特别是学校要与校外教育机构及社会各部门、各团体加强联系，共同研究、协调对青少年的教育，指导学生的校外活动，安排好学生的假期生活，开展学生喜爱的丰富多彩的品德教育活动，充分发挥校外教育机构和各部门、各团体的德育作用，使社会德育与学校德育相一致。

4. 要加强德育的计划性和连贯性

德育内容的确定和安排要以社会主义思想道德体系为主导，同时尽可能切合学生品德发展的顺序和水平，注意使小学、中学、大学之间，以及各年级之间，在德育要求、内容、方法和活动上，既要有所区别，又要加强联系、互相衔接，使之前呼后应、步步加深。各种内容的教育和各种德育活动的开展都要有计划、有步骤、有系统地进行，使之既有内在逻辑联系和连贯性，形成一个不断扩展和加深的进程，又能有条不紊地顺利进行。

上述各条原则从不同的角度对德育工作提出了要求，教育者须从整体上去把握，并综合地加以运用，这对于教育者自觉运用德育规律，掌握德育的技巧和教育艺术，提高德育工作的质量和效果，具有重要的指导意义。

考点提示及练习 10-3

第三节　德育的途径与方法

● 唱着歌儿向未来

我开始把教育当成一首诗来写。为了让我的教育充满理想主义气息，也为了让孩子们有一个富有浪漫气息的班集体，我和学生为我们的班取了一个响亮的名字，叫“未来班”。我们设计了班徽，绘制了班旗，还创作了班歌。班歌的歌词是我和学生共同写成的一首诗《唱着歌儿向未来》，然后寄到北京，请著名作曲家谷建芬谱上曲子。后来“未来班”作为一个优秀班集体被全国多家报刊报道，也成为我教育诗篇中的第一行美丽的文字。①

班级的名称、班旗、班徽和班歌也能成为德育的途径？李镇西给我们作出了肯定的回答。谈到德育的途径，你可能会联想到学校开设的“思想品德课”“思想政治课”“政治理论课”。其实，在学校中，对学生品德发展更具影响力的与其说是道德课，不如说是各科教学、党团少先队组织的各种课外活动以及学校中的环境因素。因此，对学校德育途径的探索应是全方位的，而不能局限于每周一两课时的道德课教学中。

一、德育的途径

习近平总书记在全国高校思想政治工作会议上指出，要坚持把立德树人作为中心环节，把思想政治工作贯穿教育教学全过程，实现全程育人、全方位育人，努力开创我国高等教育事业发展新局面。遵循“三全”育人的思想，德育的基本途径可以概括为直接的道德教学和间接的道德教育。

（一）直接的道德教学

直接的道德教学，指开设专门的德育课程系统地向学生传授品德知识和理论。在古代，知识的教学与德育基本上是融为一体的，即在古典人文知识的教学中自然地渗透道德教育，教学就是进行德育。随着近代自然科学知识大量涌入学校和教室，学科教学逐渐与德育疏远，教学越来越智育化，甚至应试化，而教学中德育的地位则开始动摇甚至丧失。那么德育将如何进行？各国的策略是相继在学校设置单独的道德课，这便产生了我们所说的直接道德教学，例如 1872 年，日本颁布《学制》，要求小学开设“修身”课，中学开设“修身学”课。1882 年，法国在西方率先以法令形式规定“道德课”为学校的正式课程。此后，许多国家纷纷效法，在学校设置专门的“道德课”或“公民课”“公民道德课”“修身课”“道德与社会关系课”“共产主义道德品质教育课”“道德价值教育课”“人格教育课”。杜威把这种德育途径称作“直接道德教学”或“关于道德的教学”。2001 年，教育部颁布的《基础教育课程改革纲要（试行）》规定：小学低年级开设“品德与生活”课，中高年级开设“品德与社会”课，初中

① 李镇西．心灵写诗[J]．人民教育，2001(5)：54–57.

开设“思想品德”课。高中阶段则继续开设“思想政治”课。这些都属于直接的德育课程。

1. 直接的道德教学的必要性

设立单独的德育课进行直接的道德教学，在实施德育上存在若干优点。在学科教学日益智育化且未寻到有效的办法实施德育的形势下，单独设立道德课，至少可以使学校德育的实施在时间上得到最低限度的保证。

开设单独的德育课，有利于系统地、全面地向学生传授道德知识和道德理论，提高学生的道德认识。通过其他途径，则难以取得类似的效果。学校各科教学虽然都承担着道德教育的任务，但是，它们的重点在于知识和技能的授受，不会有太多时间专门处理道德事务，因而不可能充分引导学生去探讨较为复杂的道德问题。学生要学会从事复杂的道德判断，就必须学会以特定的方式探究特殊的道德问题，以特定的方式进行道德推理，而这些都需要安排专门的时间进行教学。

2. 直接的道德教学的问题与改造

直接的道德教学从它出现的那一天起，就受到了很多质疑，综合起来，反对开设专门德育课程的理由一般有以下几条：

从内容上说，道德教育领域宽泛而复杂，无法限制在一个固定的课程里讲授。

从方法上来说，道德问题需要作价值判断，很难用一种像讲授科学知识那样的方法来讲授。如果安排在一门独立的学科中进行，难免类似宗教式的布道或劝说，这将使道德教育沦为一种灌输，忽视道德理性、道德情感、行为能力的培养等。

从教师方面说，教育的效果主要依赖于讲授各门课程的教师个人的知识程度，教数学和教历史的老师，可能因为他们对数学和历史领域的知识掌握到了一定的程度，因而有资格教授。但谁能决定哪一个人在道德方面已经好到了相当的程度，以至于他可以为别人提供一种专门的道德训练呢？一个教师并不比一个环卫工人更有资格和能力从事道德教育。而且，单独开设道德课还可能带来一些负面效应，如有可能使学校中其他学科教师认为他们在德育方面没有责任，把德育推诿于从事道德课教学的教师，导致其他学科教学不管德育的现象。

最著名的反对直接道德教学的学者是杜威。他区分了“道德观念”和“关于道德观念”，对直接道德教学的效果提出了质疑。他认为，关于道德的知识正如关于埃及的考古学知识一样，只是死知识，并不能影响活动的行为，所以直接道德教学的影响，抑或是最好的，总是相对地在数量上比较小，在影响上比较轻微的。

针对种种质疑，世界各国认识到德育课程教与学的方式必须符合德育的特殊实际，并不断改进德育课程。我国有学者从总结道德教育学科课程建设的世界经验的角度出发，认为德育课程建设应当特别注意三个方面的问题：第一，注意课程的心理学基础；第二，注意提高价值判断力；第三，强化情感因素。

对直接道德教学的不满和批评，也使得人们去注意另外的德育方式，这便是与直接道德教学相对立的间接道德教育。

（二）间接的道德教育

间接的道德教育，即间接德育，指通过学科教学、学生参与的活动及环境进行道德渗透，影响学生的品德发展。它主张德育要潜移默化地进行渗透，避免直接的灌输；强调知行统一，注意行为习惯的培养。杜威是间接德育的积极倡导者，他认为所有教师都应对社会承担“伦理的责任”，并且通过学校生活的所有机构、手段和资料等间接的途径来对学生实施德育。

1. 间接的道德教育的类型

（1）各科教学

学校工作以教学为主，教学具有教育性，通过教学对学生进行品德教育是学校德育最常用、最有效的途径。1993 年正式颁布的《小学德育纲要》强调“各科教学是向学生进行思想品德教育最经常的途径”，1995 年正式颁布的《中学德育大纲》也强调“各学科教学是教师在向学生传授知识的同时进行德育的最经常的途径”，2001 年发布的《基础教育课程改革纲要（试行）》指出，中小学要“改变课程过于注重知识传授的倾向，强调形成积极主动的学习态度，使获得基础知识与基本技能的过程同时成为学会学习和形成正确价值观的过程”。2017 年发布的《中小学德育工作指南》强调：“将中小学德育内容细化落实到各学科课程的教学目标之中，融入渗透到教育教学全过程。”各科教学中渗透了许多可以利用的价值因素。例如，数学和科学课中科学家的生平业绩、生活和治学态度，语文课中文学上榜样人物的道德作用，历史课中历史伟人的德行与自律精神；体育与健康课中展示适度的自我控制等。此外，各科教学课程中形成的教师与学生的关系、教师对学生的人格示范、课堂生活气氛等，也是各科课程中进行品德渗透的因素。

讨论：
如何挖掘学科教学中的德育因素？

（2）学生集体组织的活动

共青团、少先队、学生会以及其他学生群体（如兴趣小组、社区服务小队）是学生的集体组织，它们所组织的活动是学校实施德育的重要途径。

学校通过这些学生组织开展多种形式、生动活泼、健康积极、格调高雅脱俗的活动，如艺术节、运动会、演讲赛等，有利于调动学生的积极性、主动性，培养他们自己教育自己，自己管理自己的能力。特别是这些实践活动含有丰富的教育因素，从活动的设计到活动的全过程，都要依靠组织成员进行创造性思维，从事创造性实践。因此学校应该加强对这些组织的领导，保证它们的活动时间，尽可能提供必要的条件，支持并具体指导它们根据学校思想品德教育计划，独立开展活动。在活动中要注意发挥学生独立自主的精神和自己教育自己的特殊作用，使这些组织成为学校实施德育的有力助手。

（3）学校环境

学校环境的物质环境与精神环境中蕴含着丰富的德育因素，具有潜移默化的作用。精神环境集中体现在集体舆论、校风和班风、教师的作风和态度等方面，是学校中最富有渗透性的一种教育因素，具有启迪、感化学生的作用。物质环境是学校精神环境必要的物质载体，主要有校园建筑群的布局、教学设备、图书馆、实验室、诗墙、画廊等。精心创设的物质环境本身就是一种富有成效的综合教育，正如苏霍姆林斯基所说的“我们努力做到使学校的墙壁也说话”①。

2. 间接的道德教育的不足

人们期望间接德育可以弥补直接德育的不足，达到较好的德育效果。事实上间接德育的效果并不如人所愿，相反，还常常落空。处处都要进行德育，人人都要管德育，实际上则常常变成处处都没有德育，人人都不管德育，使德育流于形式。而且间接德育提供的道德知识和道德训练常是偶然的，缺乏系统性。也就是说，间接德育虽然范围广，更具活力和生气，但也更难控制。

总之，直接德育与间接德育各有优势与劣势，单凭其中任何一种都不能达到理想效果。要想提高德育效果，最好的方法是将二者综合。目前，从各国学校德育发展趋势看，无论是采取直接或是间接道德教学的国家，都在积极改进自身的弊端，力图将直接的道德教学和间接的道德教育结合起来。

二、德育的方法

不论做什么事，方向正确是前提，还须采取适当的方法，并持之以恒地坚持下去，才能获得成功。正如《孟子集注》中言：“事必有法，然后可成。”德育是做人的工作的，而人是最复杂的，尤其在今天这个价值观多元化的年代。学生出了这样那样的问题，这时若采用强硬的态度和做法，往往会事与愿违。所以，德育尤其应讲究方法。

什么是德育方法呢？德育方法是为达到德育目标，教育者、受教育者参与德育活动时所采取的各种方式的总称。它既包括教育者施教传道的方式，也包括受教育者受教修养的方式。

在长期教育实践中，我国学校形成了许多行之有效的德育方法，下面我们分别介绍说服教育、榜样示范、情感陶冶、实践锻炼、自我教育和品德评价。

资料夹 10-3

关于德育方法的不同分类

巴班斯基：德育方法有作用于学生的意识、情感和意志的方法，组织活动和形成社会行为经验的方法，以及执行调整、纠正和鼓励学生行为与活动的职能的方法三种。

檀传宝：从方法论意义上看，德育方法有启发法、塑造法、树人法、雕琢法、系统或综合法。

詹万生：提出了语言说理类、榜样示范类、修养指导类、实践锻炼类、行为训练类、规范制约类和评价激励类等七种具体的德育方法。

（一）说服教育

说服教育法是通过摆事实、讲道理，提高学生思想认识的方法。其具体方式

① 苏霍姆林斯基．帕夫雷什中学[M]．赵玮，等译．长沙：湖南教育出版社，1987：149.

有讲解与报告，谈话，讨论，参观访问与调查等。

1. 讲解与报告

讲解与报告是比较系统地阐述政治、思想、道德问题，提高学生认识水平和思想觉悟的一种方式。如向学生讲清马克思主义的基本观点，解释社会主义的道德规范，说明某项规章制度和行为要求等。讲解既可以是简短的说明，也可以是系统的理论传授；既可以口头讲解，也可以通过墙报、广播进行。报告与讲解不同，它适用于专题性的内容，如形势问题、纪律与法制问题等等。当学生思想认识上有一些带普遍性的问题需要解决和共同要求需要满足时，采用报告的方式进行说服比较适宜。报告可以帮助学生系统和深入地认识一些问题。

2. 谈话

谈话是通过师生对话的方式对学生进行教育的方法，多用于交流思想情感，了解学生的情况，帮助学生领会道德行为标准。谈话不受时间、地点和人数的限制，在课内课外对个人或集体都可采用。谈话内容既可以结合课堂教学，也可以针对当前事件和学生普遍存在的问题进行。通过个别谈话能深入细致地了解学生，使说服更有针对性，把思想工作做到学生心坎上。

3. 讨论

讨论是在教师的指导下，学生就某个思想品德问题各抒己见，经过讨论和争辩，得出正确结论，以提高思想认识的说服方式。当学生对某些社会或道德问题有些看法但又不够明确、存在问题和争论时，通过讨论能使问题解决得更好。讨论能培养学生追求真理的志趣，使学生交流思想、互相切磋、共同提高。

4. 参观访问与调查

参观访问与调查是引导学生接触社会实际，用具体生动的事例进行说服教育的一种方式。这种方式直观性强，学生有了耳闻目睹，因而具有很强的说服力。

（二）榜样示范

榜样示范法是教育者以他人的高尚思想、模范行为和卓越成就影响学生，促使其形成优良品德的方法。

这种方法的特点是把抽象的道德规范和高深的政治思想原理具体化、人格化，以生动具体的典型形象影响学生心理，使教育有很强的吸引力、说服力和感染力。榜样是无声的语言，它往往比有声的语言更有力量。青少年学生的可塑性大、模仿性强，有了生动具体的形象作为榜样，便容易具体地领会道德标准和行为规范，容易受到感染，容易随着学、跟着走。这样就有助于他们养成良好的道德品质和行为习惯。榜样的类型有以下三种：

1. 伟人的典范

历史伟人、民族英雄、革命导师、著名科学家等各方面杰出的人物是民族的代表、人类的精英，为千万人所瞩目。他们传奇的一生、炉火纯青的思想、伟大的业绩、崇高的品德和光辉的形象对学生有极大的吸引力，容易激起他们的敬仰之情，激励他们积极上进。

2. 教师的示范

教师肩负着培养青少年的重任，其言行、举止、仪态、作风、为人处世和各方面的表现，都对学生起着示范作用，产生着潜移默化的影响。而学生又具有向师性的特点，会很自然地将自己的老师作为效法的楷模。

3. 学生的样板

青少年学生是正在发展和成长中的人，因此，学生中的样板不可能很完美，也不可能表现得一直很稳定。但因为他们与全体学生朝夕相处，为大家所亲近和熟悉，所以容易引起大家的关注和学习。学生样板并不是高不可攀，与一般学生相比，他们有很多相同点，使人感到更真实、更亲切，因此容易引起共鸣，容易使榜样的力量得到更好的发挥。

（三）情感陶冶

情感陶冶法是教育者有目的地利用原有环境或者创设一定的情境，通过耳濡目染，使受教育者心灵受到感化的一种方法。

陶冶是一种形象的比喻，它把教育人的过程理解为像把陶器放在窑中烘烤，把金属投入炉中冶炼一样去培养和锻炼。这种方法的特点是利用了情境的暗示和感染作用，将理与情、情与境融为一体，使受教育者产生情感的共鸣，并且在不知不觉中受到潜移默化的影响。通过较长时间的定向熏陶，可深刻地影响学生的思想感情和性格特征，产生较巩固和持久的教育效果。情感陶冶的方式有以下三种：

1. 人格感化

人格感化是教育者以自身的品德和情感为情境对学生进行的陶冶。即教育者通过对受教育者真诚的、无微不至的关心爱护及高尚的人格来触动、感化、熏陶学生，促进其思想转变，积极进取。教师的威望愈高，对学生的关怀和爱愈真挚，对学生人格感化的力量就愈大。

2. 环境陶冶

环境陶冶即通过创设良好的学习和生活环境，使学生的身心长期受到熏陶，逐渐养成良好品德。或者根据特定的教育目的的要求特意创设教育情境和氛围来暗示、感染学生使之产生情感上的共鸣，激发学生产生高尚的道德情感。因此，我们要自觉地为学生创设良好的生活、学习环境，如美观清洁的校园、朴实庄重的校舍、明亮整洁的教室，有秩序、有节奏的教学活动和作息安排，良好的班风和校风等。

3. 艺术陶冶

艺术陶冶即借助音乐、美术、诗歌、小说、影视等艺术手段创造的生动形象感染学生，在欣赏、评论、创作及演出过程中使学生受到陶冶。艺术来自生活，又高于生活，它形象概括，寓意深厚，感人至深，不仅给学生以美的感受，而且熏陶了他们的性情。教师应重视组织学生阅读文学作品、聆听音乐、欣赏画展、观赏影视，或引导他们自己去创作、表现，以便从中获得启示，受到陶冶。

（四）实践锻炼

实践锻炼法是教育者组织学生按照一定的要求参与各种实践活动，在活动中形成良好的思想品德和行为习惯的方法。

通过实践锻炼，可以加深道德认识，锻炼道德意志，形成道德行为习惯，使优良的思想品德日益巩固起来。

实践锻炼的方式有以下三种：

1. 执行制度

让学生按照学生守则、课堂纪律、作息制度等必要的规章制度进行锻炼，特别有助于培养他们的组织性、纪律性、顽强的意志和严格要求自己的良好习惯。对缺少独立性和自我控制能力的少年学生来说，尤其要加强遵守各种规章制度和纪律的锻炼。

2. 委托任务

教育者或学生集体委托学生完成一定的工作任务，在完成具体任务的过程中，培养学生优良的品德和行为习惯。通过完成委托任务，不仅能提高学生的工作能力，而且培养了他们的工作责任感、集体主义品质，提高了他们的思想水平。

3. 组织活动

组织学生参加各种实践的活动，是实践锻炼的最主要的形式。这些活动包括学习活动、课外活动、劳动以及一定的社会实践等。在活动中，让学生去加深认识、丰富体验、锻炼意志、培养习惯。

（五）自我教育

自我教育法是指在教育者的指导下受教育者为形成良好思想品德而向自己提出任务，进行自觉的思想转化和行为控制的方法。其中包括自我认识、自我体验、自我控制等方法。

1. 自我认识

自我认识是自我教育的前提。学校要帮助学生通过认识别人来认识自己，通过认识自己的行为来认识自己，通过道德评价活动学会自我评价。自我评价是自我意识中的高级成分，它是在自我感觉、自我印象和自我概念基础上逐渐形成的，自我评价在个性结构和社会心理关系结构中均占有重要位置。自我评价过高对道德发展的影响不利，自我评价过低易导致自卑和抱负水平低。引导学生作出适当、稳定的自我认识（含自我评价），是道德教育的最重要任务之一。

2. 自我体验

伴随自我道德认识和评价所产生的情感体验，是对自己思想、言论、行为作价值判断时产生的道德情感。要引导学生在践行中检验自己的道德情感，通过提高道德认识，升华道德感情；要注意通过审美和创设情境使学生获得情感体验；要抓住契机，引导学生体验自我放纵的痛苦和战胜自我的愉悦。

3. 自我控制

自我控制是指学生在道德行为中自觉地掌握和支配自己的情感和行为。它是人的最重要的调节机制，也是心理成熟的标志。在德育活动中，教育者要创设困难情境，帮助学生磨炼自己的意志，指导学生学会自我激励、自我制约、自我命令、自我禁止、自我监督、自我检查。

（六）品德评价

品德评价是指通过对学生已经形成或正在形成的思想品德给予肯定或否定的评价，以引导他们不断上进，促进其品德积极发展，预防和克服不良品德滋长的方法。

品德评价的方式有以下三种：

1. 表扬与奖励

表扬是对学生思想品德行为作出好评，可以是口头表扬，也可以是书面表扬，目的是增强学生的上进心和自信心。奖励是对学生特别突出的品德行为作出肯定的评价。奖励的方式一般有：颁发奖状、发给奖品、授予光荣称号等。奖励通常在庄重的授奖仪式中进行。表扬与奖励既可用于个人，也可用于集体。用于个人时，不仅会使个人受到教育，也会使集体受到教育。用于集体时可以巩固集体的团结，培养学生的集体主义精神。

2. 批评与惩戒

批评是对学生的不良思想行为作出否定评价，以终止其不良的表现。批评可以是个别进行，也可以当众进行。惩戒是对学生严重不良行为的否定。当学生的不良思想行为经过反复说服、教育无效时，为维护集体利益，也为教育本人，应该给予一定的强制，直到给予某些惩戒，目的是使其不再发展下去并从错误中扭转过来。惩戒能引起学生内疚和不愉快的情感，并使学生学会用意志努力去克服自己的不良行为习惯，从而培养学生的意志品质。教育部于 2020 年颁布的《中小学教育惩戒规则（试行）》明确了确有必要的可实施教育惩戒，把“戒尺”还给了老师，并要求惩戒要适当，把握好尺度和限度。

3. 操行评定

操行评定是在一定时期内对学生的思想行为进行的比较全面的评价。它是以德育大纲中的德育目标为评价标准，以“学生守则”等为基本内容来考查学生平时在课内课外、校内校外对待学习、社会活动、劳动及对待集体和同学等各方面的表现，从而作出的概括性总结。操行评定一般是一个学期进行一次，分为操行等级与书面操行评语两种形式。

第四节 当代德育模式

考点提示及练习 10-4

● 地图上的旅行活动

初一（4）班有一半学生是随父母离乡背井南下打工或因父母工作调动而入读湾仔中学的。他们来自全国二十多个省市，由于初来乍到，见识不如本地学生，甚至普通话也不会说，与本地学生格格不入，多被冷落。这批同学的共性是自卑、内向、离群，学习不主动、不积极。这就很自然地导致班集体向心力不强、凝聚力不足。因此，班主任高永霞老师在班上开展了“请到我的家乡来做客”等地图上旅行系列活动。比如说今天邀请全班同学去做客的是来自四川康定的一位同学，他需要提前做一些准备，包括康定是一个什么样的地方，历史上出过一些什么样的名人，有多少能够反映民族文化的东西，有些什么风景、名胜、古迹、美食以及休闲游玩场所。然后，在班上进行介绍并盛情邀请同学到自己的家乡去做客。这次四川的同学介绍了，下一次按路程由西安的同学介绍，这样一个地方接一个地方"旅行做客",根本不用提"爱家乡""爱祖国",就已经把祖国最伟大、最优秀、最具有闪光点的东西呈现给了同学;也根本不用提"自尊、自爱、自信、自强""团结友爱""集体主义",学生在活动中已经懂得并做到了。①

学校德育模式是指在学校德育实施过程中对德育理论、德育内容、德育手段、德育方法、德育途径的某种组合方式。当前,对于学校德育模式的探讨已成为广大教育工作者关注的话题。"地图上的旅行活动"就是欣赏性德育模式的一个典型案例,其特点是道德学习在欣赏中完成。古往今来人们创立的德育模式还有许多种,下面我们就对几种有代表性的德育模式进行阐述。

一、道德认知发展模式

认知性道德发展模式是由瑞士学者皮亚杰(J. Piaget)和美国学者科尔伯格(L. Kohlberg)等人创建的。皮亚杰的贡献主要体现在理论建设上,科尔伯格的贡献体现在从实践上提出了一种可以操作的德育模式。

(一)道德认知发展模式的基本理论观点

科尔伯格的道德发展理论确切地说是道德判断发展理论。关于道德判断,他提出了如下重要假设:

1. 道德认知发展论

(1) 道德判断形式反映个体道德判断水平

所谓道德判断内容就是对道德问题所作的"该"或"不该"、"对"或"错"的回答;所谓道德判断形式指的是判断的理由以及说明理由过程中所包含的推理方式。譬如,对于"海因茨与治癌药"中的两难问题,从小学生到大学生都只有三种可能的回答——要么说该偷,要么说"不该偷",要么犹豫不决。显然,根据"该偷"或"不该偷"的回答,并不能把学生的道德判断水平区分开来。体现学生道德判断水平的,是他们说明"该偷"或"不该偷"的理由,以及这种辩护中隐含的道德推理方式。

资料夹 10-4

海因茨与治癌药

情境:

欧洲有个妇女身患一种特殊的癌症,生命垂危。医生认为,有一种药也许救得了她。这种药是本城一名药剂师最近发现的一种镭剂。该药造价昂贵,药剂师还以10倍于成本的价格出售。药剂师花200美元买镭,而一小剂药却索价2 000美元。这位身患绝症的妇女的丈夫叫海因茨,他向每个相识的人借钱,但只能筹到大约1 000美元,只是药价的一半。海因茨告诉药剂师他的妻子快要死了,并且请求药剂师便宜一点把药卖给他,或者允许他以后再付钱。可是,这位药剂师说:"不行,我发明这种药,是

① 檀传宝,蔡辰梅.美丽的德育在成长:"欣赏型德育模式建构研究"的案例述评[J].中国德育,2006(5):52-57.

靠它来赚钱的。”海因茨绝望了，想闯进那人的药店为妻子偷药。①

问题：

1. 海因茨该偷药吗？为什么应该或者不该？

2. 如果海因茨不爱他的妻子，他应该为她偷药吗？为什么应该或者不应该？

3. 假定将要死的不是海因茨的妻子，而是一个陌生人，海因茨应该为陌生人偷药吗？为什么应该或者不应该？

4.（如果你赞同为陌生人偷药：）假定快要死的是海因茨宠爱的一只动物，他应该为救这只宠物去偷药吗？为什么应该或者不应该？

5. 为什么人们应该尽其所能搭救别人的生命？不论用什么方式都行吗？

6. 海因茨偷药是犯法的，那样做在道德上错了吗？为什么错了或者没错？

7. 为什么人们一般都应该尽其所能避免犯法，不论什么情况下都应该如此？

8. 怎样把这一点同海因茨事件联系起来？

（2）个体的道德判断形式处于不断发展之中

科尔伯格认为，高级的道德推理总是维系于高级的逻辑推理，个体的道德判断处于不断发展之中，经历性质不同但相互关联的三种水平和六个阶段，这三种水平六个阶段按照不变的顺序由低到高逐步展开。更高层次和阶段的道德推理能兼容更低层次和阶段的道德推理方式；反之，则不能。

资料夹 10-5

道德判断发展阶段（见表 10-1）

表 10-1 道德判断发展阶段②

水平	阶段	道德推理的特点	不该偷的理由	该偷的理由
前习俗水平	1	以惩罚与服从为定向	偷东西会被警察抓起来，受到惩罚	他事先请求过，又不是偷大东西，他不会受重罚
	2	以行为的功用和相互满足需要为准则	如果妻子一直对他不好，海因茨就没有必要自寻烦恼，冒险偷药	如果妻子一向对他好，海因茨就应关心妻子，为救她的命去偷药

① HERSH R, PAOLITTO D, REIMER J. Promoting Moral Growth: From Piaget to Kohlberg [M]. New York: Longman Inc., 1979: 54–55.

② 黄向阳. 德育原理[M]. 上海：华东师范大学出版社，2000：225.

续表

水平	阶段	道德推理的特点	不该偷的理由	该偷的理由
习俗水平	3	以人际和谐为准,也称为“好孩子”取向	做贼会使自己的家庭名声扫地,给自己的家人(包括妻子)带来麻烦和耻辱	不管妻子过去对他好不好,他都得对妻子负责。为救妻子去偷药,只不过做了丈夫该做的事
	4	以法律和秩序为准则	采取非常措施救妻子的命合情合理,但偷别人的东西犯法	偷东西是不对,可不这样做的话,海因茨就没有尽到丈夫的义务
后习俗水平	5	以法定的社会契约为准则	丈夫没有偷药救妻子的义务,这不是正常的夫妻关系契约的组成部分。海因茨已经为救妻子的命尽了全力,无论如何都不该采取偷的办法解决问题,但他还是去偷药了,这是一种超出职责之外的好行为	法律禁止人偷药,却没有考虑到为救人性命而偷东西这种情况。海因茨不得不偷药救命,如果有什么不对的话,需要改正的是现行的法律,稀有药品应该按照公平原则加以调控
	6	以普通的伦理原则为准则	海因茨设法救妻子的性命无可非议,但他没有考虑所有人的生命的价值,别人也可能急需这种药。他这么做,对别人是不公正的	为救人性命去偷是值得的。对于任何一个有道德理性的人来说,人的生命最可贵,生命的价值提供了无条件地尽道德义务的源泉

(3) 冲突的交往和生活情境有助于个体道德判断力的发展

科尔伯格及其合作者还对道德发展的动因进行了研究,并得出了如下结论:[①]第一,道德发展是学习的结果,这种学习不同于知识和技能的学习。第二,道德的发展有赖于个体的道德自主性。道德不可能从外部强加于人,而是个体内部状态与外界环境交互作用的产物。第三,冲突的交往和生活情境最适合于促进个体道德判断力的发展。

2. 道德认知教育论

(1) 道德教育旨在促进道德判断的发展及其与行为的一致性

认知性道德发展模式强调道德教育的目的首先在于促进学生的道德判断不断向更高水平和阶段发展,其次在于促进学生道德判断与行为的一致性。

(2) 道德教育奉行发展性原则

个体道德判断的成熟并非一蹴而就,而是循序渐进发展的结果。根据发展性原则,认知性道德发展模式实施德育的方法和策略包括:第一,了解学生当前

① 黄向阳.德育原理[M].上海:华东师范大学出版社,2000:224.

的道德判断发展水平；第二，运用道德难题引起学生的意见分歧和认知失衡；第三，向学生揭示比他们高一阶段的道德推理方式；第四，引导学生在比较中自动接受比自己原有的道德推理方式更为合理的推理方式；第五，鼓励学生把自己的道德判断付诸行动。

（二）道德认知发展模式在学校中的实践

道德认知发展模式在学校中的实践侧重于开发“道德两难”讨论法和公正团体法来培养学生的道德判断能力。所谓“道德两难”，指的是同时涉及两种道德规范且两者不可兼顾的情境或问题。它是让儿童对故事中的道德问题进行讨论并回答围绕该故事提出的相关问题，以此判断儿童所处的道德认知发展阶段并引导和促进其进一步发展的方法。该方法的关键在于要以两难故事诱发儿童的认知冲突，促进积极的道德思维从而促进其道德判断能力的发展。

公正团体法即利用公正的机制在创设公正团体中培养学生的公正观，促使其达到更高的道德发展水平。这种方法特别强调集体的教育力量和民主机构的教育作用。主要有：(1) 致力提高团体的公正结构水平，通过提高成员之间实行奖罚与分配义务和权力的水平来提高个体的道德判断力；(2) 发展团体的民主管理，认为实行直接的民主管理，是创设平等公平的人际关系，提供承担责任机会的关键；(3) 创设优良的团体民主氛围，获得良好的潜移默化；(4) 发展团体中的自我教育，这是团体教育法能否成功的重要指标和保证。[①]

讨论：
你觉得科尔伯格的道德认知发展理论适用于中国儿童吗？

科尔伯格提出的道德认知发展理论，在世界各国都产生了强烈的反响，他的文章被译成世界各种主要文字，并进行了世界性的相应研究和实验，对现代学校德育的发展起了促进性作用，为当代学校德育提供了丰沃的营养，为各学派所引介和吸收。

任何一种理论都不是完美无缺的，即使一时做到这一点也会因为历史的推移而日益显示出它的破绽。科尔伯格理论也不断受到批评，一是太过于强调认知的作用，忽视了对道德行动的研究，而后者对德育来说才是最重要的；二是强调了道德判断的形式而忽视了内容的作用；三是其阶段理论也存在大缺陷。

二、体谅模式

与认知性道德发展模式强调道德认知发展不同，体谅模式把道德情感的培养置于中心地位。体谅模式形成于 20 世纪 70 年代初，为英国学校德育学家彼得·麦克菲尔(P. McPhail)和他的同事所创，后风靡于英国和北美。他们根据《英国学校道德教育课程的方案》，经过若干年研究后编写成《生命线》系列教科书，以及该丛书的教师指南《学会关心》。这套书集中阐述了体谅模式所主张的多关心、少评价的德育思想。

（一）体谅模式的基本理论观点

1. 满足学生与人友好相处的需要是教育的重要职责

麦克菲尔在调查中发现，“人类的基本需要是与其他人友好相处、爱和被

① 袁元，郑航．德育原理[M]．广州：广东高等教育出版社，1998：352.

爱，帮助人们去满足这种需要是组织教育的首要职责”。[①] 既然学生希望得到成人尤其是教师的关心和体谅，同时他们也表现出较强的关心、体谅他人的倾向，因而任何形式的道德教育都应建立于体谅与关心的基础之上。为此，麦克菲尔主张在道德教育中应对学生多关心、少评价，教学生学会体谅与关心，使学生领悟体谅他人是一种愉快的事情。

2. 道德教育重在提高学生的人际意识和社会意识，引导学生学会关心

麦克菲尔认为，道德教育的目的首先在于把个体从那些打着个性幌子的破坏性和自我破坏性的冲动中解救出来，从在不幸与不健康的社会中养成的自我中心、自恋、自私和暴戾及其他特征中解救出来，一言蔽之，重在引导学生学会关心，学会体谅，并在关心人、体谅人中获得快乐。

3. 鼓励处于社会试验期的青少年试验不同的角色和身份

尽管青少年需要成年人与同伴的体谅和关心，也有体谅人和关心人的需要，但他们在面对实际的人际和社会问题时，所做出的反应依然不够成熟，因此，这一时期的道德教育尤其要重视学生成熟的人际意识和社会行为的发展。

讨论：
人生的“社会试验期”出现在哪个阶段？

4. 教育即学会关心

基于以上结论，麦克菲尔坚信，行为和态度是富有感染力的，因此，他特别强调“道德是感染来的而非直接教来的，在引导学生关心人、体谅人的人际意识中，重要的是营造相互关心、相互体谅的课堂气氛，以及教师在关心人、体谅人上的道德表率作用”。[②]

（二）体谅模式在学校中的实践

体谅模式集中体现在麦克菲尔等人编写的道德教育课程系列教科书《生命线》中，其结构及实施办法如下：

1. 设身处地

其目的在于发展个体体谅他人的动机，含《敏感性》《后果》《观点》三个单元，其中的所有情境都是围绕人们在家庭、学校或邻里中经历的各种人际问题设计的。

2. 证明规则

含《规则与个体》《你期望什么？》《你认为我是谁？》《为了谁的利益？》《我为什么该？》五个单元，情境所涉及的均为比较复杂的群体利益冲突及权威问题。其一般目的在于给学生机会，以设法解决当他们试图取得成年人的地位并在与其他成年人平等的基础上生活和工作时发生的各种常见的问题，具体目的在于帮助青少年学生形成健全的同一性意识，并把自己视为能对自己的共同体作出贡献的人。

3. 付诸行动

含《生日》《禁闭》《逮捕！》《街景》《悲剧》《盖尔住院》六本小册子，其宗旨在于回答这样一个问题：如果是你，你会怎样做？

---

① 哈什，等．道德教育模式［M］．傅维利，等译．北京：学术期刊出版社，1989：57.

② 黄向阳．德育原理［M］．上海：华东师范大学出版社，2000：242.

体谅模式是一种从情感入手的德育模式，尽管在理论上也存在一些不足，但它提供了一整套提高学生人际意识和社会意识的开放性情境，并且为教师理解和使用这套教材提供了一系列的指南，在西方德育实践中影响较大，有助于教师较全面地认识学生对特定人际—社会问题的各种可能反应；有助于教师较全面地认识学生在解决特定的人际—社会问题时可能遇到的种种困难，以便更好地帮助学生学会关心；它也提供了一系列可能的反应，使教师能够根据它们指导学生围绕大家提出的行动方针进行讨论或角色扮演。

三、价值澄清模式

价值澄清理论最早是作为一种教学方法出现于 20 世纪 20 年代，为进步主义教育所采用，在 20 世纪 60 年代时逐渐形成一个德育学派，代表人物主要是路易斯·拉斯（L. Raths）、梅里尔·哈明（（M. Harmin）、悉米·西蒙（S. Simon）和霍华德·基尔申鲍姆（H. Kirschenbaum）。

（一）价值澄清模式的基本理论观点

1. 理论假设

价值澄清是以两个最基本的理论假设为前提的：(1) 当代儿童处于充满互相冲突价值观的社会中，这些价值观深深地影响着他们的身心发展；(2) 在当代社会中，根本就没有一套公认的道德原则或价值观。从这两个假设出发，拉斯认为，每个人都有自己的价值观，并且每个人都按照自己的价值观行事，同时，价值观是不能也不应该被传授给某个人的，而只能通过学习评价分析和批评性思考等方法，来帮助学生形成适合本人的价值观体系。

讨论：学生价值观体系与社会主流要求不一致时怎么办？

2. 价值澄清的四大要素[①]

(1) 关注生活。使人们注意到那些自认为有价值的生活中的事物，如情感、态度、目的等，并注意到致使价值混乱和生活复杂化的一般问题。

(2) 接受现实。原原本本地接受学生的一切，包括观点、兴趣、情感等，以使学生坦诚地表达自己，但并不等于要求他们赞成。

(3) 激发进一步思考。在接受的同时，鼓励学生进一步综合反省各种问题，鼓励他们：A. 作多种选择；B. 更好地意识到个人珍视的东西；C. 更好地选择和珍惜日常的行为。

(4) 提高个人潜能。通过价值澄清，可以使个人正视自己的价值问题，更好地整合自己的选择、珍视和行动，有助于澄清技能的发展和自我指导能力的提高。

（二）价值澄清模式在学校中的实践

1. 价值澄清的完整过程

价值澄清理论认为，信念、态度要变成个人的价值，就必须符合这一过程的七个标准，否则将不可能成为个人的价值观。拉斯等人研究认为，完整的价值评

① 冯增俊．当代西方学校道德教育[M]．广州：广东教育出版社，1993：85-86..

价过程分为三个阶段，共七个步骤。①

第一阶段：选择

(1) 自由选择。只有在自由的选择中，人才能根据自己的价值观行事，被迫的选择是无法使这种价值整合到人的价值体系中的。

(2) 从多种可能中选择。提供多种可能让学生选择，有利于学生对选择进行分析思考。

(3) 对结果深思熟虑的选择。即对各种选择在作出理性的因果分析、反复衡量利弊后再作选择，在此过程中，个人在意志、情感以及社会责任等方面都会受到考验。

第二阶段：珍视

(1) 珍视与爱护。珍惜自己的选择，为自己能有这种理性的选择而自豪，并将其看作自己内在能力的表现和自己生活的一部分。

(2) 确认。即以充分的理由再次肯定这种选择，并乐意公开与别人分享而不会因这种选择而感到羞愧。

第三阶段：行动

(1) 依据选择行动。即鼓励学生把信奉的价值观付诸行动，指导行动，使行动反映出所选择的价值取向。

(2) 反复地行动。即鼓励学生反复坚定地把价值观付诸行动，使之成为某种生活方式或行为模式。

2. 几种重要的价值澄清法

拉斯在《价值与教学》一书中提出了价值澄清理论在学校德育中的实践策略，其中学校德育实践中最常用的策略和方法，可以概括为以下几种：

(1) 价值澄清应答法。所谓价值澄清应答法是指运用一些巧妙的应答技术，激发学生对自己的价值观进行思考。其方法是教师与学生一对一地交谈，这种对话不要求进行"硬性的"、对抗性的或不断深究的询问，而应是"软性的"、随意的或激励性的。学生自愿参加，教师尊重个人的隐私权。这是在课堂中进行的一种主要价值澄清方法。这种方法适用于所有的师生之间的随意交谈。通过这种方法，教师可以了解学生的基本价值取向。

(2) 价值表填写法。它是指通过学生填写价值表来进行教学的一种方法，具体的操作方法是教师先讲述一些社会问题以引起学生思考，学生根据自己的看法，按价值澄清的七个过程或步骤来填写教师发给的价值表。一般来说，这种方法要求开展个人独立思考或小组讨论，不能在全班或大组进行讨论，以免受别人的影响。其作用是学生通过独立思考，在不受外部因素的干扰和影响的情况下，做出合适的评价，从而形成合理的价值观。

(3) 价值延续体法。价值延续体法是指任何问题都可以扩展其可供选择的范围，而不仅仅局限于两个极端的看法。这种方法可以在大组或全班讨论中运用。通过讨论，可以帮助学生澄清一些错误观点和看法，减少学生的反叛行为，

① 冯增俊. 当代西方学校道德教育[M]. 广州：广东教育出版社，1993：88.

增强学生的自信心和自觉性。

价值澄清理论具有现实性、实用性、可操作性和有效性，其德育模式的基本体系、原则完整。从理论上看，该理论强调了主体内在因素特别是思维、情感以及个人内部的选择、评价过程在价值形成中的作用，其大量的德育方法、策略具有较为广泛的适用性。但是，它过分强调价值的并存与冲突，容易导致相对主义的价值观，同时也未曾对道德价值和非道德价值加以区别，是否二者的形成机制和教育模式完全一致也尚需深入探索。此外，忽视教育内容，忽视行为训练和习惯的养成，过分强调个人的主观因素，忽视外部因素，诸如榜样、说理、限制选择、规章等的作用，显然也是该理论的不足之处。

四、社会学习模式

（一）社会学习模式的基本理论观点

1. 儿童的道德行为、道德判断是通过社会学习（观察学习）获得和改变的

社会学习模式认为，“人的多数行为是通过观察别人的行为和行为的结果而学得的。依靠观察学习可以迅速掌握大量的行为模式”。①

2. 榜样示范是道德教育的主要手段

班杜拉社会观察学习道德教育思想的最大贡献，在于揭示和论证了榜样示范在儿童道德品质形成与发展中的重要作用及其机理。该理论认为，人的行为可以通过观察学习过程获得。但是获得什么样的行为以及行为的表现如何，则有赖于榜样的作用。榜样是否具有魅力、是否拥有奖赏力、榜样行为的复杂程度、榜样行为的结果以及榜样与观察者的人际关系都将影响观察者的行为表现。

讨论：个人行为与认知无关吗？

3. 提出环境、行为和人的交互作用论

社会学习模式认为个人的行为是个人与环境交互作用的结果，主张德育应当引导学生把获得的认识付诸行动，在改变环境的实践中发展道德水平。

4. 强调自我调节

人的行为不仅受外界行为结果的影响，更重要的是受自我引发的行为结果的影响，即自我调节的影响。自我调节主要是通过设立目标、自我评价，从而引发动机功能来实现的。

资料夹 10-6

有关道德行为形成的实验研究 ②

1. 攻击反应的学习实验

1961 年，班杜拉等人进行了攻击反应实验，被试为 72 名 3—5 岁的儿童。每次实验者将一名儿童带入实验室。实验室内的一角放有玩具娃娃和一些

① 高春申. 人性辉煌之路：班杜拉的社会学习理论[M]. 武汉：湖北教育出版社，2000：124.

② 钟启泉，黄志成. 西方德育原理[M]. 西安：陕西人民教育出版社，1998.

修理工具,一个成人站在那里。在一种条件下,儿童看到成人拿起玩具娃娃,拳打脚踢。同时还喊着:"打你的鼻子","打倒你"。在另一种条件下,儿童看到成人只是安静地收拾修理工具,而没有攻击玩具娃娃。然后,把儿童带到另外一个放有玩具的房间,让儿童单独玩耍玩具 20 min。实验者通过单向玻璃观察儿童的反应。结果发现儿童倾向于模仿成人的动作。那些观看成人攻击行为的儿童对玩具又打又踢,还说了些侵犯性的话。

该实验说明:儿童通过对榜样的行为的观察学会攻击反应。

2. 抗拒诱惑实验

该实验为沃尔斯特等人 1963 年所做。被试为 5 岁儿童,实验分为三个阶段。第一阶段,将儿童带入放有玩具的房间,让他们参观,并告诉儿童说:"这些玩具禁止玩,但可以翻字典。"第二阶段,让儿童看一部短的影片。这时,儿童被分为三组,一组为榜样奖励组,看到的影片是:一个男孩在玩一些被告知不准玩的玩具,不久,男孩的妈妈进来了,夸奖他并和他一起玩。一组为榜样训斥组,看到的影片是:男孩在玩被禁止的玩具,男孩的妈妈进入房间后,严厉训斥孩子违反禁令,男孩显出害怕的样子。第三组为控制组,不看影片。第三阶段,让每个孩子都在有玩具的房间单独待 15 min。实验者通过单向玻璃观察发现:第一组儿童很快屈从于诱惑,约在 80 s 后便动手玩玩具;第二组儿童能克制 7 min,有的甚至坚持完 15 min 而不去玩玩具;第三组即控制组儿童平均克制约 5 min。

这一实验说明:抗拒诱惑的行为也可以通过对榜样的观察而发生改变的。而且,榜样具有替代强化的作用,儿童不必直接受到强化,只要观察榜样受到奖励或惩罚,就能受到间接的替代强化,从而作出相应的反应。

3. 言行一致实验

米斯切尔等于 1966 年做过一个实验:把儿童被试分为两组,玩有规则的滚木球游戏,投中得分,得 20 分以上就可获奖。实际上,如果严格遵守游戏规则,得分机会很少,如果不严守规则,就可投中得分。一开始,两组儿童分别和一位成人一块玩。第一组成人扮演言行一致的角色,既要求儿童遵守规则,自己也严守规则。第二组成人扮演言行不一致的角色,严格要求儿童守规则,自己却常常不守规则。这时两组得分差别不大,说明第二组被试并没有立刻按成人的低档标准行事。第二阶段:实验者有意让两组儿童分别单独玩这种游戏,并自报成绩。结果发现:第一组儿童得分很少,表明他们还是严守规则的;而第二组儿童得分高,表明一旦离开成人,他们就会仿效成人,不严格执行规则。第三阶段,实验者让两组儿童一块玩,结果发现:第一组儿童由于受第二组儿童的影响,也降低了标准。

这个实验说明,身教重于言教。教育者只在口头上要求儿童而做起事来言行不一,那么,儿童接受和模仿的是不良行为。而且不管是成人还是同辈的不良行为对儿童均有影响。

(二)社会学习模式在学校中的实践①

1. 通过模仿来形成个人的道德行为

社会学习的一大特征是强调通过模仿学习来形成个人的道德行为。模仿学习指的是直接观察他人行为而习得新行为的过程。模仿学习对个人道德行为的重要作用主要有:

(1) 可以立即学到新的行为;

(2) 可以抑制和消除内隐的行为倾向出现;

(3) 可以刺激内隐的行为倾向变为外显的实际行为;

(4) 可以改变、消除或强化原有的行为模式。

2. 模仿学习的具体步骤

(1) 注意过程:注意榜样行为的重要特征,加以正确知觉与选择。(2) 保持过程:把榜样的示范行为象征化,以映象或言语符号的形式保存在记忆中。(3) 运动再现过程:把象征性表象转化为行为的过程。(4) 动机作用过程:通过强化激发和维持行为,增强行为的动机。强化分为外部强化、替代强化和自我强化三种。外部强化是对学习行为的一种直接强化,替代强化是一种榜样替代的强化,自我强化是依据个人标准对自己的行为进行的肯定或批判。班杜拉特别重视替代强化和自我强化对行为控制的作用。他认为,儿童自我评价的个人标准,先是依靠榜样的示范而确立的。儿童形成了自我评价的标准后,就是形成了一种自我调节系统,通过自我调节的作用,改变自己的行为,形成自己的观念、能力和人格。

社会学习理论在吸收其他学派的基础上,发展了行为主义,并对人的道德行为做出了更合理的阐释,对德育工作有很大的意义。

五、集体教育模式

苏联教育家马卡连柯是集体教育思想的代表人物,主要著作有《教育诗篇》《塔上旗》《父母必读》等。

(一)集体教育模式的基本观点

1. 教育工作的主要方式是集体教育,教育工作的基本对象是集体,教育的任务是培养集体主义者

正如马卡连柯本人所说的:“我在自己从事苏维埃教育工作的16年中,把主要的力量都用在解决集体和集体机构的建立、解决权能的制度和责任的制度等等问题上了。”②

2. 在集体中,通过集体,为了集体的教育体系

在这里,集体不仅是教育的目的,也是教育的手段,健全的集体一旦形成,就具有巨大的教育作用。马卡连柯认为集体应有共同的目的、组织机构、自觉纪律、正确舆论、优良传统和作风。他反复强调:“个人对个人的影响是一种狭隘的、

① 钟启泉,黄志成.西方德育原理[M].西安:陕西人民教育出版社,1998:227-228.

② 马卡连柯.马卡连柯教育文集:上卷[M].吴式颖,等编.北京:人民教育出版社,1985:106.

有限的因素，只有通过统一的和有影响的集体，才能在儿童意识中唤起强大的舆论力量，形成调节和约束学生行为的因素，充分发挥他们的聪明才智，逐步形成集体主义的思想、信念和行为习惯。”①

（二）集体教育模式在学校中的实践

● 彼特连柯迟到了②

一天，捷尔仁斯基公社社员彼特连柯上班迟到了。马卡连柯得知了这件事情后，不是和某些老师一样把学生立刻找来，申斥一顿或给以适当的惩罚，而是把彼特连柯所属分队的队长叫了来，对队长说：“你的队里有人上班迟到。”“是的，彼特连柯迟到了。”队长答。“以后不要再有这样的情形。”“是，以后不会有了。”可是彼特连柯第二次又迟到了，马卡连柯仍然不把他本人找来，而是把全分队集合起来，并责备他们说：“你们分队里的彼特连柯第二次迟到了。”马卡连柯责备了全分队，分队集体答应保证以后不会再有这样的情形。散会后，分队立刻教育彼特连柯，并对他说：“你上班迟到，这就等于说我们全分队都迟到了。”该分队以后就把彼特连柯当作分队的一个成员，当作整个集体的一分子而向他提出了许多严格要求，而彼特连柯也在集体的影响下，逐渐克服了迟到的现象。

这个案例准确地诠释了“在集体中，通过集体，为了集体”体系在学校中的运用。集体教育模式对学校中的实践具体来说提出了以下几个原则：

1. 平行教育影响原则

马卡连柯的“平行教育影响”是指以集体为教育对象，通过集体来教育学生个人。在这里，教育者对集体和集体中每一个成员的教育影响是同时的、平行的。马卡连柯用一种共同的方法同时完成了对单独的个人和对整个集体的两个教育任务。他说：“每当我们给个人一种影响的时候，这影响必定同时应当是给集体的一种影响。相反，每当我们涉及集体的时候，同时也应当成为对于组成集体的每一个个人的教育。”③ 马卡连柯的这一教育方式改变了传统的单一的个别教育方式，改善了教师和学生之间的关系，充分发挥了学生集体的教育作用。

2. 前景教育原则

马卡连柯认为，集体的生命活力在于不停地前进。他说：“一个自由的人类集体的生活方式就是向前行进，它的死亡的方式就是停滞。”④ 因此，马卡连柯要求教师不断地向集体提出新的奋斗目标来刺激集体的活力。这种新的目标就是前景，是人们对美好前途的希望。他强调指出：“人的生活的真正刺激是明天的快乐……培养人，就是培养他对前途的希望。这个工作方法就是建立新的前途，运用已有的前途，逐渐代之以更有价值的前途。”⑤ 因此，前景教育原则又可称为

讨论：
那么，该如何处理个人与集体的关系呢？

① 吴式颖．外国教育史教程［M］．北京：人民教育出版社，2006：614.
② 徐柯．彼特连柯迟到了：马卡连柯的教育小故事：二［J］．外国中小学教育，1986(5)：36–37.
③ 马卡连柯．马卡连柯教育文集：上卷［M］．吴式颖，等编．北京：人民教育出版社，1985：79.
④ 马卡连柯，论共产主义教育［M］．刘长松，译．北京：人民教育出版社，1957：199.
⑤ 马卡连柯．马卡连柯教育文集：上卷［M］．吴式颖，等编．北京：人民教育出版社，1985：313.

“明日欢乐论”。在马卡连柯看来，前景教育可以分为3个步骤，即近景、中景和远景。近景主要是针对还没有能力安排自己未来长远意向和兴趣的儿童，随着儿童年龄的增长，近景将逐渐让位给中景和远景。无论是近景、中景还是远景，都应当起到激励学生努力学习和工作的作用，防止享乐主义情绪的产生。

3. 尊重与要求相结合原则

有人曾问马卡连柯他的教育经验的本质是什么，马卡连柯回答说，“要尽量多地要求一个人，也要尽可能地尊重一个人”。在他看来，要求与尊重是一回事。对此，他解释说：“我们对个人所提出的要求，表现了对个人的力量和可能性的尊重；而在我们的尊重里，同时也表现出我们对个人的要求。”① 马卡连柯认为，在集体教育过程中，要求是必需的，否则就不可能有教育。他写道：“如果对个人没有要求，那么无论建立集体，还是建立集体纪律，都是不可能的事情。”② 他指出，“要求”可以分为3个阶段：在第一个阶段，即在集体初建时期，领导者应当以“不许反对的方式”提出要求。当然领导者所提出的要求必须是合乎情理并能实现的。在第二个阶段，集体的领导者周围已出现了一批自觉维护纪律的积极分子，他们所组成的核心会用自己的要求支持教师的意见。在第三个阶段，集体本身已能向其成员提出要求。这时，教师已无需要再提要求了，因为集体往往已向个人提出了很多的要求。

本章小结

德育是学校教育的永恒话题。在价值观多元化时代，加强德育是社会的需要，也是青少年成长的特殊需求。我国学校德育内容涉及政治教育、思想教育、道德教育等范畴。学习、理解并综合运用德育规律、原则、方法对提高德育工作的质量和效果具有重要指导意义。直接的道德教学和间接的道德教育是德育的两种重要途径，它们各有利弊。将直接的道德教学和间接的道德教育结合起来，是世界各国德育改革的共同趋势。与此同时，审视国外种种道德教育的模式，探讨儿童价值意识与德性的发展机制，能为我国学校德育实践提供启示。

案例分析

周五下午最后一节课，在班主任老师的主持下，班里进行了“选差”的民主投票。教室里闹哄哄的，望着同学们挤眉弄眼的鬼脸和似乎暗示着什么的手势，我烦恼地闭上了眼睛。真的，我不明白这样的评选究竟有什么意义。人各有志，让他们折腾吧，我还是专心致志地思考着那几道数学题。投票结束，班主任一身正气地走上讲台，当场唱票，宣布评选结果。“纪律最差，孙晓梅(化名，下同)，32票；劳动最差，王信，一共30票，不少啊；礼貌最差，郭大鹏，群众的眼睛是雪亮

① 马卡连柯. 马卡连柯教育文集：上卷[M]. 吴式颖，等编. 北京：人民教育出版社，1985：103-104.

② 马卡连柯. 马卡连柯教育文集：下卷[M]. 吴式颖，等编. 北京：人民教育出版社，1985：48.

的；学习最差，李立，铁证如山……”老师的声音像是从地狱里发出的，我的脑子一片空白。放学了，一切都在喧嚣中结束了。那些当选最差的学生，谁也不肯回家。男生的眼中燃烧着怒火，女生则已经趴在桌子上泣不成声了。望着窗外朦胧的夜色，我只觉得一股说不清的感觉涌上心头。突然，鼻子一酸，泪水不禁夺眶而出。我不明白，老师的“选差”究竟想达到什么目的，这种“民主投票”又究竟能达到什么目的。我要转学，我要退学，我宁愿做一个文盲，也不愿回到这样的班级和学校。

根据上述材料回答下列问题：

(1) 你赞成材料中班主任的做法吗？为什么？

(2) 运用相关德育原理分析上述材料。

反思与探究

1. 你怎么认识德育概念的外延？

2. 从当前学生思想品德实际出发找出有代表性的一两个问题，并提出解决方案。

3. 结合德育过程的规律和原则说明应当怎样增强学校德育的实效性。

4. 根据我国学校德育现状，你认为我国应加强直接的道德教学还是间接的道德教育？

推荐阅读

1. 苏霍姆林斯基．给教师的一百条建议[M]．周蕖，等译．天津：天津人民出版社，1981.

2. 钟启泉，黄志成．西方德育原理[M]．西安：陕西人民出版社，1998.

3. 檀传宝．学校道德教育原理[M]．北京：教育科学出版社，2000.

4. 鲁洁．道德教育的当代论域[M]．北京：人民教育出版社，2005.

5. 王思宇，傅建明．论教师的幸福感染力[J]．现代中小学教育，2022，38(8)：86–90.

6. 傅建明，王思宇．教育惩戒落地的“最后一公里”：班级惩戒公约[J]．天津市教科院学报，2021，33(5)：71–79.

郑重声明

读者意见反馈

为收集对教材的意见建议，进一步完善教材编写并做好服务工作，读者可将对本教材的意见建议通过如下渠道反馈至我社。

咨询电话　400-810-0598

反馈邮箱　gjdzfwb@pub.hep.cn

通信地址　北京市朝阳区惠新东街 4 号富盛大厦 1 座
　　　　　高等教育出版社总编辑办公室

邮政编码　100029